校企合作双元开发“互联网+”立体化教材
高等职业院校铁道机车专业“十四五”技能型人才培养新形态教材

电力机车制动系统检查与维护

（智媒体版）

主　编　李作奇　孙由啸
主　审　耿　烽

电力机车制动系统检查与维护
在线开放课程学习平台

西南交通大学出版社
·成　都·

图书在版编目（CIP）数据

电力机车制动系统检查与维护：智媒体版 / 李作奇，孙由啸主编. —成都：西南交通大学出版社，2022.2

校企合作双元开发“互联网+”立体化教材 高等职业院校铁道机车专业“十四五”技能型人才培养新形态教材

ISBN 978-7-5643-8411-1

Ⅰ. ①电… Ⅱ. ①李… ②孙… Ⅲ. ①电力机车－车辆制动－制动装置－检修－高等职业教育－教材 Ⅳ. ①U264.2

中国版本图书馆 CIP 数据核字（2021）第 239284 号

校企合作双元开发“互联网+”立体化教材
高等职业院校铁道机车专业“十四五”技能型人才培养新形态教材
Dianli Jiche Zhidong Xitong Jiancha yu Weihu
电力机车制动系统检查与维护
（智媒体版）

主编 李作奇 孙由啸

责任编辑 罗在伟
封面设计 何东琳设计工作室

出版发行 西南交通大学出版社
（四川省成都市金牛区二环路北一段 111 号
西南交通大学创新大厦 21 楼）
邮政编码 610031
发行部电话 028-87600564 028-87600533
网址 http://www.xnjdcbs.com
印刷 四川森林印务有限责任公司

成品尺寸 185 mm × 260 mm
印张 20.75
字数 441 千
版次 2022 年 2 月第 1 版
印次 2022 年 2 月第 1 次
定价 59.80 元
书号 ISBN 978-7-5643-8411-1

课件咨询电话：028-81435775
图书如有印装质量问题 本社负责退换

前言

随着我国铁路事业的快速发展，机车制动技术也由传统的电气控制发展转变为新型计算机网络控制。为了更好地适应机车制动技术的发展和专业要求，有必要编写一本既介绍传统机车制动技术，又涵盖新型机车制动技术发展的教材。本教材正是针对我国现阶段机车制动技术发展变化的特点，为适应铁路牵引动力高速发展的需要，培养与其相适应的高素质技能型人才而编写的。

本教材是在学生已经掌握电路分析、机械零件、机械制图等基础知识和基本技能的基础上，通过课堂讲授、实验、实习等教学环节，掌握机车制动系统的组成、作用和原理；能够操纵、维护和检修机车制动系统，具备从事铁道机车运用与维护的高素质技能型人才所必需的基本技能，并为今后的专业课学习打下良好的基础。

本教材选取韶山系列电力机车所使用的 DK-1 型电空制动机，和谐系列大功率电力机车所广泛使用的 CCBⅡ电空制动机、法维莱 Eurotrol 电空制动机等典型机车制动机为主要对象，主要介绍机车制动机基本知识、机车风源系统组成、机车制动机组成、机车基础制动装置结构等内容，同时，也对近几年国产 DK-2 型机车制动机、JZ-8 型机车制动机及 CAB 型机车制动机进行了简要介绍。

本教材采取“项目-任务”模式编写，共 7 个项目，考虑可操作性、知识与技能的完整性，每个项目又设计若干大小不一的学习任务。每个学习任务按照任务驱动的模式组织内容，实现了理论与实践的高度结合，是一本既适合理论教学，又贴近生产实际的教材，符合职业教育的实践性要求。

教材在编写过程中，我们查阅了大量的相关书籍和相关文献资料，多次到铁路机车运用和检修现场调研，搜集了大量现场资料。本教材由南京铁道职业技术学院李作奇、石家庄铁路职业技术学院孙由啸担任主编，中国铁路上海局集团有限公司南京东机辆段王志强参编，南京铁道职业技术学院耿烽主审。项目 1 ~ 项目 2 由孙由啸编写，项目 3 ~ 项目 6 由李作奇编写，项目 7 由王志强编写。本教材可供高等职业院校铁道机车运用与维护专业在校学生及具有相应水平和学习要求的读者使用。

由于编者水平有限，在内容取舍、编排及重要知识点的处理上，难免存在不足，敬请各位专家、读者批评指正。

编　者

2022 年 1 月

目录

项目1

电力机车制动系统认知

项目描述

日常生活中，任何交通运输工具都离不开制动系统（简称制动机），小到自行车，大到航天飞机，制动系统都起着保证运输安全的重要作用。对铁路运输来讲，制动系统是机车的重要组成部分，是保障铁路运输安全，实现列车“高速、重载”目标的重要前提条件。随着社会的发展，科学技术的进步，制动机由原始的手制动机、直通式空气制动机，发展到近代性能较完善的自动空气制动机、电空制动机等。伴随着铁路牵引动力技术的改革变革，制动技术也得到飞速发展，制动功率大、高速性能好、经济性佳的制动机得到了广泛的应用。

本项目着重介绍制动机的分类、空气制动机的基本作用原理，以及有关制动的基础理论，同时对制动管减压量与制动缸压力之间的关系，空气波、制动波、列车制动时的纵向动力作用等问题展开论述。

知识导图

电力机车制动系统认知

- **制动基本知识认知**
  - 制动系统的概念
  - 制动系统的设置目的
  - 制动机的发展简史
- **制动方式和制动机种类认知**
  - 制动方式
  - 制动机的种类
- **空气制动机的基本作用原理分析**
  - 直通式空气制动机的作用原理分析
  - 自动空气制动机的作用原理分析
- **制动管减压量与制动缸压力的关系分析**
  - 制动管减压量与制动缸压力的关系
  - 制动管最小有效减压量的确定
  - 制动管最大有效减压量的确定
- **列车制动时的纵向动力作用分析**
  - 空气波和制动波的形成
  - 列车制动时的纵向动力作用

任务 1.1　制动基本知识认知

【任务目标】

1. 知识目标

（1）熟悉制动的概念。

（2）了解制动机对铁路运输的重要意义。

（3）通过查阅相关资料，了解制动机的发展历程。

2. 素质目标

（1）培养遵章守纪、严谨认真的工作作风，培养工作责任心。

（2）具备自主学习能力，培养分析能力，善于总结经验并进行创新。

（3）通过学习，形成对制动机发展历程的认知，具有推动技术革新的责任感。

3. 能力目标

（1）能够根据铁路运输特点，评价制动机对铁路运输的重要作用。

（2）能够通过多种途径自主查阅相关资料并总结制动机的发展历程。

制动基础
知识认知

【相关知识】

1.1.1　制动系统的概念

人为地使列车减速或停车，或防止停留的机车车辆移动所采取的措施，称为制动。制动过程必须具备两个基本条件：即实现能量的转换和控制能量的转换。实现制动作用的力称为制动力。制动力是由制动装置产生并受人为控制，与列车运行方向相反的一种外力。这一外力只能是钢轨施加于列车且与列车运行方向相反的力。对已经施行制动的列车，解除或减弱其制动作用叫缓解。列车在运行途中加速或启动加速前要解除制动作用，也就是施行缓解作用。

制动系统是指能够产生可控的列车减速力，以实现和控制能量转换的装置。制动系统由制动机、停放制动装置和基础制动装置三大部分组成。制动系统中直接受司机操纵控制，从而产生制动原力的部分，称为制动机；靠人力转动手轮或用蓄能制动器代替制动机产生制动原力的部分，称为停放制动装置；传递制动机所产生的制动原力，并将该力扩大后送给闸瓦或制动钳的部分，称为基础制动装置。

无论是机车还是车辆，都具有各自的制动系统，即各自的制动机、停放制动装置和基础制动装置。当机车、车辆编组完成后，其各自的制动系统相互联系而构成列车制动系统。

列车在运行中过程中施行的制动作用可分为常用制动和紧急制动。

常用制动是列车在正常调速和进站时经常采用的一种制动作用。其制动力上升速度较慢，力较小，大小由司机控制，达到阻止列车加速或使其减速甚至停车的目的。在各种制动作用中，常用制动的实施频率最高。

紧急制动是列车在非正常情况下，为使列车迅速停车而实施的一种制动作用。其制动力比较猛烈且会快速达到最大值。

从司机将机车的制动手柄置于制动位起，到列车停车，列车所行驶的距离称为制动距离。制动距离是综合反映列车制动装置的性能和实际效果的重要技术指标。制动距离越短，列车的安全系数就越大，但为保持列车运行的平稳性，提高旅客的舒适度，制动距离不能太短。我国《铁路技术管理规程》（普速铁路部分）关于列车在任何线路上的紧急制动距离限制规定如表 1-1-1 所示。

表 1-1-1　列车紧急制动距离限制

列车类型	最高运行速度（km/h）	紧急制动距离限制（m）
旅客列车（动车组列车除外）	120	800
	140	1 100
	160	1 400
特快货物班列	160	1 400
快速货物班列	120	1 100
货物列车（货车轴重<25 t，快速货物班列除外）	90	800
	120	1 400
货物列车（货车轴重≥25 t）	100	1 400

1.1.2　制动系统的设置目的

对铁路运输来讲，列车的运行过程包括牵引、惰行和制动三个基本工况，而制动工况的顺利实施关键在于制动系统能有效、可靠地工作。

制动系统的设置目的，旨在实现列车可按照人的意志减速或准确停车。它的重要意义在于：一方面，列车的制动能力要满足列车在运行的任何情况下的减速或停车要求，确保行车安全；另一方面，提高列车的运行速度，提高牵引重量，是提高铁路运输能力的重要前提条件。衡量一个国家的铁路运输水平，首先要看该国能制造出多大牵引力的机车，但同时牵引与制动是互相促进和制约的，没有先进的制动技术就没有现代化的铁路运输。所以，铁路运输的发展，不仅要增大机车功率，提高列车运行速度和牵引重量，也要提高列车的制动能力。

1.1.3 制动机的发展简史

早期的列车制动，主要依靠手制动机。在工作中，须设置若干名制动员，当列车运行中需要制动时，司机发出信号，由制动员们分别操纵每一辆车上的手制动机进行制动。可见，这种人力制动使工作在较恶劣环境中的制动员劳动强度增大，更主要的是大大降低了列车中各车辆制动的同时性，以免造成严重的制动冲击，影响列车的制动效果。

1869 年，美国工程师乔治·韦斯汀豪斯从空气钻岩机得到启发，发明了用空气压力作为动力来源的制动机——直通式空气制动机。直通式空气制动机属于气动装置，由司机单独操纵，与人力制动相比，提高列车制动的同时性，减小了制动冲击，改善了列车的制动效果。但是，由于直通式空气制动机自身的工作机理，使其在运用过程中存在着致命的弱点——当列车分离时，列车将失去制动作用。

1872 年，乔治·韦斯汀豪斯又在直通式空气制动机的基础上，研制出一种新型的空气制动机——自动空气制动机。自动空气制动机克服了直通式空气制动机的致命弱点，在铁路运输中得到了广泛的运用，甚至直到科技高度发达的今天，世界各国的铁路列车所使用的空气制动机，其工作机理均源于自动空气制动机。

我国机车制动机的发展与牵引动力的变革息息相关。在以蒸汽牵引为主的年代里，使用仅适应于单端操纵的 ET-6 型机车空气制动机。20 世纪 60 年代初期，由 ET-6 型演变成适应双端操纵的 EL-14A 型机车空气制动机，并首先在电力机车上装用，之后运用于内燃机车，从而改变了我国长期单一使用 ET-6 型机车空气制动机的落后面貌。为适应铁路运输的需求，我国机车制动技术也取得了突破性发展。在 20 世纪 70 年代后期，相继研制成功了 JZ-7 型机车空气制动机和 DK-1 型机车电空制动机，并在 20 世纪 80 年代初期开始批量装车使用。在 20 世纪 90 年代，制动机的重联、列车电空制动控制、制动机与列车运行监控记录装置的配合、空电联合制动等新技术也逐步在 JZ-7 型机车空气制动机和 DK-1 型电空制动机上得到了广泛的应用。

随着我国铁路牵引动力的发展以及交流传动为核心的先进技术在机车上的应用，列车朝着重载、高速方向发展，这就对列车制动系统提出了更新更高的要求：减少列车的制动冲动；缩短制动距离；充分利用动力制动以减少基础制动装置的机械磨耗；提高制动系统的可靠性和安全性；实现制动系统的故障检测、故障诊断、故障显示与报警、故障记录等功能。

目前，在我国电力机车上广泛使用的电空制动机主要有 DK-1 型电空制动机、CCB Ⅱ制动机和法维莱 Eurotrol 制动机。同时，我国也成功研制了 DK-2 型机车制动机、JZ-8 型机车制动机和 CAB 型机车制动机，在部分电力机车上开始装配使用。

【任务评价】

序号	评价内容	评价标准	分值
1	能够多种途径自主查阅并总结制动机发展历程	总结全面、正确	3
		总结不全面或部分错误	2
		总结错误或未总结	0
2	能够根据铁路运输特点，评价制动机对铁路运输的重要作用	分析问题有理有据	3
		分析问题不全面	2
		分析问题观点错误	0
3	解释制动系统相关概念	能正确给出答案	4
		答案部分错误	2
		答案完全错误	0
得分			

任务 1.2 制动方式和制动机种类认知

【任务目标】

1. 知识目标

（1）熟悉列车两种制动方式的特点及分类。

（2）了解不同制动机的优缺点。

2. 素质目标

（1）培养遵章守纪、严谨认真的工作作风，培养工作责任心。

（2）具备自主学习能力，培养分析能力，善于总结经验并进行创新。

（3）能完成团队分配的工作，承担团队成员的角色和责任。

3. 能力目标

（1）能够根据制动过程中列车动能的转移方式的不同，正确分析各种制动方式的优缺点。

（2）能够根据制动过程中所需要的作用动力和控制信号的不同，正确区分制动机的种类。

【相关知识】

1.2.1 制动方式

制动方式是指制动过程中列车动能的转移方式或制动力的形成方式。

1.2.1.1 列车动能的转移方式

从能量的观点看，制动过程的实质是能量转移的过程，即将列车运行过程中巨大的动能转移为其他形式的能量，从而达到使列车减速或停车的目的。因此，按照列车动能转移方式的不同，制动方式可分为热逸散和将动能转换成有用能两种基本方式，制动方式按列车动能转移方式分类如表 1-2-1 所示。

表 1-2-1 制动方式按列车动能转移方式分类

<table>
<tr><th>制动方式</th><th colspan="3">分类</th><th>应用</th></tr>
<tr><td rowspan="7">热逸散</td><td rowspan="4">摩擦制动</td><td rowspan="3">固体摩擦制动</td><td>踏面制动</td><td rowspan="2">广泛应用</td></tr>
<tr><td>盘形制动</td></tr>
<tr><td>轨道电磁制动</td><td>在高速机车、动车组上采用，目前尚未普及</td></tr>
<tr><td colspan="2">液体摩擦制动</td><td>在液力传动内燃机车上采用</td></tr>
<tr><td rowspan="3">动力制动</td><td colspan="2">电阻制动</td><td>在电力、内燃机车上普遍采用</td></tr>
<tr><td colspan="2">旋转涡流制动</td><td rowspan="2">在高速机车、动车组上采用，目前尚未普及</td></tr>
<tr><td colspan="2">轨道涡流制动</td></tr>
<tr><td rowspan="2">动能转换成有用能</td><td colspan="3">再生制动</td><td>在电力机车上采用</td></tr>
<tr><td colspan="3">飞轮储能制动</td><td>在动车组上采用，目前尚未普及</td></tr>
</table>

1. 热逸散

目前属于热逸散的制动方式有下列几种：

（1）摩擦制动

摩擦制动可以把列车动能转变为摩擦热能，摩擦制动可分为以下几种类型：

① 闸瓦制动（踏面制动）

闸瓦制动如图 1-2-1 所示。制动时闸瓦压紧车轮踏面，使轮瓦间发生摩擦，将列车动能转变成热能，并转移到车轮与闸瓦，最终逸散至大气。这种制动方式的优点是简单可靠，能使全列车在高速和低速时都有制动停车能力，制动力的大小可通过控制闸瓦压力来适当调节，所以它的应用最为广泛，至今仍是铁路机车、车辆的主要制动方式。其缺点是闸瓦压力过大时会发生车轮被“抱死”而滑行的现象，所以制动力不能超过轮轨间的黏着力。闸瓦摩擦系数一般随列车速度的增高而减小，随列车速度的降低而增大，高速时制动力不够，低速时容易发生滑行；以及制动时车轮踏面受到剧烈的磨耗等。多年来人们在不断研究改进铸铁闸瓦的摩擦性能或使用新的摩擦材质（如塑料合成闸瓦）的同时，也在寻求用其他更好的制动方式以弥补它的不足。

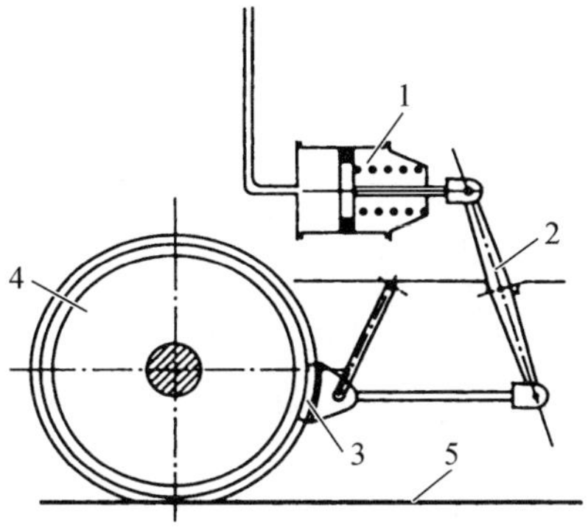

1—制动缸；2—制动传动装置；3—闸瓦；4—车轮；5—钢轨。

图 1-2-1　闸瓦制动

② 盘形制动

盘形制动如图 1-2-2 所示。制动时，用制动夹钳使闸片（一般用合成材料制成）夹紧固定在车轴或车轮辐板上的制动圆盘（一般为铸铁盘），使闸片与制动圆盘间产生摩擦，把动能转变成热能，转移到制动圆盘与闸片，最终逸散至大气。和闸瓦制动相比较，这种制动方式可以减少车轮踏面的磨耗，制动块摩擦系数比较稳定，所以有些速度较高的车辆已经采用盘形制动，但盘形制动有构造复杂、散热不良和成本较高等缺点。

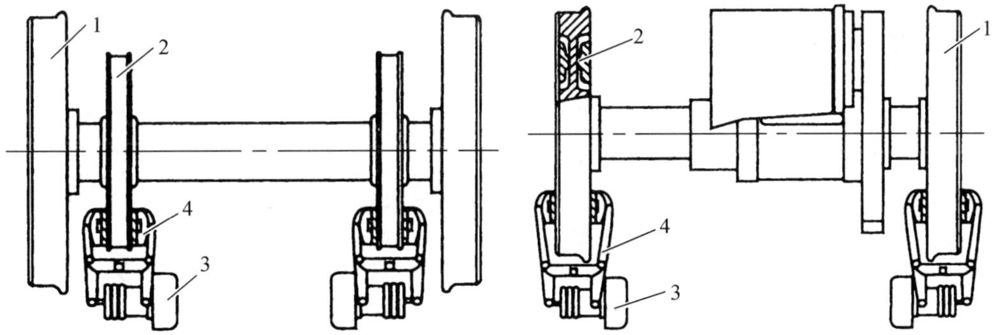

（a）轴盘式　　（b）轮盘式

1—车轮；2—制动盘；3—制动缸；4—制动钳。

图 1-2-2　盘形制动

③ 轨道电磁制动（磁轨摩擦制动）

轨道电磁制动如图 1-2-3 所示。制动时，安装在转向架构架侧梁下的电磁铁下放，电磁铁励磁，与钢轨产生吸力。列车的动能通过电磁铁下的磨耗板与钢轨的摩擦转化为热能，经钢轨和磨耗板，最终逸散至大气。轨道电磁制动不受轮轨间黏着力的限制，能得到较大的制动力，可以缩短制动距离，常被高速列车用作紧急制动时的一种补充制动方式。这种制动方式的缺点是在制动时容易造成轨道的磨耗，且由于结构复杂而增加了列车的重量。

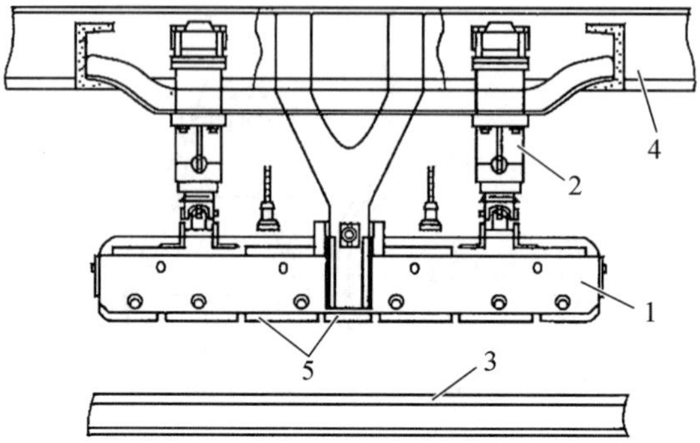

1—电磁铁；2—升降风缸；3—钢轨；4—转向架构架；5—磨耗板。

图 1-2-3　轨道电磁制动

④ 液体摩擦制动（液力制动）

在液力传动内燃机车上装设液力耦合器，靠液体间和液体与固体（工作液体与耦合器）之间的摩擦，使列车动能转变成工作液体的热能，并使发热的工作液体进行循环冷却，经散热器逸散至大气。液力制动在内燃机车上只是作为一种辅助制动装置，用以弥补闸瓦制动的不足。

（2）动力制动

动力制动指列车动能通过电机、电器变为热能，最终逸散至大气。其可分为以下几种：

① 电阻制动

电力机车、电传动内燃机车和电动车辆等，凡用牵引电动机驱动的都有可能实现电阻制动。制动时将牵引电动机转变为发电机，将所发电能传送给电阻器转化为热能，靠冷却风扇强行通风将热量逸散至大气中。

② 旋转涡流制动

旋转涡流制动，又称（涡流式圆盘制动），如图 1-2-4 所示。牵引电机轴上装有金属涡流盘，制动时涡流盘在电磁铁形成的磁场中旋转，盘表面感应出涡流，产生电磁吸力，并发热消散至大气，

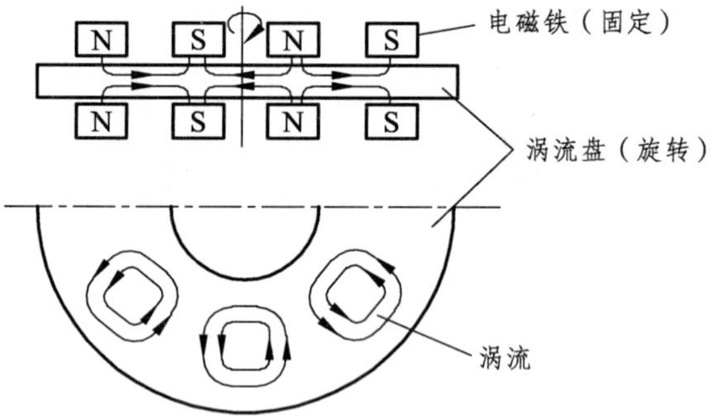

图 1-2-4　旋转涡流制动

从而产生制动作用。涡流盘带有散热筋并起冷却风扇的作用，用以加速涡流盘的散热。

③ 轨道涡流（线性涡流）制动

轨道涡流制动如图 1-2-5 所示。制动时，将悬挂在转向架上的电磁铁放下到离轨面上方几毫米处，电磁铁励磁，产生强大磁场，利用它和钢轨的相对运动使钢轨表面感应出涡流，从而产生阻力并使钢轨发热，变列车动能为热能，由钢轨与电磁铁逸散至大气。轨道涡流制动既不通过轮轨黏着（不受其限制），也没有磨耗问题。但是，它消耗电能太多，电磁铁发热也很严重，所以，它只是作为高速列车紧急制动时的一种辅助制动方式。

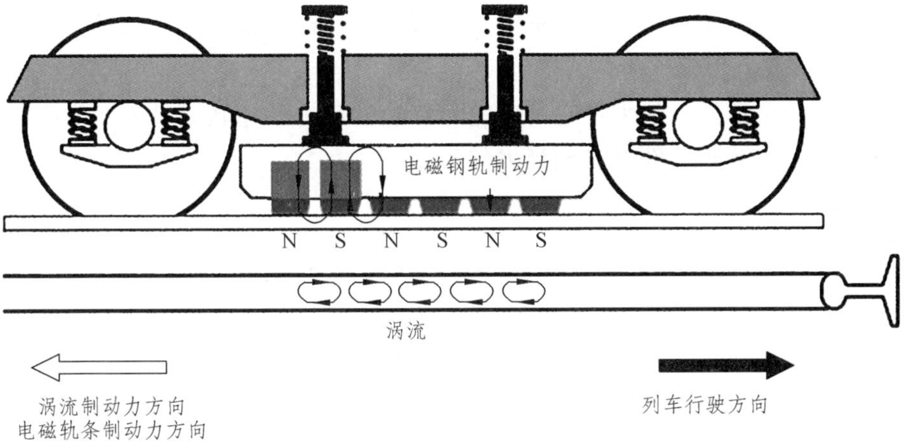

图 1-2-5 轨道涡流制动

2. 列车动能转变成有用能

（1）再生制动

再生制动是将列车的动能转换成电能，与电阻制动不同的是，其将这部分电能反馈到牵引接触网再加以利用。因此再生制动装置只能装在电力机车和电动车辆上，根据接触网上的电流制分为直流再生制动和交流再生制动两种。

（2）飞轮储能制动

制动时把列车动能转入飞轮储存，启动加速时该能量放出，可以节约能源。但目前尚属试验阶段，因为飞轮储能制动不仅需要在车辆上装设旋转质量相当大的飞轮，而且还需要一整套运转装置。

飞轮储能制动对于长途列车意义不大，对于启动、停车频繁的地铁车辆可考虑使用。

1.2.1.2 制动力的形成方式

从作用力的观点看，制动就是让制动装置产生与列车运行相反的外力（制动力），使列车产生较大的减速度，尽快减速或停车的过程。因此，按照制动力形成方式的不同，制动方式又可分为黏着制动和非黏着制动。制动力的形成通过轮轨间的黏着来实现的制动，称为黏着制动；反之，制动力的形成不通过轮轨间的黏着来实现的制动，则称为非黏着制动。

1. 黏着制动

黏着制动是目前主要的一种制动方式。闸瓦制动、盘形制动、液力制动、旋转涡流制动、再生制动以及飞轮储能制动，都属于黏着制动。它们的制动力大小要受黏着力的限制。

制动时，车轮对钢轨的作用力引起钢轨对车轮的反作用力（制动力），它既不是静摩擦力，也不是滑动摩擦力，而是介于其间且接近于静摩擦力，是支承车轮在钢轨上滚动而不滑动的力，这种力叫黏着力。黏着制动时，能实现的最大制动力不会超过黏着力。

黏着力是一个很复杂的力，它与车轮对钢轨的压力和轮轨间黏着系数有关。黏着系数又随气候与速度等条件而有相当大的变化。

2. 非黏着制动

轨道电磁制动与轨道涡流制动属于非黏着制动。制动时，钢轨给出的制动力并不通过轮轨黏着点作用于车辆，而是由钢轨直接作用于吊挂在转向架上的电磁铁。制动力大小不受轮轨间黏着力的限制，是超出黏着力以外获取制动的一种制动方式。非黏着制动目前主要用于黏着制动力不够的高速旅客列车上，作为一种辅助的制动装置。

以上把液力制动归类于摩擦制动，把再生制动归类于列车动能变成可用能。而实际上，液力制动和再生制动也属于动力制动。

1.2.2 制动机的种类

制动过程是人为产生并控制列车减速力的大小，从而控制列车减速或阻止它加速运行的过程。制动过程中所需要的作用动力和控制信号的不同是区别不同制动机的重要标志。

制动机按控制方式和动力来源可分为手制动机、空气制动机、真空制动机、电空制动机和电磁制动机。

1. 手制动机

手制动机也称作人力制动机，是铁路机车车辆制动以人力作为制动原动力，通过人为操纵手柄的转动方向和手力的大小来操纵控制车辆的制动、缓解作用。其构造简单、费用低廉。缺点是劳动强度大、制动力弱、动作缓慢，列车各车辆制动的同时性差，制动冲击严重，影响列车制动效果。我国机车车辆上装有手自动机，在调车作业或长时间就地停放时使用。

2. 空气制动机

空气制动机以压缩空气为动力来源，用压缩空气的压力变化来操纵。这种制动机的制动力大，操纵控制灵敏、便利，能够较好地满足现代铁路对制动性能的基本要求，得到了广泛应用。例如国产东风系列内燃机车所使用的 JZ-7 型制动机就属于空气制动机。

3. 真空制动机

以大气为动力来源，用真空度的变化来操纵。和空气制动机相比，这种制动机构造简单、维修方便。但由于大气压力本身力量有限，又不可能全部利用，因而需要较大的制动缸和较粗的制动管，导致其重量较大且占空间。我国曾在 20 世纪 70 年代援助坦桑尼亚—赞比亚的铁路机车车辆上安装过真空制动机。

4. 电空制动机

以压缩空气为动力来源，用电来操纵制动装置的制动、保压和缓解等作用，故名为电空制动机。电空制动机一般是在空气制动机的基础上加装电磁阀等电气控制部件，为了取得应用上的可靠性，现在的电空制动机大多数附有空气制动机，以备在电控系统发生故障时，能自动地转为空气操纵。国产韶山系列电力机车所使用的 DK-1 型电空制动机就是这样配置的。

相对于空气制动机来说，电空制动机的主要优点是全列车制动和缓解的一致性较好，列车制动或缓解时纵向冲动小，明显地缩短了制动距离。列车越长，电空制动机的这种优点就越突出。

5. 电磁制动机

操纵控制和动力来源都用电的制动机称为电磁制动机，简称电制动机。这种制动机能得到较大的制动力，常被高速列车用作紧急制动时的一种辅助制动方式。

无论机车制动机采用何种制动机，都要可靠地对列车制动系统进行灵活、准确的操纵和控制，可靠地向整个列车制动系统提供质量良好的动力（如压缩空气）。

【任务评价】

序号	评价内容	评价标准	分值
1	能够根据制动过程中列车动能转移方式，正确区分制动机的制动方式	对问题的理解完全正确	3
		对问题理解不全面部分错误	2
		对问题完全理解错了	0
2	能够根据作用力的形成方式，正确区分制动机的制动方式	对问题的理解完全正确	3
		对问题理解不全面部分错误	2
		对问题完全理解错了	0
3	能够根据制动过程中所需要的作用动力和控制信号，正确区分制动机种类	对问题的理解完全正确	4
		对问题理解不全面部分错误	2
		对问题完全理解错了	0
得分			

任务 1.3　空气制动机的基本作用原理分析

【任务目标】

1. 知识目标

（1）熟悉直通式空气制动机的基本构成和作用原理。

（2）熟悉自动空气制动机的基本构成和作用原理。

2. 素质目标

（1）培养遵章守纪、严谨认真的工作作风，培养工作责任心。

（2）具备自主学习能力，培养分析能力，善于总结经验并进行创新。

（3）能完成团队分配的工作，承担团队成员的角色和责任。

3. 能力目标

（1）能够根据直通式空气制动机的基本构成，分析制动机作用原理。

（2）能够根据自动空气制动机的基本构成，分析制动机作用原理。

（3）能够根据两种空气制动机的特点，比较它们的优缺点。

空气制动机基本工作原理

【相关知识】

空气制动机是以压缩空气作为制动原动力，通过改变制动管压缩空气的压强来控制制动力变化的制动机。空气制动机制动力大、控制灵敏方便、应用最为广泛。我国机车车辆采用的制动机基本上有两种——空气制动机和电空制动机。由于电空制动机是在空气制动机基础上加装电器控制器件构成的，因此，掌握空气制动机的基本作用原理对学习电空制动机具有非常重要的意义。

空气制动机根据不同的作用原理可分为直通式空气制动机和自动空气制动机。

1.3.1　直通式空气制动机的基本构成和作用原理

1. 基本构成

直通式空气制动机结构原理如图 1-3-1 所示。在车辆上，直通式空气制动机主要由制动管和制动缸组成；在机车上，直通式空气制动机除包括制动管和制动缸外，还包括空气压缩机、总风缸及操纵整个制动系统的制动阀等组成部分。当编组成列车运行时，机车与车辆、车辆与车辆间除车钩连接外，各自的制动机也要通过制动管连接软管连接，以构成列车统一的制动系统，并由司机操纵制动阀来实现相应的控制。

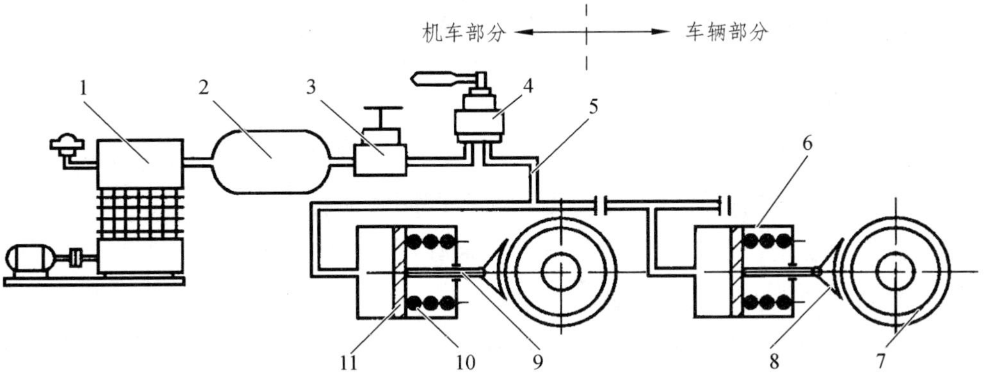

1—空气压缩机；2—总风缸；3—调压阀；4—制动阀；5—制动管；6—制动缸；
7—车轮；8—闸瓦；9—制动缸活塞杆；10—制动缸弹簧；11—制动缸活塞。

图 1-3-1 直通式空气制动机结构原理图

2. 基本作用原理

制动系统的工作过程主要包括制动、缓解与保压三个基本状态。

（1）制动状态

当列车需要制动时，司机将制动阀手柄置于“制动位”，使储存在总风缸内的压缩空气经调压阀、制动阀和制动管直接向机车制动缸和车辆制动缸充风，推动制动缸活塞压缩弹簧移动，并由制动传动装置（如制动缸活塞杆、制动杠杆等）将此推力传递到闸瓦上，使闸瓦压紧车轮，产生制动作用。

（2）缓解状态

当列车需要减小或消除制动时，司机将制动阀手柄置于“缓解位”，使机车、车辆制动缸内的压缩空气经制动管和制动阀排向大气，在制动缸弹簧作用下，制动缸活塞反向移动，并通过制动传动装置带动闸瓦离开车轮，实现缓解作用。

（3）保压状态

当列车需要保持某一制动力时，司机将制动阀手柄置于“中立位”，既关断机车、车辆制动缸的充风气路，又关断其排风气路，使机车、车辆制动缸内保持一定的压力，实现保压作用。

早期直通式空气制动机构造简单，用制动阀可直接调节制动缸压力，具有阶段制动和阶段缓解作用，对于很短的列车，操作方便灵活。由于制动缸的充、排风都需经过制动管来完成，制动管充风，产生制动作用；制动管排风，实现缓解作用。恰恰是直通式空气制动机的这一特点，使其存在着“列车分离时，列车制动系统失去制动作用”的致命弱点，这也是直通式空气制动机遭淘汰的根本原因。由于制动管又细又长，所以必然导致直通式空气制动机在制动时，前部车辆的制动缸充风快、压力高，而后部车辆的制动缸充风慢、压力低，使列车前、后部各车辆的制动同时性较差，从而造成较大的列车制动冲击，尽管如此，在这方面也远胜过人力制动。

1.3.2 自动空气制动机的基本构成和作用原理

1. 基本构成

自动空气制动机结构原理如图 1-3-2 所示。自动空气制动机是在直通式空气制动机的基础上增设一个副风缸和一个三通阀（分配阀）而构成的。

副风缸的用途是：在制动管充风缓解时储存压缩空气，在制动管减压制动时，各制动缸的压缩空气就近取自本车的副风缸。

三通阀（分配阀）的用途是：在制动管充风时，向副风缸充入相同压力的压缩空气，并使制动缸排风；在制动管排风时，停止向副风缸充风，同时使副风缸向制动缸充风。

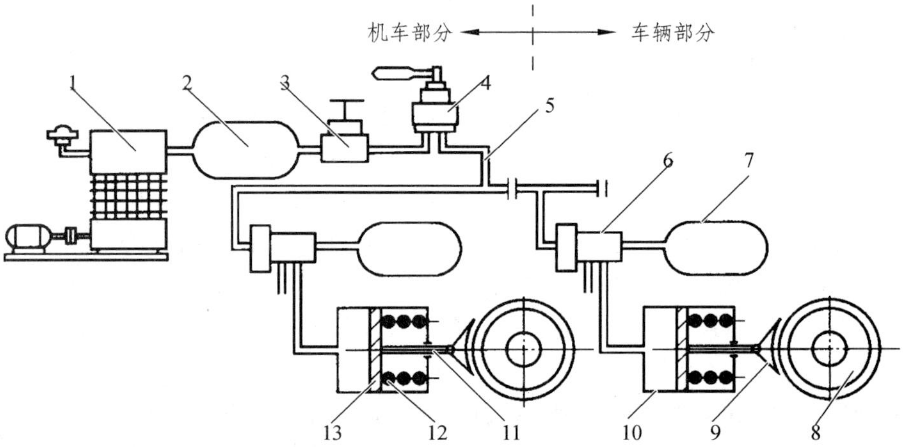

1—空气压缩机；2—总风缸；3—调压阀；4—制动阀；5—制动管；6—三通阀（分配阀）；7—副风缸；8—车轮；9—闸瓦；10—制动缸；11—制动缸活塞杆；12—制动缸弹簧；13—制动缸活塞。

图 1-3-2 自动空气制动机结构原理图

2. 基本作用原理

（1）缓解状态

如图 1-3-3 所示，司机将制动阀手柄置于“缓解位”时，总风缸内的压缩空气经过制动阀向制动管充风，主活塞外侧压力增大。当压力大于内侧副风缸压力时，主活塞带动节制阀、滑阀内移，开放充气沟，制动管的压缩空气经充气气路进入副风缸储存起来准备制动时使用。同时，滑阀连通制动缸和三通阀排气口，若制动缸内有压缩空气，则经排气口排入大气，最终使闸瓦离开车轮，实现缓解作用。

（2）制动状态

如图 1-3-4 所示，司机将制动阀手柄置于“制动位”，制动管内压缩空气经制动阀排风，三通阀活塞两侧压力失去平衡而形成向左的压力差，推动活塞左移，关闭充气沟使副风缸内的压缩空气不能向制动管逆流；同时，活塞带动滑阀、节制阀左移，使滑阀遮盖排气口以关断制动缸的排风气路，并使节制阀开通副风缸向制动缸充风的气路，随着压缩空气充入制动缸，将推动制动缸活塞右移，最终使闸瓦压紧车轮产生制动作用。

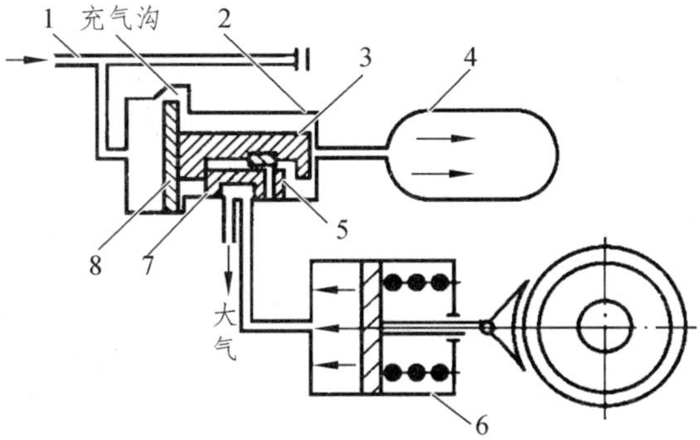

1—制动管；2—三通阀；3—三通阀活塞杆；4—副风缸；5—节制阀；6—制动缸；7—滑阀；8—三通阀活塞。

图 1-3-3　自动空气制动机缓解状态

（3）保压状态

如图 1-3-5 所示，制动后，司机将自动制动阀手柄由“制动位”移向“中立位”时，制动管停止向外排气，也不能由制动阀充气，制动管压力保持不变。由于三通阀仍处在制动位置，副风缸内压缩空气通过滑阀与滑阀座上的孔路继续充入制动缸，副风缸的压力继续下降。当压力降到稍低于制动管压力时，主活塞带动节制阀向内移动到接触滑阀时止，节制阀将滑阀上的副风缸与制动缸通路遮断，副风缸停止向制动缸充气，使制动缸既不充风也不排风，即制动机呈保压状态。

由于自动空气制动机具有“制动管充风——缓解，制动管排风——制动”的工作机理，因此它克服了直通式空气制动机的“列车分离时制动系统失去制动作用”致命弱点，从而得到广泛的应用。

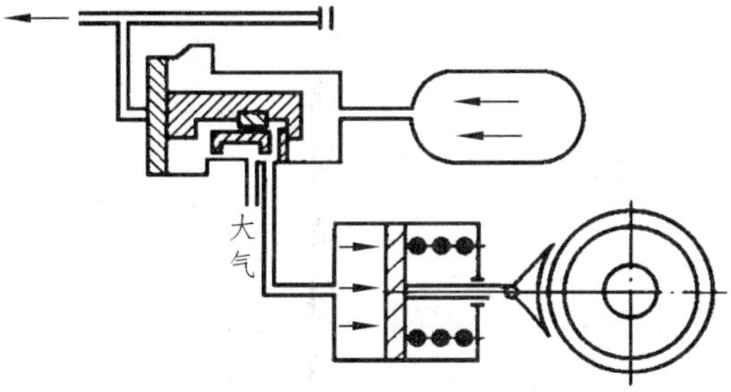

图 1-3-4　自动空气制动机制动状态

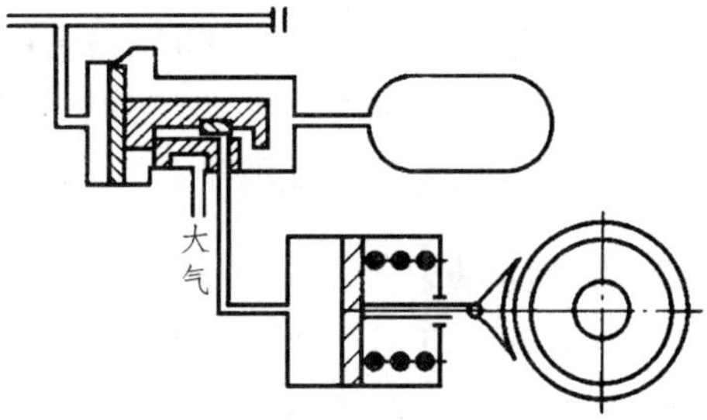

图 1-3-5　自动空气制动机保压状态

【任务评价】

序号	评价内容	评价标准	分值
1	能够根据直通式空气制动机的基本构成，分析制动机作用原理	分析问题有理有据	3
		分析问题不全面	2
		分析问题观点错误	0
2	能够根据自动空气制动机的基本构成，分析制动机作用原理	分析问题有理有据	3
		分析问题不全面	2
		分析问题观点错误	0
3	能够根据两种空气制动机的特点，比较它们的优缺点	正确给出所有答案	4
		答案部分错误	2
		答案完全错误	0
得分			

任务 1.4　制动管减压量与制动缸压力的关系分析

【任务目标】

1. 知识目标

（1）熟悉制动管减压量与制动缸压力的关系。

（2）熟悉制动管最小有效减压量的确定。

（3）熟悉制动管最大有效减压量的确定。

2. 素质目标

（1）培养遵章守纪、严谨认真的工作作风，培养工作责任心。

（2）具备自主学习能力，培养分析能力，善于总结经验并进行创新。

（3）能完成团队分配的工作，承担团队成员的角色和责任。

3. 能力目标

（1）能够根据空气制动机的工作过程，分析制动管减压量与制动缸压力的关系；

（2）能够根据制动管减压量与制动缸压力的关系，分析制动管最小、最大有效减压量的确定。

【相关知识】

1.4.1 制动管减压量与制动缸压力的关系

制动管减压量与制动缸压力的关系

空气制动机的工作过程是利用压缩空气的压力与容积的变化关系来实现的。如果空气制动机的型号一定，那么空气的压力与容积之间保持着一定的关系。

以 GK 型车辆制动机为例，当副风缸与制动缸的容积比值一定时，制动缸与制动管减压量的关系为：

$$P_1 = 3.25r - 100 \tag{1-4-1}$$

式中：P_1——制动缸压力，表压力，kPa；

r——制动管减压量，kPa。

制动缸的压力正比于制动管的减压量，所以当司机操纵列车时，通常是通过控制制动管减压量来控制列车制动力的大小。

作为机车制动机的 DK-1 型电空制动机所采用的 109 型分配阀，在工作中起着空气制动机三通阀的作用，其制动缸压力与制动管减压量的关系为：

$$P_1 = 2.6r \tag{1-4-2}$$

式中：P_1——制动缸压力，表压力，kPa；

r——制动管减压量，kPa。

综上所述，制动缸压力正比于制动管减压量，产生一个制动管减压量，就有一个制动缸压力值与其对应。但是，实际工作过程中，制动缸压力受有效制动作用的限制，因此，制动管减压量范围也就受到了相应的有效减压量的限制。

1.4.2 制动管最小有效减压量的确定

无论何种类型的机车制动机，都以控制全列车实现制动、缓解与保压为目的，而只有全列车的闸瓦均压紧车轮，才能有效地产生制动作用。实际工作表明，制动缸充风后将制动缸活塞推出使闸瓦压紧车轮的过程中，需要克服制动缸弹簧对活塞的背压及相关的摩擦阻力，因此制动缸存在最小有效制动缸压力，且相对应地存在一个制动管最小有效减压量。

通过理论计算与实践，只有制动缸压力达到 35 kPa 以上时，即制动管减压量不小于 41.5 kPa 时，才足以克服制动缸弹簧对活塞的背压以及各种摩擦等阻力，产生有效的制动作用。

当工作实践中，制动管最小有效减压量的确定，还要考虑其他因素的影响，例如，制动管减压值在车列中不是完全一致的，车列越长，其尾部制动管减压值比首部越小，因此要求制动管减压量不能过低，避免后部车列无制动作用，以影响行车安全。一般地，单机时，最小有效减压量选取 40 kPa；牵引列车时，最小有效减压量选取 50 kPa；牵引 60 辆以上时，最小有效减压量选取 70 kPa。例如 DK-1 型电空制动机，在设计初制动时，考虑到最初制动管减压量的要求，制动管定压为 500 kPa 时，制动管最小有效减压量选取 36 kPa；制动管定压为 600 kPa 时，制动管最小有效减压量选取 56 kPa。

1.4.3 制动管最大有效减压量的确定

制动缸压力随制动管减压量的增加而正比例增加，但当制动管减压量增大到（即制动管压力降到）一定程度时，副风缸与制动缸的压力将达到平衡状态，此时若制动管继续减压，制动缸压力也不会上升，因此，制动缸存在制动缸最大压力，而对应于制动缸最大压力的制动管减压量，则被称为制动管最大有效减压量。

通过理论计算与实践可知，由于制动管的定压不同，其制动管最大有效减压量也不同。当制动管压力为 500 kPa 时，制动管最大有效减压量分别为 140 kPa；当制动管压力为 600 kPa 时，制动管最大有效减压量为 170 kPa。当制动管减压量超过制动管最大有效减压量时即为过量减压，一般情况下应尽量避免，因为不仅损失压缩空气而未能使制动力增加，而且将延长充风时间，带来安全隐患。

综上所述，尽管制动缸压力正比于制动管减压量，但却是在一定范围内成立。在实际工作过程中，制动缸压力受有效制动作用的限制，因而制动管的减压量范围也就受到了相应的制动管最小、最大有效减压量的限制。

【任务评价】

序号	评价内容	评价标准	分值
1	能够根据空气制动机压力空气的压力与容积的变化关系，分析制动管减压量与制动缸压力的关系	对问题的分析完全正确	4
		分析问题不全面	2
		分析问题错误	0
2	能够根据制动管减压量与制动缸压力变化关系，分析制动管最小有效减压量的确定	分析问题有理有据	3
		分析问题不全面	2
		分析问题观点错误	0
3	能够根据制动管减压量与制动缸压力变化关系，分析制动管最大有效减压量的确定	分析问题有理有据	3
		分析问题不全面	2
		分析问题观点错误	0
得分			

任务 1.5　列车制动时的纵向动力作用分析

【任务目标】

1．知识目标

（1）了解空气波和制动波的形成。

（2）熟悉列车制动时的纵向动力作用。

2．素质目标

（1）培养遵章守纪、严谨认真的工作作风，培养工作责任心。

（2）具备自主学习能力，培养分析能力，善于总结经验并进行创新。

（3）能完成团队分配的工作，承担团队成员的角色和责任。

3．能力目标

（1）能够根据空气波和制动波的形成原因，分析对列车制动系统的影响。

（2）能够根据列车制动过程中各车辆制动缸压力的变化及分布情况，分析列车制动时的纵向动力作用原因并提出初步预防措施。

【相关知识】

列车制动时的纵向动力作用

1.5.1　空气波和制动波的形成

1．空气波

制动管有两种功能：一是向列车制动系统供风；二是通过充风或排风，引起制动管空气压力的增减，从而控制全列车制动机的动作。在铁路运输中，由于机车车辆是编组成列车运行的，制动管又细又长，空气又是弹性物质。所以，当司机在列车前端控制制动管充风或排风时，全制动管并不是立即同时、同步地增压或减压。以施行制动为例，首先，列车前端制动阀附近的制动管空气压力开始下降，使其原有的压力平衡发生变化。然后，这一压降沿着制动管以一定的速度逐渐向后传播，直到列车尾端制动管封闭处的压力也开始下降。当这一压降由前向后传播时，制动管前端的空气压力继续下降，新的压降也不断向后传播。这种空气的压力波动沿制动管长度方向由前向后传播所形成的波，称作空气波。

在列车前端排风减压并且不断地向后传播的过程中，制动管内的压缩空气不断地膨胀，它的压能不断地转化为动能。因此，它不断地由后向前连续流动，经由制动阀排气口排向大气。空气在管内的连续流动时周围阻力对它的影响很大，由于空气波在传播过程中能量有损失，所以空气波动强度实际上是逐渐减弱的，就如投石于湖中激起的水波在向外扩展中逐渐减弱一样，因此，制动管的减压速度也是越往后越低。

通常，以空气波速来衡量空气波传播的速度，所谓空气波速是指空气波的传播速度。一般地，空气波速为 330 m/s 左右。目前，要想大幅度提高空气波速，使列车前后部的制动管减压速度达到最大限度的一致性，采用电气控制的电空制动机是一个有效的途径。

2. **制动管减压速度**

空气波传到列车中任一分配阀后，该阀主活塞制动管一侧即开始减压。但是，要使主活塞动作，还必须使主活塞两侧形成一定的压力差，而且压力差要累积到大于主活塞的移动阻力，主活塞才能移到制动位置，才能沟通作为风源的副风缸压缩空气进入制动缸的通路，从而实现制动作用。此压力差的建立取决于制动管的减压速度。减压速度大，压力差建立就快，反之就慢。如果减压速度过低，由于副风缸压缩空气经充气通路逆流入制动管，主活塞两侧的压力差就建立不起来，阀就不能产生动作。

在列车中各车辆的分配阀处的减压速度，受到与排风口的距离、制动管长度、车辆制动支管的长度及主活塞制动管一侧容积、制动阀排气方式和制动管定压等许多因素的影响。

3. **制动波**

当司机施行制动时，由于空气波的存在，列车中各制动机的制动作用并不是全列车立即同时、同步地发生，而是有一个陆续发生的过程。在理想情况下，制动作用沿列车长度方向由前向后逐次发生，这种制动作用沿列车长度方向由前向后逐次传播现象称作“制动波”。

实际上，由于各制动机的结构、性能和状态的差异，制动作用有时不是完全由前向后逐次发生，而是存在某种“跳越”现象。即，列车中某辆车或某几辆车的制动作用可能比其后的车辆发生得还要晚。这说明制动波并不是一种波，只是习惯上那么叫罢了。

衡量制动波传播速度的物理量，称为制动波速。一般以“m/s”为计量单位。

由于制动波的传播速度受到空气波传播速度、三通阀（分配阀）动作灵敏性及制动机性能好坏等因素的限制，所以，制动波速总比空气波速要小。

制动波速是综合评定制动机性能的重要指标。制动波速越高，表明列车前、后部制动作用的同时性越好，有利于减轻制动时的纵向动力作用和缩短制动距离；同时，制动波速越高，则制动作用的传播长度可更大些，即能适应长大列车的要求。

1.5.2 列车制动时的纵向动力作用

由前面的讨论可知，对于空气制动机，在施行制动或缓解时所产生的空气波存在一个沿制动管长度方向由前向后传播的过程；列车越长，其前后部开始制动或缓解的时间差就越大。这种“沿列车长度的制动或缓解作用的不同时性”是列车制动或缓解时发生强烈纵向动力作用的主要原因。对于重载（或扩编）列车，这个问题尤其突出。

1. 制动阶段的划分及其性质

根据列车制动过程中各制动缸压力的变化情况，整个制动过程可划分为 4 个阶段。如图 1-5-1 所示为一列车（为简化分析，设该列车编组为 4 辆）各制动缸的充风曲线，即 P-t 曲线。

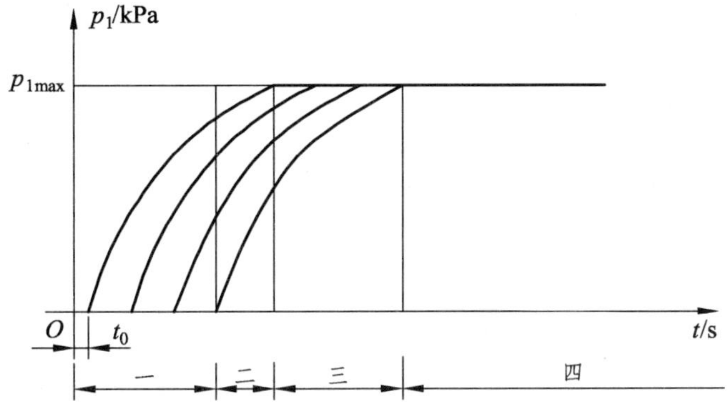

图 1-5-1　列车制动时制动缸的充风曲线

第一制动阶段——由司机扳动制动阀手柄至制动位时开始，到最后一辆车制动缸压力开始上升的瞬间为止。在这个阶段，由列车前部第一辆开始，各车辆制动机逐次发生制动作用；并且制动缸压力及相应的制动力沿列车长度方向由前向后越来越小。因此，前部车辆减速度大，而后部车辆减速度小，形成各车辆间的动能之差，导致列车各车辆从两端向列车中部挤压的相对运动，并将动能差转换为车钩缓冲器弹簧的势能，即造成列车各车钩缓冲器弹簧的压缩，该压缩为静压缩。由于列车的这种压缩具有一定的作用速度，所以表现为列车的纵向动力作用。当第一制动阶段终了时，车钩缓冲器弹簧到达新的静平衡位置，静压缩达到最大值。

第二制动阶段——由最后一辆车制动缸压力开始上升起，到第一辆车制动缸压力上升到最大值为止。在这个阶段，各车辆的制动缸压力保持着第一阶段末已形成的压力差而按相同的速率上升，车钩缓冲器弹簧继续被压缩，形成动压缩。当第二制动阶段所形成动能差全部转换为势能时，动压缩达到最大值；然后车钩缓冲器弹簧开始伸张，造成列车的纵向动力振动。由于车钩缓冲器的摩擦阻尼作用，这个动力振动将很快衰减而消失，但静压缩则仍保持不变。

第三制动阶段——由第一辆车制动缸压力上升到最大值的瞬间起，到最后一辆车的制动缸压力上升到最大值为止。在这个阶段，各车辆的制动缸压力逐渐趋于一致，第一制动阶段储存在车钩缓冲器弹簧中的静压缩势能逐渐释放出来，列车中各车辆在车钩缓冲器弹簧反拨力作用下发生由列车中部向两端伸张的现象。这种伸张也具有一定的作用速度（比压缩的速度小，能量有损失），所以也会引起列车纵向动力作用。该动力作用由于车钩缓冲器的摩擦阻尼作用会很快衰减和消失。

第四制动阶段——由最后一辆车的制动缸压力上升到最大值时起，到列车完全停车或缓解为止。在这个阶段，各个车辆的制动机都产生了最大制动力。如果列车单位制动力（列车每吨重量的制动力）分配均匀，则车辆之间不形成任何因制动而产生的作用力。但如单位制动力分配不均匀，则仍将有压缩力或拉伸力存在，即可造成列车的纵向动力作用。这是静力性质的，当制动力达到最大值时，这种作用力也达到最大值。

实际工作中，在列车制动过程中的每一瞬间，各个机车车辆具有不同的单位制动力。如果列车施行制动时是处在拉伸状态，则制动之初首先要消除这些车钩与车钩之间的自由间隙，这就必然会产生强烈的纵向动力作用。

2. 产生动力作用的原因

列车制动时产生纵向动力作用的主要原因有 3 个：

（1）制动作用沿列车长度方向的不同时性。

（2）全列车制动缸的压力都达到指定值以后，单位制动力沿列车长度方向的不均匀分布。

（3）各车辆之间的非刚性连接使由于前两种原因，产生的纵向动力作用更加剧烈。

列车制动纵向动力作用，随列车长度的增加和制动力的增大而加剧。严重时它能导致车钩缓冲器装置折损和车体严重损坏等重大事故。所以，对于这个问题的试验和研究是一项很重要的工作。

科学家的研究表明:① 提高制动波速和延长制动缸充风时间都可以减轻列车制动时的纵向动力作用。虽然提高制动波速可以缩短制动距离，但是延长制动缸充风时间却会导致制动距离延长。因此，要想在不延长制动距离的条件下减轻制动时的纵向动力作用，只有首先大力提高制动波速，同时适当地延长制动缸充风时间，如，采用“先快后慢”地变速充风。② 发展大吨位车辆比增加编组辆数对减轻制动冲动更为有利。③ 由于闸瓦摩擦系数随列车速度的降低而增大，故在闸瓦压力相同的条件下，低速时制动冲击力更大。④ 列车在拉伸状态下制动，其纵向冲击力比在压缩状态下大很多。

【任务评价】

序号	评价内容	评价标准	分值
1	能够根据空气波和制动波的形成原因，分析对列车制动系统的影响	对问题的理解完全正确	4
		对问题部分理解或理解错了	2
		对问题完全理解错了	0
2	能够根据列车制动过程中各车辆制动缸压力的变化及分布情况，分析列车制动时的纵向动力作用原因	分析问题有理有据	3
		分析问题不全面	2
		分析问题观点错误	0
3	能够根据列车制动时的纵向动力作用原因并提出初步预防措施	分析问题有理有据	3
		分析问题不全面	2
		分析问题观点错误	0
得分			

复习思考题

1. 什么是制动？什么是制动方式？
2. 制动机在铁路运输中有何重要意义？
3. 制动机是如何分类的？制动方式又是如何分类？
4. 叙述直通式空气制动机的构成和作用原理。
5. 叙述自动式空气制动机的构成和作用原理。
6. 制动缸压力与制动管减压量之间有什么关系？
7. 什么是制动管最大有效减压量？制动管最大有效减压量是如何规定的？
8. 什么是制动管最小有效减压量？制动管最小有效减压量是如何规定的？
9. 什么是过量减压？有什么危害？
10. 产生列车制动纵向动力作用的主要原因有哪些？

项目 2 电力机车风源系统检查与维护

项目描述

机车空气管路系统按其功能可分为风源系统、制动机气路系统、控制气路系统和辅助气路系统 4 大部分。电力机车风源系统是制动机的地的重要组成部分，其作用是生产、储备、调节、控制压缩空气，并向全车各气路系统提供所需的高质量、洁净、稳定的压缩空气。

本项目着重进行典型电力机车风源系统及其组成部件的结构介绍，要求能够根据部件的结构分析其工作原理，并在此基础上能够进行电力机车风源系统部件的维护保养。

知识导图

电力机车风源系统检查与维护

- **压缩空气的生产**
  - 活塞式空气压缩机
    - NPT5型空气压缩机
    - VF-3/9型空气压缩机
  - 螺杆式空气压缩机
    - TSA-230AD型螺杆式空气压缩机
    - SL22-66型螺杆式空气压缩机
- **压缩空气的净化处理**
  - DIKG-A型空气干燥器
  - JKG1C型双塔吸附式空气干燥器
- **压缩空气的压力控制**
  - 压力控制器
  - 调压器模块
- **压缩空气的储存**
  - 总风缸

任务 2.1　典型电力机车风源系统认知

【任务目标】

1. 知识目标

（1）熟悉典型电力机车风源系统的作用及组成。

（2）熟悉典型电力机车风源系统的工作过程。

2. 素质目标

（1）培养遵章守纪、严谨认真的工作作风，培养工作责任心。

（2）具备自主学习能力，培养分析能力，善于总结经验并进行创新。

（3）能完成团队分配的工作，承担团队成员的角色和责任。

3. 能力目标

（1）能够根据电力机车风源系统管路原理图，分析风源系统工作过程。

（2）能够根据电力机车风源系统的故障现象，分析故障原因。

【相关知识】

典型电力机车风源系统认知

电力机车风源系统负责在机车正常运行时，提供机车、车辆制动机以及全列车气动器械所需的高质量洁净、干燥和稳定的压缩空气。

2.1.1　SS_4 改型电力机车风源系统

SS_4 改型电力机车由两节完全相同的机车重联组成，每节机车上均设置一套完整的空气管路系统，可以单独运用，也可以通过空气管路系统的重联环节实现两节机车的重联运行。

SS_4 改型电力机车风源系统由空气压缩机组、空气干燥器、压力控制器、总风缸、止回阀、高压安全阀、无负载启动电空阀、排水阀、塞门及其连接管路等组成。SS_4 改型电力机车风源系统管路原理如图 2-1-1 所示。

SS_4 改型电力机车风源系统工作环节包含压缩空气的生产、压缩空气的净化处理、压缩空气的储存、压缩空气的压力控制、总风的重联等五个环节。

1. 压缩空气的生产

每节 SS_4 改型电力机车主压缩空气的生产，由一台生产量为 3 m^3/min 的 VF-3/9 型主空气压缩机 43 完成。该空气压缩机为四缸、V 形排列、两级压缩、中间冷却的活塞式空气压缩机。其额定排气压力为 900 kPa，额定转速为 980 r/min，并由一台功率为 37 kW 的 YYD-280S-6 型三相交流异步电动机驱动。在运行中，如果该节机车空气压缩机组出现故障，可利用另一节机车上的空气压缩机组继续维持运行。

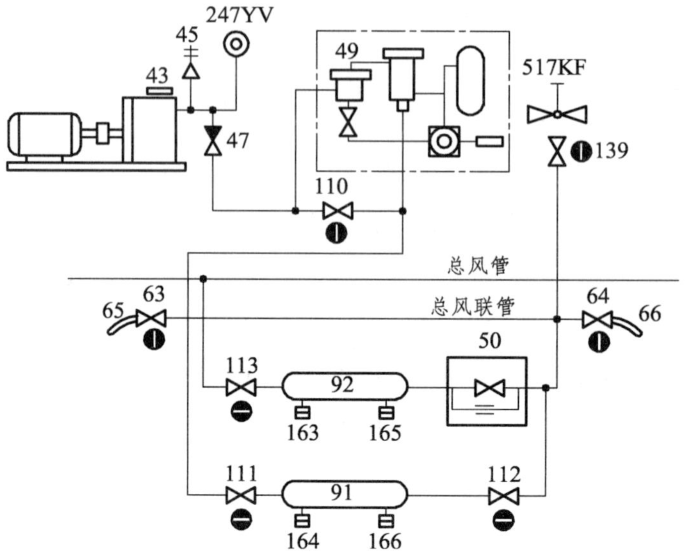

43—主空气压缩机；45—高压安全阀；47—止回阀；49—空气干燥器；50—逆流止回阀；63、64—总风折角塞门；65、66—总风软管连接器；91—第一总风缸；92—第二总风缸；111～113、139—塞门；163～166—排水阀；247YV—无负载启动电空阀；517KF—压力控制器。

图 2-1-1　SS_4 改型电力机车风源系统管路原理图

因为机车空气压缩机起动频繁，为保证压缩机在任何工况下都能顺利启动，无负载启动电空阀用于在主空气压缩机启动之初，排放主空气压缩机出风管与止回阀之间的压缩空气，用于减小主空气压缩机在启动过程中的启动负载，以保证主空气压缩机顺利启动。即空气压缩机启动前，无负载启动电空阀得电，使止回阀前的一段管路一直与大气沟通，在主空气压缩机启动后 3 s 内仍继续排空，待延时 3 s 后无负载启动电空阀失电关闭排风口。

为了限制压缩空气的流动方向，防止压缩空气向主空气压缩机气缸内逆流或压缩空气逆流到无负荷启动电空阀排入大气，在空气压缩机出风管路上设有止回阀 47。

2. 压缩空气的压力控制

压缩空气压力由 YWK-50-C 型压力控制器 517KF 来调整。压力控制器根据总风缸压力的变化，自动闭合或切断主空气压缩机电动机电源，从而控制主空气压缩机的运转或停止，使总风缸内压缩空气的压力保持在规定的压力范围（750～900 kPa）内。即当总风缸空气压力达到最大规定值 900 kPa 时，将自动切断主空气压缩机电动机的电源电路，主空气压缩机停止工作；当总风缸空气压力低于最小规定值 750 kPa 时，将自动闭合主空气压缩机电动机的电源电路，主空气压缩机恢复打风。压力控制器故障时，可通过塞门 139 切除，这时司机可利用强泵风按钮操作压缩机组。

为确保总风管路不超过安全的压力，高压安全阀在正常的压力控制装置失效后，能自动降低压力及报警，达到安全保护作用，其整定值为 950 kPa。

3. 压缩空气的净化处理

压缩空气的净化处理由空气处理量为 3 ~ 5 m^3/min 的 DJKG-A 型空气干燥器 49 完成。压缩机组生产的压缩空气先经过一段较长的冷却管冷却后进入干燥器，在干燥器的滤清筒、干燥筒内进行干燥净化处理后，送入总风缸内储存。

4. 压缩空气的储存

经过干燥净化处理后的压缩空气，进入两个串联的总风缸内储存。其中第一个总风缸 91 容积为 290 L，第二个总风缸 92 容积为 612 L。

机车入库后可关闭塞门 111、113，保存总风缸内的压缩空气；在机车无火回送时，应将塞门 112 关闭，切除第一总风缸，缩短列车的充气时间。

在使用中还应定期打开总风缸排水阀 163 ~ 166，以检查和排出总风缸内的积水。

5. 总风的重联

逆流止回阀 50 设置在第一与第二总风缸之间。空压机工作时，经过干燥、净化处理后的压缩空气进入第一总风缸后，一路经逆流止回阀 50 进入第二总风缸提供本节机车使用；另一路经总风联管、总风折角塞门 63 或 64、总风软管连接器 65 或 66 等总风重联装置进入另一节重联机车，使得所有重联机车的总风缸相通，保证所有重联在一起的机车总风缸内压缩空气压力一致，而不会由于各机车用风量不同造成总风缸内压缩空气压力不一致。当一台机车空气压缩机组出现故障后，可由另一台机车通过总风重联装置提供压缩空气。

当重联在一起的两节机车或其他重联机车之间断钩分离后，第一总风缸内的压缩空气将很快随拉断的总风软管连接器排入大气，第二总风缸内的压缩空气由于逆流止回阀的单向作用将缓慢沿逆流小孔排入大气，保证分离后机车制动所需的压缩空气。

2.1.2 SS_9 型电力机车风源系统

SS_9 型电力机车是用于牵引旅客列车的准高速电力机车。风源系统是机车空气管路系统的基础，它为机车与车辆制动系统及全列车气动器械提供稳定和洁净的压缩空气。

SS_9 型电力机车的风源系统由空气压缩机、高压安全阀、止回阀、空气干燥器、逆流止回阀、折角塞门、软管连接器、总风缸、双管供风调压阀、排水阀、启动电空阀、压力控制器及塞门等部件组成。SS_9 型电力机车风源系统管路原理如图 2-1-2 所示。

SS_9 型电力机车的风源系统可分为压缩空气的生产、压缩空气的压力控制、压缩空气的净化处理、压缩空气的储存、风源保护五个环节。

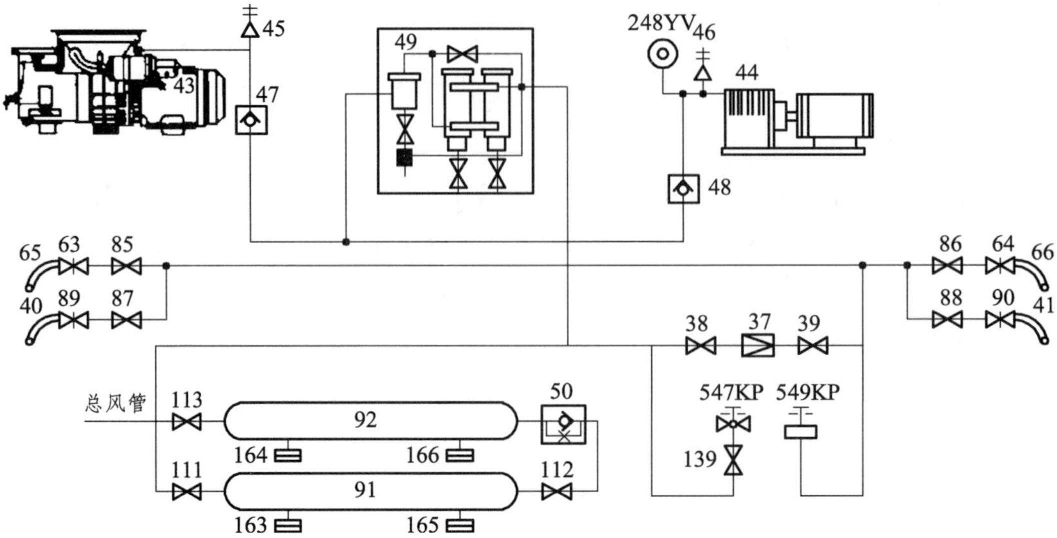

40、41、65、66—供风软管连接器；43—TSA-230A 型压缩机；44—V-2.4/9 型压缩机；
45、46—高压安全阀；47、48—止回阀；49—双塔干燥器；50—逆流止回阀；
63、64、89、90—供风折角塞门；85～88—防撞塞门；91、92—总风缸；
111～113—截断塞门；139—截断塞门；163～166—排水阀；
547KP—压力控制器；549KP—压力开关；
248YV—启动电空阀。

图 2-1-2　SS_9 型电力机车风源系统管路原理图

1. 压缩空气的生产

SS_9 型电力机车采用一台 TSA-230A 型螺杆压缩机 43 和一台 V-2.4/9 型空气压缩机 44 产生压缩空气。TSA-230A 型螺杆压缩机额定排气压力为 900 kPa，排气量为 2.4 m^3/min，控制电压为 DC 110 V，压缩机电机转速为 2 955 r/min，轴功率为 22 kW；V-2.4/9 型压缩机额定排气压力为 900 kPa，排气量为 2.4 m^3/min，控制电压为 DC 110 V，压缩机电机转速为 1 500 r/min，轴功率不大于 18.5 kW，适用温度范围 - 40～+50 °C（当环境温度低于 - 25 °C 时，应使用润滑油加热装置）。在运行中，如果一台压缩机出现故障，可利用另一台压缩机组继续维持运行。

因为机车空气压缩机启动频繁，为保证压缩机在任何工况下都能顺利启动正常工作，在压缩机 44 排风口和止回阀 48 间装有启动电空阀 248YV。在压缩机组开始启动时，活塞压缩机出风管上的启动电空阀得电延时而排出风管中的压缩空气，以减少压缩机组启动负载。

2. 压缩空气的压力控制

压缩空气的压力采用 YWK-50-C 型压力控制器控制，该压力控制性能稳定，调整方便。其整定值为 750～900 kPa，当总风缸压力低于 750 kPa 时，接通压缩机控制电路，压缩机工作，当总风压力高于 900 kPa 时，断开压缩机控制回路，压缩机停止供风，从而使总风压力处于整定值。

压力控制器故障时，可通过塞门 139 切除，这时司机可通过监视总风压力，利用强泵开关操纵压缩机组工作。当机车总风缸压力达 950 kPa 时，安装在压缩机出风管上的高压安全阀 45、46 将连续不断向外排气，并发出尖锐报警声，这时司机应关闭强泵开关，停止压缩机组工作。

3. 压缩空气的净化处理

压缩空气的净化处理由空气处理量为 4.8 m^3/min 的 JKG-1D 型双塔干燥器完成。压缩机组生产的饱和湿空气经压缩机出风管进入干燥器滤清筒，将压缩空气中的油雾、水和机械杂质过滤掉。洁净饱和的湿空气进入干燥筒内，通过活性氧化铝的吸附，使干燥筒排出的压缩空气既清洁又干燥。洁净的压缩空气连接管道送入总风缸。

4. 压缩空气的储存

经干燥净化处理后的压缩空气，进入两个串联的总风缸内储存，以供全列车气动器械及制动机所需。两个总风缸的容积均为 612 L。两个总风缸平行车体纵向中心线吊挂于车体底架下部。

库停时应定期将总风缸内水排尽，尤其在冬季，长时间库停需要先将总风缸排水阀 163 ~ 166 打开排尽压缩空气后再关闭。

5. 风源保护

在 91、92 风缸之间设置了逆流止回阀 50，当正常运行时，逆流止回阀能使机车 91、92 总风缸压力一致；当机车与车辆之间发生断钩事故时，第一总风缸 91 内的压缩空气随拉断的供风管直接排向大气，第二总风缸 92 内的压缩空气只能通过逆流止回阀 50 上的 ϕ6 mm 逆流小孔缓慢排向大气，保证断钩机车紧急停车时对压缩空气的需要。

另外，为了满足提速客车新增的空气弹簧、集便厕所、气动塞拉门等设备的用风需要。SS_9 型电力机车设有双管供风装置，给客车供风的调压阀 37 整定值为 600 kPa，用于供风压力状态指示的压力开关 549 KP 整定值为 480 kPa。可以从司机台上的指示灯判断供风风压的正常与否，或者从双管供风装置的风压表可观察到供风风压。

2.1.3　HXD_{3C} 型电力机车风源系统

HXD_{3C} 型电力机车风源系统负责生产并提供全列车气动器械以及机车、列车制动机所需要的高质量的清洁、干燥和稳定的压缩空气。

风源系统主要由空气压缩机组 A1，高压安全阀 A3、A7，空气干燥器 A4，微油过滤器 A5，最小压力阀 A6，总风缸 A11、A15，总风缸排水塞门 A12，止回阀 A8，截断塞门 A10，流量缩堵 B02 等组成。HXD_{3C} 型电力机车风源系统管路原理如图 2-1-3 所示。

HXD$_{3C}$型电力机车的风源系统包含压缩空气的生产、压缩空气的压力控制、压缩空气的净化处理、压缩空气的储存、风源保护五个环节。

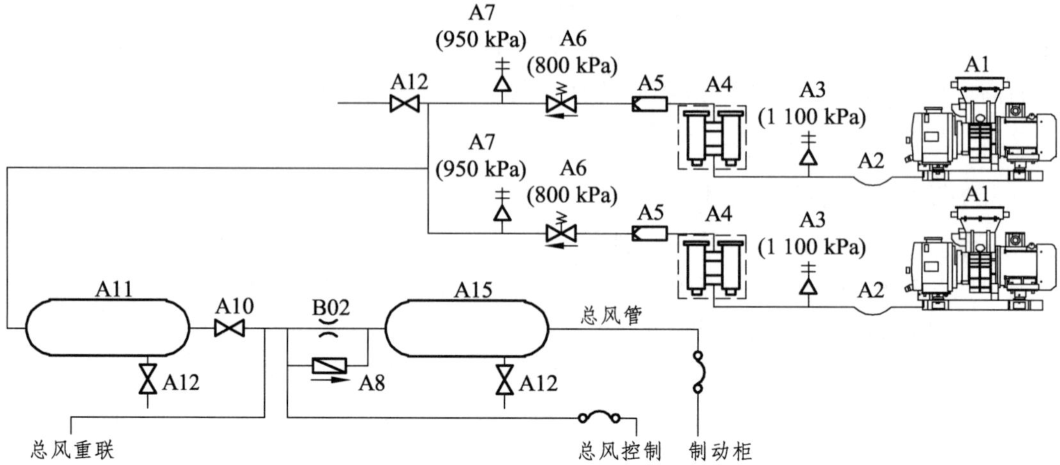

A1—空气压缩机组；A2—空气压缩机出风软管；A3、A7—高压安全阀；A4—空气干燥器；
A5—微油过滤器；A6—最小压力阀；A8—单向阀；A11、A15—总风缸；
A10—截断塞门；A12—总风缸排水塞门；B02—限流缩堵。

图 2-1-3 HXD$_{3C}$型电力机车风源系统管路原理图

1. 压缩空气的生产

采用两台螺杆式空气压缩机组 A1 作为系统风源，排风量为每台 2 750 L/min，转速 2 920 r/min，工作压力 1 000 kPa，设有无负荷启动装置，高温保护开关，低温加热装置。

注：部分机车采用国产的 TSA-230AⅥ型螺杆式压缩机，其性能同上。

2. 压缩空气的压力控制

不同于 SS 系列电力机车，HXD$_{3C}$型电力机车通过安装在制动柜内的调压器模块进行总风压力的控制。

为确保机车空气系统的安全，在干燥器前后各有一个高压安全阀，高压安全阀 A3 的开启压力为 1 100 kPa，高压安全阀 A7 的开启压力为 950 kPa，当机车空气压力超过设定值后自动将压缩空气排出。

3. 压缩空气的净化处理

配套使用两个双塔干燥器 A4，安装在空压机和总风缸之间，具有过滤压缩空气中油、水，降低压缩空气露点的功能，使得空气系统在正常使用时，不会出现液态水。双塔干燥器的空气处理量为每个 4.8 m^3/min。

机车装有两个空气系统用微油过滤器，对通过干燥器后的压缩空气进行油污处理，保证通过微油过滤器后的压缩空气满足净化要求。该过滤器需进行定期排污处理。

机车装有两个最小压力阀，保证干燥器内部快速建立起压力，使干燥器可以进行再生、干燥工作，开通压力为 600 kPa。同时对两台干燥器间通道进行隔离。

4. 压缩空气的储存

采用 2 个容积均为 800 L 的风缸串联作为压缩空气的储存容器，采用车内立式安装。设计压力为 1 000 kPa，风缸材质为 16 MnDR。风缸缸体采用 6 mm 厚的钢板按直径 ϕ750 mm 卷制后焊接，缸头采用 7 mm 厚钢板热压成碟形封头。

在使用中应定期打开两个总风缸排水塞门 A12，检查和排出总风缸内的积水。

5. 风源保护

机车第一、第二总风缸间装有一个限流缩堵 B02。限流缩堵的内部通道为 6 mm，保证机车第一总风缸和第二总风缸间压力达到平衡状态，同时保证重联机车间断钩后第二总风缸内压缩空气不会快速的排空。

另外，在机车第一、第二总风缸间装有截断塞门 A10，用于机车无动力回送操作。当机车进行无动力操作时关闭该塞门，机车只有第二总风缸投入运用，保证机车快速达到无动力行车状态。

为了满足机车重联功能及客车总风供风功能在机车端部安装了总风软管和平均软管。

【任务评价】

序号	评价内容	评价标准	分值
1	能够根据 SS_4 改型电力机车风源系统管路原理图，分析风源系统工作过程	分析问题有理有据	3
		分析问题不全面	2
		分析问题观点错误	0
2	能够根据 SS_9 型电力机车风源系统管路原理图，分析风源系统工作过程	分析问题有理有据	3
		分析问题不全面	2
		分析问题观点错误	0
3	能够根据 HXD_{3C} 型电力机车风源系统管路原理图，分析风源系统工作过程	分析问题有理有据	4
		分析问题不全面	2
		分析问题观点错误	0
得分			

任务 2.2　活塞式空气压缩机检查与维护

【任务目标】

1. 知识目标

（1）熟悉 NPT5 型空气压缩机的组成及工作原理。
（2）熟悉 VF-3/9 型空气压缩机的组成及工作原理。

2. 素质目标

（1）培养遵章守纪、严谨认真的工作作风，培养工作责任心。
（2）具备自主学习能力，培养分析能力，善于总结经验并进行创新。
（3）能完成团队分配的工作，承担团队成员的角色和责任。

3. 能力目标

（1）能够根据 NPT5 型空气压缩机的结构，分析其工作原理。
（2）能够根据 VF-3/9 型空气压缩机的结构，分析其工作原理。

活塞式空气压缩机

【相关知识】

早期生产的电力机车广泛使用 NTP5 型、VF-3/9 型、3W-1.6/9 型、V-2.4/9 型活塞往复式空气压缩机。活塞式空气压缩机主要技术参数如表 2-2-1 所示。

表 2-2-1　活塞式空气压缩机主要技术参数

空压机型号	NTP5 型	VF-3/9 型	3W-1.6/9 型	V-2.4/9 型
气缸数	三缸（2 个低压缸，1 个高压缸）	四缸（2 个低压缸，2 个高压缸）	三缸（2 个低压缸，1 个高压缸）	四缸（2 个低压缸，2 个高压缸）
排列形式	直立并列	V 形排列	W 形排列	V 形排列
冷却方式	风冷	风冷	风冷	风冷
压缩级数	两级压缩	两级压缩	两级压缩	两级压缩
额定排气量（m^3/min）	2.4	3.0	1.6	2.4
额定排气压力（kPa）	900	900	900	900
额定转速（r/min）	970	980	1 467	1 500
三相异步电动机型号	YYD-280S-6 型	YYD-280S-6 型	JD304 型	JD320S 型

电力机车所用活塞式空气压缩机虽然型号不同，但工作原理基本相同，都是通过

三相异步电动机驱动活塞做往复运动，通过气缸容积的变化，使气体体积缩小而达到提高气体压力的目的。

下面分别以 NPT5 型空气压缩机和 VF-3/9 型空气压缩机为例进行介绍。

2.2.1 NPT5 型空气压缩机

SS_1、SS_3、SS_{3B}和 SS_{7E} 型电力机车采用的 NPT5 型空气压缩机是一种三缸、直立并列、中间冷却、两级压缩活塞式空气压缩机（排气量为 2.4 m^3/min），它由 YYD-280S-6 型三相异步电动机直接驱动，该电动机采用星形连接。电动机通过弹性联轴器带动主空气压缩机曲轴，按指定方向旋转（从油泵端看为逆时针）。

2.2.1.1 NPT5 型空气压缩机结构

NPT5 型空气压缩机由固定机构、运动机构、进排气机构、中间冷却装置和润滑系统组成，如图 2-2-1 所示。

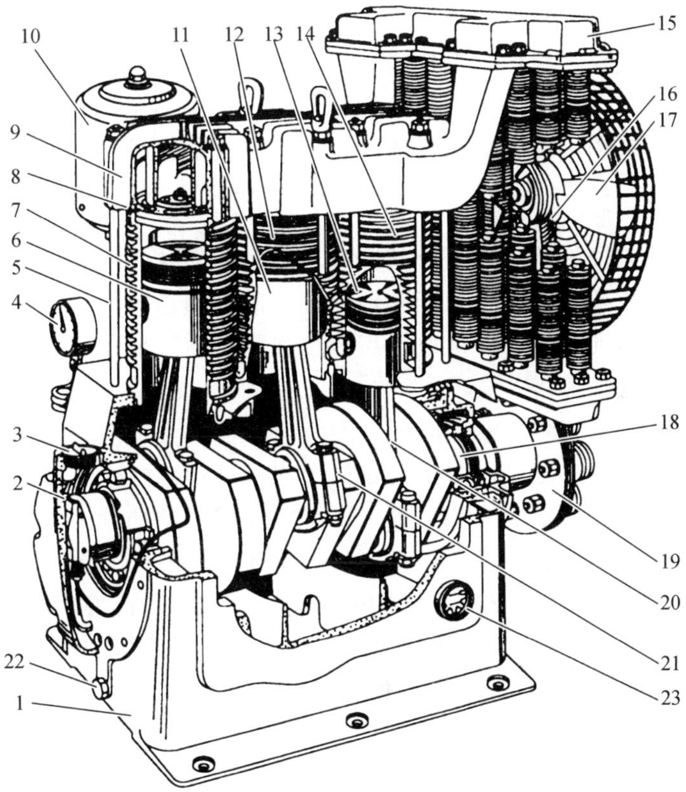

1—机体；2—齿轮式油泵；3—加油堵；4—油压表；5—螺栓；6、11—低压活塞；7、12—低压气缸；8—气阀；9—气缸盖；10—滤尘器；13—高压活塞；14—高压气缸；15—中间冷却器；16—传动皮带；17—风扇；18—曲轴；19—联轴器；20—高压活塞连杆；21—低压活塞连杆；22—放油堵；23—油位透视孔。

图 2-2-1 NPT5 型空气压缩机

1. 固定机构

固定机构包括机体、气缸及气缸盖等。

（1）机　体

机体是曲轴、气缸等机件安装的基础，为铸铁制成的长方形箱体。箱体下部盛有润滑油；箱体两端各有一个支撑曲轴的轴承座孔，孔的中心线与底面和顶面平行，以保证曲轴装入后的水平状态；箱体的顶面有三个气缸体的座孔：前端孔（即电动机端）安装高压气缸，其余两个孔为低压气缸座孔。

（2）气　缸

3 个独立的气缸是用球墨铸铁铸造的，气缸外周铸有环状筋，加强了气缸的刚度，增大了散热面积。气缸的内表面是工作面。

（3）气缸盖

气缸盖也是用球墨铸铁制成的。它是高、低压三位一体的铸铁件，用它把三个气缸组装起来。气缸盖安装在气缸的上方，14 个长螺栓将气缸、气缸盖牢固地紧固在机体上，并在气缸盖的进气口处接有短管与空气滤尘器相连。气缸盖用来连通高压气缸与低压气缸之间的气路，经两个低压气缸压缩出来的压缩空气，通过气缸盖经中间冷却器冷却后再经气缸盖内的高压气缸通道进入高压气缸继续压缩。

两个低压气缸共用一条进、排气通路，而高压气缸的进、排气为单独通路。

2. 运动机构

运动机构包括曲轴、低压连杆及其轴瓦、低压活塞及其活塞销、高压连杆及其轴瓦、高压活塞及其活塞销以及支撑于曲轴两端的滚动轴承等。驱动电动机的输出转矩通过弹性联轴器传递到曲轴上，再通过高低压连杆使高、低压活塞做上下往复运动，完成吸气、压气及排气工作。

（1）曲　轴

曲轴用稀土球墨铸铁铸成。曲轴上有三个连杆轴颈，三个连杆轴颈，在轴向平面内互成 120°。每个曲轴上都装有均重铁，以平衡旋转时的惯性力。曲轴的两端分别由单排向心圆柱轴承 2316（自由端）和双排向心球面滚柱轴承 3519（输入端）支撑在机体两端的轴承内。在曲轴体中钻有直径为 ϕ6 mm 的油孔，来自齿轮油泵的压力润滑油，通过油孔可输送到连杆轴颈、轴瓦和活塞销等处。

（2）连　杆

连杆用模锻制成。连杆的大端通过上、下两个半圆形挂有耐磨合金的轴瓦与曲轴颈上的连杆轴颈相连接，并用两个螺栓将连杆体与端盖连接在一起。连杆的小端是整体式的，其中镶有铜套，通过活塞销与活塞连接。在连杆体的中心，钻有直径为 ϕ6 mm 的油孔。

（3）活　塞

活塞由铝合金铸造，呈圆筒形，顶面为平面。高压活塞的直径为 ϕ101.6 mm，两个低压活塞的直径为ϕ125 mm，每个活塞均有四道气环和一道油环，起密封、除油和布油作用。活塞环均采用具有一定弹性的耐磨合金铸铁制成。活塞连杆组成后，应按质量进行分组，以改善运动机构的工作性能。

3. 进、排气机构

进、排气机构包括空气滤清器（有时也称作空气滤尘器），进、排气阀及连接管道等。

（1）空气滤清器

为了使进入空气压缩机内的空气洁净不含杂质，在空气进入低压气缸的通道上设置有空气滤清器，对空气进行过滤。现在一般采用油浴式空气滤清器，如图 2-2-2 所示。

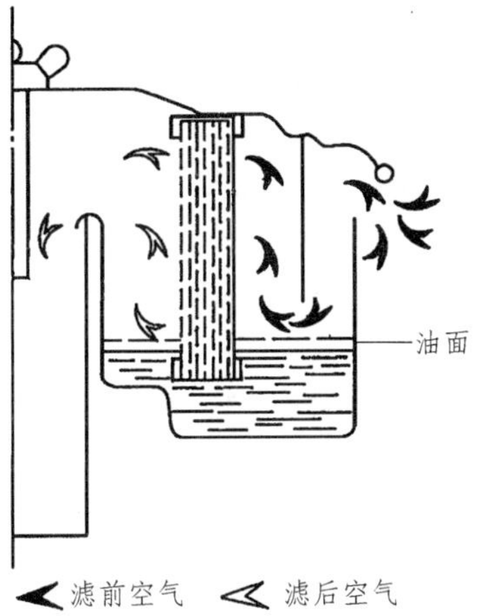

图 2-2-2　油浴式空气滤清器

（2）气　阀

空气压缩机的吸气及排气过程是通过气阀自动完成的。每个气缸上部均有一个气阀，高、低压气阀相同，可以互换。

气阀采用组合式气阀，即一个气阀包括进气阀和排气阀两部分。进气阀片和排气阀片都装在同一个阀盖与阀座内。气阀主要由阀座、阀盖、进气阀片、排气阀片、弹簧及螺栓等组成。

阀盖和阀座的直径为ϕ140 mm，厚度为 11 mm。阀座上装有 6 个直径为ϕ0.5 mm钢丝制成的阀片弹簧，用来将进气阀片紧压在阀盖上。在阀盖上装有两圈（共 6 个）相同的排气阀片、弹簧，将大、小排气阀片紧压在阀座上。进、排气阀片在圆形气阀上应保持同心关系，最外圈为进气阀片，里边两圈为排气阀片。

低压气阀的作用原理如图 2-2-3 所示。

吸气状态：当活塞下行时，气缸上部形成真空，具有大气压的空气克服进气阀片弹簧的压力，打开进气阀进入低压气缸，此时排气阀在弹簧和中间冷却器内压缩空气的作用下而紧闭。

排气状态：当活塞上行时，进气阀在弹簧的作用下关闭，被压缩的空气顶开排气阀进入中间冷却器。高压气缸的进、排气阀的作用原理相同，只是从中间冷却器吸进气体，压缩后将气体排入总风缸。

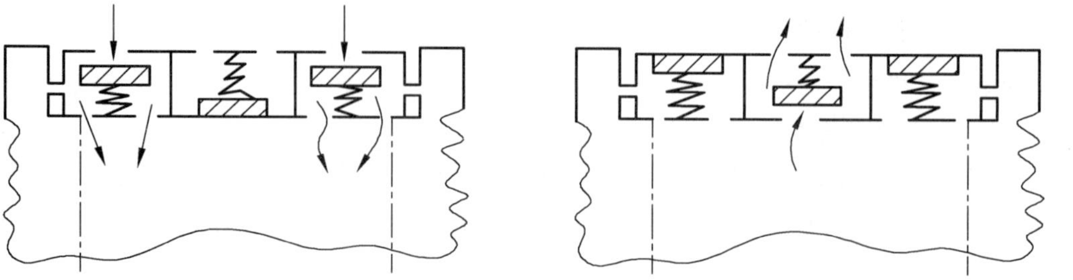

（a）进气状态　　（b）排气状态

图 2-2-3　气阀工作原理

4. 中间冷却装置

中间冷却装置包括中间冷却器、安全阀和冷却风扇。

（1）中间冷却器

中间冷却器由上集气箱、下集气箱和两排（共 26 根）带散热片的散热管等组成，如图 2-2-4 所示。

散热器的两端插入上、下集管板的管孔内。上集气箱被隔板分成三个室，中间室有 12 个管孔，两端室各有 7 个管孔。上集气箱的一端与气缸盖的两个低压气缸的排气腔连通；另一端与气缸盖的高压气缸的进气腔连通。这样，来自两个低压气缸的压缩空气在中间冷却器中流经两个往返之后进入高压气缸，进行二级压缩，以避免高压气缸及活塞过热，并提高空气压缩机的工作能力。

（2）安全阀

在下集气箱的一端设有低压安全阀安装孔，以便安装一个调整压力为 450 kPa 的低压安全阀，防止低压气缸出现不正常的过高气压（即在使用中当一级压力超过此值时，低压安全阀把多余的压缩空气排出，并发出声音以提醒工作人员采取措施）。

（3）冷却风扇

安装在机体上的四叶片的轴流式风扇通过三角皮带连接在联轴器的皮带轮上，在空气压缩机工作时，它对中间冷却器、气缸和气缸盖进行强迫风冷。

图 2-2-4　中间冷却器

5. 润滑系统

NPT5 型空气压缩机的润滑过程，主要采用压力油润滑，个别部位采用飞溅润滑。所谓压力油润滑，是指通过油泵将润滑油压入各润滑油道，对需润滑部位进行润滑的方法。所谓飞溅润滑，是指靠转动件将润滑油甩到需润滑部位进行润滑的方法。

（1）齿轮式油泵

齿轮式油泵具有体积小、质量小、压力高的特点，主要由泵体、泵盖、主动齿轮、从动齿轮及定压阀等组成，如图 2-2-5 所示。

当曲轴转动时，带动油泵主轴上的主动齿轮旋转，主动齿轮同时带动从动齿轮旋转，润滑油从吸油孔吸入，分别进入两个齿轮的齿隙，被带到出油口一侧。由于两个齿轮的齿啮合，堵住了油的去路，占去了油的空间，原齿隙内的油只好压向出油孔，但因来油量大，出油量小，油压便逐渐增加，直至使润滑油具有较高压力。

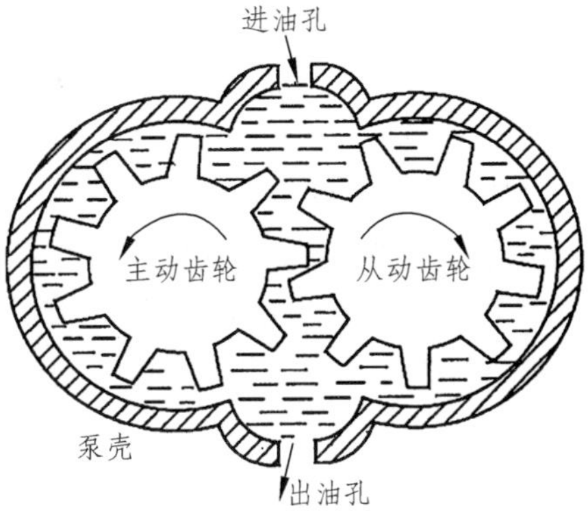

图 2-2-5　齿轮式油泵工作原理

（2）润滑油路

由油泵送出的压力油，除了经出油孔进入曲轴外，还通往泵盖与泵体之间，一部分通过油管接到油压表，以显示润滑油压力；另一部分作用在定压阀上，当油压超过 480 kPa 时，定压阀被压缩而内移，开放排油孔路，多余的油便从定压阀的侧孔排出。当油压低于或高于规定的压力时，可以通过增减定压阀的调整垫片进行调整。图 2-2-6 所示为 NPT5 型空气压缩机润滑油路。

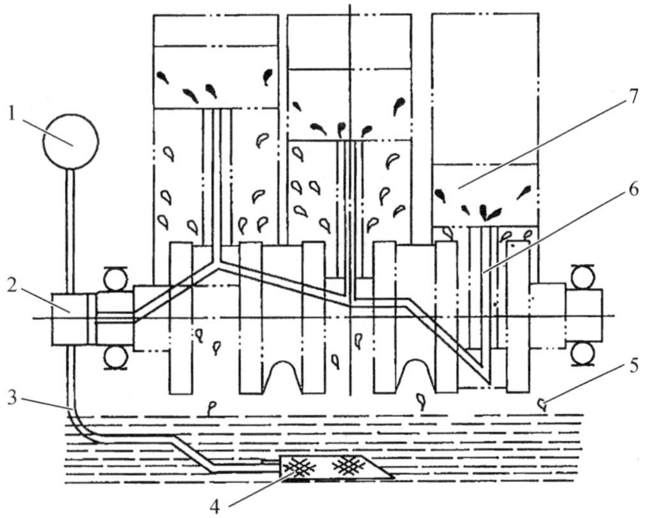

1—油压表；2—油泵；3—吸油管；4—滤油网；5—飞溅油滴；6—油路；7—压力油滴。

图 2-2-6　NPT5 型空气压缩机润滑油路

进入曲轴内的润滑油，通过曲轴内部的斜孔，分配到三个连杆轴颈上。每个连杆轴颈上的油又分三路工作，一路润滑连杆轴颈和轴瓦；另一路通过轴瓦和连杆中央部位的油孔将润滑油送至连杆小端，用来润滑活塞销及铜套，同时，由活塞销间隙溢出的油被甩到活塞上起润滑作用；第三路是由连杆轴颈及轴瓦两侧的间隙溢出的油被甩到气缸壁上使活塞和气缸得到润滑。

2.2.1.2　NPT5 型空气压缩机的作用原理

如图 2-2-7 所示，电动机驱动曲轴转动，两个低压活塞和一个高压活塞分别相隔 120°。当低压活塞下行时，活塞顶面与缸盖之间形成真空，吸开进气阀片，外界空气经空气滤清器进入低压气缸，此时排气阀在弹簧和中间冷却器的压缩空气作用下紧闭；当低压活塞上行时，缸内吸进来的空气被压缩，当压力高于排气阀弹簧力和排气管道中压缩空气所产生背压的合力时，顶开排气阀大、小阀片，进气阀在弹簧作用下关闭，两个低压气缸送出的低压空气，经同一通道进入中间冷却器，完成一级压缩。经中间冷却器冷却后，压缩空气再进入高压气缸，进行二级压缩（其过程同上），最终使压缩空气进入总风缸内储存。

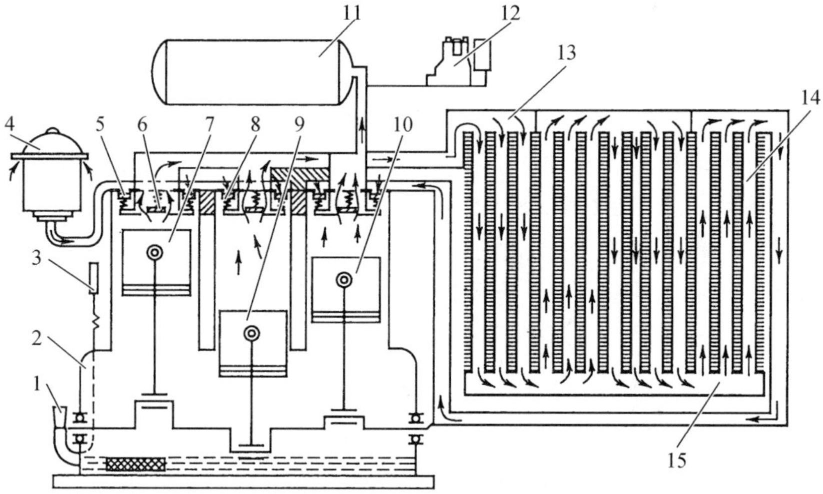

1—齿轮式油泵；2—机体；3—油压表；4—空气滤尘器；5、8—进气阀片；6—排气阀片；7、9—低压活塞；10—总风缸；12—调压器；13—上集气箱；14—散热管；15—下集气箱。

图 2-2-7　NPT5 型空气压缩机作用原理示意图

2.2.1.3　NPT5 型空气压缩机的检查与保养

1. 空气压缩机的启动条件

（1）必须有足够的润滑油。油位应在油标的最高和最低限位之间，不得在无润滑油或油面低于最低油位时启动和运转空气压缩机。空气压缩机的润滑油冬季应使用 13 号压缩机油；夏季用 19 号压缩机油。

（2）注意空气压缩机的旋转方向应正确，不得逆转。

2. 空气压缩机的维护和保养

为使空气压缩机能正常运转，延长其寿命，应在日常运用中做好经常性的维护保养工作。

（1）应经常检查润滑油，每运转 8 ~ 16 h 应检查油位，及时补充。

（2）每班在空气压缩机启动后检查润滑油压力，应在 400 ~ 480 kPa 范围内。

（3）新空气压缩机启用或启用停机较久的空气压缩机，在运转的最初 50 h 后，应更新全部润滑油；以后每运转 300 h 后应更新全部润滑油。

（4）空气压缩机每运转 300 ~ 600 h，应检查和清洗气阀、滤油网，以保证活动灵敏、密封性好。

（5）空气压缩机每运转 1 000 ~ 2 000 h，应检查和清洗油泵。

（6）应定期检查空气压缩机台架与地板的六个支撑面，若有间隙，应加垫适当调整。

（7）在拆装或组装时严禁使用棉丝，应使用洁净的棉布。

2.2.2　VF-3/9 型空气压缩机

SS_4 改型电力机车采用的 VF-3/9 型空气压缩机是四缸、V 形排列、中间冷却、两级压缩、活塞式空气压缩机。额定排气量为 3.0 m^3/min，额定排气压力为 900 kPa，额定转速为 980 r/min。VF-3/9 型空气压缩机与 YYD-280S-6 型三相异步电动机通过联轴器直接连接，使空气压缩机按顺时针方向转动（从电动机端看）。

2.2.2.1　VF-3/9 型空气压缩机的构造

VF-3/9 型空气压缩机包括运动机构、空气压缩系统、润滑系统及冷却系统等组成部分，如图 2-2-8 所示。

1. 运动机构

运动机构主要包括曲轴、连杆及活塞等。曲轴采用 QT600-3 球墨铸铁制成。曲轴为双支点结构，通过轴承座和轴承盖上的一对球轴承安装在机体两端的主轴孔上，中间两曲拐上各安装有一对一、二级活塞连杆机构。连杆采用 QT450-10 球墨铸铁制成。低压气缸活塞采用轻型活塞结构，材料为 ZL108，活塞上部第一道环为密封环，第二道环为扭曲环，第三道环为刮油环。高压气缸活塞采用 HT200 铸铁制造，为筒形活塞结构，第一、二道环为密封环，第三道环为扭曲环，第四道环为刮油环。

2. 空气压缩系统

空气压缩系统主要包括气阀、气缸、滤清器等。气阀分为进气阀与排气阀两种，均采用环状阀结构。低压气缸和高压气缸均安装有进气阀和排气阀。安装时，气阀螺钉必须拧紧，止退垫必须锁牢。滤清器采用汽车空滤器纸质滤芯，采用与消声器结合的结构。

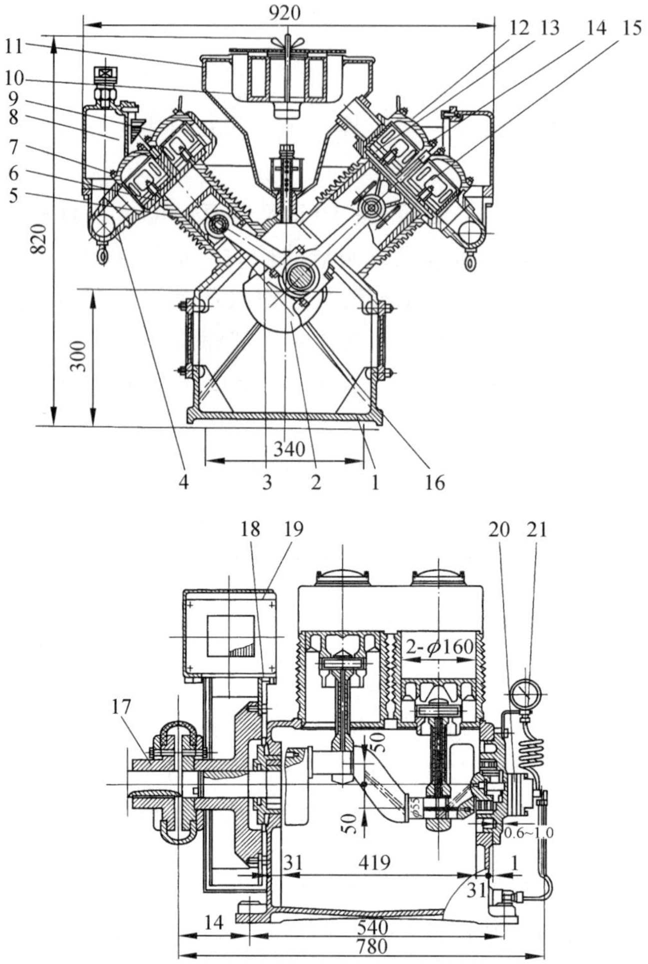

1—机体；2—曲轴；3—连杆；4—气管；5—二级气缸；6—二级活塞；7—二级气阀；8—中间冷却器；9—二级气缸盖；10—空气滤清器；11—消声器；12——级气缸盖；13——级气缸；14——级活塞；15——级气阀；16—铜套；17—联轴器；18—轴承；19—导风罩；20—油泵；21—油压表。

图 2-2-8　VF-3/9 型空气压缩机

3. 润滑系统

VF-3/9 型空气压缩机的曲轴、连杆及活塞等主要部件采用压力式润滑。油泵供给压力油从曲柄拐颈油孔溢出，润滑曲拐和连杆瓦后，进入连杆体油孔到小头衬套，润滑活塞销和小头衬套。气缸壁和活塞环等部件采用飞溅式润滑。油泵采用齿轮泵，安装在轴承座外侧，油从机体底部，经滤油器吸入油泵，并在油泵出油道路上装有油压表和调压阀。

4. 冷却系统

冷却包括一、二级压缩之间的空气冷却和机体、气缸、缸头等受热体的冷却。前者采用铝质管翅式中间冷却器，跨接在高、低压气缸间，离心风扇上方；后者采用装在轴上的离心式风扇，冷风经导风罩充分冷却机体、气缸、缸头等受热体。

2.2.2.2 VF-3/9 型空气压缩机的工作过程

当低压气缸活塞往下运动时，气缸容积增大，压力减小，进气阀在大气压力作用下被打开，空气经消音器和进气阀进入气缸；当活塞往上运动时，气缸容积缩小，压力升高，进气阀自动关闭不再吸气，随着活塞继续往上运动，气缸内空气压力不断升高，当压力高于排气阀弹簧力和排气管道中压缩空气所产生背压的合力时，排气阀开启，经一级压缩的空气排入集气箱；经过冷却的压缩空气进入高压气缸，进行二级压缩，其工作过程同上，然后排入机车总风缸。如此周而复始，外界大气不断被吸进空气压缩机低、高压气缸，又不断被压缩，源源不断地进入总风缸，使机车总风缸中的空气压力逐渐升高。

2.2.2.3 VF-3/9 型空气压缩机的维护与保养

运用过程中，要注意对 VF-3/9 型空气压缩机进行常规性的维护和保养。

（1）应经常检查润滑油油位，及时补充润滑油。

（2）每班在空气压缩机起动后检查润滑油压力应在 150 ~ 350 kPa 范围之内。

（3）新空气压缩机运转 50 h 后需更换全部润滑油，以后每运转 500 h 更新全部润滑油。

（4）每运转 500 h 检查并更换消声器中的纸质滤芯，检查并清洗气阀和滤油器，对易损零件片阀、弹簧、活塞环应及时更换。

（5）每运转 1 000 h 检查和清洗油泵。

（6）每班应开启中间冷却器的排水阀两次。

（7）润滑油应采用 N68、N100 号压缩机油或者 13#（冬季）、19#（夏季）压缩机油。

（8）应定期检查空气压缩机上的螺栓、螺母等紧固件有无松动，检查各处是否存在泄漏，并定期校验检查油泵的油压表。

【任务评价】

序号	评价内容	评价标准	分值
1	能够根据 NPT5 型空气压缩机的结构，分析其工作原理	分析问题有理有据	3
		分析问题不全面	2
		分析问题观点错误	0
2	能够根据 VF-3/9 型空气压缩机的结构，分析其工作原理	分析问题有理有据	3
		分析问题不全面	2
		分析问题观点错误	0
3	能够分析空气制动机常见故障	能够正确分析故障	4
		分析故障不全面	2
		故障分析错误	0
得分			

任务 2.3　螺杆式空气压缩机检查与维护

【任务目标】

1. 知识目标

（1）熟悉 TSA-230AD 型螺杆式空气压缩机的组成及工作原理。

（2）熟悉 SL22-66 型螺杆式空气压缩机的组成及工作原理。

2. 素质目标

（1）培养遵章守纪、严谨认真的工作作风，培养工作责任心。

（2）具备自主学习能力，培养分析能力，善于总结经验并进行创新。

（3）能完成团队分配的工作，承担团队成员的角色和责任。

3. 能力目标

（1）能够根据 TSA-230AD 型螺杆式空气压缩机的组成，分析其工作原理。

（2）能够根据 SL22-66 型螺杆式空气压缩机的组成，分析其工作原理。

【相关知识】

螺杆式空气压缩机由于输出流量均匀、噪声低、自吸性好而在铁路机车车辆上越来越得到广泛应用。螺杆式空气压缩机有单螺杆、双螺杆和三螺杆 3 种形式。铁路机车、车辆上广泛采用双螺杆式空气压缩机，双螺杆式空气压缩机型号较多，外形有一定差别，但其作用原理基本一致。

螺杆式空气压缩机

部分螺杆式空气压缩机的主要技术参数如表 2-3-1 所示。

表 2-3-1　部分螺杆式空气压缩机的主要技术参数

空气压缩机型号	TSA-230AD	SL22-66	BT-3.0/10AD	GAR22
额定转速（r/min）	2 955	2 920	1 770	2 940
排风量（L/min）	2 400	2 750	3 000	2 400
控制电压	DC 110 V	DC 110 V	DC 110 V	DC 110 V
电机功率（kW）	22	25	30	25
排气压力（kPa）	1 000	1 000	1 000	1 000
额定电压（V）	380	380	440	380
额定频率（Hz）	50	50	60	50
机组重量（kg）	500	395	475	470
空气冷却方式	风冷	风冷	风冷	风冷

下面以 TSA-230AD 型螺杆式空气压缩机和 SL22-66 型螺杆式空气压缩机为例进行介绍。

2.3.1 TSA-230AD 型螺杆式空气压缩机

TSA-230AD 型空气压缩机是 SS_9 型电力机车使用的下排风螺杆式空气压缩机，其主要特点是效率高、振动小、噪声低、运转平稳、可靠性好、易损件少、维修成本低。TSA-230AD 型螺杆式空气压缩机外形结构如图 2-3-1 所示。

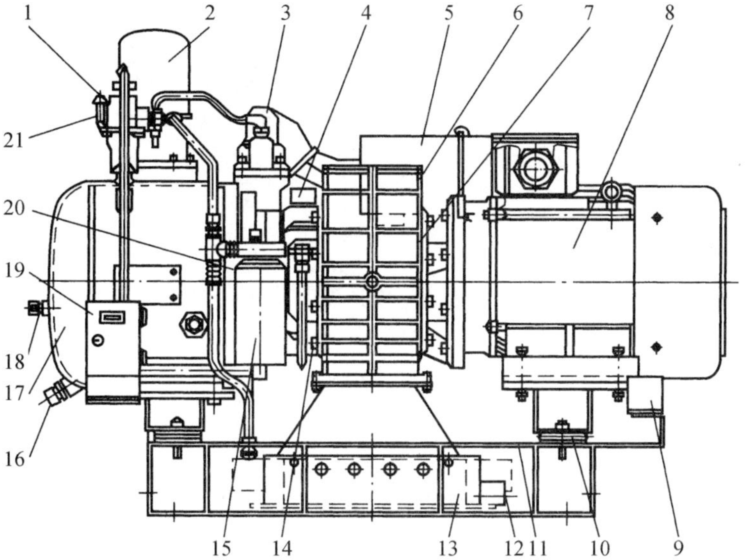

1—温控阀；2—油细分离器；3—进气阀；4—压力开关；5—空气滤清器；6—蜗壳；7—中托架；8—电机；9—输气接口；10—减振器；11—共用底座；12—冷却器卸油口；13—冷却器；14—风机后盖；15—油过滤器；16—卸油阀；17—油气筒；18—温度开关；19—电控箱；20—螺杆组；21—安全阀。

图 2-3-1 TSA-230AD 型螺杆式空气压缩机外形结构

2.3.1.1 工作原理

TSA-230AD 型空气压缩机是一种双轴回转容积式压缩机，电动机通过联轴器直接驱动压缩机转子，转子为两个互相啮合的螺杆，具有非对称的啮合型面，并在一个铸铁壳体内旋转。图 2-3-2 所示为一个齿槽容积的工作过程。

1. 吸气过程

当转子转动时，主副转子的齿沟在转至进气端开口时，其空间最大，此时转子的齿沟空间与进气口的自由空气相通。因在排气时齿沟内的空气被全数排出，排气完成时，齿沟处于真空状态；当转至进气口时，外界空气即被吸入，沿轴向流入主副转子的齿沟内。当空气充满了整个齿沟时，转子齿沟的进气侧端面转离机壳的进气口，在齿沟间的空气即被封闭，此即“吸气过程”。

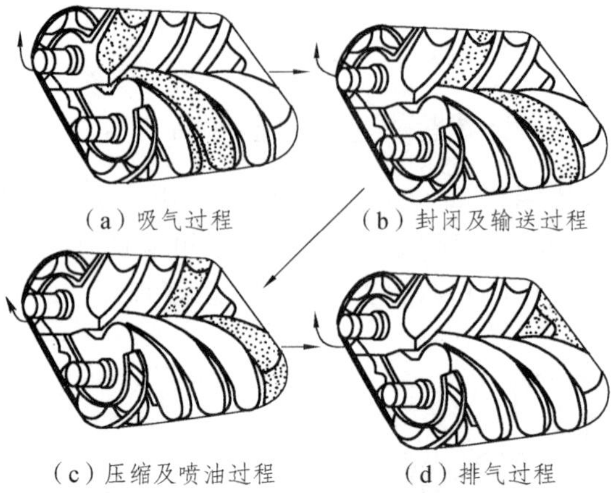

图 2-3-2　一个齿槽容积的工作过程

2. 封闭及输送过程

主、副两转子在吸气终了时，其主、副转子齿峰会与机壳封闭，此时空气在齿沟内闭封，不再外流，此即“封闭过程”。两转子继续转动，其齿峰与齿沟在吸气端吻合，吻合后逐渐向排气端移动，此即“输送过程”。

3. 压缩及喷油过程

在输送过程中，啮合面逐渐向排气端移动，即啮合面与排气口间的齿沟空间逐渐减小，齿沟内气体逐渐压缩，压力提高，此即“压缩过程”。而同时，润滑油也因压力差的作用而喷入压缩室内与空气混合，此即“喷油过程”。

在压缩过程中，压缩机凭借其自身所产生的压力差不断向压缩室及轴承喷入润滑油。

润滑油主要有润滑、密封、冷却三个作用。

① 润滑作用：润滑油可以在转子之间形成油膜，避免了转子间的接触，减少摩擦。

② 密封作用：润滑油产生的油膜能对压缩空气起到密封作用，提高了压缩机的容积效率。

③ 冷却作用：由于润滑油吸收了大量的压缩热，使压缩过程接近于等温压缩，降低了压缩机的比功率。

另外，润滑油还能降低高频压缩机产生的噪声。

4. 排气过程

当转子的压缩气腔（齿沟）转到与机壳排气口相通时（此时压缩气体的压力最高），被压缩的气体开始排出，直至齿沟的啮合面移至排气端面，此时两转子的啮合面与机壳排气口间的齿沟空间为零，此即“排气过程”；同时，转子的啮合面与机壳进气口之间的齿沟长度又达到最长，其吸气过程又继续进行。

2.3.1.2 系统流程

TSA-230AD 型螺杆式空气压缩机系统包括空气系统、润滑油系统和冷却系统，图 2-3-3 所示为 TSA-230AD 型螺杆式空气压缩机系统流程。

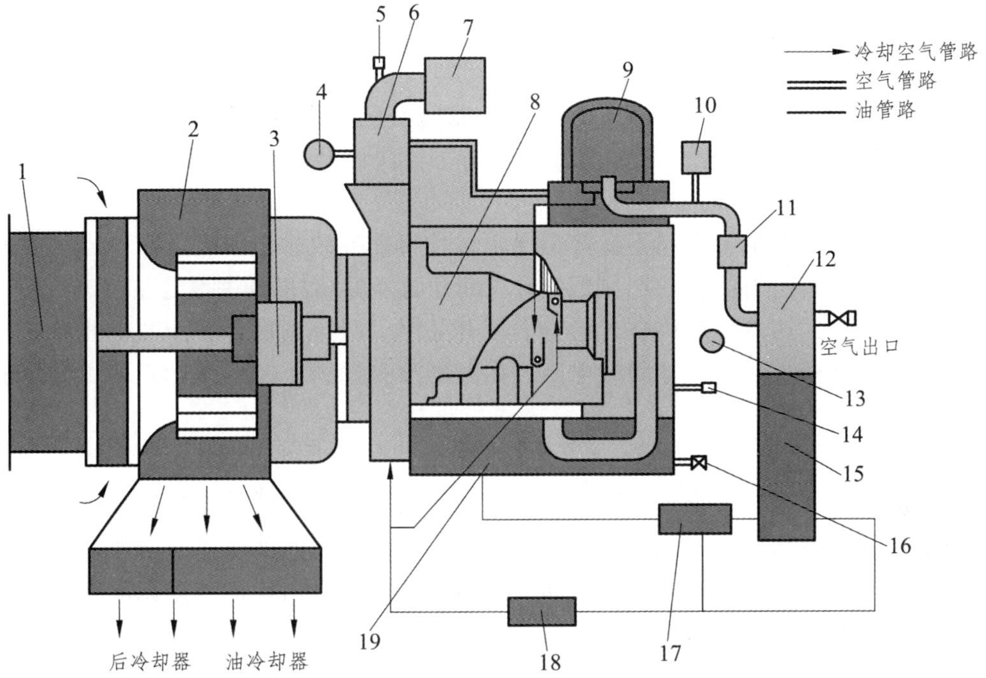

1—电机；2—冷却风机；3—联轴器；4—压力开关；5—真空指示器；6—进气阀；7—空气滤清器；8—压缩机机体；9—油细分离器；10—安全阀；11—压力维持阀；12—后冷却器；13—温度开关；14—油位计；15—油冷却器；16—泄油器；17—温控阀；18—油过滤器；19—油气筒。

图 2-3-3 TSA-230AD 型螺杆式空气压缩机系统流程

1. 空气系统流程

空气系统由空气滤清器、进气阀、油气筒、油细分离器、压力维持阀和后冷却器组成，如图 2-3-3 所示。

空气由空气滤清器 7 滤去尘埃后，再由进气阀 6 进入主压缩室压缩，并与润滑油混合。混合后的压缩空气由压缩机排至油气筒 19，经油细分离器 9、压力维持阀 11 及后冷却器 12 之后送入使用系统中。

主气源通路中各组件功能说明如下：

（1）空气滤清器

空气滤清器为纸质过滤器，过滤纸细孔度约为 10 μm。空气滤清器座上装有一真空指示器，指示器显示红色或箭头指向 3.7 kPa 时应清洁滤清器和倒掉后盖内尘土，清除的方法为使用低压空气将尘埃由内向外吹出，若发现滤纸破损，则应更换。重新装上空气滤清器后，按下指示顶端的复位按钮（PRESS TO RESET）复位。

（2）进气阀

进气阀专门用于间歇工作的螺杆式空气压缩机，其主要由进气止回阀和卸压阀两部分组成。

① 进气止回阀。当空气压缩机停机时，在弹簧力的作用下，阀板被迅速推向阀座，关闭进气通道；防止从油气筒回流至进气阀的含油空气排入大气，同时，也能避免因压缩空气倒流造成空气压缩机转子反转。

② 卸压阀。当压缩机停机后，该阀能在很短时间（约 14 s）内将油气筒内压力放至 300 kPa 以下，以保证空气压缩机在低负荷下再次启动，有利于电机正常工作。

（3）温度开关

在失油、油量不足、冷却不良等情况下，均可能导致排气温度过高。当排气温度达到温度开关所设定的温度值时，则温度开关断开而停机。温度开关设定在（105 ± 5）°C，在出厂前已调好，切勿随意调整。检查温度开关时，拔下温度开关上的电线护套，用万用表测量温度开关两接线柱间的电阻，在温度没有达到（105 ± 5）°C 时，该电阻值应为 0。

（4）油气筒

油气筒外侧装有视油镜，空压机停机 5 min 后观察，润滑油油位应在视油镜的上限与下限之间。油气筒下方装有泄油阀，应在机车每次出库前略微打开泄油阀以排除油气筒内的凝结水，油气筒上方装有加油孔可供加油用。由于油气筒截面宽大，可使压缩空气流速减小，油气分离。

（5）油细分离器

在润滑油系统流程中对油细分离器进行详细介绍。

（6）安全阀

当机车上的主风缸压力开关调节不当或失灵而致使油气筒内压力比额定排气压力高出 200 kPa 以上时，安全阀会自动起跳而泄压，使压力降至设定的排气压力以下。安全阀于出厂前已经过整定[设定在（1 110 ± 40）kPa]，因此不能随意调整。检查安全阀的方法是在压缩机满载工作时（880 ~ 900 kPa），轻拉安全阀上方的拉环，若此时安全阀能向外排气，则视为正常。

（7）压力维持阀

位于油气筒上方油细分离器出口处，开启压力设定于（600 ± 50）kPa 左右。压力维持阀的主要功能为：

① 启动时优先建立起润滑油的循环压力，确保机器的润滑。

② 压力超过（600 ± 50）kPa 之后方可开启，可降低流过油细分离器的空气流速，除确保油细分离效果之外，还可保护油细分离器，避免因压差太大而受损。

③ 具有止回功能，即当停机后油气筒内压力下降时，防止主风缸内压缩空气回流。

（8）压力开关

压力开关受进气阀阀座内压力控制，压缩机停机后，油气筒内压力立即传至进气阀阀座内，当压力超过 400 kPa 时，压力开关断开。随着油气筒内的压力被卸压阀快速卸除，进气阀阀座内压力也降低，当压力降至 300 kPa 时，压力开关恢复接通，此时压缩机才能再次启动，保证了电动机在低负载下启动，压缩机再次启动的最短时间间隔为 14 s。压缩机运行时，进气阀腔内压力低于大气压力，压力开关处于接通状态。

（9）后冷却器

用叶轮将冷空气抽入，通过后冷却器冷却压缩空气，将排气温度控制在环境温度 +15 °C 以下。

2. 润滑油系统流程

润滑油系统由油冷却器、油过滤器、油细分离器和温控阀等组成。由于油气筒内存在压力，润滑油从筒内流出，经过温控阀口和油冷却器进入油过滤器，经由油过滤器后分成两路，一路由机体下部喷入压缩室，冷却压缩空气；另一路通到机体两端，润滑轴承组。两路汇集于压缩机室底部，随压缩空气一起又进入油气筒。

油路上各组件功能说明如下：

（1）油冷却器

用冷却风机将冷空气抽入，通过油冷却器降低润滑油温度，以保证润滑油在合适的温度。油冷却器的翅片易受灰尘覆盖而影响冷却效果，可能导致排气温度高而停机。因此，每隔一段时间应对其进行清洗以确保其冷却效果。

（2）油过滤器

油过滤器是一种纸质的过滤器，其功能为除去油中的杂质，如金属微粒、油垢等。对轴承及转子有保护作用。当油过滤器的保养指示为红色时，应更换该油过滤器。

若油过滤器未及时更换，则可能导致进油量不足，造成排气温度升高而停机；同时，油量不足会影响轴承的使用寿命。在更换油过滤器时，须使用专用工具链钳或带钳，夹住黑色滤筒上方的白色金属环，按顺时针方向旋转，拆下旧的油过滤器滤筒。在装上新的滤筒之后，油过滤器指示会自动复位。

（3）油细分离器

油细分离器滤芯是用多层细密玻璃纤维制成，压缩空气中所含雾状油气经过油细分离器几乎可被完全滤去，油颗粒大小控制在 0.1 μm 以下，排气含油量则可低于 5×10^{-6} mg/m^3。

正常运转下，油细分离器可使用 2 000 ~ 3 000 h，润滑油的油品及周围环境污染程度对其寿命影响极大，如果环境污染极为严重，可考虑加装前置空气过滤器。润滑油的选择，必须采用厂家推荐的牌号，最忌使用假油或再制油，油细分离器出口装有安全阀、压力维持阀，压缩空气由压力维持阀引出，通至冷却器。油细分离器滤下的油集中于其中央的小圆槽内，再由一回油管回流至机体进口侧，可避免已被过滤器的润滑油再随空气排出。

在更换油细分离器时，须使用专用工具链钳或带钳，夹住油细分离器的白色金属环按逆时针方向旋转，拆下旧的油细分离器，使用新油细分离器后再用专用工具以相反的方向旋紧替换的新件。

（4）温控阀

油冷却器前装有一温控阀，其功能是维持排气温度在压力露点温度以上，避免空气中的水汽在油气筒内凝结而乳化润滑油。刚开机时，润滑油温度低，此时温控阀会自动开启通往机体的油路，油不经过油冷却器而进入机体内。若油温升高到 76 °C 以上，则温控阀逐渐打开至油冷却器的通路，至 85 °C 时温控阀全开，此时油会全部经过冷却器再进入机体内。

3. **冷却系统流程**

冷却系统由离心风机、蜗壳、油冷却器和后部冷却器组成。冷却空气由冷却风机抽入，由蜗壳导向吹过油冷却器和后部冷却器的散热翅片，同时冷却压缩空气及润滑油。

2.3.2　SL22-66 型螺杆式空气压缩机

HXD_{3C} 型电力机车采用的 SL22-66 型螺杆式空气压缩机，其具有温度、压力控制装置，可以实现无负荷启动。冷却器排风口向下，以满足机械间独立通风要求。空气压缩机组的开停状态由调压器模块进行自动控制，也可通过手动按钮强行控制开停。空气压缩机组包含以下主要部件：三相电机、压缩机、电气系统和空气滤清器各部分通过螺栓连接形成紧凑的自支撑结构，整个空气压缩机组通过弹性支座与机车连接。SL22-66 型螺杆式空气压缩机组结构如图 2-3-4 所示。

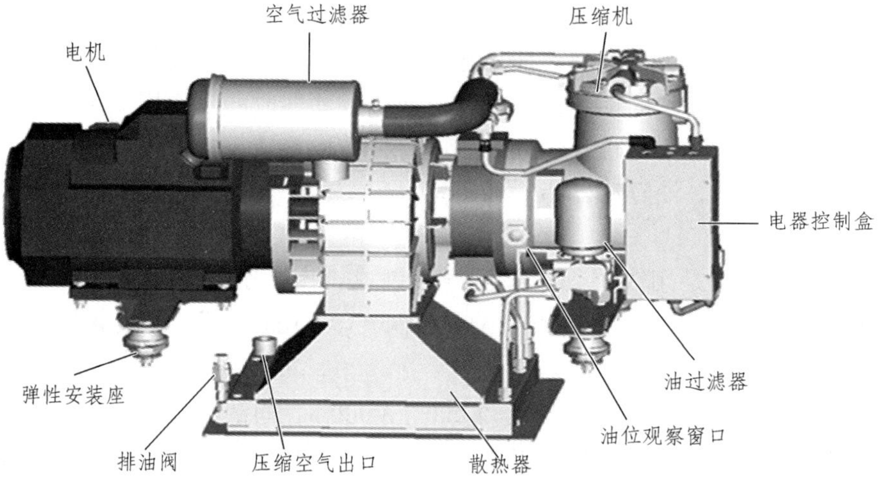

图 2-3-4　SL22-66 型螺杆式空气压缩机组结构

2.3.2.1　工作流程

HXD_{3C} 型电力机车装有两台空气压缩机组，在正常使用状态下，只有一台空气压缩机组投入运用。空气压缩机组是否投入运用，由操作端所定。Ⅰ端司机室控制 1 号压缩机组（靠近Ⅰ端司机室）；Ⅱ端司机室控制 2 号压缩机组（靠近Ⅱ端司机室）。当总风缸压力下降速度过快使得总风压力降至 750 kPa 以下时，两台空气压缩机组同时投入运用。

螺杆式空气压缩机有两个螺旋形的转子。空气输送几乎没有波动，1 000 kPa 的压缩空气压力是一级压缩产生的。SL22-66 型螺杆式空气压缩机组工作如图 2-3-5 所示。

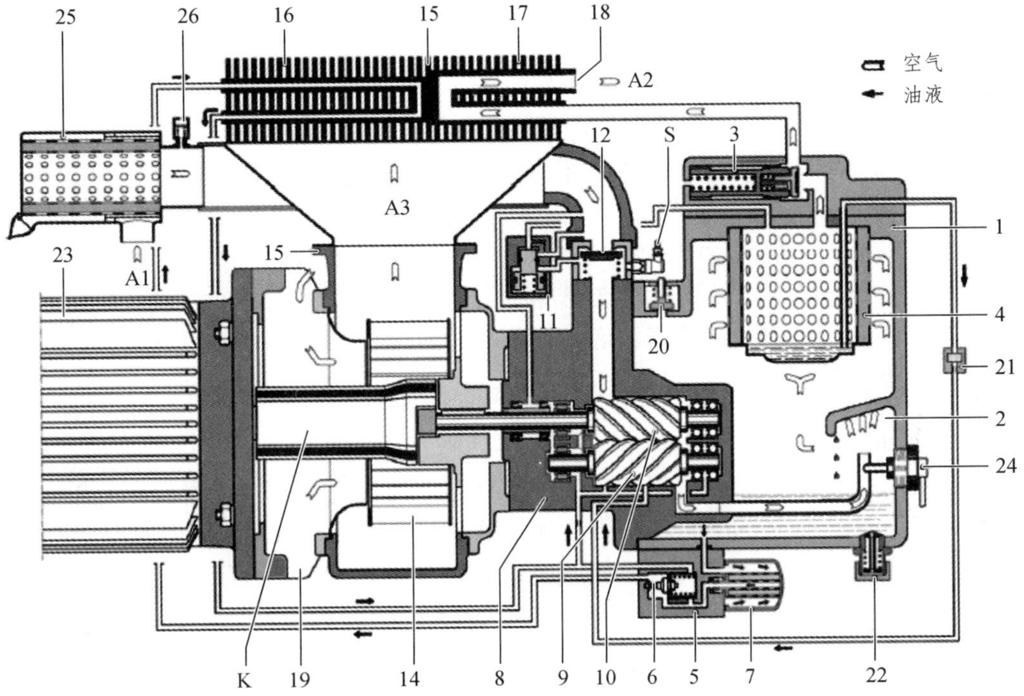

1—压缩机壳；2—挡板；3—最小压力阀；4—油细分离器；5—油控制单元；6—温控器；7—油过滤器；8—压缩机；9—阳转子；10—阴转子；11—泄荷阀；12—进气阀；13—风扇蜗壳；14—离心风扇；15—冷却器；16—油冷却器；17—空气冷却器；18—压缩空气出口；19—外壳连接体；20—安全阀；21—回油过滤器；22—排油阀；23—三相电动机；24—温度开关；25—空滤器；26—真空指示器；K—联轴节；S—压力开关；A1—压缩空气进口；A2—压缩空气出口；A3—冷却空气。

图 2-3-5　SL22-66 型螺杆式空气压缩机组工作示意图

1. 空气压缩过程

空气通过空气滤清器（25）和进气阀（12）吸入压缩机（8）。空气被压缩后，通过与转子连接的输送口被推进压缩机壳（1）。

如果压缩机启动时，压缩机壳内无空气压力，最小压力阀（3）将保持关闭状态，以便使压缩机壳内迅速建立起空气压力，帮助润滑油尽快循环。

当压缩机壳内空气压力达到约 650 kPa 时，最小压力阀打开并将压缩空气送出。送出的压缩空气达到系统的规定压力后，压缩机受总风压力开关控制自动停机，最小压力阀将自动关闭，将系统和压缩机壳内的通路隔断。

每次压缩机停机后，压缩机壳内的空气压力被自动释放。压缩机停机后，最小压力阀（3）和进气阀（12）关闭。在进气口，由于压缩机体空气逆流而压力升高，导致泄荷阀（11）打开。压缩机壳（1）里压缩空气可通过减压阀流进空气滤清器后排向大气，从而快速将压缩机壳内空气压力降低到约 180 bar。剩余的压力通过泄荷阀上的缩孔被缓慢排放至 0 kPa。

当停机时间大于 14 s 后，可以实现空压机的无负荷再启动。

2. 油循环过程

当压缩机运转时，在压缩机壳（1）内建立起的空气压力将壳内的润滑油通过油过滤器输送到轴承、传动装置和压缩机体内油喷射点。这些油除用于润滑外，还能密封并带走空气压缩产生的热量。

首先，压缩机传送的空气/油混合物通过输送口并打在壳内挡板上（2），这一过程属于油粗级过滤。然后，压缩空气又经过油细分离器（4）进行精级过滤。最后，精级过滤分离的油被收集到油细分离器底部，在压缩机壳内空气压力作用下，通过回油过滤器（21）返回压缩机体内。

3. 其　他

当压缩机运转时，如果在压缩机壳内没有建立起空气压力，压缩机将不能被充分润滑和冷却。在这种情况下，转子可能被快速损坏。

当润滑油温度高于 83 °C 时，油控制单元（5）中温控器（6）打开到油冷却器（16）的通道，对润滑油进行冷却；当润滑油温度低于 83 °C 时，油冷却器的通道保持关闭，油被直接传送到压缩机体。通过这种方式可达到润滑油的最佳操作温度，可以有效避免机油乳化。

压缩机壳里空气/油混合物的温度由输送口的温度开关（24）监测。如果温度高于设定值（110 ± 5）°C，则温度开关动作，压缩机停止工作。

若环境温度较低（－20 °C 以下），压缩机可以通过一个油加热器对润滑油进行预热约 20 min（根据环境温度预热时间有所调整）后再启动空气压缩机。

2.3.2.2　空气压缩机组的控制

HXD_{3C} 型电力机车空气压缩机具有间歇工作和延时工作两种控制模式。通过微机显示屏进入检修模式下的功能选择界面，可进行压缩机模式选择。间歇工作模式为压缩机的常规运行模式，延时工作模式主要是为了防止压缩机需要频繁启动（如牵引客车需要大量风源）或发生轻微的机油乳化现象。压缩机在延时工作模式运行时只进行内部循环，不再向总风缸进行供风。延时工作模式可以有效地减少由于压缩机频繁启动造成对电动机及机头的损害，同时可以减缓压缩机机油乳化现象。

机车设有两个空气压力调节器来控制空气压缩机的启停动作，并允许对空压机组实施分机分时控制。

间歇工作模式的控制过程如下。

（1）总风缸压力降到（750 ± 20）kPa 时，启动操纵端对应的空气压缩机组（远端）。

（2）总风缸压力降到（680 ± 20）kPa 时，启动两台空气压缩机组（分别启动）。

（3）总风缸压力达到（900 ± 20）kPa 时，空气压缩机停止工作。

延时工作模式的控制过程如下。

（1）当总风缸压力达到 900 ± 20 kPa 时，空气压缩机组进入空载（延时）运转，压缩空气在机组内部循环，不再向总风缸供风。

（2）当总风缸压力降到（750 ± 20 k）Pa 时，操纵端对应的空气压缩机组进入加载运转，压缩机组向总风缸供风。

（3）当总风缸压力降到（680 ± 20 k）Pa 时，两台空气压缩机组均进入加载运行程序，同时向总风缸供风。

（4）若压缩机组单次空载（延时）运转时间超过 20 min，该机组将停止运行。若压缩机组在空载时间内，总风压力降到（750 ± 20）kPa 或（680 ± 20）kPa 以下，对应压缩机组的空载时间将重新计算。

2.3.2.3 维护保养

1. 维护周期及维护项目

压缩机组应定期进行维护，以保证其安全可靠地运行。压缩机组维护周期及维护项目如表 2-3-2 所示。

表 2-3-2 压缩机组维护周期及维护项目

维护周期	维护项目
每 100 运转小时	检查油位及机油状态
每 300 ~ 500 运转小时	检查油位并进行补油
	检查空气过滤器上的真空指示器状态
每 1 500 运转小时或 1 年（先到为准）	检查空气过滤器，如有必要更换滤芯
	清洗冷却器
	更换润滑油，更换油过滤器滤芯，检查回油过滤器的状态
每 3 000 运转小时或 2 年（先到为准）	更换润滑油，更换油过滤器滤芯，清洗回油过滤器
	测试温度开关状态
每 6 000 运转小时或 4 年（先到为准）	更换油细分离器
	维护回油过滤器
	测试控制和监视元件
	检查油控制单元
	检查弹性支座
	运转试验
每 12 000 运转小时	对空气压缩机组进行全面检修，更换转子体
	对电动机进行全面检修

注：维修周期在极限环境条件下可能缩短（例如长期高温、高相对湿度等）。在这种情况下，建议通过油样分析确定更换间隔。

2. 机油乳化处理

（1）机油轻微乳化处理。

如果发现机油有轻微乳化现象时应及时处理。可进行如下操作来去除乳化现象。

① 压缩机静置 1 ~ 2 h，微开排油口（位于机头底部和散热器底部），将位于下层的液态水排出，直至有油排出关闭排油口。

② 打开总风缸下方的排水塞门，使乳化的压缩机组连续运转 60 min 以上，停机后观察润滑油的状态，如果恢复正常可继续使用。

③ 如果乳化现象减轻但没有完全恢复，再运转 30 min，观察机油，可重复进行上述操作，直至乳化消失。

④ 使用延时工作模式，运行机车压缩机组减缓机油乳化。

（2）机油重度乳化处理。

如果发现机油严重乳化，切勿自行处理，应及时联系主机厂及压缩机供货商进行分析处理。

【任务评价】

序号	评价内容	评价标准	分值
1	能够根据 TSA-230AD 型螺杆式空气压缩机的组成，分析其工作原理	分析问题有理有据	3
		分析问题不全面	2
		分析问题观点错误	0
2	能够根据 SL22-66 型螺杆式空气压缩机的组成，分析其工作原理	分析问题有理有据	3
		分析问题不全面	2
		分析问题观点错误	0
3	能够分析空气制动机常见故障	能够正确分析故障	4
		分析故障不全面	2
		故障分析错误	0
得分			

任务 2.4　空气干燥器检查与维护

【任务目标】

1. 知识目标

（1）熟悉 DJKG-A 型空气干燥器的组成及工作原理。

（2）熟悉 JKG-1C 型空气干燥器的组成及工作原理。

2. 素质目标

（1）培养遵章守纪、严谨认真的工作作风，培养工作责任心。

（2）具备自主学习能力，培养分析能力，善于总结经验并进行创新。

（3）能完成团队分配的工作，承担团队成员的角色和责任。

3. 能力目标

（1）能够根据 DJKG-A 型空气干燥器的结构，分析其工作原理。

（2）能够根据 JKG-1C 型空气干燥器的结构，分析其工作原理。

空气干燥器

【相关知识】

机车制动机是机车上的重要行车设备，作用良好的制动机是实现列车安全的必备条件。而压缩空气作为机车制动机以及机车气动器械的工作介质，其质量将直接影响机车或列车的安全运行。

众所周知，压缩空气中存在固态的机械杂质和尘埃、液态的凝结水和润滑油、气态的水蒸气和雾状润滑油。这些有害物质进入机车车辆空气管路后，将造成管道和零件的锈蚀，或加速运动件的磨损，或垫住阀口、堵塞气路，卡死柱塞等，影响空气管路系统的正常使用。特别是在冬季，管道内的凝结水结冰可堵塞管道；制动机与气动器械内的凝结水结冰可冻结制动机与气动器械。因此，压缩空气的清洁与除水是极其重要的。

空气干燥器是利用干燥剂吸收压缩空气中的水分，并附有滤清装置的组合设备。空气干燥器可避免由机械杂质、凝结水引起的机车车辆空气管路系统堵塞、卡死、锈蚀以及凝结水结冰等现象，保证机车车辆制动机和机车气动器械的作用良好，有利于列车的安全运行，也延长了机车车辆制动机和机车气动器械的使用寿命。

电力机车风源系统所使用的空气干燥器有单塔式空气干燥器和双塔式空气干燥器两种。下面分别以 DJKG-A 型单塔式空气干燥器和 JKG-1C 型双塔式空气干燥器为例进行介绍。

2.4.1 DJKG-A 型空气干燥器

DJKG-A 型空气干燥器只有一个装有吸附剂的干燥筒和一个滤清筒。当机车主空气压缩机工作时，干燥器产生吸附作用；当空气压缩机停止运转时，干燥器自动产生再生作用。由于其结构和作用的原因，该装置要求主空气压缩机间歇工作，不能长时间连续工作，否则干燥筒内的吸附剂将无法再生，最终失去干燥能力。

2.4.1.1 DJKG-A 型空气干燥器的构成

DJKG-A 型空气干燥器主要由干燥筒、滤清筒、再生风缸、电动排泄阀和消音器等部件组成，除消音器外，所有部件均安装在一个钢架上，构成了一个完善的“空气处理中心”。DJKG-A 型空气干燥器是一种无热再生空气干燥器。

1. 干燥筒

干燥筒是装有吸附剂的筒状容器，在上、下滤网间填满了吸附剂，是完成压缩空气干燥处理的核心部件。

2. 滤清筒

滤清筒是安装高效气液过滤网的筒状容器，用于除去压缩空气中的液态粒子，以减轻吸附剂的吸附负荷和油污对吸附剂的污染。

3. 再生风缸

再生阶段为干燥筒提供干燥的压缩空气，沿吸附干燥过程反方向将吸附剂的吸附的水分带走，使吸附剂恢复干燥状态。

4. 电动排泄阀

电动排泄阀由一个 TFK_{1B} 型电空阀（称为排泄电空阀）和一个柱塞式排泄阀组成。

柱塞式排泄阀阀体上有已安装棒形加热元件的内孔，另外还有一些暗道作为内部气路，阀体上有三条气路连接管：一条为左边气路可经塞门与滤清筒底部相连通，是再生阶段排泄空气的通路；另一条为右边气路可与消音器相连通，再生阶段的排泄空气经此通路排入大气；还有一条除前连气路通向阀体外，还经管子与再生风缸相通，并经阀体内暗道、电空阀、阀体暗气路、上盖与活塞的上气室沟通，这是控制活塞动作的空气通路。

5. 消音器

消音器是为了消除干燥器在再生阶段排气时产生的尖锐刺耳的噪声而设置的。消音器内的填料为 6 层间隔放置的穿孔板。

6. 塞　门

在滤清筒至电动排泄阀之间设有一个塞门，平时处于常开位。在机车运行途中若发生因排泄阀关闭不严而排气不止时，可关闭此阀门以防压缩空气泄漏，待处理正常后再开放。该空气干燥器作用正常时，不得随意关闭此塞门，否则将使吸附剂过早失效。

2.4.1.2　系统工作原理

1. 吸附干燥过程

吸附干燥过程如图 2-4-1（a）所示。当空气压缩机运转时，饱和湿空气由空气压缩机出风口经过冷却管冷却后进入滤清筒，压缩空气中的油雾、水分和尘埃、机械杂质被高效气液过滤网拦截捕获。然后除去凝结水、油雾、水分和尘埃、机械杂质的饱和湿空气进入干燥筒内，通过吸附剂的作用，其水蒸气分子被吸附。故干燥筒底部的压缩空气是洁净、干燥的。这些干燥空气经过干燥筒底部的止回阀向机车总风缸输送，同时还经节流孔向再生风缸充风。上述过程称为吸附干燥过程。当空气压缩机停止运转时，该吸附干燥过程结束。在此过程中，排泄电空阀失电，排泄阀口关闭。

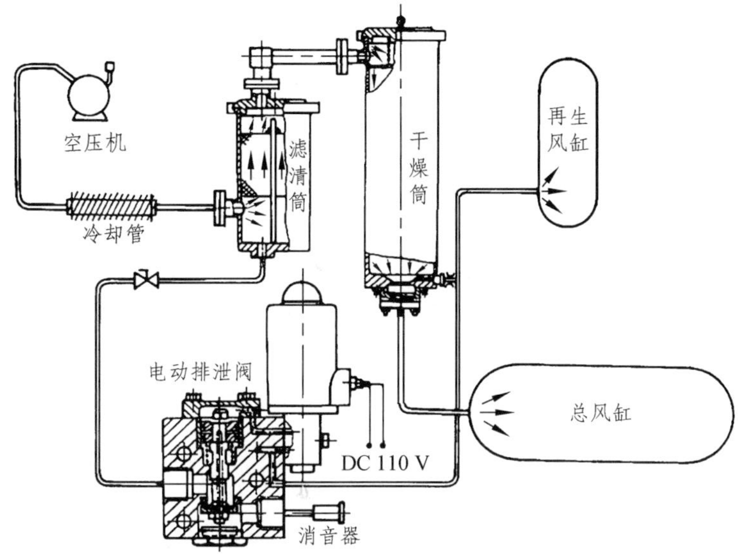

（a）干燥作用流程

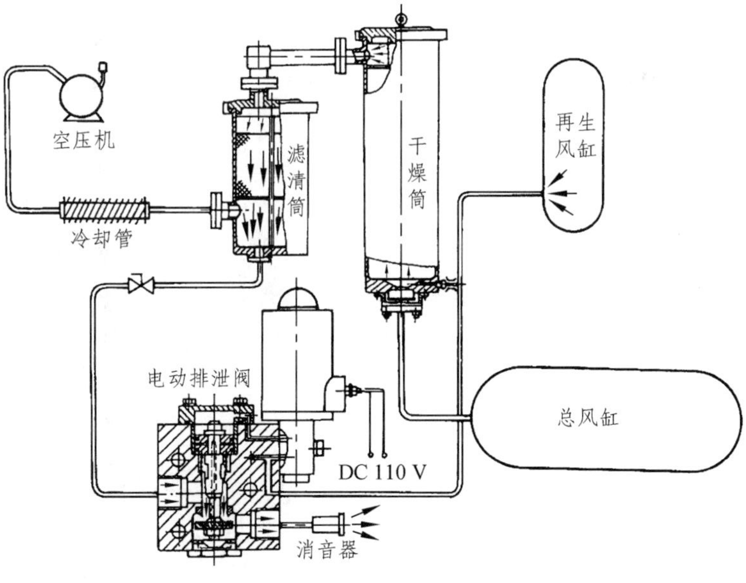

（b）再生作用流程

图 2-4-1　DJKG-A 型空气干燥器作用流程图

2. **再生过程**

再生过程如图 2-4-1（b）所示。当空气压缩机停止运转时，控制电路使排泄电空阀得电，再生风缸内压缩空气进入排泄阀活塞上部，克服活塞弹簧反力，推动活塞及活塞杆下移，打开排泄阀口。这时，滤清筒、干燥筒以及空气压缩机出风口至干燥筒管道内的压缩空气连同油、水分和尘埃、机械杂质经开放的排泄阀口，再经消音器排入大气。同时，再生风缸内的干燥压缩空气通过干燥筒底部的节流孔膨胀成为接近大气压力的超干燥空气，并朝着与吸附干燥过程相反的流向通过吸附剂，将吸附剂吸附的水蒸气分子几乎全部带出，经排泄阀口、消音器排入大气，使吸附剂重新恢复干燥状态。当再生风缸内压缩空气的压力降至约 30 kPa 时，排泄阀内的活塞弹簧推动活塞及活塞杆上移，关闭排泄阀口，再生过程结束。

2.4.1.3 干燥器的维护与检修

机车乘务员每次出乘前，应观察整套装置的工作是否正常，定期察看总风缸内是否有积水。干燥器应定期进行检查和大修。机车进行中修时，其检修内容如下：

（1）清洗、检查电动排泄阀各部件。

（2）用去污粉洗净消音器各部件。

（3）解体并清洗滤清筒内的过滤元件，组装前要用压缩空气吹干。

（4）解体并清洗干燥筒内各部件，更换活性氧化铝，并使吸附剂填实，然后用压缩空气与正常气流相反方向吹扫一遍。

（5）按恒控器盒内侧所附线路图检修恒控器。

（6）重新组装整套装置后，并在试验台上进行性能检查，合格后装车使用。

2.4.2 JKG-1C 型空气干燥器

HXD_{3C} 型电力机车采用两台 JKG-1C 型空气干燥器，位于空气压缩机组和总风缸之间，每个压缩机组配备一台空气干燥器。该装置具有低温加热，过滤压缩空气中油、水，降低压缩空气露点的功能，使得空气系统在正常使用时不会出现液态水。JKG-1C 型空气干燥器外形如图 2-4-2 所示。

图 2-4-2 JKG-1C 型空气干燥器外形图

2.4.2.1 结 构

JKG-1C 型空气干燥器由干燥塔主体、油分离器、进气阀、排气阀、出气止回阀、电控器及安装夹等组成，JKG-1C 型空气干燥器结构如图 2-4-3 所示。

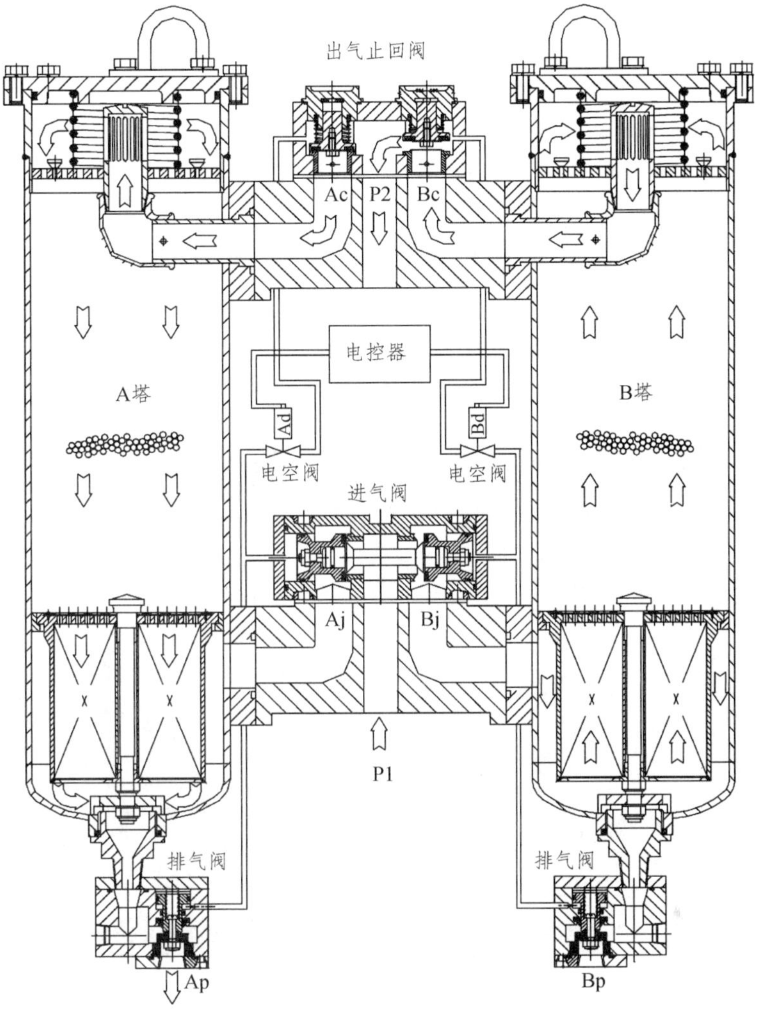

图 2-4-3　JKG-1C 型空气干燥器结构图

1. 干燥塔主体

干燥塔主体是由两个结构完全相同的干燥塔组成，按左右对称配置。主要由干燥筒、高效滤清吸附剂等组成。干燥塔主体部分是完成压缩空气干燥、净化的核心部件。

2. 进气阀

进气阀安装于两干燥塔的进气连体上，是用于控制两干燥塔进气转换的机构。

3. 排气阀

排气阀安装于干燥塔的下部，阀口根据电气控制箱的两个电磁阀所发出的压缩空气指令来控制开闭。

4. 出气止回阀

防止总风缸压缩空气向干燥塔倒流，且左右进风口有一小孔相连，以使干燥空气进入再生干燥塔进行再生作用。

5. 电控器

机车空气压缩机的工况是随机变化的，当这些工况以电信号（通电、断电）的形式由控制线输入电控器后，经过电磁阀的逻辑处理，将变成有规律的“指令”输出，并通过电磁阀来操纵干燥器上的机械动作，构成“电器-机械”控制系统，使两塔按一定的程序交替工作。

每个电磁阀的工作状态用一个指示灯指示器显示。当电磁阀作用时，指示灯亮，对应的塔处于再生状态。JKG-1C 型空气干燥器工作指示图，如图 2-4-4 所示。

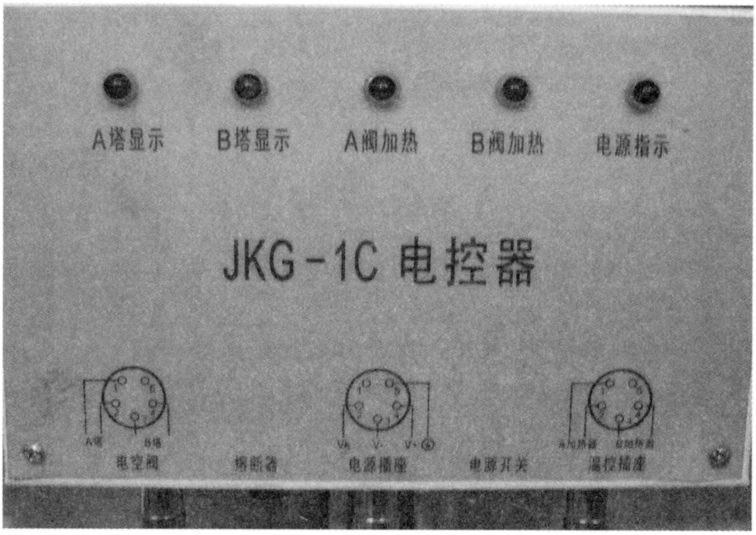

图 2-4-4　JKG-1C 型空气干燥器工作指示图

A 塔显示——A 塔进入再生状态。

B 塔显示——B 塔进入再生状态。

A 阀加热——A 塔排污阀进入加热状态。

B 阀加热——B 塔排污阀进入加热状态。

电源指示——干燥器得电指示。

电源开关——控制干燥器得失电。

2.4.2.2　工作流程

图 2-4-3 显示空气干燥器在工作状态，其中 B 塔在干燥阶段，A 塔在再生阶段。

电空阀 Ad 得电工作；排气阀 Ap 打开，进气阀 Aj 关闭；由于电空阀 Bd 失电，排气阀 Bp 关闭，进气阀 Bj 打开。

压缩空气经 P1 口和打开的进气阀 Bj，在油分离器里进行旋转，在离心力作用下将油和水滴甩向油分离器的内壁后收集到排气阀 Bp。压缩空气随后通过干燥剂，压缩空气中的水及水蒸气被吸收，使干燥器出口压缩空气的相对湿度小于 35%。

压缩空气通过出气止回阀 Bc 和 P2 口从干燥器排出之前，部分干燥的压缩空气通过再生节流孔，进入再生塔（A 塔），带走干燥剂表面的液态水后从排气阀 Ap 排放到大气，再生塔中的干燥剂得到干燥。

电空阀 Ad 在半个工作周期（90 s）前 18 s 失电，排气阀 Ap 关闭，进气阀 Aj 开放。控制管路中压缩空气通过电空阀排放到大气。通过节流孔，再生塔（A 塔）中空气压力将增加到与干燥塔（B 塔）相同的空气压力。半个周期时（90 s），原干燥塔变为再生塔，原再生塔变为干燥塔。电空阀 Bd 得电，排气阀 Bp 开放，进气阀 Aj 开放。

当压缩机停止工作时，干燥器也同时停止工作。干燥器的两个电空阀都失电，控制管路被排空，排气阀两侧均关闭，进气阀停留在干燥器停止工作时的位置。

2.4.2.3 故障处理

JKG-1C 型空气干燥器常见故障分析及解决措施见表 2-4-1。

表 2-4-1 JKG-1C 型空气干燥器常见故障分析及解决措施

<table>
<tr><th>故障现象</th><th>原因分析</th><th>解决措施</th></tr>
<tr><td rowspan="3">总风缸出现凝结水</td><td>干燥剂吸附饱和或油污失效</td><td rowspan="3">当发现总风缸出现冷凝水时，首先要确定净化系统故障所处的位置和原因，然后作相应处理，恢复系统正常工作。若确认不属于系统故障造成的总风缸出水，则须开盖检查干燥剂的状态。如干燥剂颗粒表面变成棕黑色，说明其已失效，必须更换；若表面呈淡黄色、但手感潮湿，说明系偶然事故使干燥剂吸附饱和，可不必更换，待装置正常工作一段时间后，干燥剂可逐步再生复原</td></tr>
<tr><td>干燥器本身发生故障，已不能正常工作</td></tr>
<tr><td>排气阀故障，使油水分离器长期不能排污，积水过多和干燥剂再生不良而失效</td></tr>
<tr><td rowspan="3">当压缩机输送空气时，消音器不排放空气</td><td>节流孔阻塞</td><td>从逆止阀拆除阻气门并清洗</td></tr>
<tr><td>电空阀不得电</td><td>检查电源；
更换有缺陷电路板；
检查阀磁铁上连接器（电缆连接）</td></tr>
<tr><td>排气阀冻住</td><td>解冻排气阀；
检查加热器筒和恒温器和电缆连接；更换有缺陷零件</td></tr>
<tr><td rowspan="2">空气从电空阀排气口稳定排放（如果空气干燥器单元正确工作，当压缩机输送空气时，电空阀每次往复时，必须排放少量空气。）</td><td>阀座脏污或损坏，或者磁铁电枢上橡胶密封有缺陷</td><td>拆除电空阀；
清洗阀座；如果必要，修理或者更换衬套</td></tr>
<tr><td>电空阀有缺陷或电路板故障</td><td>检修电空阀，或者更换电路板</td></tr>
</table>

【任务评价】

序号	评价内容	评价标准	分值
1	能够根据 DJKG-A 型空气干燥器的结构，分析其工作原理	分析问题有理有据	3
		分析问题不全面	2
		分析问题观点错误	0
2	能够根据 JKG1C 型双塔式空气干燥器的结构，分析其工作原理	分析问题有理有据	3
		分析问题不全面	2
		分析问题观点错误	0
3	能够分析空气制动机常见故障	能够正确分析故障	4
		分析故障不全面	2
		故障分析错误	0
得分			

任务 2.5　风源系统其他附件检查与维护

【任务目标】

1. 知识目标

（1）熟悉风源系统其他附件的作用及结构。

（2）熟悉风源系统其他附件的工作原理。

2. 素质目标

（1）培养学生遵章守纪，养成严谨的工作作风，促使学生职业素养的养成。

（2）具备自主学习能力，有责任心，有一定的分析能力，善于总结经验和创新。

（3）能主动与同学合作开展工作，完成团队分配的工作，承担团队成员的角色和责任。

3. 能力目标

（1）能够根据风源系统附件的结构，分析其工作原理。

（2）能够对风源系统附件进行调节及维护。

【相关知识】

风源系统附件

2.5.1　压力控制器

国产 SS 系列电力机车采用 YWK-5-C 型压力控制器，装设在电空制动屏柜内。压力控制器是根据总风缸压力的变化，自动闭合或切断主空气压缩机电动机电源，从而控制主空气压缩机的运转或停止，使总风缸内压力空气的压力保持在规定的压力范围（750 ~ 900 kPa）内。即当总风缸空气压力达到最大规定值时，自动切断主空气压缩机电动机的电源电路，主空气压缩机停止工作；当总风缸空气压力低于最小规定值时，自动闭合主空气压缩机电动机的电源电路，主空气压缩机恢复打风。

YWK-5-C 型压力控制器为铸铝壳体，防水型，其规格为 0 ~ 1 MPa。能经受 GB50110-85 所规定的机械振动条件考验，其结构如图 2-5-1 所示。

YWK-5-C 型压力控制器采用压力传感波纹管和大开距单断点开关，因此具有敏感性高、寿命长、动作可靠、故障率低的特点。

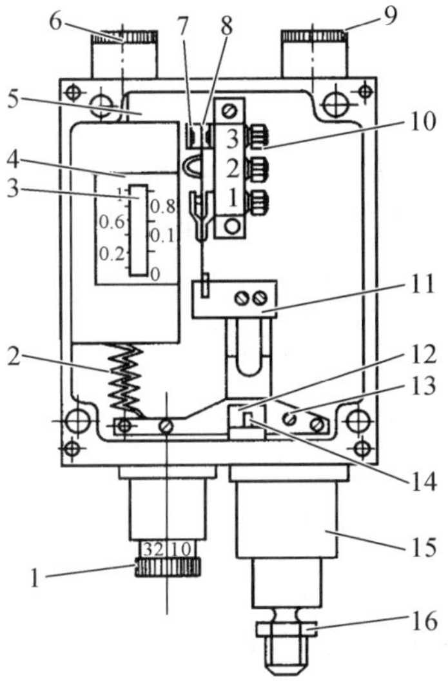

1—差动旋钮；2—调节弹簧；3—指针；4—标尺牌；5—调节杆；6—锁紧螺帽；7—静触头；8—动触头；9—出线套；10—接线端子；11—拨臂；12—刀支架；13—杠杆；14—刀；15—波纹管室；16—接头。

图 2-5-1　YWK-5-C 型压力控制器结构图

YWK-5-C 型压力控制器是利用杠杆，波纹管，调节弹簧以及差动旋钮内的弹簧组成一个杠杆体系，并充分利用动触头和静触头组成的单断点大开距微动开关具有瞬动开闭的特点，而设计的一种结构简单的压力调节控制装置。当被控压力空气的压力上升或下降时，波纹管伸长或缩短，通过杠杆与拨臂，拨开微动开关，使触头闭合或断开而达到压力空气压力控制的目的。

2.5.2 止回阀

在每台空气压缩机的出风管路上安装止回阀，用来防止压力空气逆流，以实现单向流动性能，如图 2-5-2 所示。

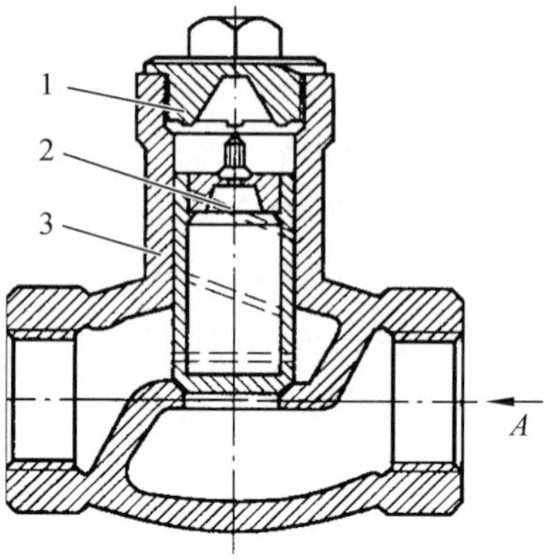

1—盖；2—止阀；3—阀体。

图 2-5-2 止回阀

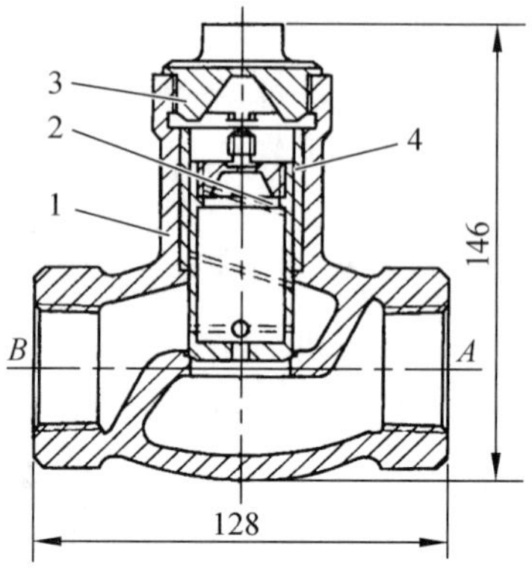

1—阀体；2—阀芯；3—盖；4—铜套。

图 2-5-3 逆流止回阀

当压力空气由 A 进入，在初始状态时，B 侧管路压力较低，则 A、B 间的压差足以克服止阀而将其压起，阀口开放，经 B 处流出。当 B 侧压力接近 A 侧时，止阀下落关闭阀口。若压力空气由 B 侧流入，则止阀在压力作用下与体上的阀座更加密贴，无法向 A 侧输送。故只能实现单向流动，即 A→B。

安装时，必须注意使箭头方向与管路流向一致，且垂直安装。

2.5.3 逆流止回阀

逆流止回阀与空气压缩机出风管路上安装的止回阀外形很相似，区别在于止回阀的盖为六方体，而逆流止回阀为四方体。逆流止回阀的阀芯也是利用止回阀的阀芯，仅在阀芯底部中央一处以及圆柱面靠近底部位置两处，钻出 3 个 ϕ6 mm 的圆孔。

逆流止回阀的结构、作用原理，如图 2-5-3 所示。

当 B 侧管路压力较 A 侧低时，A、B 侧间的压差克服阀芯重力将其抬起，A 侧压力空气经开放阀口的大通道进入 B 侧。当两侧压力空气压力接近时，阀芯下落关闭阀口，但两侧压力空气仍能经逆流小孔沟通。当 B 侧管路压力高于 A 侧时，阀芯在空气压力以及自重作用下，与阀体上的阀座更加密贴，关闭阀口，但 B 侧压力空气仍能经逆流小孔进入 A 侧，保持两侧管路压力相等。

安装时，A 侧接第一总风缸以及总风联管，B 侧接第二总风缸。当机车空气压缩机打风时，压力空气首先进入第一总风缸与总风联管，再经该阀的阀芯上移后开放的阀口大通路进入第二总风缸，继而供机车用风。当空气压缩机故障后，其他机车空气压缩机产生的压力空气也能经总风联管进入第一总风缸，再经该阀进入第二总风缸。当机车空气压缩机停止运转后，由于各机车用风量的差异，用风量小的机车的第二总风缸内压力空气将经逆流孔反向流出，补充用风量大的机车总风缸，保证了各重联机车正常运行时，所有总风缸压力完全一致。

当重联机车间发生断钩现象后，各机车第一总风缸内压力空气将经断裂的总风联管快速排入大气。而第二总风缸内压力空气因逆流止回阀的阀芯下落关闭了阀口大通路，不能快速排入大气，只能经逆流小孔缓慢排入大气，从而保证了机车在停车时空气制动所需压力空气。

安装时必须注意方向，且垂直安装。

2.5.4 高压安全阀

为确保空气管路系统的安全，必须严格控制压力空气的最大压力。因此，在所有的压力空气管路系统中设置了安全阀，以免正常的压力控制装置失效后，能自动降低压力及报警，达到安全保护作用。

高压安全阀的结构如图 2-5-4 所示。

通常，高压安全阀设置在每台空气压缩机出风口至止回阀之间的管路上，其作用是确保总风缸气压不超过最大工作压力。该高压安全阀的压力整定值为（950 ± 20）kPa。应随时检查高压安全阀的整定值，如果不符，应及时调整。调整时拧动弹簧盒 1，达到整定压力值后，用锁紧螺母锁紧，再用专用止挡定位，并加铅封标记，以使整定压力值准确可靠。

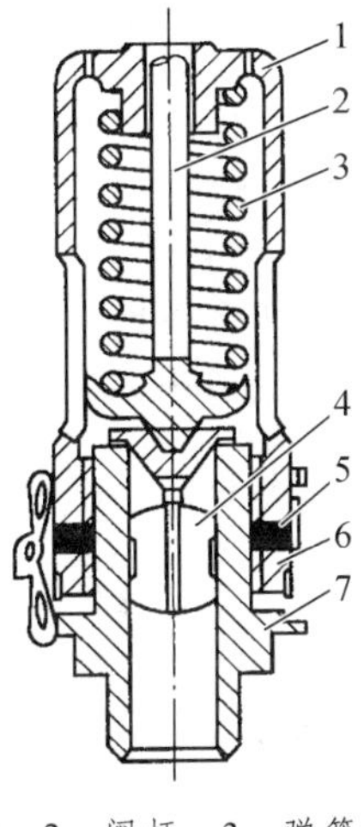

1—弹簧盒；2—阀杆；3—弹簧；4—阀；5—止挡环；6—锁紧螺母；7—阀座。

图 2-5-4 高压安全阀

当连接管路的压力值大于弹簧 3 的整定值时，阀 4 上移开放通大气口，因排气口远大于管路截面，使管路压力下降，当降至低于弹簧 3 的反力后，将阀 4 压回阀座 7，关闭阀口。由于空气压缩机连续不断地排气，其阀口的开闭往往是连续不断的，阀 4 的上下运动及间断的排气产生清晰的响声，使压力无法再增加并发出报警声，警告司机必须停止空气压缩机的运转。

2.5.5 总风缸

总风缸用来储存压力空气，供制动机及其他风动装置使用；同时使机车风源系统产生的压力空气在总风缸内进一步冷却，分离、沉淀出油水及尘埃等。为确保制动机及其他风动装置工作安全，应定期开放总风缸排水阀，放出缸内积水和尘埃。

为保证压力空气的充分供应，机车上必须配备容量足够大的总风缸。总风缸是一个受压容器，严禁在总风缸上进行电焊打火或搭接地线。总风缸充风后严禁重物锤击，更应避免在其周围加温。

2.5.6 无负载启动电空阀

在主空气压缩机出风管与止回阀间接有启动放风管路。该启动放风管路受无负载启动电空阀控制，而该电空阀受主空气压缩机组控制电路的控制。无负载启动电空阀采用 TFK_{1B} 型电空阀，其进风口接放风管，出风口通大气。

无负载启动电空阀用于在主空气压缩机启动之初，排放主空气压缩机出风管与止回阀之间的压力空气，以改善主空气压缩机的启动工况。即空气压缩机启动前，无负载启动电空阀得电，使止回阀前的一段管路一直与大气沟通；当主空气压缩机启动后 3 s 内仍继续排空，待延时 3 s 后无负载启动电空阀失电关闭排风口。

【任务评价】

序号	评价内容	评价标准	分值
1	能够根据压力控制器的结构，分析其工作原理	分析问题有理有据	4
		分析问题不全面	2
		分析问题观点错误	0
2	能够根据逆流止回阀的结构，分析其工作原理	分析问题有理有据	3
		分析问题不全面	2
		分析问题观点错误	0
3	能够根据高压安全阀的结构，分析其工作原理	分析问题有理有据	3
		分析问题不全面	2
		分析问题观点错误	0
得分			

任务 2.6 辅助空气压缩机组检查

【任务目标】

1. 知识目标

（1）熟悉 SS_4 改型电力机车辅助空气压缩机组的组成。

（2）熟悉 SS_9 型电力机车辅助空气压缩机组的组成。

（3）熟悉 HXD_{3C} 型电力机车辅助空气压缩机组的组成。

2. 素质目标

（1）培养遵章守纪、严谨认真的工作作风，培养工作责任心。

（2）具备自主学习能力，培养分析能力，善于总结经验并进行创新。

（3）能完成团队分配的工作，承担团队成员的角色和责任。

3. 能力目标

（1）能够根据 SS_4 改型电力机车辅助空气压缩机组的结构，分析其工作原理。

（2）能够根据 SS_9 型电力机车辅助空气压缩机组的结构，分析其工作原理。

（3）能够根据 HXD_{3C} 型电力机车辅助空气压缩机组的结构，分析其工作原理。

【相关知识】

电力机车主空气压缩机组的供电电源为三相交流电（AC 380 V），而电力机车上的三相交流电是通过受电弓、主断路器从供电接触网引入，并经主变压器降压、分相设备分相后得到的，对于长期停放的机车，由于空气管路系统的泄漏问题，难免造成风压不足，使机车无法升受电弓和合主断路器，导致机车不能正常工作。在这种情况下，可通过机车蓄电池直流供电系统启动辅助空气压缩机组，为受电弓、主断路器提供压缩空气，以确保机车投入正常工作。

SS_4 改型电力机车采用 CA-10/Z_2-22 型辅助空气压缩机组，SS_9 型电力机车采用 TZK1-50 型辅助空气压缩机组，HXD_{3C} 型电力机车采用 LP115 型辅助空气压缩机组。

2.6.1　CA-10/Z_2-22 型辅助空气压缩机组

CA-10/Z_2-22 型辅助空气压缩机组主要由 CA-10 型空气压缩机和 Z_2-22 型直流电动机组成。其中 CA-10 型空气压缩机为直立双缸一级压缩活塞式空气压缩机，当转速为 1 350 r/min 时排气量大于 42 L/min，工作气压为 700 kPa，轴功率为 1.1 kW。Z_2-22 型直流电动机从机车蓄电池获取 110 V 直流电能，通过联轴器直接驱动 CA-10 型空气压缩机。CA-10 型辅助空气压缩机结构如图 2-6-1 所示。

该辅助空气压缩机只作辅助性短时运转，采用附加油杯注油润滑，为保证辅助空气压缩机正常运行，应定期从连接进油接头的附加油杯注入足够的压缩机油，以便于运转时利用曲轴转动形成飞溅油滴进行润滑。

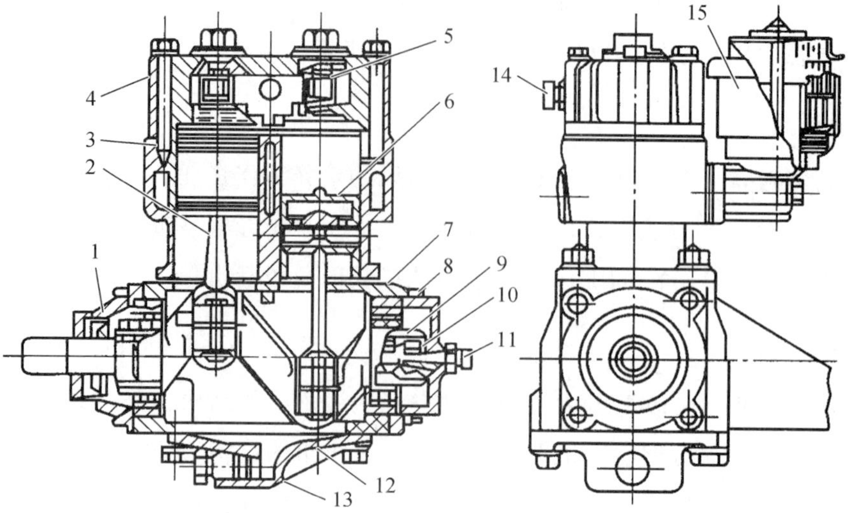

1—油封；2—连杆；3—气缸体；4—气缸盖；5—气阀；6—活塞；7—曲轴箱；8—轴承；9—曲轴；10—后盖；11—进油接头；12—底盖；13—回油接头；14—出气接头；15—滤尘器。

图 2-6-1　CA-10 型辅助空气压缩机结构

2.6.2　TZK1-50 型辅助空气压缩机组

SS_9 型电力机车采用 TZK1-50 型辅助空气压缩机组，该辅助空气压缩机组采用的是电动机、单缸活塞式压缩机整体式结构，如图 2-6-2 所示，其具有体积小、结构紧凑、外形美观、维护方便、噪声和振动小等优点。在性能方面，只需 0.5 kW 功率的电动机就能达到 50 L/min 的排气量和 800 kPa 的压力，且在低电压 DC 77 V 和 700 kPa 高压下的低压启动性能良好。TZK1-50 型辅助空气压缩机组采用间隙工作制，连续工作时间不大于 20 min。

TZK1-50 型辅助空气压缩机组由压缩机与直流电动机组合而成，将压缩机直接安装在电动机上组成压缩机组。

电机是直流有刷电动机，轴端是一个锥形轴，装有一个偏心块，径向由一个半圆键固定传递力矩，轴向加一个放松止推垫圈，以螺母固定；利用电动机上法兰，将压缩机固定在一起；电动机下的安装座上有 4 个孔，用于固定压缩机组。

空气压缩机采用单缸单程活塞式结构，电动机轴上的偏心块 2 带动连杆 3、活塞 5，将电动机的旋转运动变成往复运动，使活塞 5 在箱体 9 的气缸中作往复运动，压缩气缸中的气体，从而形成压缩空气；配气盘上下分别有一个阀片，相互配合形成配气系统；压缩后的空气经气缸盖 4 排出。

空气压缩机的呼吸系统 7 保证箱体内的压力不会太高，在保证空气压缩机安全的同时，保证不降低空气压缩机的效率。

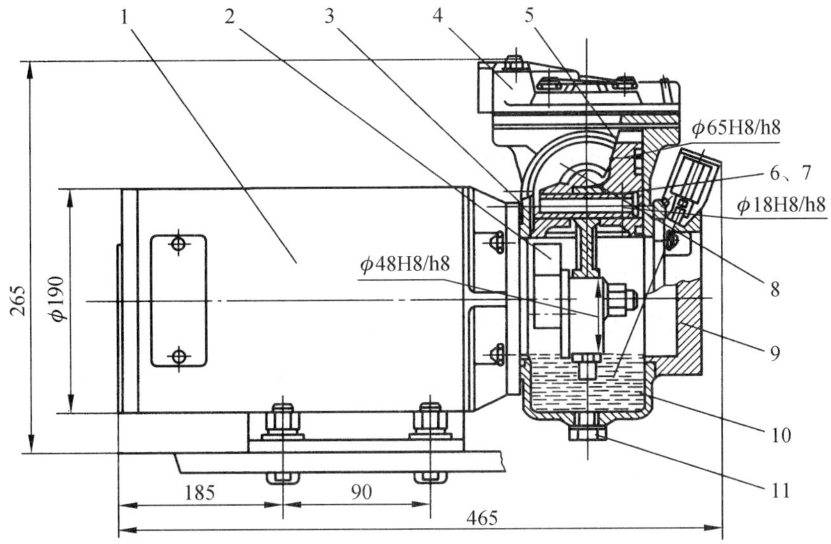

1—直流电机；2—偏心块；3—连杆；4—气缸盖；5—活塞；6—油标杆；7—呼吸系统；8—进气空气滤清器；9—箱体；10—润滑油；11—放油堵。

图 2-6-2　TZK1-50 型辅助空气压缩机组结构

2.6.3　LP115 型辅助空气压缩机组

HXD_{3C} 型电力机车采用克诺尔公司的 LP115 型辅助空气压缩机组作为辅助风源。辅助风源由直流电动机、空气压缩机和干式空气过滤器等主要部件组成，装置结构安排紧凑。辅助空气压缩机为单级活塞式压缩机，自带法兰安装。直流电动机通过联结器和空压机连接。为保证压缩空气和管路的清洁，辅助空气压缩机配有小型的单塔干燥器和再生风缸。空气压缩机采用飞溅润滑，最大输出压力 800 kPa，排风量 70 L/min，采用自然冷却方式，允许连续运行时间不超过 10 min。LP115 型辅助空气压缩机组如图 2-6-3 所示。

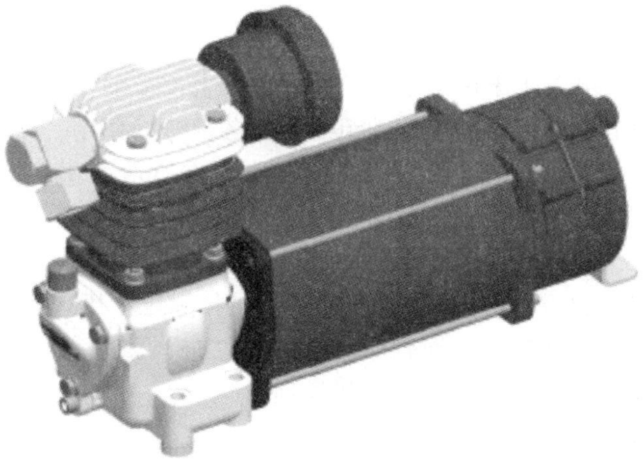

图 2-6-3　LP115 型辅助空气压缩机组

辅助空气压缩机的输出口和升弓控制模块、升弓风缸及风表相连。辅助空气压缩机组的控制开关在空气控制柜上，按下开关后，辅助空气压缩机开始工作，升弓控制模块上的压力开关对空气压缩机的启停进行自动控制。

控制方式分为人工控制和自动控制两种方式。

（1）当机车初次升弓，或进行升弓装置试验时，采用人工控制方式，操作时需要操作者持续按下辅助空气压缩机组启动按钮（位于空气控制柜内），并观察升弓压力表的指示值，在满足升弓压力要求后松开按钮。

（2）当机车投入运用后采用自动控制方式，当辅助风缸压力低于 480 kPa 时，辅助压缩机自动投入工作；当辅助风缸压力达到 735 kPa 时，压缩机自动停止工作。

【任务评价】

序号	评价内容	评价标准	分值
1	能够根据 SS_4 改型电力机车辅助空气压缩机组的结构，分析其工作原理	分析问题有理有据	3
		分析问题不全面	2
		分析问题观点错误	0
2	能够根据 SS_9 型电力机车辅助空气压缩机组的结构，分析其工作原理	分析问题有理有据	3
		分析问题不全面	2
		分析问题观点错误	0
3	能够根据 HXD_{3C} 型电力机车辅助空气压缩机组的结构，分析其工作原理	分析问题有理有据	4
		分析问题不全面	2
		分析问题观点错误	0
得分			

复习思考题

1. 简述 SS_4 改型电力机车风源系统的组成以及各部分的作用。
2. 简述 SS_9 型电力机车风源系统的组成以及各部分的作用。
3. 简述 HXD_{3C} 型电力机车风源系统的组成以及各部分的作用。
4. 简述 NPT5 型空气压缩机的结构和工作原理。
5. 简述 VF-3/9 型空气压缩机的结构和工作原理。
6. 简述 TSA-230AD 型螺杆式空气压缩机的结构和工作原理。
7. 简述 SL22-66 型螺杆式空气压缩机的结构和工作原理。
8. 试叙 DJKG-A 型空气干燥器的工作原理。
9. 试叙 JKG-1C 型空气干燥器的工作原理。
10. 简述电力机车辅助空气压缩机组的作用。

项目 3
DK-1 型电空制动机检查与操作

项目描述

DK-1 型电空制动机是以电信号作为控制指令，以压缩空气作为动力源的制动机。DK-1 型电空制动机作为机车制动机应用于国产 SS 系列电力机车上，其工作过程满足自动空气制动机的基本作用原理，即“制动管充风—缓解，制动管排风—制动”。DK-1 型电空制动机的使用，虽然没有从根本上解决由于空气波、制动波的存在而造成的列车制动时纵向动力作用的问题，但是已能简便地与列车运行速度监控装置、动力制动系统等配合，为列车的自动控制创造了条件。

本项目着重介绍 DK-1 型电空制动机各组成部件的结构，能够根据各部件的结构分析其作用原理，对继电器控制的 DK-1 型电空制动机的综合作用原理、辅助功能进行分析，并在此基础上在制动机试验台上进行 DK-1 型电空制动机的操作及试验。

知识导图

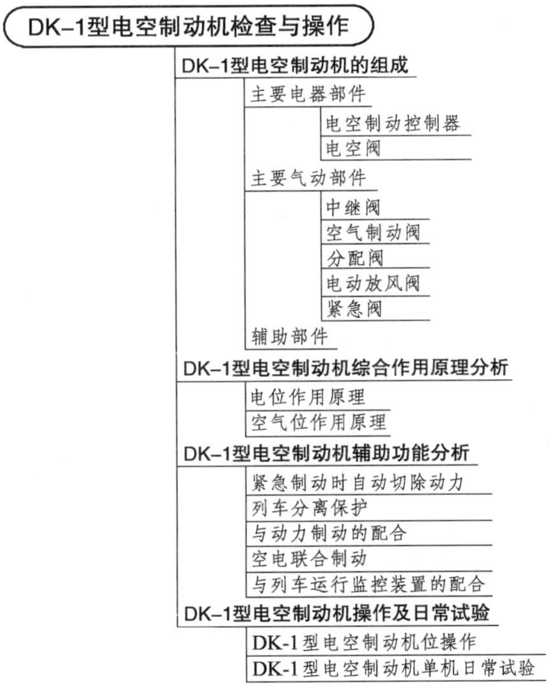

任务 3.1　DK-1 型电空制动机认知

【任务目标】

1. 知识目标

（1）熟悉 DK-1 型电空制动机的特点和组成。

（2）了解 DK-1 型电空制动机的性能。

（3）掌握 DK-1 型电空制动机的控制关系。

2. 素质目标

（1）培养良好的职业道德修养，有较强的工作责任感。

（2）具备自主学习能力，培养分析能力，善于总结经验并进行创新。

（3）能完成团队分配的工作，承担团队成员的角色和责任。

3. 能力目标

（1）能够认知典型电力机车司机室制动设备。

（2）能够认知典型电力机车电空制动屏柜设备。

DK-1 型电空制动机认知

【相关知识】

3.1.1　DK-1 型电空制动机的特点

DK-1 型电空制动机采用电信号传递控制指令和积木式结构，具有以下特点：

（1）DK-1 型电空制动机减压准确、充风快、操纵手柄轻巧灵活、司机室内噪声小以及结构简单、便于维修。

（2）非自动保压式。DK-1 型电空制动机制动减压量随着操纵手柄停留在制动位时间的增长而增加，直到最大减压量。操作中，若不需要产生最大减压量，则当减压量达到所需减压量时，须将手柄由制动位转换到中立位进行保压。

（3）失电制动。当电气线路或电器因故障而失电时，DK-1 型电空制动机将立即进入常用制动状态而实施制动，以保证列车运行安全。

（4）与机车其他系统配合。目前，DK-1 型电空制动机能够与列车运行监控记录装置、动力制动系统等进行配合，以适应高速、重载列车的运行需要。

（5）控制列车电空制动机。随着列车电空制动机的装车使用，DK-1 型电空制动机可以较方便地对列车电空制动机实施有效控制。

（6）兼有电空制动机和空气制动机两种功能。正常工作时，作为电空制动机使用；当电气线路发生故障时，由故障转换装置可将其转换成空气制动机使用，以维持机车故障运行。

3.1.2 DK-1 型电空制动机的组成

DK-1 型电空制动机的组成从部件的安装位置看，可分为操纵台部分、电空制动屏柜及空气管路三大部分。

1. 操纵台部分

司机操纵台上设有电空制动控制器、空气制动阀、压力表、空电恢复指示灯与按钮、紧急停车按钮等部件。SS_4 改型电力机车操纵台如图 3-1-1 所示。

在司机室右侧壁附近的制动管支管上设置有紧急制动阀（手动放风塞门）。当制动机失效时，可以手动将紧急制动阀放风塞门拉下，直接排放制动管内的压力空气，使列车紧急制动停车。

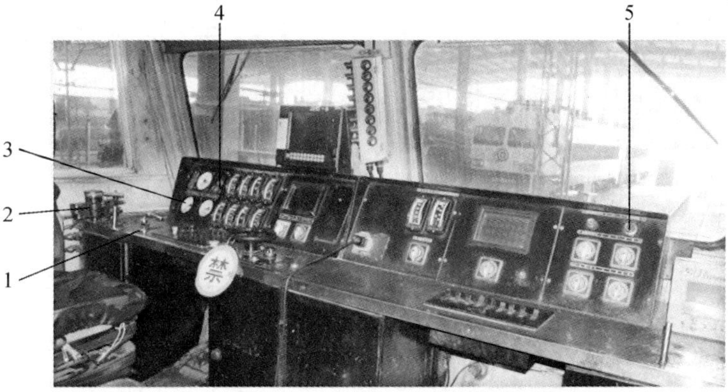

1—电空制动控制器；2—空气制动阀；3—压力表；
4—空电恢复指示灯与按钮；5—紧急停车按钮。

图 3-1-1　SS_4 改型电力机车操纵台

（1）电空制动控制器（俗称大闸）　操纵部件，用来控制全列车的制动与缓解。

（2）空气制动阀（俗称小闸）　操纵部件，电空位操作时，用来单独控制机车的制动与缓解，与列车的制动缓解无关。通过其上的电-空转换拨杆转换后，可以操纵全列车的制动与缓解。另外，手把下压可单独缓解机车的制动压力。

（3）压力表　设置两块双针压力表和一块单针压力表，一块双针压力表用于显示总风缸和均衡风缸压力，一块用于显示前制动缸和制动管压力，另一块单针压力表用于显示后制动缸压力。

（4）空电恢复指示灯与按钮　用于空电恢复的显示与操作。

（5）紧急停车按钮　设在学习司机操纵台仪表架上，当学习司机发现有危及行车安全和人身安全的情况，又来不及通知司机时，可直接按下紧急停车按钮，可使全列车紧急制动停车。

2. 电空制动柜

电空制动柜安装在机械室内，是机车制动机的核心。全车 80%以上的制动机部件集中安装在电空制动柜上。SS4 改型电力机车电空制动屏柜结构如图 3-1-2 所示。

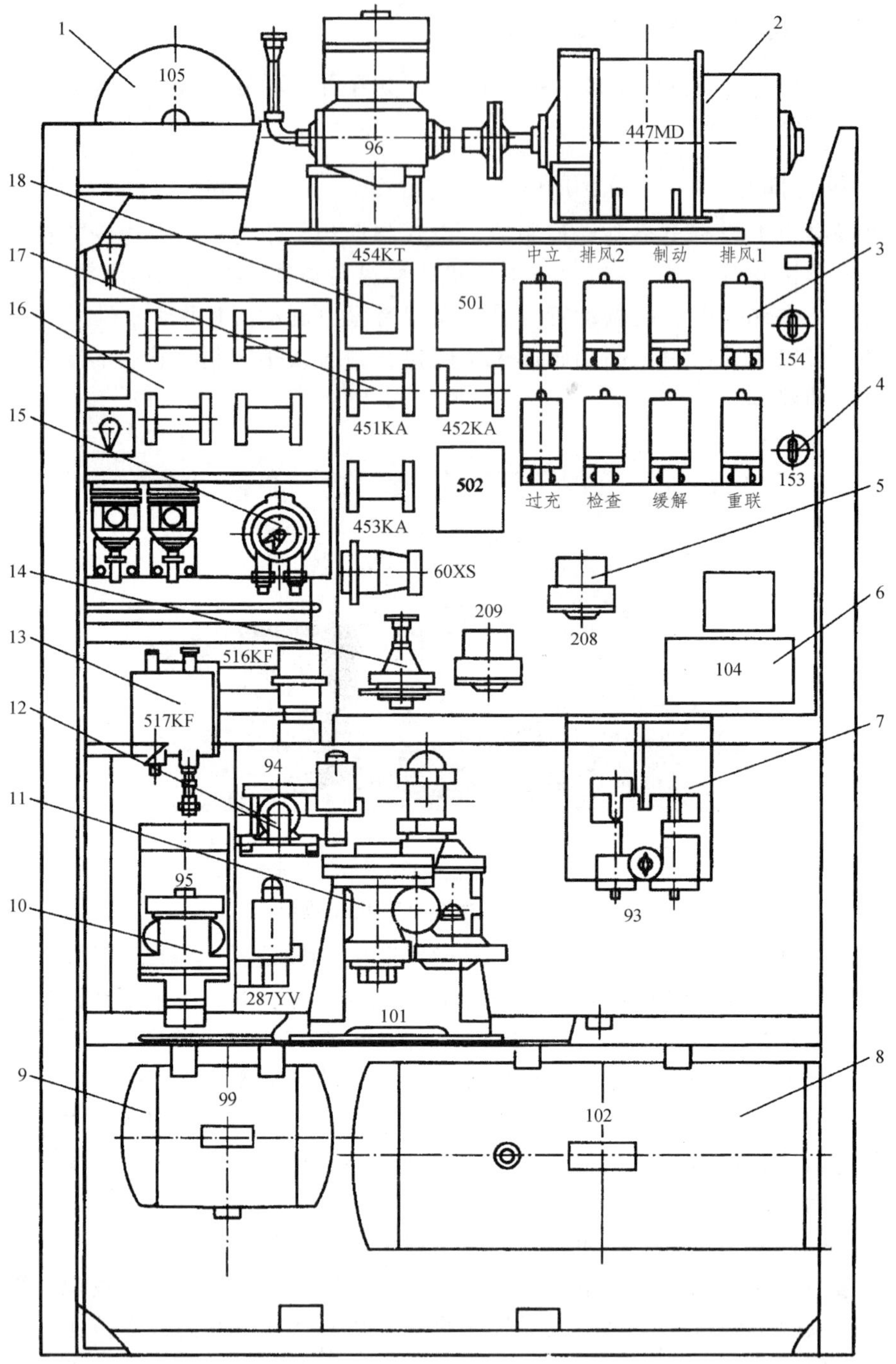

1—辅助风缸；2—辅助空气压缩机组；3—电空阀；4—转换阀；5—压力开关；6—中继阀；
7—重联阀；8—控制风缸；9—工作风缸；10—紧急阀；11—分配阀；12—电动放风阀；
13—压力控制器；14—调压阀；15—双针压力表；16—空电联合制动板；
17—中间继电器；18—电子时间继电器。

图 3-1-2　SS_4 改进型电力机车电空制动屏柜

（1）电空阀　中间控制部件，它接受电空制动控制器的电信号指令，用以连通或切断相应气路，实现 DK-1 型电空制动机电气线路与空气管路的联锁作用。

（2）调压阀　用来调整来自总风缸的压力空气，并稳定供给气动部件用风。

（3）双阀口式中继阀　根据均衡风缸的压力变化来控制列车制动管的压力变化，从而完成列车的制动、缓解与保压作用。

（4）总风遮断阀　用来控制双阀口式中继阀的充风风源，以适应不同运行工况的要求。因此，也可将双阀口式中继阀和总风遮断阀统称中继阀。

（5）分配阀　根据制动管压力变化而动作，并接受空气制动阀的控制，向机车制动缸充气或排气，使机车得到制动、缓解与保压作用。

（6）电动放风阀　主要接受电空制动控制器和自停装置的控制，直接将列车制动管的压力空气快速排入大气，使列车产生紧急制动作用。

（7）紧急阀　在列车制动管压力快速下降时动作，加速列车制动管的排风，同时接通保护电路动作，起断钩保护作用。

（8）压力开关　气动电器，它在均衡风缸压力变化时进行电路的转换。

（9）转换阀　是一种手动操纵阀，通过它进行空气管路转换。

（10）电子时间继电器及中间继电器　用于实现电路的相关联锁和自动控制。

除此之外，制动屏柜内还设有初制风缸、工作风缸、均衡/过充风缸、限制风堵、压力表和各种塞门等。

3. 空气管路

空气管路连接各阀，使各阀组成一套完整的制动装置。空气管路主要包括管道滤尘器、截断塞门、管路及管路连接件等。

3.1.3　DK-1 型电空制动机的性能

DK-1 型电空制动机具有良好的灵活性和适用性，其单独制动性能、自动制动性能和辅助性能分别列于表 3-1-1、表 3-1-2、表 3-1-3 中。

表 3-1-1　单独制动性能

序　号	项　目	技术要求
1	全制动时制动缸最高压力（kPa）	300
2	制动缸压力由 0 升至 280 kPa 的时间（s）	≤4
3	缓解位，制动缸由 300 kPa 降至 40 kPa 的时间（s）	≤5

表 3-1-2　自动制动性能（制动管定压 500 kPa）

序　号	项　目	技术要求
1	初制动制动管减压量（kPa）	40～50
2	运转位，制动管由 0 充至 480 kPa 的时间（s）	≤9
3	均衡风缸自 500 kPa 常用减压至 360 kPa 的时间（s）	5～7
4	常用全制动时，制动缸最高压力（kPa）	340～380
5	常用全制动时，制动缸升至最高压力的时间（s）	6～8
6	运转位，制动缸压力由最高缓解至 40 kPa 的时间（s）	≤7
7	紧急位，制动管压力由定压排至 0 的时间（s）	≤3
8	紧急位，制动缸最高压力（kPa）	≤（450±10）
9	紧急位，制动缸压力升至 400 kPa 的时间（s）	≤5

表 3-1-3　辅助性能

序号	项　目	技术要求
1	紧急位，切除动力源	牵引手柄有级位切除，无级位不切除
2	列车分离（断钩、拉紧急制动阀）保护	切除机车动力源，切除制动管补风，机车产生紧急制动
3	失　电	常用制动
4	自动常用制动和自动停车	与机车运行监控记录装置配合，实施常用制动和紧急制动
5	与动力制动协调配合	动力制动初始时自动产生空气制动，制动管减压 40～50 kPa，25～28 s 后，空气制动自动消除，机车保持动力制动

3.1.4　DK-1 型电空制动机的控制关系

DK-1 型电空制动机的工作分为两种工况：电空位（即正常位）工作时，通过操纵电空制动控制器（或空气制动阀）可以控制、实施全列车（或机车）的制动与缓解；空气位（即故障位）工作时，通过操纵空气制动阀可以控制、实施全列车的制动与缓解。

1. 电空位

（1）控制全列车

电空制动控制器→电空阀→均衡风缸→中继阀→制动管→车辆制动机
　　　　　　　　　　　　　　　　　　　　　　　↓
　　　　　　　　　　　　　　　　　　　　机车分配阀→机车制动缸

（2）控制机车

空气制动阀→作用管→机车分配阀→机车制动缸

2. 空气位

（1）控制全列车

空气制动阀→均衡风缸→中继阀→制动管→车辆制动机

↓

机车分配阀→机车制动缸

（2）控制机车（只能单独缓解机车）

空气制动阀（下压手柄）→作用管→机车分配阀→机车制动缸

3. 重联机车

本务机车制动缸→本务机车重联阀→平均管→重联机车重联阀→重联机车作用管→重联机车分配阀→重联机车制动缸

【任务评价】

序号	评价内容	评价标准	分值
1	能够认知典型电力机车司机室制动设备	对问题的理解完全正确	3
		对问题部分理解或理解错了	2
		对问题完全理解错了	0
2	能够认知典型电力机车电空制动屏柜设备	对问题的理解完全正确	3
		对问题部分理解或理解错了	2
		对问题完全理解错了	0
3	能够正确分析 DK-1 型电空制动机的控制关系	对问题的理解完全正确	4
		对问题部分理解或理解错了	2
		对问题完全理解错了	0
得分			

任务 3.2　DK-1 型电空制动机主要电器部件状态检查

【任务目标】

1. 知识目标

（1）熟悉电空制动控制器组成和作用原理。

（2）熟悉电空制动控制器各位置电路工作情况。

（3）熟悉电控阀的结构及作用。

2. 素质目标

（1）培养遵章守纪、严谨认真的工作作风，培养工作责任心。

（2）具备自主学习能力，培养分析能力，善于总结经验并进行创新。

（3）能完成团队分配的工作，承担团队成员的角色和责任。

3. 能力目标

（1）能够根据电空制动控制器的结构，分析手柄在不同位置的电路得电情况。

（2）能够根据电空阀的结构及作用，判断各电空阀管路的连接情况。

【相关知识】

3.2.1 电空制动控制器

DK-1 型电空制动机主要电器部件

电空制动控制器，俗称“大闸”，DK-1 型电空制动机的操纵部件。当司机操纵电空制动控制器时，产生电信号，来控制列车空气制动系统进行制动、缓解与保压。

3.2.1.1 电空构造

制动控制器的电空制动控制器主要由操纵手柄、凸轮轴组装、静触头组及定位机构等组成，如图 3-2-1 所示。

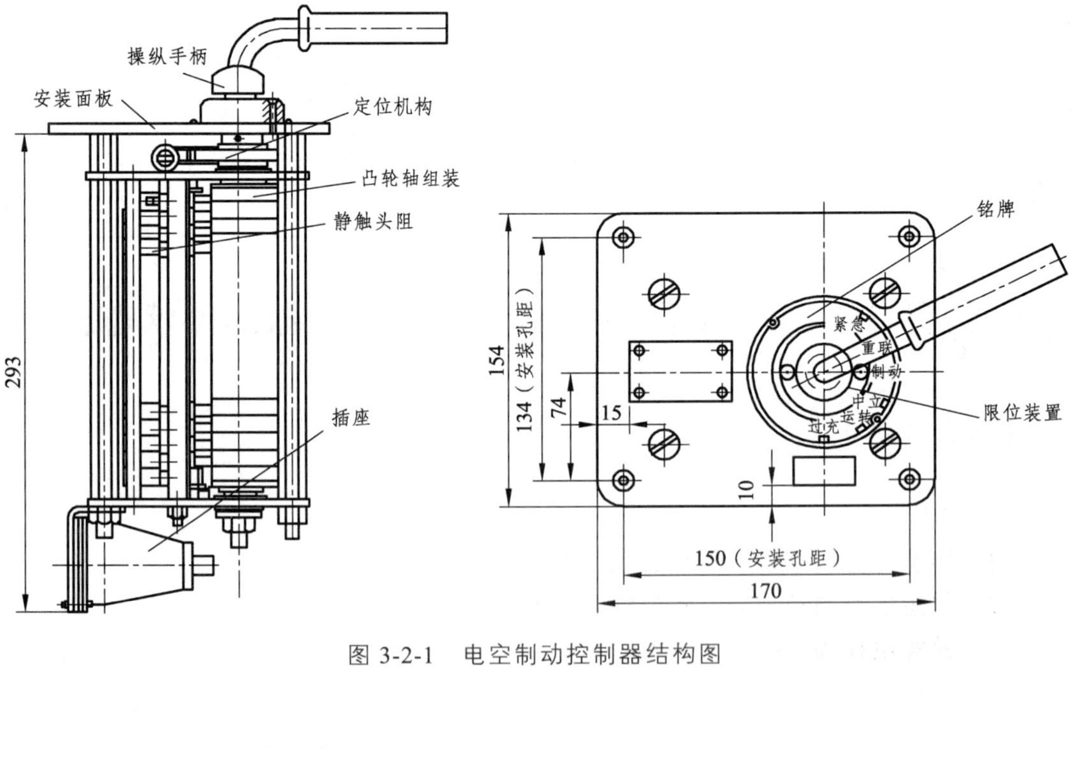

图 3-2-1 电空制动控制器结构图

1. 操纵手柄

操纵手柄共设有 6 个工作位置，按逆时针排列，顺序依次为：过充、运转、中立、制动、重联及紧急位。由于安装面板上限位装置的作用，操纵手柄只能在重联位取出或装入。对于双端操纵的机车，两个电空制动控制器只配备一个操纵手柄，以确保行车安全。

2. 凸轮轴组装

凸轮轴组装用于随操纵手柄进行同步转动，以控制和实现相应电路的闭合与断开，主要由转轴、轴承、调速垫圈、隔板、动触头等组成。电空制动控制器因工作范围小于 180°，所以一个凸轮动触头与两个对应的静触头构成两对独立的触头组，既减少了凸轮动触头个数，又使其结构紧凑。电空制动控制器共设 9 个动触头。

3. 静触头组

静触头组有 18 个静触头，每个静触头均由触头座、触指、出线座及辅助连接片等组成。18 个静触头分两列安装在一个触头座上，一个凸轮动触头分别与一个或两个静触头构成一对或两对触头组，如图 3-2-2 所示。当操纵电空制动控制器手柄在不同工作位置时，凸轮动触头分别与对应静触头接触或分离，从而使相应的电路闭合或开断。通常，用触头闭合表来表示不同手柄位置下相应电路的闭合与断开情况，如图 3-2-3 所示。

识读触头闭合表的要领有以下几点：

（1）某一手柄位置下某一对触头组闭合时，则在该手柄位置下方，及相应触头组下侧加注“•”表示，不闭合的触头组，不加注“•”。

（2）静触头连接导线的线号标注在该导线上侧。

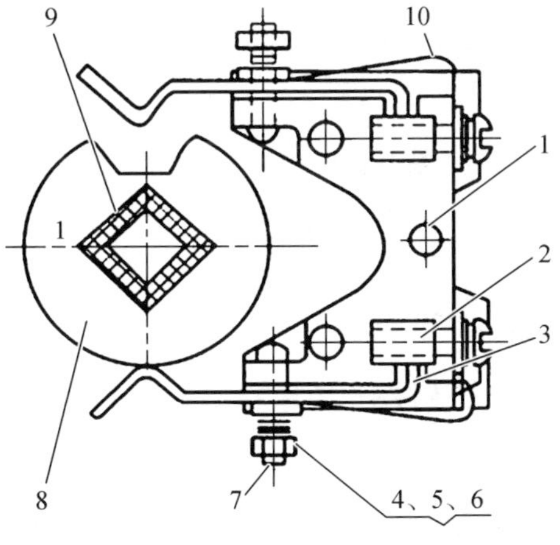

1—触头座；2—出线座；3—静触头；4—弹簧；5—弹簧座；6—开口挡圈；7—销；8—凸轮；9—转轴；10—辅助连接片。

图 3-2-2　静触头与凸轮的对应关系

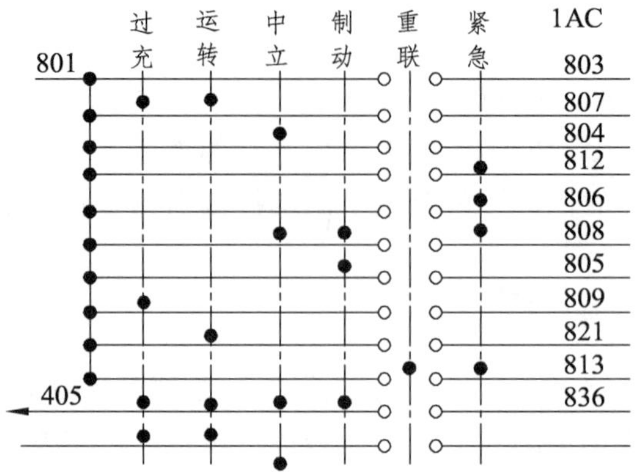

图 3-2-3　SS_4改进型机车电空制动控制器触头闭合表

4. **定位机构**

定位机构的用途是固定电空制动控制器手柄在一定的工作位置上，不能自动移动位置，主要由棘轮、滚轮杆及弹簧组成。定位机构的滚轮杆利用有缺口的棘轮和弹簧的张力来实现定位，以保证操纵手柄可靠地停放在各个工作位置上，如图 3-2-4 所示。

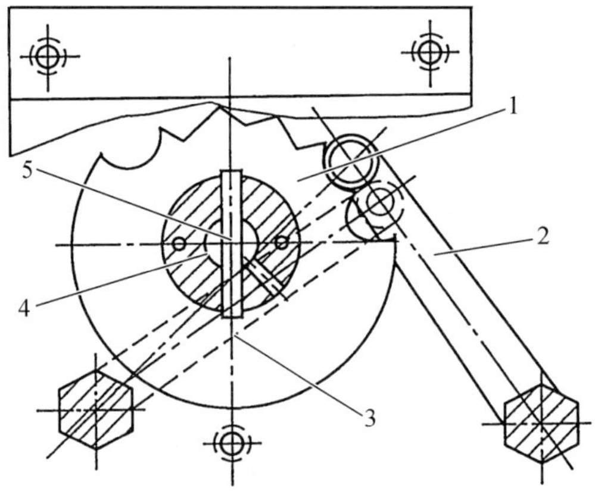

1—棘轮；2—滚轮杆；3—弹簧；4—转轴；5—定位销。

图 3-2-4　定位机构

3.2.1.2　电空制动控制器的作用

下面以 SS_4改型电力机车为例来介绍电空制动控制器的作用。

1. **过充位**

该位置是施行制动后，为了在较短的距离内将制动管内的风压充满，缩短充风时间，满足坡道充风的需要而使用的位置。

手柄在此位置时，导线 801 接通导线 803，使缓解电空阀得电、总风向均衡风缸及制动管充风；同时导线 801 接通导线 805，使过充电空阀得电，制动管得到高于定压 30 ~ 40 kPa 的过充压力。

2. 运转位

该位置是列车运行中常置位置。

手柄在此位置时，导线 801 接通导线 803，使缓解电空阀得电，总风向均衡风缸及制动管充风；同时导线 801 接通导线 809，排风 1 电空阀得电，作用管通大气，机车与车辆处于缓解状态。

3. 中立位

该位置是司机准备制动前或施行制动后放置的位置。

手柄在制动前的中立位，导线 801 接通导线 807 并经二极管 262 使制动电空阀得电动作关闭均衡风钮排风口；同时导线 807 经二极管 263 使缓解电空阀得电，均衡风缸处在充风状态。导线 801 接通导线 806 使中立电空阀得电，切断了总风向制动管的充风通路。

手柄在制动后的中立位与制动前的中立位的不同在于均衡风缸因压力开关 209 断开了导线 807 到缓解电空阀的电路而不再处于充风状态。

4. 制动位

该位置是司机有目的地进行常用制动调速或正常停车的位置。

手柄在此位置时，导线 803 失电，缓解电空阀失电使均衡风缸的压力经失电的制动电空阀排大气，机车车辆均产生制动作用。导线 801 接通导线 806 使中立电空阀得电切断制动管的充风通路。同时，导线 801 接通导线 808，当均衡风缸减压量达到压力开关 208 动作值时，208 接点接通制动电空阀使其动作关闭均衡风缸排风通路。

5. 重联位

该位置是机车重联加挂或司机换端时的手柄取出位。

手柄在此位置时，导线接 801 接通导线 811 使重联电空阀得电，中继阀自锁；使制动电空阀得电关闭排风口，使中立电空阀得电切断制动管的充风通路。

6. 紧急位

该位置是在运行中遇有特殊情况需要立即停车时使用的位置。

手柄在此位置时，导线 801 接通导线 804 使紧急电空阀得电动作，沟通总风到电动放风阀的通路，电动放风阀及紧急阀动作排出制动管的压力空气，列车产生紧急制动；导线 801 接通导线 810，使撒砂电空阀动作开始自动撒砂；导线 801 接通导线 811，使重联电空阀得电、沟通均衡风缸与制动管的通路，使均衡风缸压力空气排大气；同时，制动电空阀，中立电空阀也得电动作。

电空制动控制器 6 个手柄位置的作用见表 3-2-1。

表 3-2-1　电空制动控制器各位置电路工作情况及作用

手柄位置	得电导线	作　用
过充位	803、805、813、836（经 405）	车辆快速缓解，机车保压
运转位	803、809、813、836（经 405）	正常运行位，机车、车辆缓解
中立位	807、806、813	全列车保压
制动位	806、808、813	常用制动位，机车、车辆制动
重联位	821	换端操纵、重联机车位，接受本务机车控制
紧急位	804、812、806、821	紧急制动位，全列车紧急制动

3.2.2　电空阀

电空阀是通过电磁力来控制空气管路的连通或切断，从而实现远距离控制气动装置的电器。电空阀种类较多，按电磁铁的形式分为拍合式和螺管式；按组装方式可分为立式和卧式；按作用原理可分为开式和闭式。但其结构相似，都是由电磁机构及气阀两大部分组成。目前，国产电力机车上统一装用螺管式电磁铁、立式安装的闭式电空阀。

目前，DK-1 型电空制动机除采用传统的 TFK_{1B} 型电空阀外，为满足系统的性能还装用 TFK 型电空阀（习惯称三通电空阀）。

1. TFK_{1B} 型电空阀

TFK_{1B} 型电空阀主要由电磁机构部分的励磁线圈、动铁芯、铁芯座、磁轭、接线座及气阀部分的阀座、上阀门、下阀门、弹簧、阀杆等组成，其中上、下阀门与阀座分别构成上、下阀口，如图 3-2-5 所示。气阀部分被上、下阀口分成 3 个气室，且各气室分别与外部连通。排气室与风源连接，称为输入口；中气室通向控制对象，称为输出口；上气室与大气连通，称为排气口。

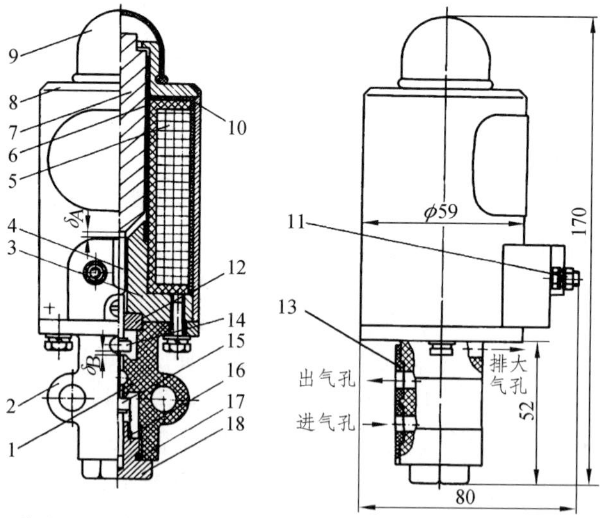

1—阀杆；2—阀座；3—静铁芯；4—芯杆；5—线圈；6—铜套；7—动铁芯；8—磁轭；9—橡皮防尘帽；10—橡胶垫；11—接线柱；12—滑块；13—密封垫；14—上阀门；15—下阀门；16—复原弹簧；17—O 形圈；18—下盖；δ_A—阀门行程；δ_B—铁芯气隙。

图 3-2-5　TFK_{1B} 型电空阀结构图

TFK_{1B}型电空阀的工作过程包括以下两个状态，如图 3-2-6 所示。

（1）失电状态　当励磁线圈失电时，励磁线圈内不产生电磁力，在弹簧作用下，推动下阀门、阀杆、上阀门、芯杆、动铁芯上移，关闭下阀口，并开启上阀口，连通输出口与排气口之间的气路。

（2）得电状态　当励磁线圈得电时，励磁线圈所产生的电磁力推动动铁芯、芯杆、上阀门、阀杆、下阀门压缩弹簧下移，从而关闭上阀口，并开启下阀口，连通输入口与输出（排气）口之间的气路。

综上所述，闭式电空阀的基本工作原理为：得电时上阀口关闭而下阀口开启，失电时上阀口开启而下阀口关闭。

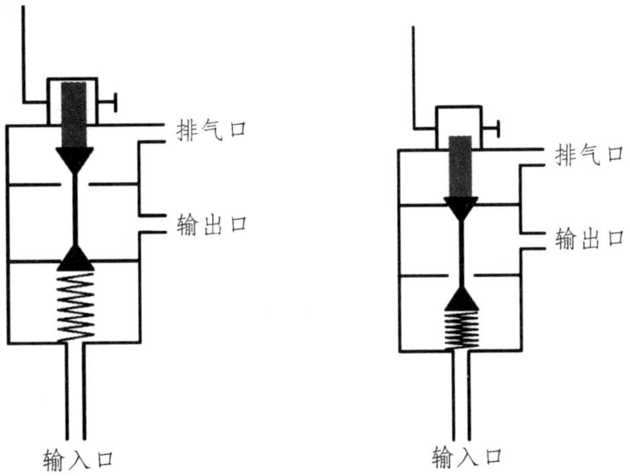

（a）失电状态　　（b）得电状态

图 3-2-6　TFK_{1B}型电空阀工作过程

2. TFK 型电空阀

TFK 型电空阀是 TFK_{1B}型电空阀的派生产品，其结构和作用原理与 TFK_{1B}型电空阀相似，这两种电空阀的气阀部分有所区别。TFK_{1B} 型电空阀的上阀口连通的是输出口与排气口，因而气阀与电磁机构结合部的气密程度要求不高；而 TFK 型电空阀的上阀口连通的可以是输出口与排气口，也可以是输出口与另一制动管路，并根据需要加堵，所以气阀与电磁机构结合部的气密程度要求很高。

当线圈得电时，TFK 与 TFK_{1B}型电空阀的工作原理相同；当线圈失电时，下阀门在弹簧作用下密贴阀座并通过阀杆顶开上阀口，使下阀口控制的输入与输出关闭，输出与排风口连通，也可与另一控制管路连通。

3.2.3　各电空阀连接的管路和作用

SS_4 改型电力机车 DK-1 型电空制动机各电空阀空气管路连接情况及其功用见表 3-2-2。

表 3-2-2　各电空阀的管路连接及其功用

名称	型号	代号	配管			功用
			输入口	输出口	排气口	
撒砂	TFK_{1B}	251YV 241YV 250YV 240YV	总风管	撒砂管	大气	紧急制动时得电，自动撒砂防滑
过充	TFK	252YV	总风管	中继阀过充管	不通	过充位得电，使制动管得到过充压力（30～40 kPa）
中立	TFK_{1B}	253YV	总风管	总风遮断阀管	大气	中立、制动、重联、紧急位得电，切断中继阀的制动管供风风源
排风 1	TFK_{1B}	254YV	作用管	大气	大气	得电时，排放作用管的压缩空气，以实现机车制动机的缓解
排风 2	TFK_{1B}	256YV	不通	过充风缸管	大气	中立、制动、重联、紧急位失电，加速排放过充风缸的压缩空气，以避免影响中继阀的作用
制动	TFK_{1B}	257YV	不通	初制风缸管	大气	失电时，排放初制风缸的压缩空气；得电时，关闭该气路
缓解	TFK	258YV	55 调压阀管	均衡风缸管	初制风缸管	缓解、过充位得电，使总风经调压阀 55 向均衡风缸充风；失电时，连通均衡风缸与初制风缸的气路
重联	TFK	259YV	制动管	均衡风缸管	不通	重联、紧急位得电，连通制动管与均衡风缸的气路，使中继阀自锁
紧急	TFK_{1B}	94YV	总风管	电动放风阀膜板下侧	大气	紧急位得电，以控制电动放风阀开放制动管的放风气路；失电时，关闭该气路

【任务评价】

序号	评价内容	评价标准	分值
1	能够根据电空制动控制器的结构，分析手柄在不同位置的电路得电情况	对问题的理解完全正确	5
		对问题部分理解或解释错了	3
		对问题完全理解错了	0
2	能够根据电空阀的结构及作用，判断各电空阀管路的连接情况	分析问题有理有据	5
		分析问题不全面	3
		分析问题观点错误	0
得分			

任务 3.3　DK-1 型电空制动机中继阀状态检查

【任务目标】

1. 知识目标

（1）了解双阀口式中继阀和总风遮断阀的作用。

（2）熟悉双阀口式中继阀和总风遮断阀的结构。

（3）掌握双阀口式中继阀和总风遮断阀的工作原理。

2. 素质目标

（1）培养严谨认真、精益求精的态度，促进职业素养的养成。

（2）具备自主学习能力，培养分析能力，善于总结经验并进行创新。

（3）能完成团队分配的工作，承担团队成员的角色和责任。

3. 能力目标

（1）能够根据双阀口式中继阀的结构分析其工作原理。

（2）能够根据总风遮断阀的结构分析其工作原理。

中继阀的
结构与原理

【相关知识】

对于自动空气制动机，当列车施行制动时，其实就是将制动管内的压缩空气排出一部分，即对制动管实施减压。因此，要想获得一定的列车制动力，就必须使制动管产生一定的减压量。

由于制动管贯穿列车的首尾，机车每次牵引的列车长短和制动管的粗细不固定，制动管的容积也就不固定，并且制动管的充、排风是由司机在机车上操纵实施的，而司机操纵台上反映制动管压力的压力表是连接在机车上的，因此，该压力表只能即时反映机车附近的制动管压力，而不是整个列车的制动管压力。如果司机通过观察制动管压力表直接控制制动管减压量来控制制动力大小进行操纵的话，制动管减压量不易准确控制。因此，机车对制动管的压力控制便采用了间接控制的方式。它在制动阀与制动管之间插入一个小容量的均衡风缸和一个中继机构。施行制动时，制动阀直接控制小容量的均衡风缸，均衡风缸再通过中继机构来控制制动管压力变化，这样司机就不受列车长度和制动管容积变化的影响准确控制制动力的大小。这个中继机构就是中继阀。

中继阀由双阀口式中继阀、总风遮断阀和安装座组成。双阀口式中继阀和总风遮断阀通过阀座安装于制动屏柜上，并经阀座与总风缸管、制动管、均衡风缸管、过充风缸管和总风遮断阀管 5 条空气管路连接，因此，阀座既是安装基座，也是管路连接基座（简称管座）。中继阀外形如图 3-3-1 所示。

双阀口式中继阀是操纵电空制动控制器或空气位下操纵空气制动阀时的中间控制部件，用来控制制动管充、排风。而总风遮断阀用来控制制动管的充风风源。

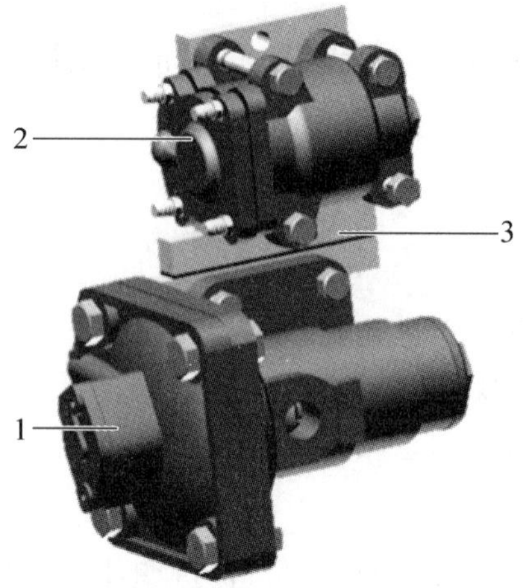

1—双阀口式中继阀；2—总风遮断阀；3—管座。

图 3-3-1　中继阀外形图

3.3.1　双阀口式中继阀

双阀口式中继阀根据均衡风缸的压力变化来控制制动管的压力变化。

3.3.1.1　双阀口式中继阀结构

双阀口式中继阀结构如图 3-3-2 所示。

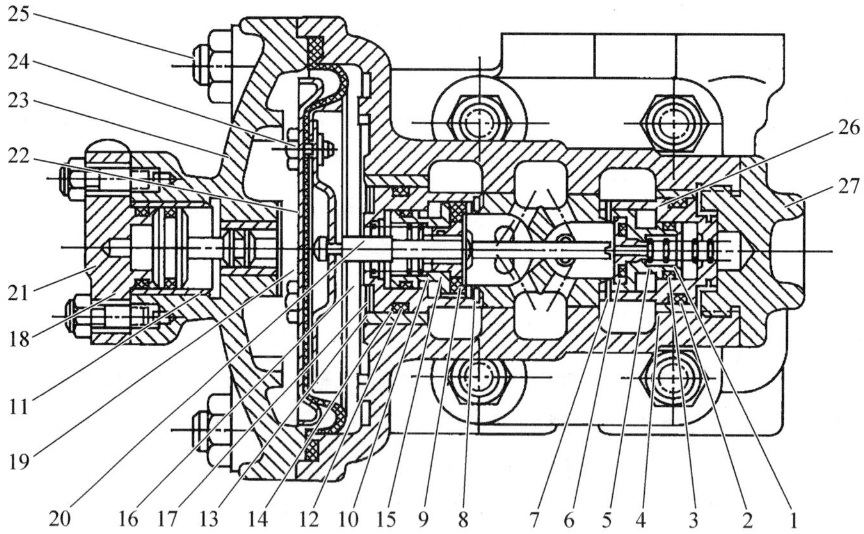

1—供风阀套；2、3、11、12、14—O 形圈；4—供气阀；5—供气阀弹簧；6—胶垫螺帽；7—供气阀套挡圈；8—排气阀挡圈；9—排气阀胶垫；10—排气阀；13—定位挡圈；15—胶垫螺帽；16—排气阀套；17—排气阀弹簧；18—过充柱塞；19—活塞膜板；20—顶杆；21—过充盖；22—橡胶膜板；23—中继阀盖；24—螺钉；25—六角螺栓；26—供气阀胶垫；27—螺盖。

图 3-3-2　双阀口式中继阀结构图

1. **活塞膜板**

活塞膜板是传感部件，用于感应不同压缩空气间的压力变化，从而带动顶杆左、右移动，以开启或关闭排风阀口或供气阀口，最终实现连通或切断排气、供气气路。活塞膜板主要由内、外活塞和橡胶膜板等组装而成。

2. **供气阀机构**

供气阀机构是连通或切断供气气路的执行部件，主要由供气阀、供气阀套、供气阀弹簧及O形橡胶密封圈（简称O形圈）等组成。

3. **排气阀结构**

排气阀结构是连通或切断排风气路的执行部件，主要由排气阀、排气阀套、排气阀弹簧及O形圈等组成。

4. **顶　杆**

顶杆跟随主活塞移动并顶开供气阀口或排气阀口。

5. **阀　座**

为双向阀座结构，分别与供、排气阀形成供、排气阀口。

6. **过充柱塞**

在过充位快速充风时，产生附加作用力并作用在活塞膜板上，以实现制动管的快速充风，并使制动管得到过充压力。

7. **其他零部件**

主要包括阀体、端盖、缩堵、排风堵及橡胶密封件等。

双阀口式中继阀各内部空间分别与5条气路（即管路）连通，具体如下：

（1）过充柱塞左侧空间与过充风缸管连通。

（2）活塞膜板左侧空间（称为中均室）与均衡风缸管连通。

（3）活塞膜板右侧及阀座中间的空间与制动管连通。

（4）排气室与大气连通。

（5）供气室与经总风遮断阀过来的总风缸管连通。

3.3.1.2　作用原理

双阀口式中继阀的基本作用原理为：根据均衡风缸压力变化使作用在活塞膜板两侧的作用力之差发生变化，从而使活塞膜板带动顶杆左、右移动，顶开供气阀口或排气阀口，以连通或切断制动管的排风或供风气路，实现制动管的充、排气。

1. **充气缓解位**

双阀口式中继阀充气缓解位如图3-3-3所示。

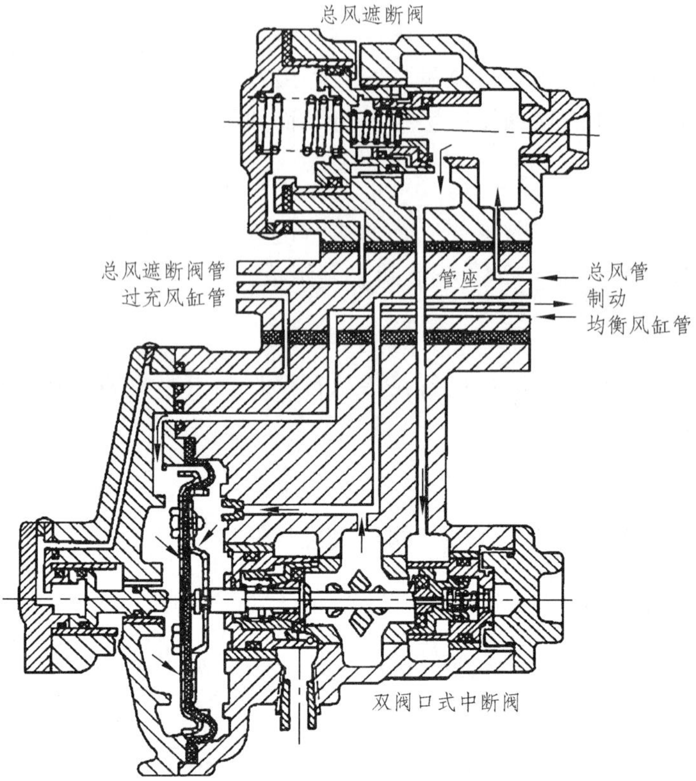

图 3-3-3 双阀口式中继阀充气缓解位

当均衡风缸压力增加时，活塞膜板左侧的压力升高，使其产生向右的作用力，因此，活塞膜板带动顶杆右移，并压缩供气阀弹簧推动供气阀右移，从而顶开供气阀口，则由总风遮断阀过来的总风缸压缩空气（以下简称总风）经开启的供气阀口向制动管充风，同时总风经缩堵（$\phi1.0$）向活塞膜板右侧充风。

2. 缓解后保压位

随着活塞膜板右侧和制动管压力的增加，逐渐平衡活塞膜板左侧压力，在供气阀弹簧作用下，使供气阀推动顶杆、活塞膜板左移逐渐缩小供风阀口，直至关闭。同时，顶杆、活塞膜板停止左移，不能打开排风阀口，使其处于供、排气阀口均不开启的保压状态。

当制动管发生泄漏时，双阀口式中继阀活塞膜板右侧的压力随之降低，在活塞膜板上产生向右的作用力，所以活塞膜板带动顶杆右移，顶开供气阀口，使总风向制动管补风，同时活塞膜板右侧也得到补风；当活塞膜板右侧及制动管压力补充到与活塞膜板左侧压力平衡时，在供气阀弹簧作用下，关闭供气阀口，完成补风过程。可见，补风作用是随着制动管的泄漏而自动进行的。

3. **制动位**

双阀口式中继阀制动位如图 3-3-4 所示。

当均衡风缸压力减小时，活塞膜板左侧的压力下降，使其产生向左的作用力，活塞膜板因此带动顶杆左移，并压缩排气阀弹簧推动排气阀左移，从而打开排风阀口，制动管向大气排风，同时，活塞膜板右侧的压缩空气经缩堵、排风阀口也向大气排风。

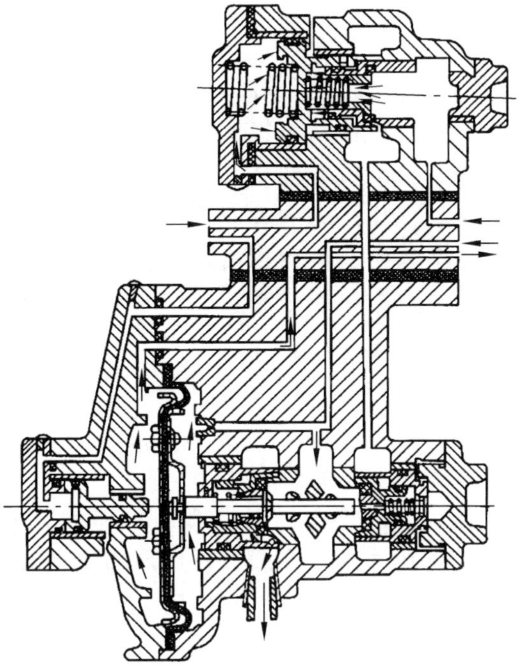

图 3-3-4　双阀口式中继阀制动位

4. **制动后保压位**

随着活塞膜板右侧和制动管压力的降低，逐渐平衡活塞膜板左侧压力，在排气弹簧作用下，使排气阀推动顶杆、活塞膜板右移；直到活塞膜板两侧压力平衡时，关闭排气阀口，从而切断制动管的排风气路。同时，顶杆、活塞膜板停止右移，不能打开供气阀口，使其处于排、供气阀口均不开启的保压状态。

同样，当制动管发生泄漏时，双阀口式中继阀也将进行自动补风作用。由于目前我国绝大多数车辆制动机采用二压力机构分配阀，只具有一次缓解性能，故实际运行中，通过转换装置将自动补风作用切除，以避免发生自然缓解而危及行车安全。

由上可知，制动管压力随着均衡风缸压力变化而变化，司机不直接控制制动管的充、排风，而是通过控制均衡风缸压力变化来控制制动管的压力，这是因为贯穿列车首尾又细又长的制动管，存在压力差，不便于操纵。为达到准确控制制动管减压量，以控制列车制动力大小的目的，设置了均衡风缸（容积 4 L）压力为标准参量，依此准确地控制制动管减压量。

5. **快速充风位（见图 3-3-5）**

双阀口式中继阀快速充风位如图 3-3-5 所示。

为了适应列车运行于长大坡道或长大列车运行时对缓解充风速度的要求，DK-1 型电空制动机设置了过充位操纵，以实现列车的快速充风。

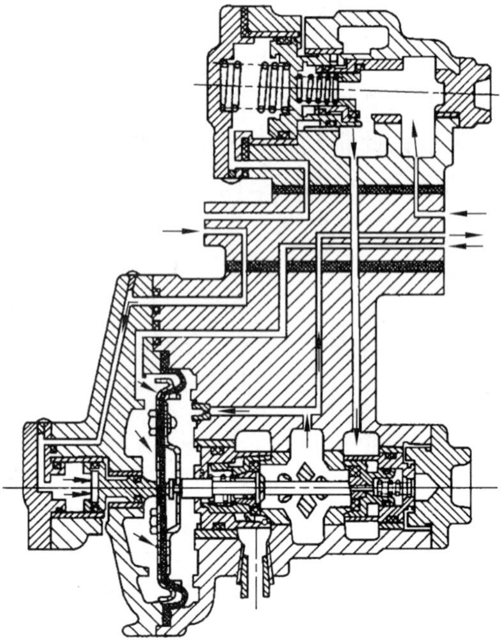

图 3-3-5　双阀口式中继阀快速充风位

当司机将电空制动控制器手柄置于过充位时，连通了总风向过充风缸充风的气路，即过充柱塞侧压力升高，推动过充柱塞右移，并作用在活塞膜板上，该作用力的大小相当于 30 ~ 40 kPa 压缩空气所产生的作用力；同时，连通总风经调压阀 55（用于调整、限定均衡风缸的定压，为 500 kPa 或 600 kPa）、缓解电空阀 258YV 向均衡风缸充风的气路，即活塞膜板左侧压力升高。在二者共同作用下，活塞膜板带动顶杆迅速右移，顶开供气阀口，并且阀口开启较大，使总风迅速向制动管及活塞膜板右侧充风；当活塞膜板右侧压力及制动管压力与活塞膜板左侧压力平衡时，在供气阀弹簧作用下，关闭供气阀口。可见，当电空制动控制器手柄置于过充位时，经双阀口式中继阀动作，能够实现制动管的快速充风，并使制动管压力得到过充压力，即超过定压 30 ~ 40 kPa。

如欲消除过充压力，可将电空制动控制器手柄由过充位转换至运转位，此时，均衡风缸仍保持定压，而过充风缸内的压力经过充风缸小孔（$\phi0.5$）缓慢排向大气（120 ~ 180 s 消除过压），则过充柱塞端部作用在活塞膜板上的附加力缓慢消失，此时制动管过充压力缓慢排向大气，不会引起后部车辆的自然制动。

进一步分析发现：若使双阀口式中继阀活塞膜板左右两侧连通，即均衡风缸与制动管连通，则无法在活塞膜板上形成有效作用力之差，从而不能打开其供、排气阀口，人们习惯地称双阀口式中继阀此时处于自锁状态。显然，使双阀口式中继阀呈自锁状态的条件是使制动管与均衡风缸沟通。

3.3.2　总风遮断阀

总风遮断阀用于控制总风能否通往双阀口式中继阀的供气室，即控制制动管的供气源。

3.3.2.1　总风遮断阀构造

总风遮断阀属于阀口式空气阀，其主要由阀体、遮断阀、阀座、遮断阀套、弹簧等组成，如图 3-3-6 所示。

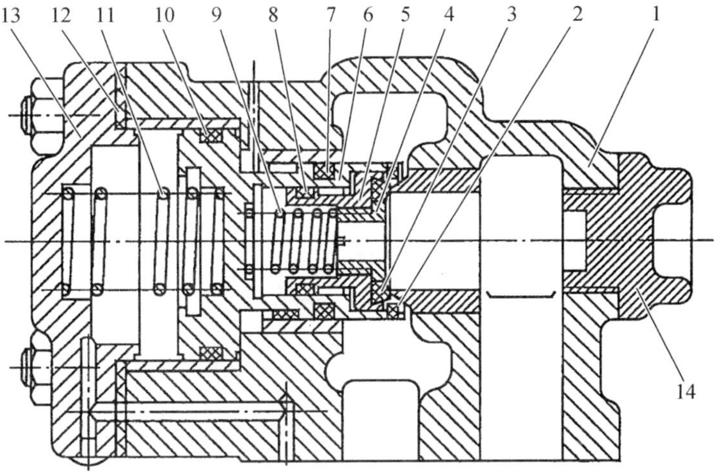

1—阀体；2—挡圈；3、12—胶垫；4—胶垫螺帽；5—遮断阀；6—遮断阀套；7、8、10—O 形圈；9—遮断阀弹簧；11—作用弹簧；13—遮断阀盖；14—螺盖。

图 3-3-6　总风遮断阀结构图

总风遮断阀各内部空间分别与 3 条管路连通。

（1）阀座右侧空间与总风缸管连通，并经遮断阀中心孔通往遮断阀套右侧空间。

（2）阀座左侧空间与双阀口式中继阀供气室连通。

（3）遮断阀套左侧空间与总风遮断阀管连通。

3.3.2.2　作用原理

总风遮断阀的基本作用原理为：根据总风遮断阀管压力变化，使遮断阀套带动遮断阀左右移动，开启或关闭遮断阀口，以连通或切断总风通往双阀口式中继阀供气室的气路。

总风遮断阀的工作过程包括阀口关闭和开启两个动作状态。

1. 阀口关闭状态

如图 3-3-4 所示，当中立电空阀 253YV 得电时，总风向总风遮断阀充风，遮断阀在其左侧的总风压力及弹簧力的作用下右移，迅速关闭遮断阀口，切断总风通往中继阀供气室的气路。

2. 阀口开启状态

如图 3-3-5 所示，当中立电空阀 253YV 失电时，总风遮断阀管向大气排风，遮断阀套左侧无压缩空气时，遮断阀在其右侧的总风压力作用下，克服弹簧的反力左移，遮断阀口呈开启状态，连通总风通往双阀口式中继阀供气室的气路。

综上所述，总风遮断阀与双阀口式中继阀共同控制制动管的充风气路，而制动管的排风气路则是由双阀口式中继阀单独控制的。

【任务评价】

序号	评价内容	评价标准	分值
1	能够正确解释中继阀的作用	解释完全正确	3
		解释部分错误	2
		解释错误	0
2	能够根据双阀口式中继阀的结构分析其工作原理	分析问题有理有据	4
		分析问题不全面	2
		分析问题观点错误	0
3	能够根据总风遮断阀的结构分析其工作原理	分析问题有理有据	3
		分析问题不全面	2
		分析问题观点错误	0
得分			

任务 3.4　DK-1 型电空制动机空气制动阀状态检查

【任务目标】

1. 知识目标

（1）了解空气制动阀的作用。

（2）熟悉空气制动阀的结构。

（3）掌握空气制动阀的作用原理。

2. 素质目标

（1）培养学生严谨认真、精益求精的工作态度，培养工作责任心。

（2）具备自主学习能力，培养分析能力，善于总结经验并进行创新。

（3）能完成团队分配的工作，承担团队成员的角色和责任。

3. 能力目标

（1）能够根据空气制动阀的结构分析其在电空位对机车的单独控制原理。

（2）能够根据空气制动阀的结构分析其在空气位对列车的控制原理。

空气制动阀的结构与原理

【相关知识】

空气制动阀，俗称“小闸”，是 DK-1 型电空制动机的操纵部件。用于在电空位下时，可单独控制机车的制动、缓解与保压；在空气位下时，可控制全列车的制动、缓解与保压。空气制动阀有 4 个工作位置，按逆时针方向依次为：缓解位、运转位、中立位和制动位。通过限位装置，操纵手柄只能在运转位取出或装入。

3.4.1 空气制动阀构造

空气制动阀由阀座、凸轮盒部分及阀体部分等组成，如图 3-4-1 所示。空气制动阀内部结构如图 3-4-2 所示。

1—阀座（管座）；2—阀体；3—电空转换扳钮；4—凸轮盒；5—操纵手柄。

图 3-4-1 空气制动阀

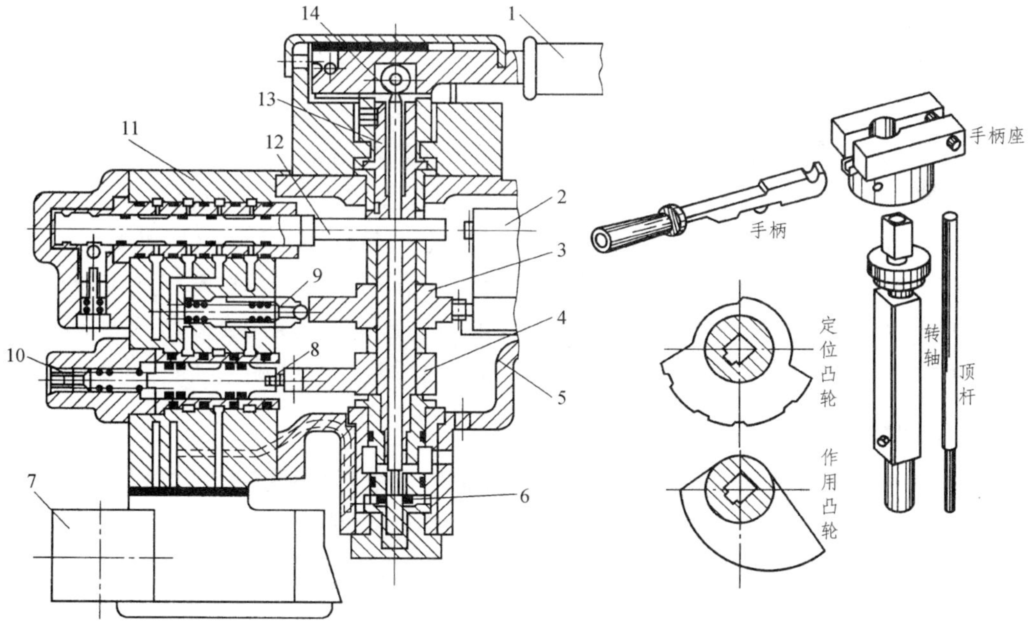

1—操纵手柄；2—联锁微动开关组；3—定位凸轮；4—作用凸轮；5—凸轮盒；6—单缓阀；7—管座；8—作用柱塞；9—定位柱塞；10—排风堵；11—阀体；12—电空转换柱塞；13—转轴；14—顶杆。

图 3-4-2 空气制动阀结构图

3.4.1.1 阀　座

阀座既是空气制动阀的安装基座，也是管路的连接座。管座上接有 3 根管子，为经调压阀 53（或 54）通过来的总风管（简称调压阀管）、作用管和均衡风缸管，如图 3-4-3 所示。

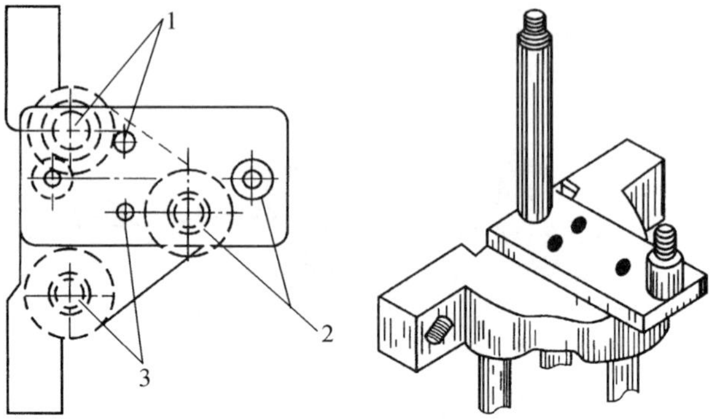

1—均衡风缸管；2—调压阀管；3—作用管。

图 3-4-3　空气制动阀阀座

3.4.1.2 凸轮盒部分

凸轮盒部分主要由操纵手柄、凸轮机构、单独缓解阀及微动开关、接线座等部分组成。

1. 操纵手柄与凸轮机构

操纵手柄设有 4 个工作位置，在工作中，手柄须插入手柄座内，并通过手柄座与凸轮机构的转轴连接，以便在转动手柄时通过转轴带动凸轮一起转动。

凸轮机构用于随手柄转动而转动，以实现对作用柱塞阀和单断点微动开关的控制，并完成定位作用。凸轮机构主要由转轴、顶杆、定位凸轮和作用凸轮等组成。其中，转轴为空心轴，使顶杆贯穿其中。定位凸轮有两个作用：与定位柱塞组成定位机构，确保位置的准确无误；与联锁微动开关配合组成电控环节，以闭合或断开相应电路。作用凸轮只控制作用柱塞阀的左右移动，实现气路的连通或切断。

2. 单独缓解阀

单独缓解阀简称单缓阀，主要由单独缓解阀、单独缓解阀座套及单独缓解阀弹簧等组成。其中，单独缓解阀与其座套构成该阀的阀口。当下压手柄时，推动顶杆下移并顶开单缓阀阀口，从而连通作用管向大气排风的气路，以实现机车的单独缓解。

3. 接线座与微动开关

制动阀上共装两个微动开关，分别受转换柱塞及定位凸轮的控制，并通过接线端子与外电路相连。

微动开关包括双断点微动开关和单断点微动开关。其中，双断点微动开关用来控制电空制动控制器电源电路 899—801 与制动电空阀 257YV 单独得电电路 899—800 的转换，其电器代号为 3SA（1）。双断点微动开关的工作由电空转换阀转换柱塞联动。当电空转换阀处于“电空位”时，转换柱塞脱离与微动开关 3SA（1）的接触，使其闭合电路 899—801，并断开电路 899—800；当电空转换阀处于“空气位”时，转换柱塞压缩微动开关 3SA（1），使其闭合电路 899—800，并断开电路 899—801。单断点微动开关作为串联联锁用来控制排风 1 电空阀 254YV 得电电路 809—818 的闭合与断开，其电器代号为 3SA（2）。单断点微动开关由定位凸轮控制，当空气制动阀手柄处于“缓解位”或“运转位”时，定位凸轮不压缩微动开关 3SA（2），使其闭合电路 809—818；当空气制动阀手柄处于“中立位”或“制动位”时，定位凸轮压缩微动开关 3SA（2），使其断开电路 809—818。

3.4.1.3 阀体部分

阀体部分主要包括电空转换阀、作用柱塞阀及定位柱塞等，如图 3-4-4 所示。

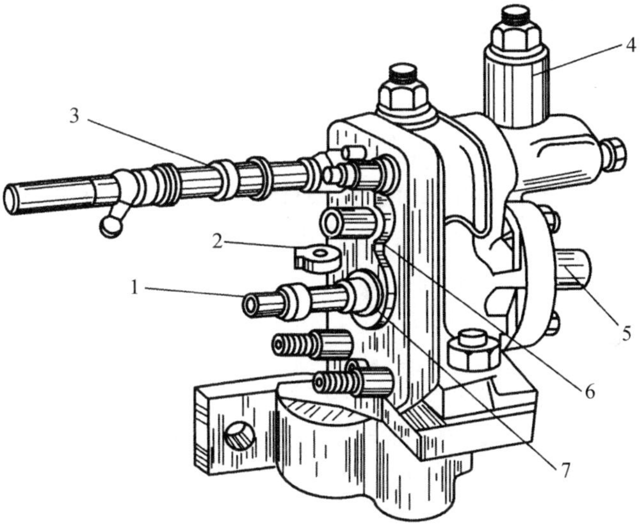

1—作用柱塞；2—支承；3—转换柱塞；4—转换柱塞定位机构；5—作用柱塞顶盖；6—定位柱塞；7—作用柱塞套。

图 3-4-4 空气制动阀阀体部分

1. 电空转换阀

电空转换阀用于控制“电空位”与“空气位”之间的转换。电空转换阀属于柱塞式空气阀，主要由电空转换柱塞、电空转换柱塞阀套、定位机构及 O 形圈等组成。其中电空转换柱塞不随手把转动而转动，是通过阀的左侧电-空转换扳钮的扳动在转换柱塞套内做前后移动，通过其尾部定位装置使转换柱塞只有电空位或空气位两个工作位置。电空转换柱塞阀套上设径向通孔，分别与均衡风缸管和作用管连通。

2. **作用柱塞阀**

作用柱塞阀受作用凸轮控制左右移动，从而连通或切断相应气路，间接控制均衡风缸或作用管的充、排风。主要由作用柱塞、作用柱塞阀套、作用柱塞弹簧及 O 形圈等组成。作用柱塞阀套上设径向通孔，与调压阀管连通，并且作用柱塞两端与大气连通。

3. **定位柱塞**

定位柱塞工作端设有钢珠，并嵌在阀体内的定位柱塞端部；定位柱塞与定位凸轮配合，实现空气制动阀手柄的定位作用。

3.4.2 空气制动阀作用

空气制动阀的作用包括电空位和空气位两种工况。

3.4.2.1 电空位

电空位为空气制动阀的正常工作位置，用于单独控制机车的制动与缓解。它有缓解、运转、中立、制动 4 个工作位置。转换柱塞此时处于左极端位置，转换柱塞凹槽连通作用管与 b 管的气路，同时微动开关 3SA（1）动作，闭合电路 899—801，断开电路 899—800。

1. **缓解位**

当空气制动阀手柄置于缓解位时，作用柱塞阀开通了作用管的排风气路（作用管→电空转换阀→作用柱塞阀→大气），实现机车的单独缓解；同时微动开关 3SA（2）闭合电路 809—818，如图 3-4-5（a）所示。

2. **制动位**

当空气制动阀手柄置于制动位时，作用柱塞阀开通了作用管的充风气路（调压阀管→作用柱塞阀→电空转换阀→作用管），实现机车的单独制动；同时微动开关 3SA（2）被压缩断开电路 809—818，如图 3-4-5（b）所示。

3. **运转位**

当空气制动阀手柄置于运转位时，作用柱塞阀左移至中间位，切断所有气路，同时微动开关 3SA（1）闭合电路 809-818，如图 3-4-5（c）所示。

4. **中立位**

当空气制动阀手柄置于中立位时，作用柱塞阀切断所有气路。微动开关 3SA（2）切断电路 809—818。

当在中立位下压空气制动阀手柄时，推动顶杆压缩单缓阀弹簧，并顶开单缓阀口，从而连通作用管向大气排风的气路（作用管→单缓阀口→大气），实现机车的单独缓解，如图 3-4-5（d）所示。

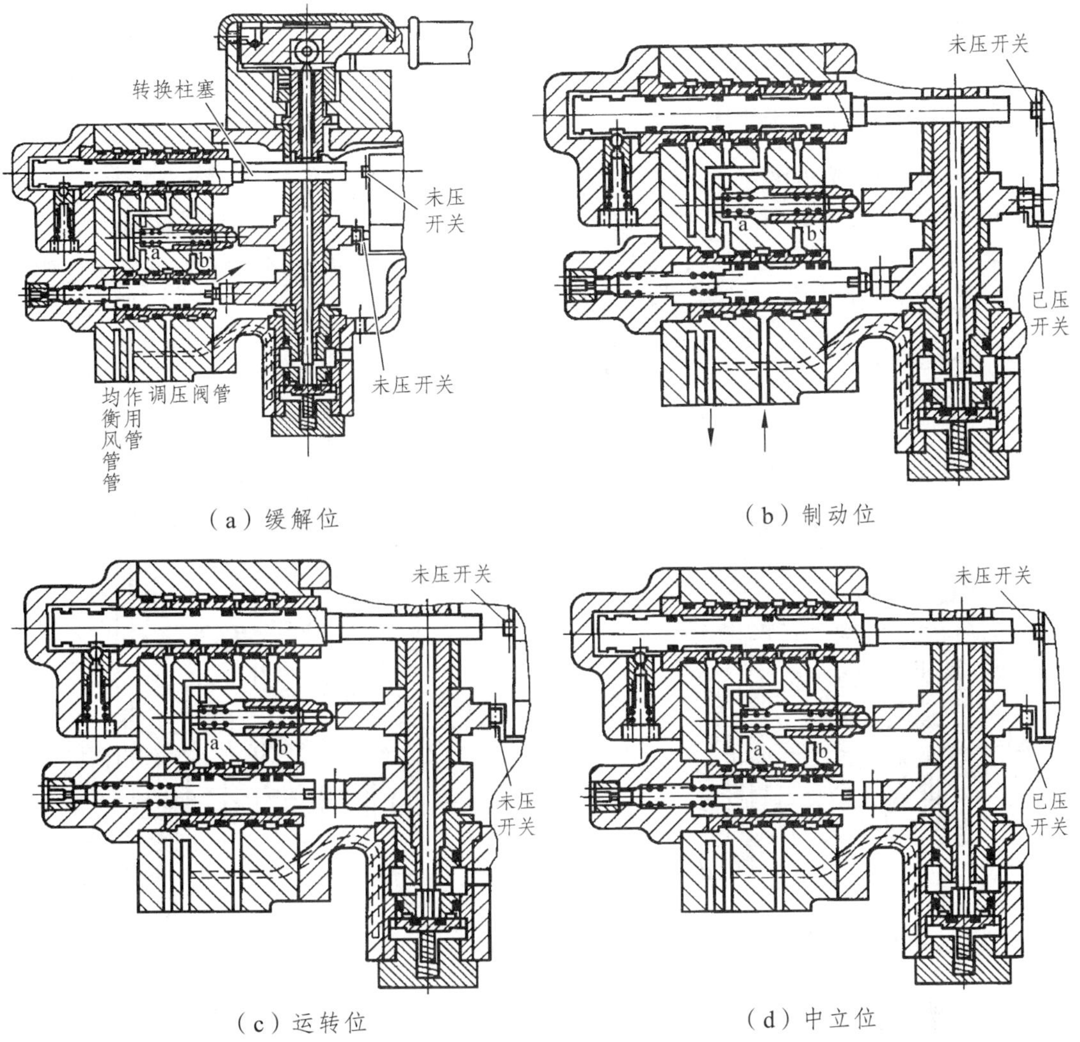

图 3-4-5 空气制动阀作用原理图—电空位

3.4.2.2 空气位

空气位为空气制动阀的非正常工作位，可实现控制全列车的常用制动与缓解。它有缓解、保压和制动 3 个工作位置。此时转换柱塞处于右极端位置，转换柱塞凹槽连通均衡风缸管与 a 管的气路。同时微动开关 3SA（1）动作，闭合电路 899—800，单独使制动电空阀 257YV 得电，并断开电路 899—801，从而切断电空制动控制器电源电路。

1. 缓解位

当空气制动阀手柄置于缓解位时，作用柱塞处于左极端位置，连通了调压阀管与均衡风缸的充风气路（调压阀管→作用柱塞阀→转换柱塞阀→均衡风缸管），如图 3-4-6（a）所示。

2. **制动位**

当空气制动阀手柄置于制动位时，作用柱塞阀开通了均衡风缸的排风气路（均衡风缸管→转换柱塞阀→作用柱塞阀→大气），如图 3-4-6（b）所示。

3. **运转位、中立位**

由于作用柱塞在运转位与中立位时处于中间位置，使调压阀管与均衡风缸管及均衡风缸与大气的通路均被切断，而定位凸轮控制的微动开关电路实际上不参与作用，故两个位置的作用相同，均为保压作用，如图 3-4-6（c）所示。

4. **下压手柄**

下压手柄的作用过程同电空位下压手柄，如图 3-4-6（d）所示。

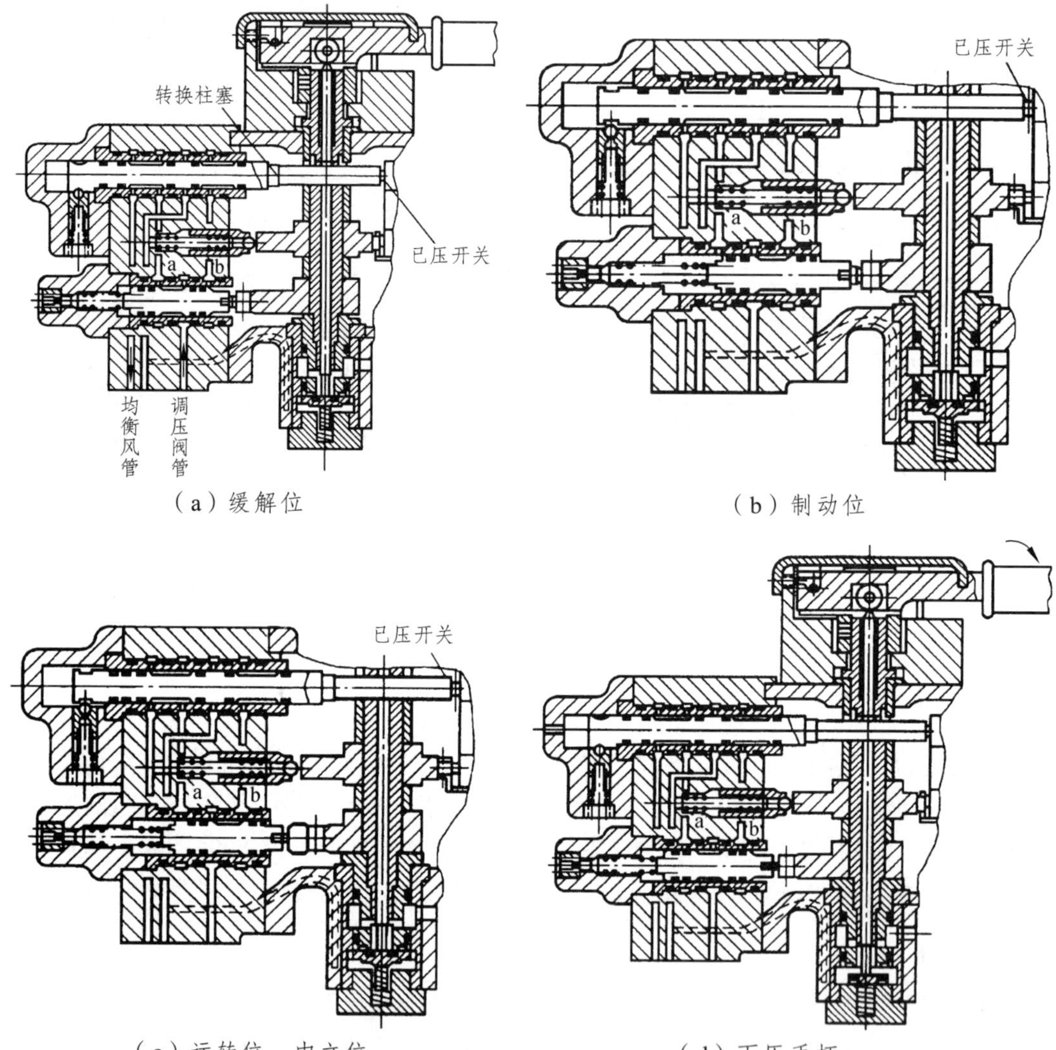

（a）缓解位　　（b）制动位

（c）运转位，中立位　　（d）下压手柄

图 3-5-6　空气制动阀作用原理图—空气位

综上所述，在空气位操纵空气制动阀时，通过直接控制均衡风缸的压力变化来控制中继阀的动作，最终实现全列车的制动、缓解与保压；且下压空气制动阀手柄时，通过控制作用管的排风来控制分配阀均衡部的动作，以实现机车的单独缓解。

无论是在电空位下操纵，还是在空气位下操纵，作用管或均衡风缸都是由调压阀管充风的，但两者的充风压力不同：电空位时，调压阀的调整值为 300 kPa，空气位时，调压阀的调整值为 500 kPa 或 600 kPa，在实际运用中应注意调节并改变调压阀的整定值。

【任务评价】

序号	评价内容	评价标准	分值
1	能够正确解释空气制动阀的作用	解释完全正确	3
		解释部分错误	2
		解释错误	0
2	能够根据空气制动阀的结构分析其在电空位对机车的单独控制原理	分析问题有理有据	3
		分析问题不全面	2
		分析问题观点错误	0
3	能够根据空气制动阀的结构分析其在空气位对列车的控制原理	分析问题有理有据	4
		分析问题不全面	2
		分析问题观点错误	0
得分			

任务 3.5　DK-1 型电空制动机分配阀状态检查

【任务目标】

1．知识目标

（1）了解机车分配阀的作用。

（2）熟悉机车分配阀的结构。

（3）掌握机车分配阀的作用原理。

2．素质目标

（1）培养学生严谨认真、精益求精的工作态度，促使职业素养的养成。

（2）具备自主学习能力，培养分析能力，善于总结经验并进行创新。

（3）能完成团队分配的工作，承担团队成员的角色和责任。

3. 能力目标

（1）能够根据机车分配阀的结构，分析制动管压力变化时的作用原理。

（2）能够根据机车分配阀的结构，分析作用管压力变化时的作用原理。

分配阀的
结构与原理

【相关知识】

DK-1 型电空制动机的分配阀采用 109 型机车分配阀。由 DK-1 型电空制动机控制关系可知，109 型机车分配阀除接受电空制动控制器的操纵外，还可接受空气制动阀的操纵，从而使机车产生制动、保压和缓解。

3.5.1 分配阀的结构

109 型机车分配阀由安装座、主阀、安全阀三大部分组成，如图 3-5-1 所示。

1—安装座；2—安全阀；3—主阀。

图 3-5-1 分配阀外形图

3.5.1.1 分配阀的安装座

安装座又称为中间体，座内为 1.85 L 的容积室和 0.6 L 的局减室。安装座背面为接管面，分别接有总风管（F）、制动缸管（Z）、作用管（R）、制动管（L）及工作风缸管（G）等五根管。其正面为主阀安装面，顶面装有安全阀与座内容积室相通，如图 3-5-2 所示。

工作风缸也是分配阀的组成部件之一，其容积为 11 L，它由制动管充风并完成向容积室的增压作用。

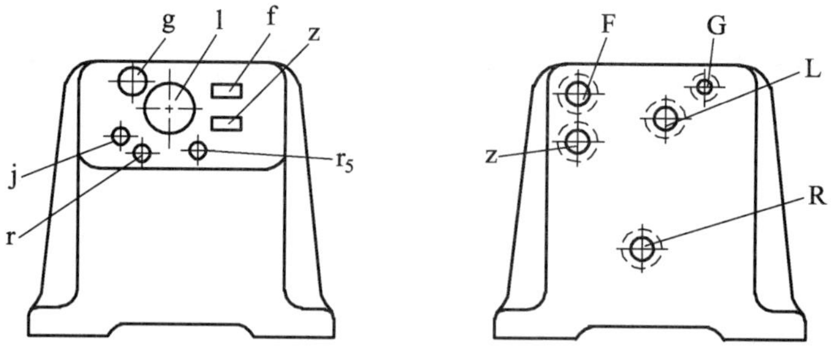

Z—制动缸；F—总风缸；g—通工作风缸；l—通制动管；G—工作风缸；L—制动管；f—通总风缸；z—通制动缸；R—作用管；r、r_5—通容积室；j—通局减室。

图 3-5-2 109 型分配阀安装座结构图

3.5.1.2 分配阀主阀

主阀控制着不同通路的充风、缓解、制动和保压作用，是分配阀的最主要部分。它由主阀部、均衡部、紧急增压阀三部分组成，如图 3-5-3 所示。

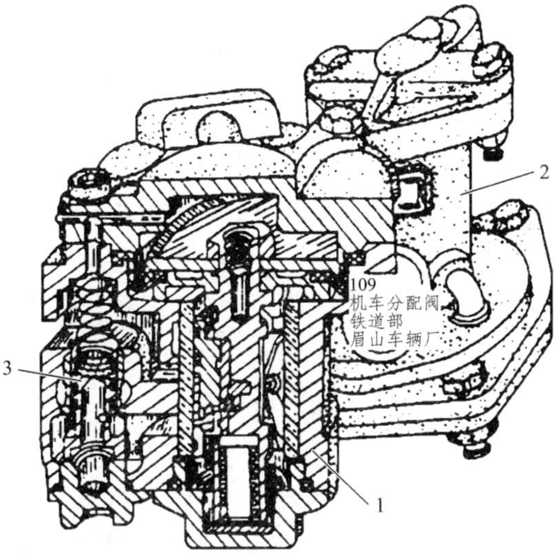

1—主阀部；2—均衡部；3—紧急增压阀。

图 3-5-3 109 型分配阀主阀

1. 主阀部

主阀部用于根据制动管的压力变化来控制容积室和作用管的充、排风。它由主活塞、橡胶膜板、滑阀、滑阀座、滑阀弹簧、节制阀、稳定杆、稳定弹簧及挡圈等组成，109 型分配阀主阀部结构如图 3-5-4 所示。

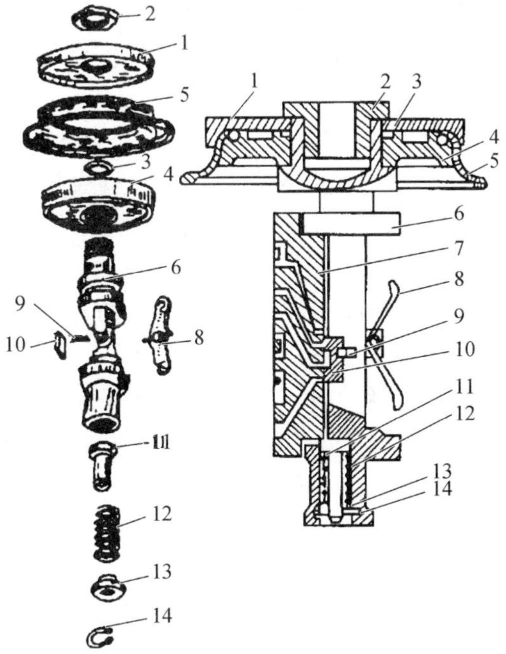

1—上活塞；2—活塞压帽；3—密封阀；4—下活塞；5—膜板；6—活塞杆；7—滑阀；8—滑阀弹簧；9—节制阀弹簧；10—节制阀；11—稳定杆；12—稳定弹簧；13—稳定弹簧座；14—挡圈。

图 3-5-4 109 型分配阀主阀部结构

主活塞的膜板上、下两侧互相密封，膜板上侧通制动管，下侧通工作风缸。主阀部就是利用上下压力差，即制动管与工作风缸的压力差，使主活塞带动滑阀、节制阀上下移动，以连通或切断相应气路，形成各个不同的作用位置。

由稳定杆、稳定弹簧及挡圈等零件组成的稳定装置安装在主活塞杆尾部的套筒内，它能一定程度上阻碍主活塞的向上移动，以防止列车在运行中因制动管轻微漏泄或压力波动而引起意外自然制动，从而加强制动机在缓解状态时的稳定性。

节制阀、滑阀和滑阀座上设置相应的气路孔、槽，布置如图 3-5-5 所示。

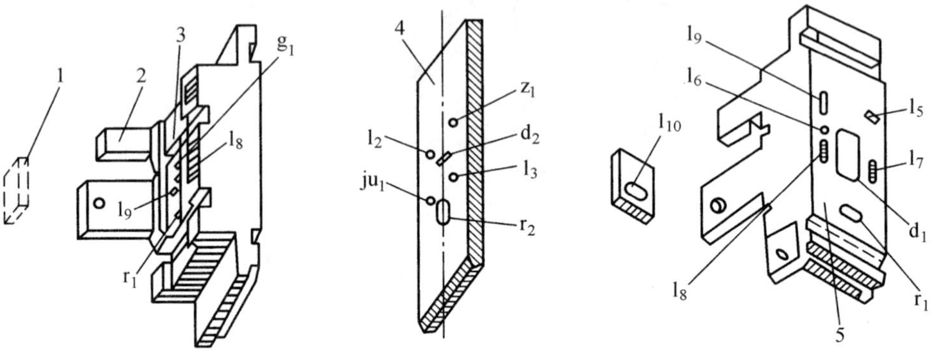

1—节制阀；2—滑阀；3—背面（节制阀座）；4—滑阀座；5—底面。

图 3-5-5　节制阀、滑阀和滑阀座孔、槽布置图

节制阀、滑阀和滑阀座上的孔、槽作用如下：

l_{10}——局减联络槽，用于制动开始阶段，连通局减通路，将制动管压缩空气引入局减室；

l_5——充气孔，制动管向工作风缸充气时压缩空气所必经的孔；

l_6、l_7——分别为局减孔和局减室入孔，为上下贯通孔。制动开始阶段，两孔与节制阀上局减联络槽 l_{10} 连通，形成局减通路，将制动管压缩空气引入局减室；

l_8、l_9——无作用孔；

g_1——充气限制孔，位于滑阀背面，与滑阀面上的 l_5 孔在滑阀内部的暗孔相通，为制动管向工作风缸充气所必经的孔；

r_1——制动孔，上下贯通，制动时将工作风缸压缩空气引入容积室；

d_1——缓解联络槽，用于连通容积室压缩空气向大气排出的缓解通路；

l_2、l_3——分别为制动管向工作风缸进行充气和向局减室进行局减的孔；

r_2——通向容积室；

ju_1——通向局减室；

z_1——无作用孔；

d_2——通大气。

当制动管压力变化在主活塞上产生作用力之差时，主活塞通过主活塞杆带动节制阀或滑阀上、下移动，连通或切断相应气路。

2. 均衡部

均衡部用于根据容积室压力的变化来控制机车制动缸的充、排风。它由均衡活塞、空心阀杆、供气阀、供气阀弹簧、供气阀导向杆、阀座、缩堵、均衡上盖及均衡下盖等组成，109 型分配阀均衡部结构如图 3-5-6 所示。

均衡部橡胶膜板上侧通制动缸，下侧通容积室。供气阀上侧通总风管，下侧通制动缸。

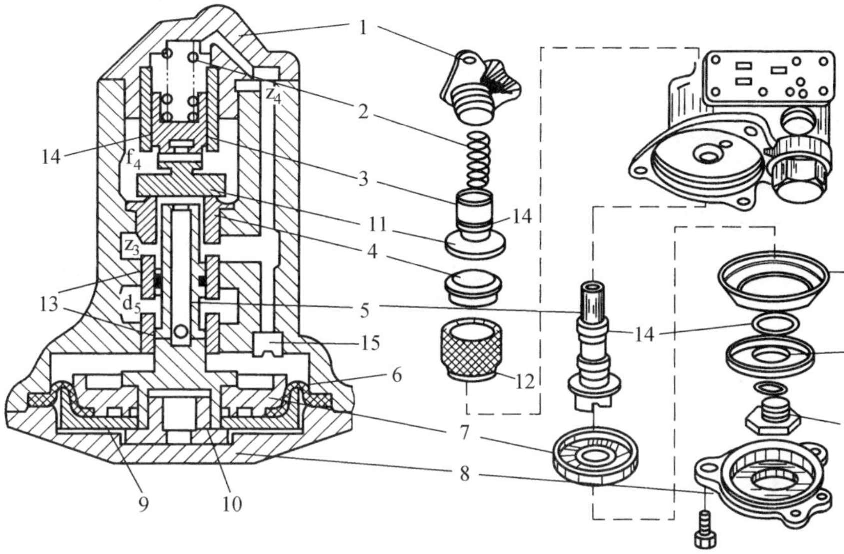

1—均衡上盖；2—供气阀弹簧；3—供气阀导向杆；4—阀座；5—空心阀杆；6—膜板；7—上活塞；8—均衡下盖；9—下活塞；10—均衡活塞压帽；11—供气阀；12—滤网；13—阀杆套；14—密封圈；15—缩堵；z_3、z_4—通制动缸；f_4—通供气阀上方的供气阀室；d_5—大气孔。

图 3-5-6　109 型分配阀均衡部结构图

3. 紧急增压阀

紧急增压阀用于紧急制动时，使总风向容积室迅速充风增压，从而使机车制动缸压力迅速升高，以实现紧急制动。紧急增压阀主要由增压阀、增压阀套、增压阀弹簧及密封圈等组成，109 型分配阀紧急增压阀结构如图 3-5-7 所示。

紧急增压阀内部各空间分别与 3 条空气管路连通：

① 增压阀上侧与制动管连通。

② 增压阀下侧及内侧与容积室连通。

③ 增压阀套上的径向孔 f_5 与总风管连通。

在机车运转及常用制动位时，增压阀在增压阀弹簧和制动管压力的作用下处于关闭状态，此时总风缸与容积室不通。只有在紧急制动时，制动管急剧减压至零，增压阀下部容积室压力快速升高，推动增压阀上移至上端，处于开放状态，由柱塞凹槽连通总风（750 ~ 900 kPa）向容积室迅速充风的气路，经低压安全阀将容积室压力限定在（450 ± 10）kPa。

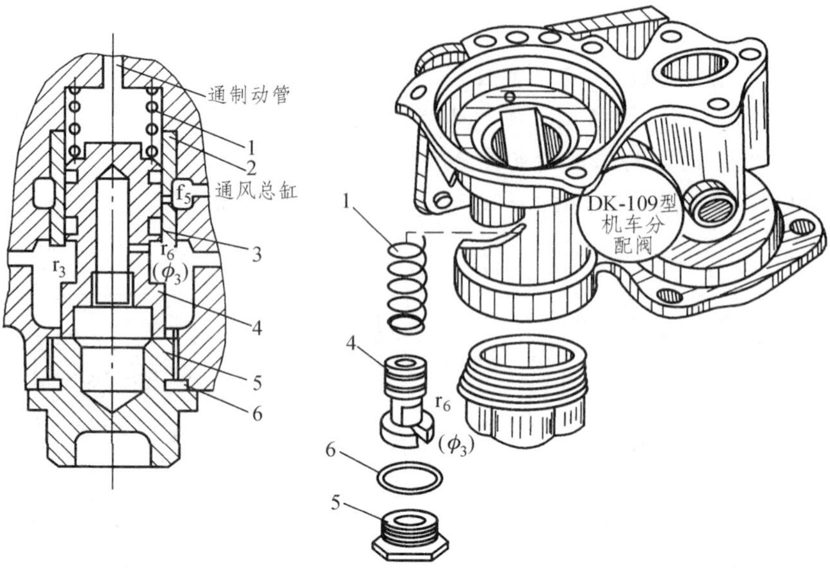

1—增压阀弹簧；2—增压阀套；3—密封圈；4—增压阀；5—增压阀盖；6—密封圈；
r_3—增压阀外周；f_5—增压阀套径向孔；r_6—增压阀径向孔。

图 3-5-7　109 型分配阀紧急增压阀结构图

3.5.1.3　安全阀

安全阀通过阀座安装在安装座上，主要由阀、阀杆、调整弹簧、阀体等组成，109 型分配阀安全阀结构如图 3-5-8 所示。其功用是在紧急制动作用后将制动缸压力限

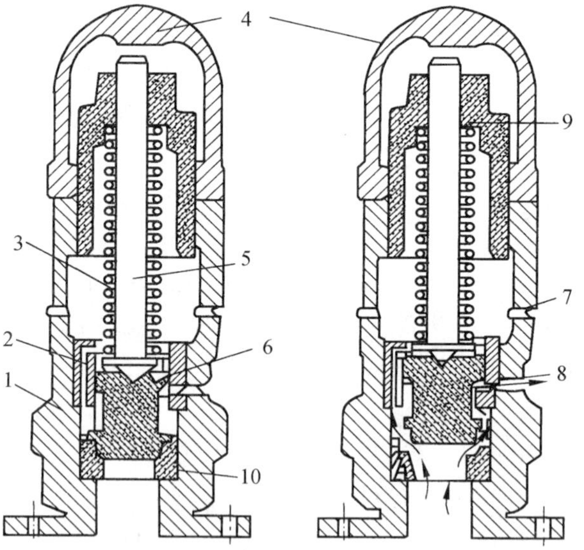

（a）停喷状态　　（b）喷气状态

1—阀体；2—直立孔；3—调整弹簧；4—螺帽；5—阀杆；6—阀；
7—通气孔；8—排风口；9—调整螺母；10—阀座。

图 3-5-8　109 型分配阀安全阀结构图

制在规定范围内，其整定值是（450 ± 10）kPa（无火回送时定为 200 kPa）。当容积室压力超过调整弹簧压力时，阀稍稍离开阀座，压缩空气进入较大的阀面上，使阀快速上升，阀杆上移。将左侧直孔关闭，同时开放排风口，使容积室压力降低。一旦容积室压力降低，弹簧稍稍将阀压下，此时直孔开放，空气进入阀的上面，使阀上部受力增大，迅速将阀压下停止排风。当容积室压力再度增大时，又重复上述过程。

3.5.2 分配阀作用原理

109 型分配阀有充风缓解位、常用制动位、制动保压位和紧急制动位等四个作用位置。

3.5.2.1 充风缓解位

如图 3-5-9 所示，109 型分配阀充风缓解位分初充风缓解位和再充风缓解位 2 种工况。前者为机车运行前初始状态，制动管压力为零时由总风向制动管充风至定压；后者为制动管已减压产生了制动作用后需要缓解时，总风向制动管充风至定压，使制动缸缓解。

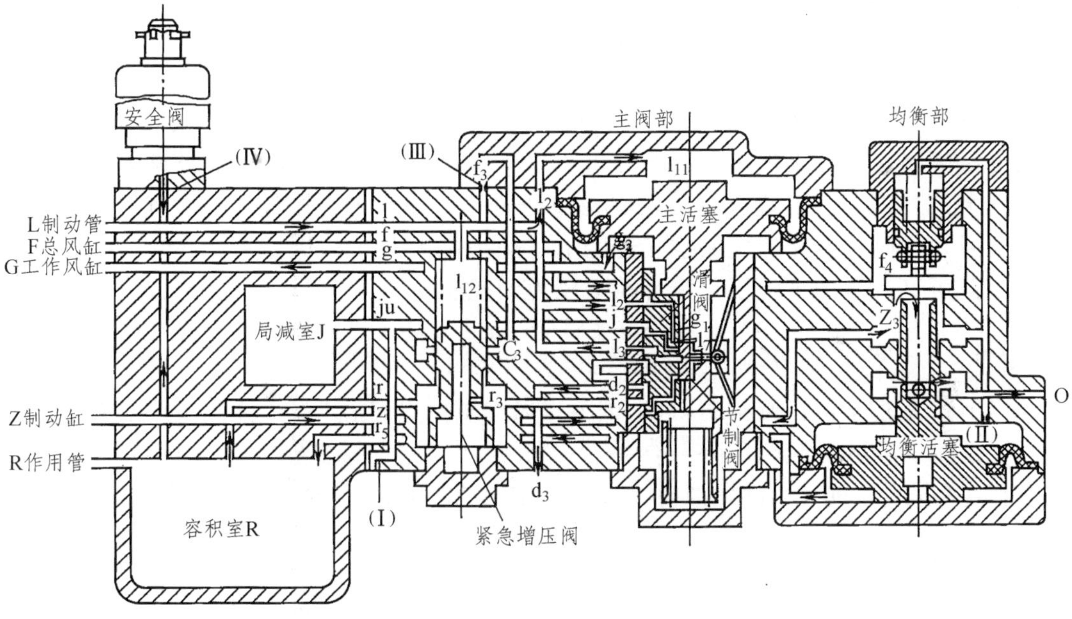

图 3-5-9　109 型分配阀充风缓解位作用原理

1. 初充风缓解位

当制动管充风时，压缩空气经安装座进入主阀，经主阀体内暗道及通路 l_1 到主阀部主活塞上方，将主活塞推向下方，主活塞杆通过其上肩推动滑阀一起向下移动，直至主活塞下底面碰到主阀体时为止。此时主活塞及滑阀处于充气缓解位，制动管压缩空气经以下通路充入工作风缸直到定压。

（1）工作风缸充风。

制动管压缩空气经主阀→滑阀座充风孔 l_2→滑阀充风孔 l_5→滑阀充风限制孔 g_1→滑阀室孔 g_2→经主阀体暗道至安装座→工作风缸。

（2）增压阀处于关闭位。

制动管压缩空气经主阀体内暗道进入增压阀杆上方的 l_{12} 与增压弹簧的共同作用下，使增压阀处于下部关闭位。

由此可见，工作风缸的充风由制动管通过滑阀及 g_1 来控制。

2. 再充风缓解

当制动管减压制动后再充风时，由于制动管增压，破坏了主活塞在制动保压位时的平衡，所以当主活塞两侧压力差及重力之和超过滑阀与节制阀的摩擦阻力时，主活塞便带动滑阀下移到充气缓解位。此时，工作风缸再充气，容积室与制动缸排气缓解，其充气通路与初充风完全相同。

（1）容积室缓解。

容积室（包括作用管）的压缩空气经主阀安装面 r 孔→增压阀杆下部→滑阀座孔 r_2→滑阀底部的缓解联络槽 d_1→滑阀座孔 d_2→主阀部排气口的 d_3→大气。而均衡活塞下方的压缩空气经主阀体内暗道 r_4→主阀体安装面上的 r_5 孔→容积室，再经上述通路排入大气。

（2）制动缸缓解。

由于容积室的缓解，均衡活塞上下失去了平衡，在制动缸压力作用下，活塞下移，使活塞杆的顶面离开供气阀，制动缸压缩空气经安装座→主阀安装面上的 z 孔→均衡活塞杆上部外围 z_3→活塞杆轴向中心孔和径向孔 d_5→均衡部排气口→大气，而均衡活塞上侧及均衡阀杆上侧的压缩空气也经上述通路排入大气。

由此可见，制动缸的压力受容积室压力的控制。

3.5.2.2 常用制动位

当制动管进行常用制动减压时，因工作风缸压缩空气来不及经充气通路向制动管逆流，于是在主活塞两侧产生了一定的压力差。此压力差克服了节制阀、主活塞、膜板和稳定弹簧等阻力，使主活塞先带动节制阀，然后带动滑阀向上移动，产生常用制动作用。

1. 初制动位

109 型分配阀初制动位作用原理如图 3-5-10 所示。

当制动管减压后，主活塞两侧形成一定的压力差，主活塞压缩稳定弹簧，带动节制阀上移。此时由于滑阀与活塞杆有一间隙，故活塞上移时而滑阀未动。当节制阀上移时，先关闭滑阀背面的充风缩孔 g_1，从而切断制动管与工作风缸的通路，同时又开放滑阀背面的制动孔 r_1，为下一阶段工作风缸向容积室充气作准备。节制阀上的局减联络槽 l_{10} 连通滑阀背面的 l_6 与 l_7 孔，就使制动管 l→滑阀座孔 l_3→滑阀贯通孔 l_6→节制阀 l_{10}→滑阀贯通孔 l_7→滑阀座局减室孔 ju_1→局减室 J，同时经主阀安装面孔排入大气。这就形成了分配阀的初制动位。

在此位，主活塞仅上移 4 mm（滑阀与主活塞杆的上、下两肩之间的间隙），使该间隙处于滑阀上方，制动管产生局减作用。

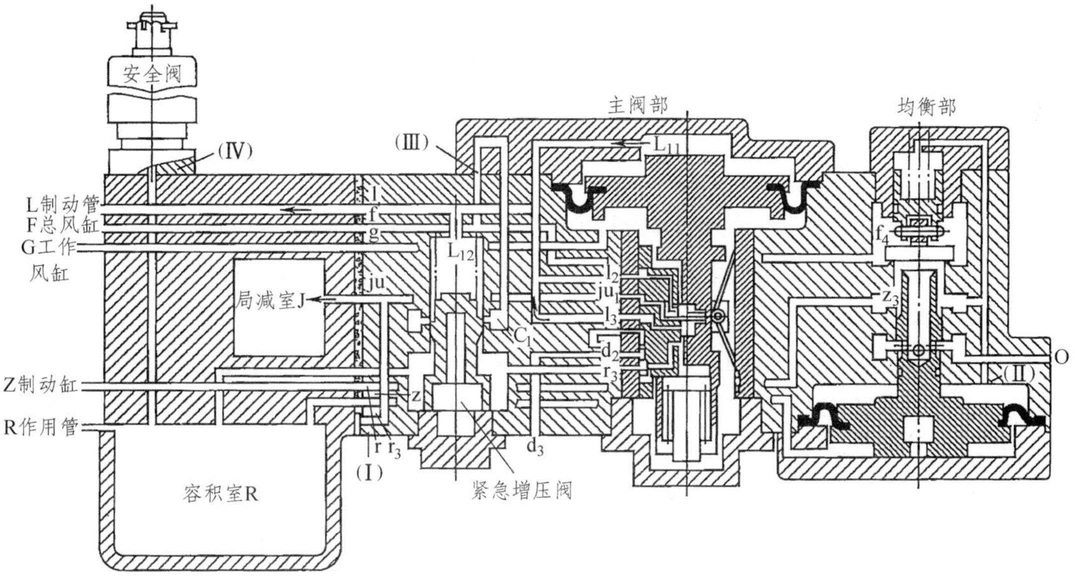

图 3-5-10　109 型分配阀初制动位作用原理

2. 制动位

109 型分配阀制动位作用原理如图 3-5-11 所示。

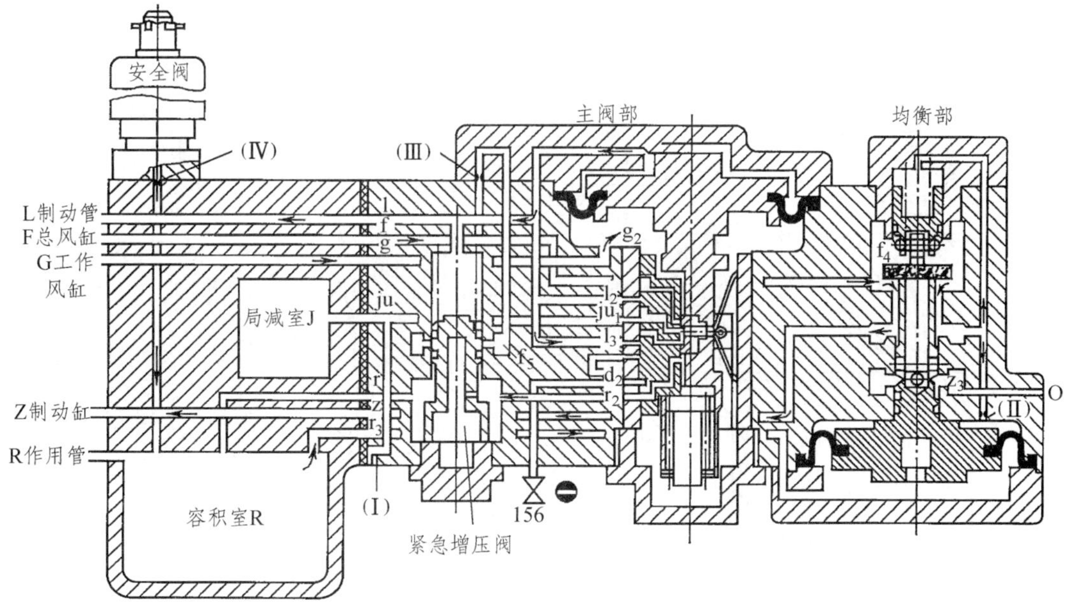

图 3-5-11　109 型分配阀制动位作用原理

由于制动管的局减作用及制动管减压量的增大，增大了主活塞两侧的压力差，于是主活塞带动滑阀克服滑阀与滑阀座之间的摩擦阻力进一步上移到制动位。滑阀与滑阀座的相对位置发生了变化，滑阀底面上的 l_6 孔与滑阀座上的 l_3 孔错开，因而切断了制动管与局减室的通路，第一阶段局减作用结束。同时，滑阀底面上的 l_8 、l_9 和 r_1 孔分别与滑阀座上的 l_3 、z_3 和 r_2 孔对准，形成了容积室与制动缸充风通路，进一步产生制动作用。

（1）容积室充风

工作风缸压缩空气→滑阀室→滑阀座上的制动孔 r_1→滑阀座上的容积室孔 r_2→增压阀杆的下部通路→主阀安装面上的孔→容积室 R，容积室压力上升。

（2）制动缸充风

容积室压缩空气→主阀安装面上的 r_5 孔→主阀体暗道和主阀体底面孔 r_4→均衡活塞下方，推动均衡活塞上移顶开供气阀，同时总风经体内暗道至供气阀气室上方 f_4→开放的供气阀口→均衡活塞杆上端外围空间 z_3→安装座→制动缸，制动缸压力增大。另一路经 z_3 至供气阀杆上方，使供气阀与阀座密贴；再一路经缩孔Ⅱ进入均衡活塞上方。另外，由于增压阀杆上部的制动管剩余压力与弹簧力之和仍大于其容积室的压力，增压阀杆仍处于下部，不参与作用。

3.5.2.3 制动保压位

109 型分配阀制动保压位作用原理如图 3-5-12 所示。

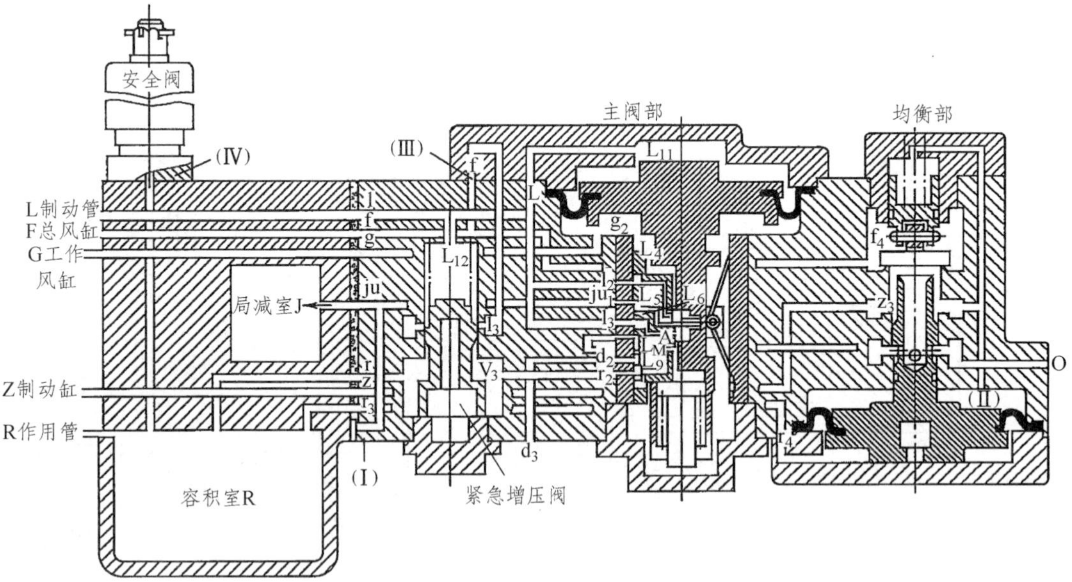

图 3-5-12　109 型分配阀制动保压位作用原理

制动管停止减压，使分配阀处于保压位置，制动缸压力也保持不变。

在制动管刚停止减压时，由于主活塞和滑阀、节制阀都还在制动位，工作风缸仍在向容积室充风，因此工作风缸压力继续下降，直到主活塞两侧的制动管与工作风缸压力相近时，在主活塞尾部原被压缩的稳定弹簧的反力及主活塞自重的作用下，使主活塞仅带动节制阀向下移动，节制阀遮盖住滑阀背面的制动孔，切断工作风缸与容积室的通路，工作风缸停止向容积室充风。此时的主阀部处于保压位。

分配阀均衡部，当容积室压力停止上升时，由于供气阀仍在开放状态，总风仍在向制动缸充风，当通过缩孔Ⅱ流到均衡活塞上侧的制动缸压缩空气，其压力增大到与均衡活塞下部的容积室压力相近时，在均衡阀、均衡活塞的自重及供气阀弹簧的作用下，停止制动缸充风，制动缸压力停止上升，使分配阀处于制动保压位。

3.5.2.4 紧急制动位

109 型分配阀紧急制动位作用原理如图 3-5-13 所示。

当制动管因某种原因而引起急速排风时，分配阀产生紧急制动作用。紧急制动时，主阀各部分的作用，除增压阀外，均与常用制动位相同，只是动作更加迅速，通路变大。

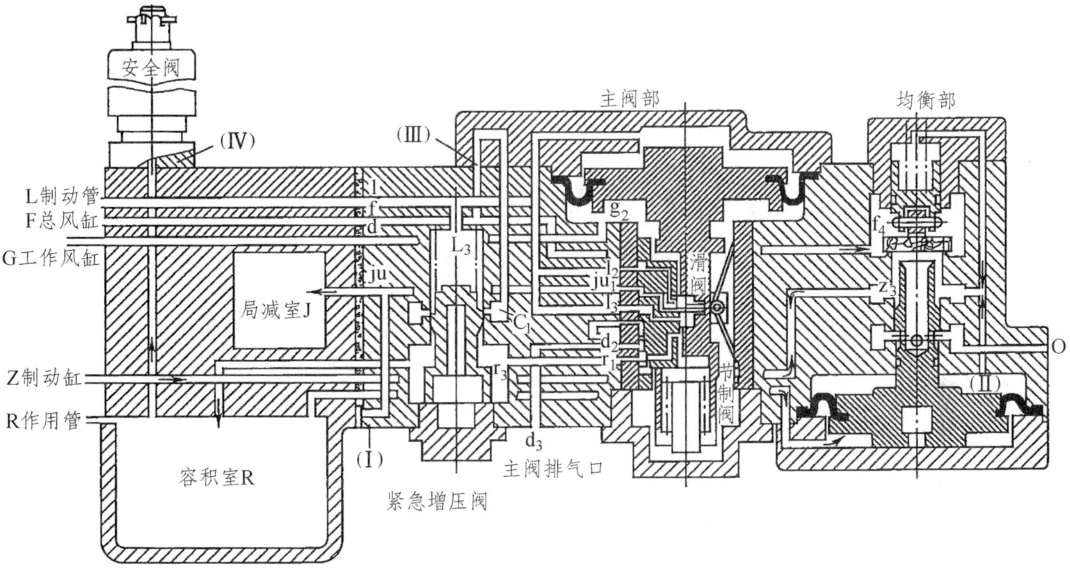

图 3-5-13　109 型分配阀紧急制动位作用原理

由于制动管压力急速排出，所以在增压阀上部的制动管压力快速下降，而同时其下部容积室压力迅速上升。当容积室的压力达到能克服增压阀弹簧的反力和制动管较小的剩余压力时，增压阀上移，增压阀处于开放位。此时总风经凹槽迅速流向容积室。容积室的压力达到（450 ± 10）kPa 时，安全阀动作，以保证容积室压力不超过此规定值。此时均衡部供气阀开启时间延长，使制动缸压力达到（450 ± 10）kPa，这就是紧急制动时的增压作用。

当 109 型机车分配阀由常用制动转为紧急制动时，由于制动管的压力急速排出，并且由于紧急增压阀的作用，仍能有效地发挥紧急制动作用。当然，其效果随常用制动时制动管减压量的增大而有所下降。

【任务评价】

序号	评价内容	评价标准	分值
1	能够正确解释 109 型机车分配阀的作用	解释完全正确	3
		解释部分错误	2
		解释错误	0
2	能够根据 109 型机车分配阀的结构，分析制动管压力变化时的作用原理	分析问题有理有据	4
		分析问题不全面	2
		分析问题观点错误	0
3	能够根据 109 型机车分配阀的结构，分析作用管压力变化时的作用原理	分析问题有理有据	3
		分析问题不全面	2
		分析问题观点错误	0
得分			

任务 3.6　DK-1 型电空制动机电动放风阀和紧急阀状态检查

【任务目标】

1. 知识目标

（1）了解电动放风阀和紧急阀的作用。

（2）熟悉电动放风阀和紧急阀的结构。

（3）掌握电动放风阀和紧急阀的作用原理。

2. 素质目标

（1）培养学生严谨认真、精益求精的工作态度，促使职业素养的养成。

（2）具备自主学习能力，培养分析能力，善于总结经验并进行创新。

（3）能完成团队分配的工作，承担团队成员的角色和责任。

3. 能力目标

（1）能够根据电动放风阀的结构分析其作用原理。

（2）能够根据紧急阀的结构分析其作用原理。

【相关知识】

电动放风阀和紧急阀都是紧急制动时的执行部件，但两者的控制信号不同，紧急制动时所起的作用也不完全一样。

电动放风阀和紧急阀

3.6.1 电动放风阀

电动放风阀是制动管紧急排风的执行部件，当紧急电空阀 94YV 得电时，使制动管压力迅速排向大气，机车车辆产生紧急制动。

3.6.1.1 电动放风阀的构造

电动放风阀属于阀口式空气阀。主要由橡胶膜板、铜碗、芯杆、芯杆套、放风阀、放风阀弹簧、阀座等组成，电动放风阀外形如图 3-6-1 所示。

1—总风缸接管孔；2—紧急电空阀 94YV；3—阀体；4—制动管接管孔。

图 3-6-1 电动放风阀外形构造图

电动放风阀内部空间分别与 3 条气路（或管路）连通：

① 放风阀上侧空间经阀体孔与制动管连通。

② 放风阀下侧及铜碗上侧空间经阀体孔与大气连通。

③ 铜碗及橡胶膜板下侧空间与紧急电空阀 94YV 的控制气路连通。

电动放风阀结构如图 3-6-2 所示。

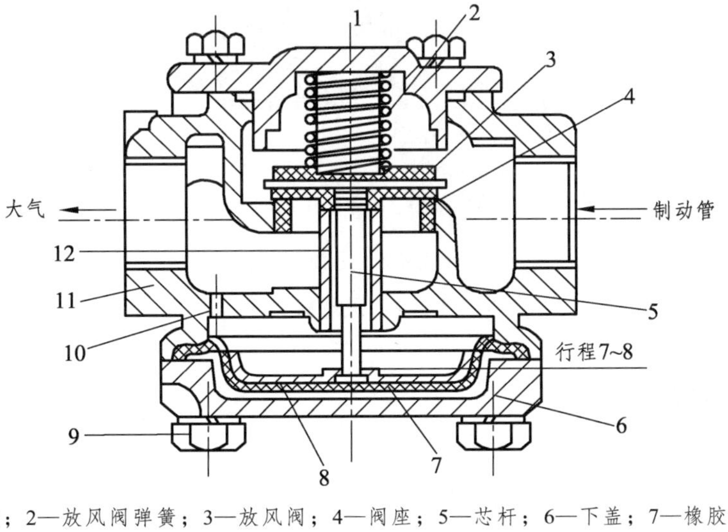

1—上盖；2—放风阀弹簧；3—放风阀；4—阀座；5—芯杆；6—下盖；7—橡胶膜板；8—铜碗；9—螺钉；10—小孔；11—阀体；12—芯杆套。

图 3-6-2 电动放风阀结构图

3.6.1.2 作用原理

电动放风阀的工作过程包括以下两个动作状态：

1. **紧急制动状态**

电动放风阀紧急制动状态如图 3-6-3 所示。当紧急电空阀 94YV 得电时，接通总风经紧急电空阀 94YV 向电动放风阀铜碗及橡胶膜板下侧空间充风的气路，橡胶膜板、铜碗推动芯杆上移而压缩放风阀弹簧，顶开放风阀口，连通制动管向大气放风的气路，使制动管压力迅速降低，实现全列车的紧急制动。

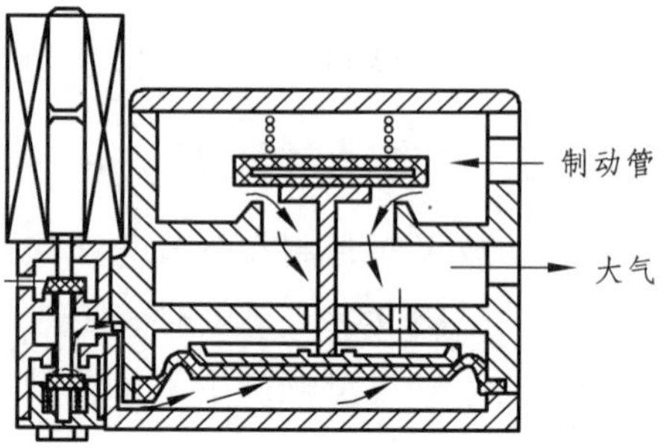

图 3-6-3　电动放风阀紧急制动状态

2. **非紧急制动状态**

当紧急电空阀 94YV 失电时，接通电动放风阀铜碗及橡胶膜板下侧空间经紧急电空阀 94YV 向大气排风的气路，在放风阀弹簧作用下，放风阀推动芯杆、铜碗、橡胶膜板下移，关闭放风阀口，切断制动管向大气放风的气路。此时，制动管的压力变化主要由中继阀控制。

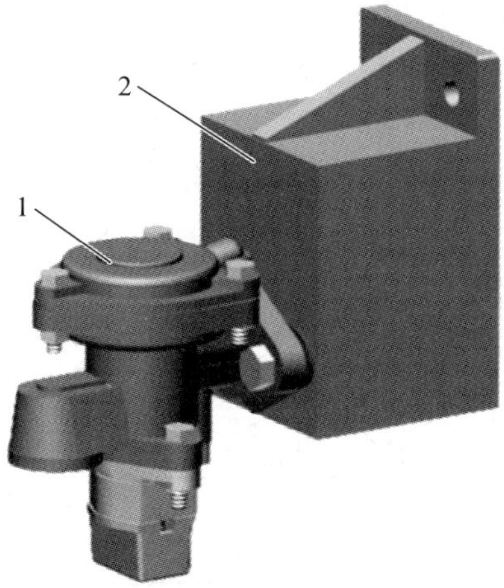

1—紧急阀阀体；2—阀座。

图 3-6-4　紧急阀外形

3.6.2　紧急阀

紧急阀根据制动管排风速度的快慢，自动选择作用位置。当紧急制动时，紧急阀参与电动放风阀排风，从而加快了制动管的排风速度，并实现 DK-1 型电空制动机与自动停车、列车分离、车长阀制动的配合。同时，通过机车电气线路联锁，切除牵引工况机车的动力源，使紧急制动作用更为可靠。

3.6.2.1 紧急阀的构造

紧急阀由紧急阀阀体与阀座两部分组成，如图 3-6-4 所示。阀座又称管座，其内部设一个空腔—紧急室（1.5 L）。

紧急阀主要由活塞膜板、活塞杆、放风阀机构、微动开关和其他零部件组成，如图 3-6-5 所示。

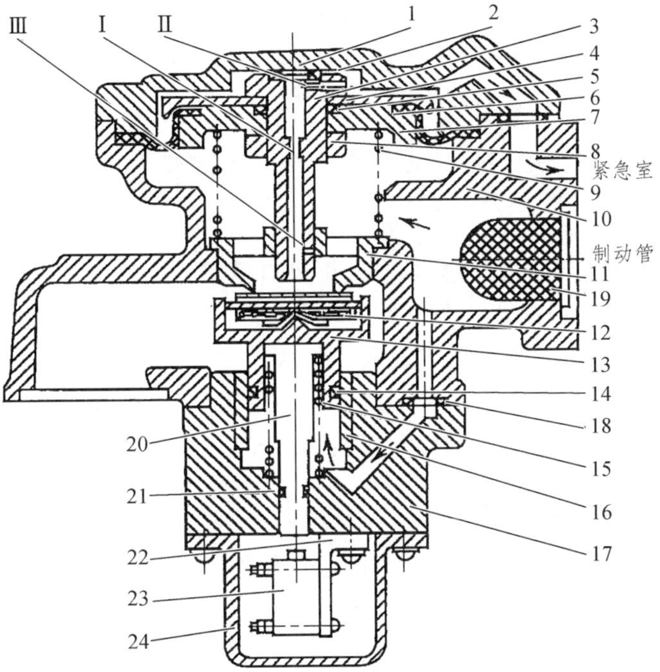

1—上盖；2—密封圈；3—活塞杆；4—紧急上活塞；5—密封圈；6—活塞膜板；7—紧急下活塞；8—螺母；9—安定弹簧；10—阀体；11—放风阀座；12—放风阀；13—放风阀导向杆；14—密封圈；15—放风阀弹簧；16—放风阀套；17—放风阀盖；18—密封圈；19—滤尘网；20—顶杆；21—密封圈；22—安装座；23—微动开关；24—外罩；Ⅰ—缩孔 ϕ1.8 mm；Ⅱ—缩孔 ϕ0.5 mm；Ⅲ—缩孔 ϕ1.2 mm。

图 3-6-5　紧急阀结构图

1. 活塞膜板

活塞膜板是传感部件，用于感应作用在橡胶膜板上、下两侧的作用力之差，从而带动活塞杆上、下移动，以关闭或开启放风阀口，切断或连通制动管的放风气路，同时，联动微动开关 95SA 断开或闭合电路 838—839。它主要由上活塞、下活塞、橡胶膜板等组成。

2. 活塞杆

活塞杆随活塞膜板上、下移动，关闭或顶开放风阀口。活塞杆轴向中心开一通孔，并设 3 个缩孔：缩孔Ⅰ（ϕ1.8 mm）、缩孔Ⅱ（ϕ0.5 mm），缩孔Ⅲ（ϕ1.2 mm），用来限制紧急室的充、排风速度。缩孔Ⅰ是在常用制动时，控制紧急室向制动管逆流速度的；缩孔Ⅱ是在充气缓解时，用以控制制动管向紧急室的充风速度；缩孔Ⅲ是在紧急制动时，控制紧急室压缩空气排入大气的时间。

3. 放风阀机构

放风阀机构是连通或切断制动管放风气路并联动微动开关 95SA 的执行部件，主要由放风阀、放风阀座、放风阀导向杆、放风阀套、放风阀弹簧、顶杆等组成。

4. 微动开关

为双断点微动开关，电器代号为 95SA，用来控制电路 838—839 的闭合与断开。

5. 其他零部件

其他零部件包括安定弹簧、滤尘罩、排风口罩、密封圈等。

紧急阀内部空间分别连通三条气路：

① 活塞膜板上侧空间与紧急室连通。

② 活塞膜板下侧及放风阀弹簧侧的空间与制动管连通。

③ 放风阀下侧空间经排气口与大气连通。

3.6.2.2 紧急阀的作用原理

紧急阀有充气缓解状态、常用制动状态和紧急制动状态 3 个工作状态。

1. 充气缓解状态

紧急阀充气缓解状态如图 3-6-6 所示。

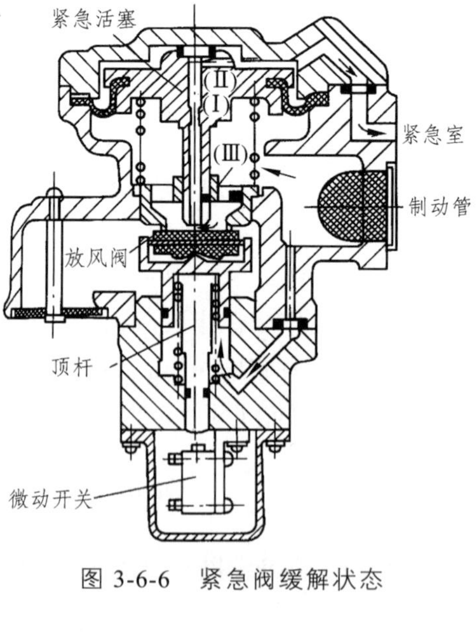

图 3-6-6 紧急阀缓解状态

当机车制动机充气缓解时，紧急阀处于充气位，即制动管充风，制动管压力升高，活塞膜板下侧压力上升的速度大于上侧的速度，所以活塞膜板产生向上的作用力之差，带动活塞杆移至上端，关闭放风阀口，切断制动管的放风气路，同时，顶杆不压缩微动开关 95SA，使其断开电路 838—839。此时，制动管经缩孔Ⅰ、Ⅱ向紧急室缓慢充风，直至两者压力相等为止。紧急活塞在安定弹簧作用下，仍保持极上端位置。

2. 常用制动状态

紧急阀常用制动状态如图 3-6-7 所示。

当制动管正常减压时，活塞膜板下侧压力下降的速度大于上侧，所以活塞膜板带动活塞杆下移，打开活塞顶部上端口，紧急室的压缩空气经缩孔Ⅰ向制动管逆流，使活塞上下压力差减小，紧急阀不动作，当两者压力相等，在安定弹簧作用下，使活塞膜板带动活塞杆重新上移至上端。

3. 紧急制动状态

紧急阀紧急制动状态如图 3-6-8 所示。

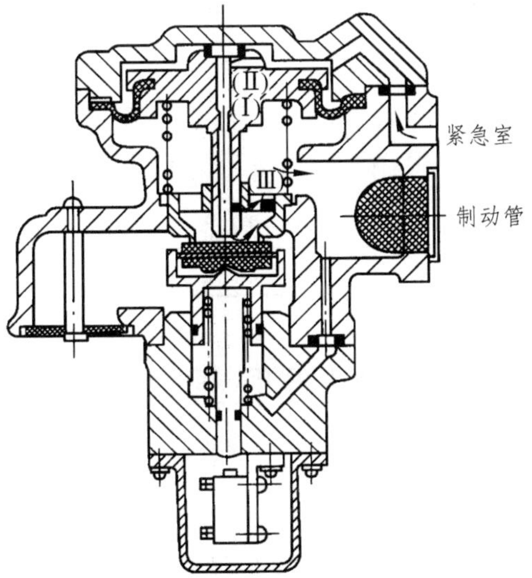

图 3-6-7 紧急阀常用制动状态

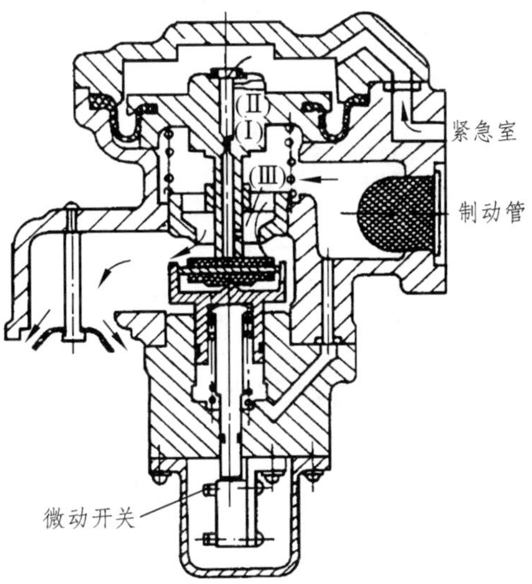

图 3-6-8 紧急阀紧急制动状态

当制动管急速减压时，活塞膜板下侧压力下降的速度远远大于上侧，紧急室压力来不及经缩孔Ⅰ向制动管逆流，所以活塞膜板带动活塞杆下移，压缩放风阀弹簧而顶开放风阀口，从而连通制动管的放风气路，同时，推动顶杆下移并压缩微动开关 95SA，使其闭合电路 838—839。此时，紧急室的压缩空气经缩孔Ⅰ、Ⅲ排向大气，当紧急室压力降到某一压力值时，在安定弹簧、放风阀弹簧作用下，使活塞膜板、活塞杆重新上移至上端，且放风阀、顶杆也一起上移，关闭放风阀口，切断制动管的放风气路，并使微动开关 95SA 重新断开电路 838—839。

通过前面的分析可知，紧急阀是根据制动管和紧急室的充、排风速度不同而进行工作的，并且由制动管的压力变化来控制。紧急阀放风阀口开启和微动开关 95SA 闭合电路 838—839 的保持时间取决于紧急室压力的排风速度。该时间参数主要取决于缩孔Ⅲ孔径的大小，正常工作时调整为 15 s。

此外，紧急制动后 15 s 内，若司机进行缓解操纵，则 DK-1 型电空制动机不能可靠实现缓解。这是因为紧急制动后 15 s 内，紧急阀放风阀口一直处于开启状态，充入的制动管压缩空气还会经开启的放风阀口排入大气，制动管充气无效。所以，若此时进行缓解操纵，制动系统不能实现可靠缓解。

【任务评价】

序号	评价内容	评价标准	分值
1	能够正确解释电动放风阀和紧急阀的作用	解释完全正确	3
		解释部分错误	2
		解释错误	0
2	能够根据电动放风阀的结构分析其作用原理	分析问题有理有据	3
		分析问题不全面	2
		分析问题观点错误	0
3	能够根据紧急阀的结构分析其作用原理	分析问题有理有据	4
		分析问题不全面	2
		分析问题观点错误	0
得分			

任务 3.7　DK-1 型电空制动机重联阀操作

【任务目标】

1. 知识目标

（1）了解重联阀的作用。

（2）熟悉重联阀的结构。

（3）掌握重联阀的作用原理。

2. 素质目标

（1）具备良好的职业道德修养，有较强的工作责任感。

（2）具备自主学习能力，培养分析能力，善于总结经验并进行创新。

（3）能完成团队分配的工作，承担团队成员的角色和责任。

3. 能力目标

（1）能够根据重联阀的结构分析本机位的作用原理。

（2）能够根据重联阀的结构分析补机位的作用原理。

【相关知识】

重联阀的
结构与原理

随着铁路运量的快速增长，为增大机车牵引重量，迫切要求提高机车牵引功率和采用双机或多机重联牵引。为适应双机或多机重联牵引的需要，SS_4改型电力机车的 DK-1 型电空制动机增设了重联阀。重联阀外形如图 3-7-1 所示。

重联阀不仅可以使同型号机车制动机重联使用，也能与其他类型机车重联使用，以实现多机牵引。重联阀可使重联机车制动机的制动、缓解作用与本务机车协调一致。在重联运行中，一旦发生机车分离，重联阀将自动保持制动缸压力，并使重联机车制动机恢复到本务机车制动机的工作状态，以便于操纵列车，起到分离后的保护作用。

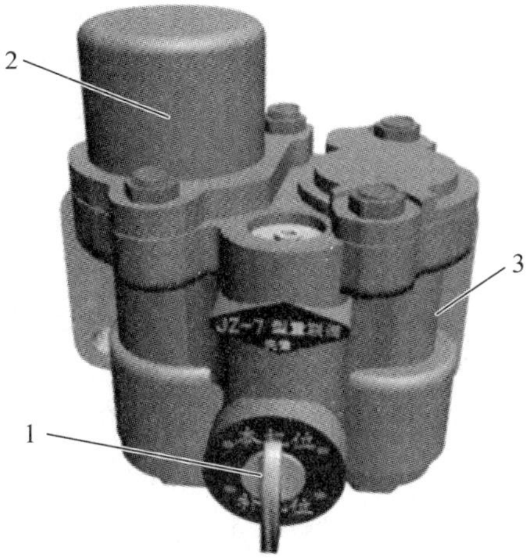

1—转换阀部；2—重联阀部；
3—制动缸遮断阀部。

图 3-7-1　重联阀外形

3.7.1　重联阀的构造

重联阀主要由本-补转换阀部、重联阀部、制动缸遮断阀部及阀体、管座等组成，其连接管路包括作用管、平均管、总风联管及制动缸管，如图 3-7-2 所示。

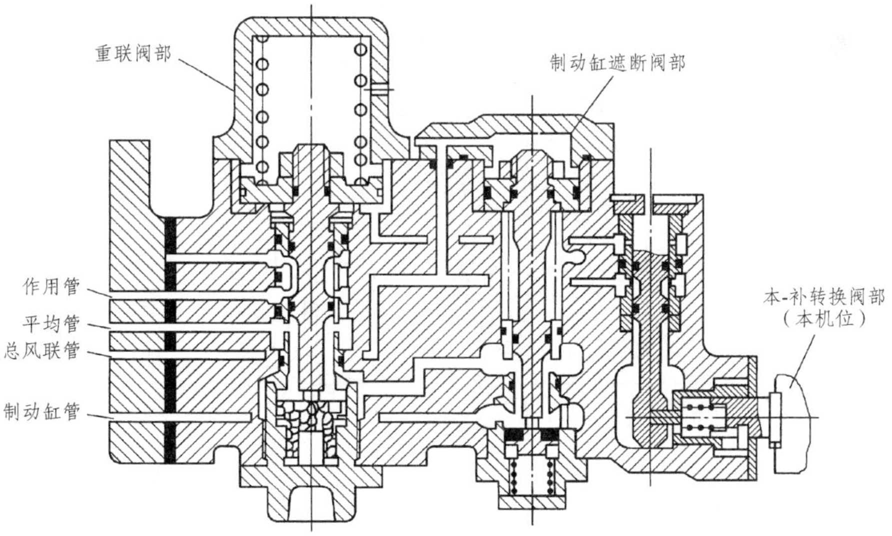

图 3-7-2　重联阀结构（本机位）

1. 本-补转换阀部

本-补转换阀为一手动操纵阀，主要由转换按钮、偏心杆、弹簧、阀套、柱塞、O 形圈、标示牌和弹性挡圈、挡盖、定位销等组成，如图 3-7-3 所示。

本-补转换阀部设本机位和补机位两个工作位置。转换按钮在弹簧和定位销的作用下，保持在某一固定位置上，若需转换位置，须先将转换按钮向里推，然后再转动 180°至所需的位置，最后松开。转换按钮带动偏心杆转动，从而带动柱塞在阀套内上下移动，以连通或切断相应气路。其中，本机位切断总风联管与重联阀活塞下侧之间的气路，而连通重联阀活塞下侧与大气之间的气路；补机位连通总风联管与重联阀活塞下侧之间的气路，从而切断重联阀活塞下侧与大气之间的气路。

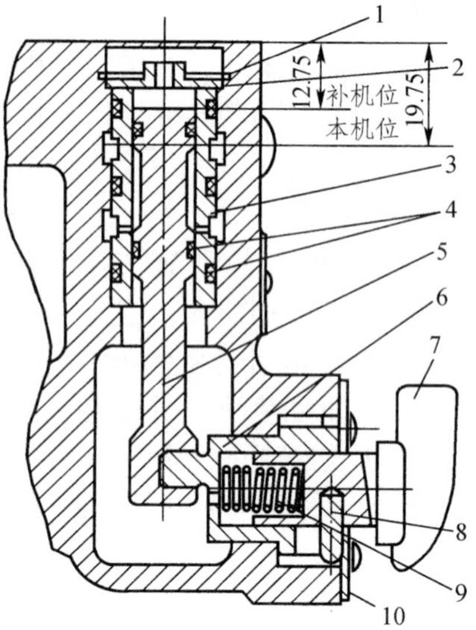

1—弹性挡圈；2—挡盖；3—阀套；4—O 形圈；5—柱塞；6—偏心杆；7—转换按钮；8—定位销；9—弹簧；10—标示牌。

图 3-7-3　本-补转换阀部结构（补机位）

2. 重联阀部

重联阀部主要由重联阀活塞、活塞杆、重联阀弹簧、阀套、O 形圈及止回阀、止回阀弹簧等组成，如图 3-7-4 所示。

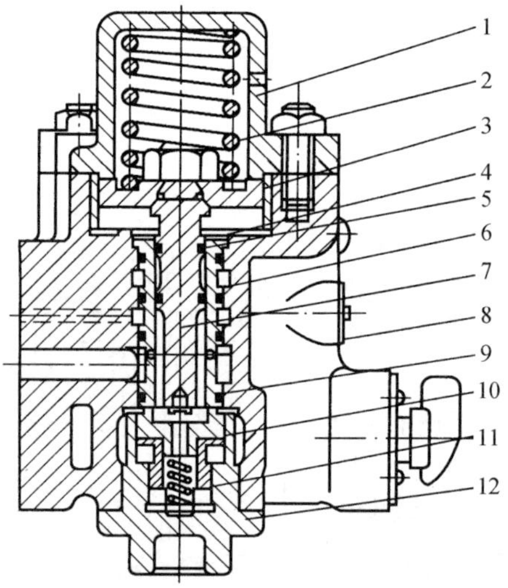

1—重联阀上盖；2—重联阀弹簧；3—重联阀活塞；4—弹性挡圈；5、9—O 形圈；6—重联阀阀套；7—活塞杆；8—铭牌；10—止回阀；11—止回阀弹簧；12—下盖。

图 3-7-4　重联阀部结构图（补机位）

重联阀部的工作受转换阀部控制。当本-补转换阀部的转换按钮置于不同位置时，根据重联阀活塞上下两侧的作用力之差带动活塞杆上下移动，关闭或顶开止回阀，并由活塞杆连通或切断相应气路。

3. 制动缸遮断阀部

制动缸遮断阀部主要由制动缸遮断阀活塞、活塞杆、遮断阀弹簧、阀套、O 形圈及止回阀、止回阀弹簧等组成，如图 3-7-5 所示。

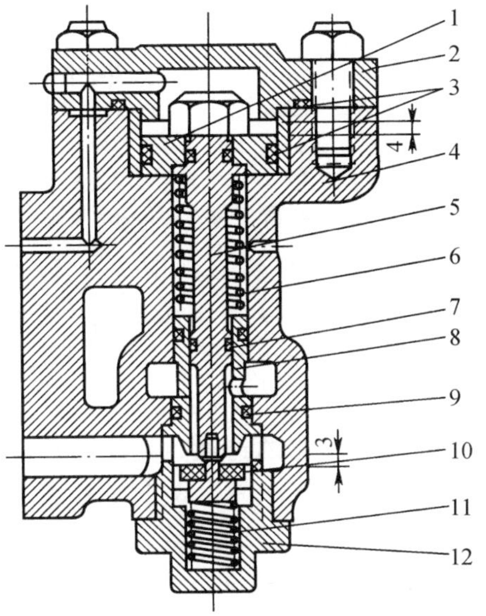

1—制动缸遮断阀活塞；2—遮断阀上盖；3、7、9—O 形圈；4—重联阀体；5—活塞杆；6—遮断阀弹簧；8—遮断阀阀套；10—止回阀；11—止回阀弹簧；12—遮断阀下盖。

图 3-7-5　制动缸遮断阀部结构图（补机位）

当正常运行时，在总风联管压缩空气（750 ~ 900 kPa）作用下，制动缸遮断阀活塞和活塞杆下移顶开止回阀，连通制动缸与相应管路之间的气路。一旦发生机车间断钩分离，由于总风联管压力很低，在遮断阀弹簧作用下，活塞杆上移，止回阀关闭，切断了制动缸与其他管路之间的气路，并保持了机车制动缸的压力。

3.7.2　重联阀的作用原理

当机车作为本务机车时，须将转换按钮置于本机位；当机车作为重联机车时，须将转换按钮置于补机位。在空气位下，同样如此。

1. 本机位

当转换按钮置于本机位时，本-补转换阀连通重联阀活塞下侧与大气之间的气路；重联阀活塞在重联阀弹簧作用下，带动活塞杆下移，顶开止回阀口，从而连通平均管与制动缸遮断阀部止回阀上侧之间的气路。同时，总风联管压缩空气（750 ~ 900 kPa）通往制动缸遮断阀部活塞上侧，使活塞带动其活塞杆压缩弹簧而下移，顶开止回阀口，从而连通制动缸与制动缸遮断阀部止回阀上侧之间的气路。因此，本机位时，连通制动缸与平均管之间的气路，为实现重联机车制动缸压力变化与本务机车制动缸压力变化协调一致做准备。

当本务机车制动机进行制动、缓解时，本务机车制动缸的压力变化经平均管和机车间的平均塞门、平均软管传入重联机车的平均管。

运行中一旦机车间发生断钩分离，制动管、总风联管、平均管等连接软管均被拉断，本务机车产生紧急制动。同时，由于总风联管内压力迅速下降，制动缸遮断阀活塞在其弹簧作用下，带动活塞杆上移，关闭止回阀口，从而切断了制动缸管与重联阀止回阀处的制动缸通路，以防止制动缸压缩空气经重联阀部止回阀、平均管向大气排风，保证本务机车紧急制动的可靠实施。

2. 补机位

当转换按钮置于补机位时，本-补转换阀部连通总风联管与重联阀活塞下侧之间的气路，使重联阀部活塞带动其活塞杆压缩弹簧而上移，关闭止回阀口，并连通作用管与平均管之间的气路；遮断阀部在总风联管压缩空气（750 ~ 900 kPa）作用下，使活塞带动其活塞杆压缩弹簧而下移，顶开止回阀口，使制动缸与制动缸遮断阀部止回阀上侧的气路连通，但由于重联阀部止回阀口关闭，所以该气路被重联阀部止回阀遮断。因此，补机位时，作用管与平均管气路的连通，使本务机车制动缸的压力变化将通过平均管传入重联机车的作用管，经重联机车分配阀均衡部动作后，确保重联机车制动缸压力变化与本务机车制动缸压力变化协调一致。

运行中一旦机车间发生断钩分离，制动管、总风联管、平均管等连接软管均被拉断，本务机车产生紧急制动。由于总风联管内压力迅速下降，重联机车制动缸遮断阀部活塞在其弹簧作用下，带动活塞杆上移，关闭止回阀口，切断了制动缸管与平均管的通路；并且由于制动管压缩空气迅速排入大气，重联机车分配阀也将自动产生紧急制动。

【任务评价】

序号	评价内容	评价标准	分值
1	能够正确解释重联阀的作用	解释完全正确	3
		解释部分错误	2
		解释错误	0
2	能够根据重联阀的结构分析本机位的作用原理	分析问题有理有据	3
		分析问题不全面	2
		分析问题观点错误	0
3	能够根据重联阀的结构分析补机位的作用原理	分析问题有理有据	4
		分析问题不全面	2
		分析问题观点错误	0
得分			

任务 3.8　DK-1 型电空制动机辅助部件状态检查

【任务目标】

1．知识目标

（1）了解 DK-1 型电空制动机辅助部件的作用。

（2）熟悉 DK-1 型电空制动机辅助部件的结构。

（3）熟悉 DK-1 型电空制动机辅助部件的工作原理。

2．素质目标

（1）培养良好的职业道德修养，有较强的工作责任感。

（2）具备自主学习能力，培养分析能力，善于总结经验并进行创新。

（3）能完成团队分配的工作，承担团队成员的角色和责任。

3．能力目标

（1）能够根据 DK-1 型电空制动机辅助部件的结构分析其作用原理。

（2）能够根据 DK-1 型电空制动机辅助部件的结构和作用原理进行辅助部件的操作。

【相关知识】

DK-1 型电空制动机辅助部件

DK-1 型电空制动机的辅助部件主要包括调压阀、压力开关、转换阀、机车无动力装置、管道滤尘器、分水滤气器等部件。

3.8.1　调压阀

调压阀是为满足空气管路系统内不同气路整定压力并保证稳定的供给而设置的，其整定压力及供风能力可根据不同要求进行选择。

SS_4改型电力机车的 DK-1 型电空制动机中共使用 2 个 QTY 型调压阀，代号分别为 53、55。其中，调压阀 53 设在司机室内空气制动阀下方的总风支管上，用来调整通往空气制动阀的总风压力。整定值为：电空位下为 300 kPa；空气位下为定压，即 500 kPa 或 600 kPa。调压阀 55 设在电空制动屏柜的总风支管上，用来调整供给均衡风缸充风的总风压力，整定值为定压，即 500 kPa 或 600 kPa。

3.8.1.1　调压阀的构造

QTY 型调压阀系气动部件，主要由调整手轮、一级调整弹簧、二级调整弹簧、膜板、溢流阀、阀杆、阀座、进气阀、进气阀弹簧等组成，如图 3-8-1 所示。

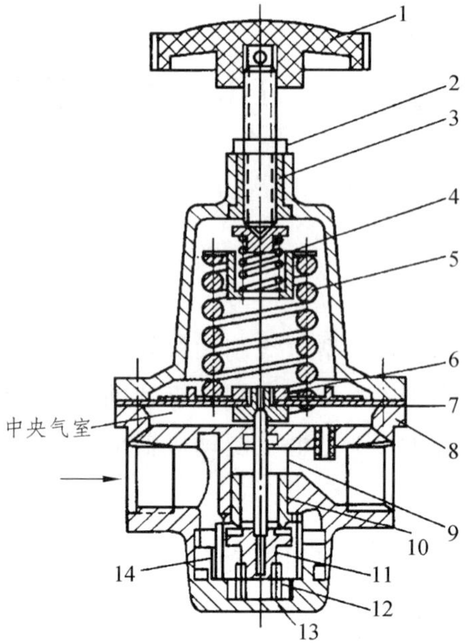

1—调整手轮；2—紧固螺母；3—阀上体；4—一级调整弹簧；5—二级调整弹簧；
6—溢流阀；7—膜板；8—阀下体；9—阀杆；10—阀座；11—进气阀；
12—进气阀弹簧；13—下螺盖；14—滤网。

图 3-8-1 QTY 型调压阀外形及结构图

调压阀的内部空间与 3 条气路连通。

（1）进气阀下侧与左边进风口连通。

（2）进气阀上侧及中央气室与右边出风口连通。

（3）膜板上侧经小孔通大气。

3.8.1.2 工作原理

QTY 型调压阀的基本作用原理为：根据膜板上、下两侧调整弹簧与中央气室内压力空气之间的作用力之差，联动阀杆上下移动，开启或关闭进气阀口，以控制出风口处的空气压力保持某一数值。调压阀包括以下供气状态和溢流状态两个工作过程：

1. 供气状态

当调压阀进风口输入压力空气时，在调整弹簧作用下，膜板推动阀杆下移，顶开进气阀口，使压力空气充向出风口侧，同时经小孔充入膜板下侧的中央气室。随着出风口侧的压力逐渐升高，膜板将渐趋平衡，使进气阀口逐渐关闭，当出风口侧或中央气室压力与调整弹簧整定压力相等时，进气阀口关闭，即出风口侧压力不再升高。

2. 溢流状态

当出风口侧（或中央气室）压力高于调整弹簧整定压力时，膜板带动溢流阀上移，开启溢流阀口，且进气阀口保持关闭，使多余的压力空气经溢流阀口排出，直至再次平衡为止，并关闭溢流阀口，停止溢流。

由此可见，调压阀出风口侧压力总是随调整弹簧整定压力的变化而变化，因此，改变调整弹簧的整定压力，即可达到调压其输出压力的目的。

3.8.1.3 调压阀的调整

QTY 型调压阀的调整方法为顺时针旋转调整手轮时调高输出压力；反之，则为调低输出压力。通常，在静态和动态的不同工况下，调整值会有所变动，一般可根据正常工况进行调整。

安装时应保证调整手轮向上，且空气管路中压力空气的流动方向应与阀体上的箭头指向相同。

3.8.2 压力开关

压力开关是利用空气压力差控制微动开关来实现电路通断的气动电器。

SS_4 改型电力机车制动屏柜上设有两个压力开关，代号分别为 208、209。其中压力开关 208 用来自动控制制动管的过量减压量，动作值为 190 ~ 230 kPa，联动微动开关的代号为 208SA；压力开关 209 用于电阻制动与空气制动配合时，自动控制空气初制动减压量的大小，动作值为 20 kPa，联动微动开关的代号为 209SA。

3.8.2.1 压力开关的结构

压力开关外形及结构如图 3-8-2 所示。压力开关主要由微动开关、外罩、芯杆、导套、膜板、下盖、挡板、弹性挡圈等组成。

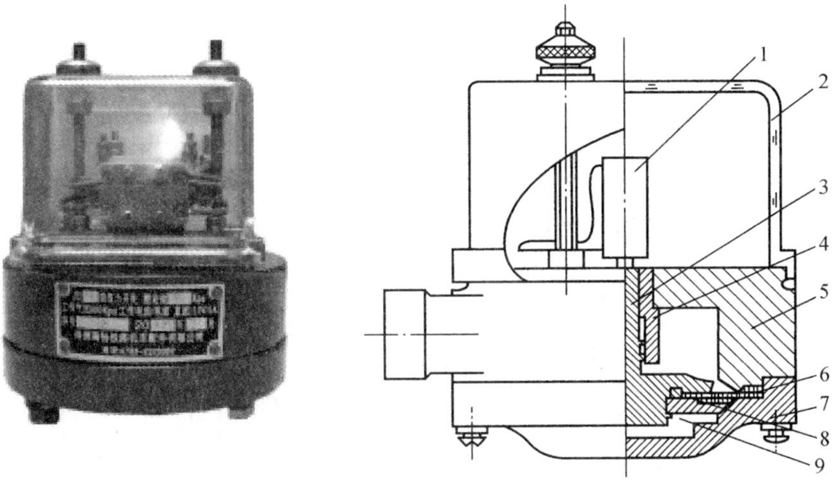

1—微动开关；2—外罩；3—芯杆；4—导套；5—阀体；6—膜板；7—下盖；8—挡板；9—弹性挡圈。

图 3-8-2 压力开关外形及结构图

膜板上方与总风管相通，膜板下方与均衡风缸管相通。由于芯杆截面占去一部分上气室受力面积，而使上气室受力面积小于下气室受力面积。

3.8.2.2 压力开关的作用原理

压力开关是根据膜板上下两侧的压力差动作，使膜板上凸或下凹，带动芯杆上下移动，带动微动开关动作，实现相应的电路控制。

当列车进行充气缓解时，均衡风缸压力升高并与调整后的总风压力相等，由于压力开关膜板上侧压力空气作用面积小，膜板下侧压力空气作用力大于上侧压力空气作用力，使膜板呈凸起状，带动芯杆上移顶触微动开关。

当均衡风缸减压时，压力开关下方气室压力下降，当达到一定值时，膜板上下作用力相等，而后继续下降，膜板上侧压力空气作用力大于下侧压力空气作用力，使膜板呈凹下状，芯杆逐渐下移，脱离微动开关。其动作压差与芯杆的直径有关，即与膜板上方有效作用面积有关。

两个压力开关的结构完全相同，但其动作值不同，原因在于芯杆截面不同。事实上，可以通过改变压力开关芯杆的直径来改变其动作值。

3.8.3 转换阀

为保证良好的气密性并满足屏柜布置的需要，DK-1 型电空制动机采用特制的塞门结构的手动操纵阀，即 153、154 两个转换阀。每个转换阀有两个作用位置，153 有空气位和正常位，为空电转换阀；154 有客车位和货车位，为客货转换阀。将转换按钮向里推，然后再转动 180°到达所需的作用位置后松开，便完成了位置的转换。

3.8.3.1 转换阀的结构

转换阀主要由阀体、阀套、转换按钮、偏心杆、弹簧、柱塞阀、O 形圈、挡盖、弹性挡圈、定位销等组成，转换阀结构如图 3-8-3 所示。

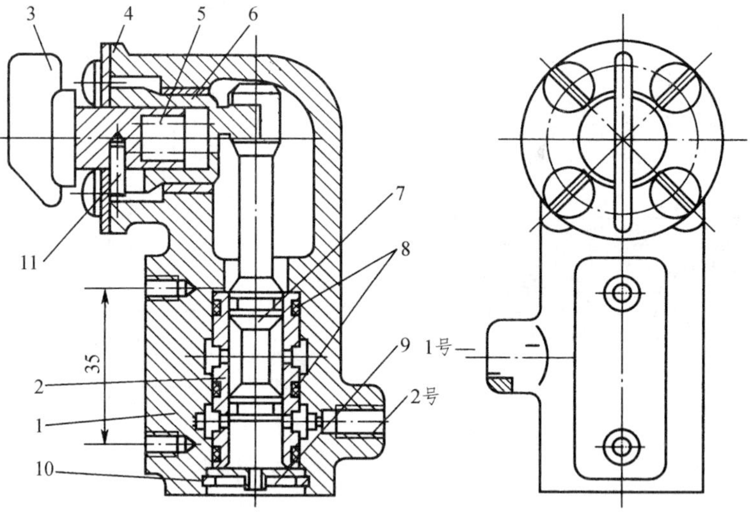

1—阀体；2—阀套；3—转换按钮；4—铭牌；5—弹簧；6—偏心杆；7—柱塞阀；8—O 形圈；9—挡盖；10—弹簧挡圈；11—定位销；1 号—输入口；2 号—输出口。

图 3-8-3 转换阀结构

其中，阀套轴向方向两个位置上开径向通孔，且上孔与阀体的进气口相通，下孔与阀体的出气孔相通。

3.8.3.2　转换阀的作用原理

转换阀是通过转换按钮的转动来带动偏心杆的转动，而偏心杆与柱塞为垂直方向连接，所以，偏心杆的转动便变成了柱塞的上下移动，这样，通过柱塞上的 O 形圈的密封作用，实现两个通路的连通或切断。

转换阀 153 串接在均衡风缸与电空制动屏均衡管中间，1 号接均衡风缸，2 号接制动屏均衡管。正常位时，两管连通；空气位时，两管切断，同时连通制动屏均衡管与大气的通路，使其空气压力排入大气，达到空气位使制动屏均衡风缸系统部件不发生作用的目的。

转换阀 154 串接在两个初制风缸（其容积分别是 0.36 L 和 0.2 L）中间，以便使在不同的制动管定压下达到满意的制动效果，1 号接初制风缸 58（1），2 号接初制风缸 58（2）。货车位时两初制风缸连通，客车位时两初制风缸切断。

3.8.4　机车无动力装置

机车无动力装置用于机车无动力回送时，由本务机车经制动管、机车无动力装置向无动力机车总风缸充风，以备无动力机车制动时使用。

3.8.4.1　机车无动力装置的构造

机车无动力装置主要由止回阀和截断塞门两部分组成，机车无动力装置结构如图 3-8-4 所示。

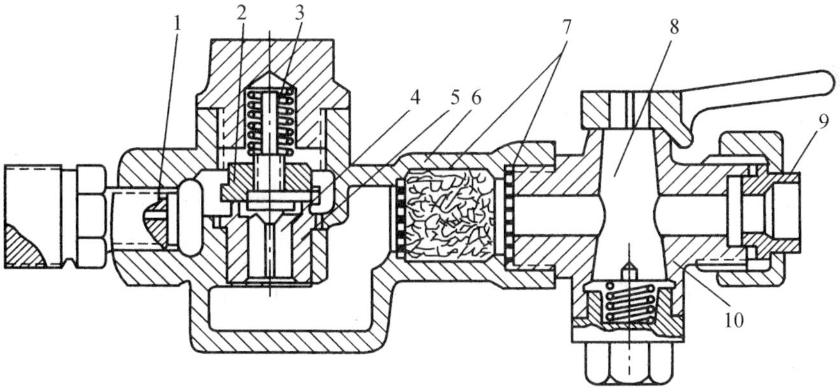

1—阻流塞；2—皮垫座；3—止回阀弹簧；4—止回阀；5—止回阀座；6—止回阀体；
7—滤尘网；8—截断塞门；9—管接头；10—截断塞门体。

图 3-8-4　机车无动力装置

1. 止回阀

该止回阀具有滤尘作用，故又称滤尘止回阀。它用来控制无动力机车总风缸只能由制动管充风，而不能向制动管逆流，代号为 103。它主要由阻流塞、止回阀、止回阀座、止回阀弹簧等组成。

2. 截断塞门

截断塞门用来控制制动管向无动力机车总风缸充风气路的连通与切断，代号为155。它主要由截断塞门、截断塞门弹簧、塞门体等组成。

3.8.4.2 机车无动力装置作用原理

机车无动力装置的基本作用原理为：由乘务员操纵截断塞门手柄，以连通或切断制动管向无动力机车总风缸充风的气路，并防止向制动管逆流。机车无动力装置包括开放状态和关闭状态两个工作过程：

1. 开放状态

当机车无动力回送时，乘务员须将截断塞门 155 的手柄旋转至开放位，制动管压力空气经 155、滤尘网，并压缩止回阀弹簧而打开止回阀口，向无动力机车总风缸充风，以备其制动用风。当制动管减压制动时，尽管无动力机车总风缸压力大于制动管压力，但由于止回阀使其不能向制动管逆流，保证全列车制动的可靠性。

2. 关闭状态

当机车非无动力回送（即作为本务、重联、补机运行）时，乘务员须将 155 手柄旋转至关闭位，切断制动管经机车无动力装置向总风缸充风的气路。此时，机车总风缸内的压力空气由该机车的风源系统供给。

需要说明的是：

（1）通常，机车无动力装置的止回阀弹簧的整定值为 140 kPa，所以，当制动管定压为 600 kPa 时，充入无动力机车总风缸的最大压力为 460 kPa。

（2）阻流塞是一个孔径为ϕ3.2 mm 的缩堵，它用来防止制动管向无动力机车总风缸充风时，因总风缸容积较大，使制动管压力骤然下降，而导致列车发生自然制动。

（3）当机车无动力回送时，除开放机车无动力装置的塞门 155 外，还须进行其他相应的操纵。

3.8.5 管道滤尘器

管道滤尘器用来过滤压力空气中的灰尘等杂质，防止其进入制动机气动、电动部件中而影响正常工作。SS_4改型电力机车的 DK-1 型电空制动机系统中，设置一个管道滤尘器，代号为 100。管道滤尘器外形及结构如图 3-8-5 所示。

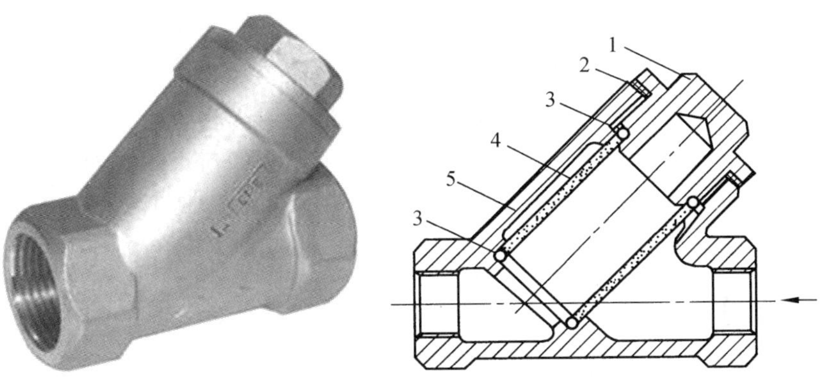

1—盖；2—垫；3—O 形圈；4—滤芯；5—基体。

图 3-8-5　管道滤尘器外形及结构

3.8.6　分水滤气器

为提高压缩空气的清洁度，确保制动机的稳定性能和可靠地工作，制动系统采用 QSL 型分水滤气器对压缩空气进行二级过滤。

分水滤气器主要由旋风叶、旋风伞、过滤芯、滤杯、挡水板、排水阀等组成。分水滤气器外形及结构如图 3-8-6 所示。

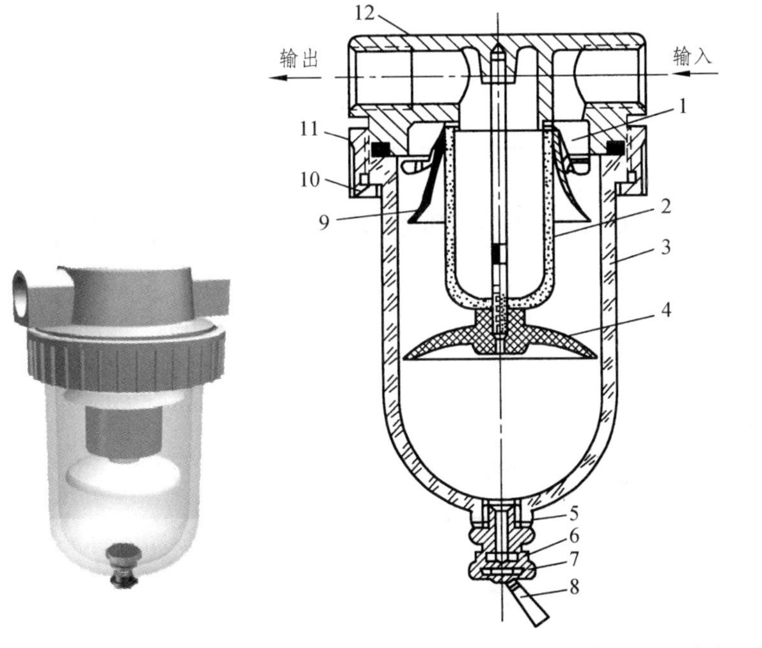

1—旋风叶；2—过滤芯；3—滤杯；4—挡水板；5—排水阀；6—密封垫；7—放水龙头；8—放水柄；9—旋风伞；10—螺母；11—O 形圈；12—上体。

图 3-8-6　分水滤气器外形及结构图

压缩空气从输入端进入后，通过带导向孔的旋风叶，气体呈旋转状，绕滤杯急速运动，在旋风伞的作用下，夹杂在气体中的油水及大颗粒尘埃从气体中分离出来，沉淀于滤杯下部。气体再通过青铜粉末冶金烧结的过滤芯，将尘埃过滤，然后洁净的空气便从输出端输出。挡水板是防止气体漩涡将杯中积存的污水卷起而破坏过滤作用。

为保证分水滤气器正常工作，必须及时将存留在滤杯下部的污水通过排水阀排出，还应定期清洗过滤元件。

【任务评价】

序号	评价内容	评价标准	分值
1	能够根据调压阀的结构分析其作用原理	分析问题有理有据	4
		分析问题不全面	2
		分析问题观点错误	0
2	能够根据转换阀的结构和作用原理进行操作	操作完全正确	3
		操作部分错误	2
		操作不正确	0
3	能够根据机车无动力装置的结构和作用原理进行操作	操作完全正确	3
		操作部分错误	2
		操作不正确	0
得分			

任务 3.9　DK-1 型电空制动机综合作用原理分析

【任务目标】

1. 知识目标

（1）熟悉 DK-1 型电空制动机空气管路图。

（2）熟悉 DK-1 型电空制动机在电空位的作用原理。

（3）熟悉 DK-1 型电空制动机在空气位的作用原理。

2. 素质目标

（1）培养良好的职业道德修养，有较强的工作责任感。

（2）具备自主学习能力，培养分析能力，善于总结经验并进行创新。

（3）能完成团队分配的工作，承担团队成员的角色和责任。

3. 能力目标

（1）能够识读 DK-1 型电空制动机空气管路图。

（2）能够分析 DK-1 型电空制动机在电空位的作用原理。

（3）能够分析 DK-1 型电空制动机在空气位的作用原理。

【相关知识】

DK-1 型电空制动机的综合作用是根据电空制动控制器与空气制动阀手柄位置控制各主要部件的动作，进而达到对机车、车辆制动机进行制动与缓解控制，可分为电空位操作和空气位操作。电空位操作通过电空制动控制器操纵全列车的制动作用，称为自动制动作用；通过空气制动阀单独操纵机车的制动作用，称为单独制动作用。空气位操作则是在电控系统故障时利用空气制动阀操纵全列车的制动作用。

下面以 SS_4 改型电力机车一节车为例进行分析。

3.9.1 DK-1 型电空制动机电空位的作用原理

DK-1 型电空制动机电空位的作用原理是利用电空制动控制器控制全列车的制动、缓解与保压，利用空气制动阀单独控制机车的制动、缓解与保压。下面以 SS_4 改型电力机车 DK-1 型电空制动机电空位作用原理为例进行介绍。

将电空转换扳钮扳至“电空位”，则有：

气路：作用管与 b 管连通。

电路：微动开关 3SA（1）闭合电路 899—801。即闭合电空制动控制器电源电路。

3.9.1.1 空气制动阀手柄在运转位，电空制动控制器手柄在各位的作用

该工况一般称为自动制动作用工况，即通过电空制动控制器来操纵全列车的制动、缓解与保压。当空气制动阀手柄在运转位时，则有：

气路：不连通 b 管的充、排风气路。

电路：微动开关 3SA（2）闭合电路 809—818。为排风 1 电空阀 254YV 得电做准备。

1. 运转位

（1）电空制动控制器　使导线 803、809、813 得电。

① 导线 803 得电，经中间继电器 $455KA_{9\text{-}10}$ 常闭联锁、中间继电器 $452KA_{9\text{-}10}$ 常闭联锁、$451KA_{13\text{-}14}$ 常闭联锁，使缓解电空阀 258YV、排风 2 电空阀 256YV 得电，一方面，连通总风经调压阀 55（输出压力为定压）向均衡风缸充风的气路，均衡风缸压力升高；另一方面关断过充风缸经 256YV 的排风气路。

② 导线 809 得电，经微动开关 3SA（2）使导线 818 得电，再经中间继电器 $455KA_{1\text{-}2}$ 常闭联锁、中间继电器 $452KA_{11\text{-}12}$ 常闭联锁、$451KA_{15\text{-}16}$ 常闭联锁，使排风 1 电空阀 254YV 得电，连通作用管向大气排风的气路，即作用管压力降低。

③ 导线 813 得电，为实现 DK-1 型电空制动机与列车分离、制动管断裂、车长阀（或 121 塞门）制动及列车安全运行监控记录装置自动停车功能的配合做准备。

（2）中继阀　包括以下两部分动作。

① 总风遮断阀：由于中立电空阀 253YV 失电而连通总风遮断阀管向大气排风的气路，所以，遮断阀左移并打开遮断阀口，使总风充入双阀口式中继阀的供气室内。

② 双阀口式中继阀：随着均衡风缸压力升高，活塞膜板带动顶杆右移而顶开供气阀口，连通总风向制动管及活塞膜板右侧充风的气路，即制动管压力升高；当活塞膜板右侧及制动管压力升高至与均衡风缸压力平衡时，在供气阀弹簧作用下，关闭供气阀口，且不打开排气阀口，即停止制动管充风。

（3）分配阀　包括以下三部分动作。

① 主阀部：随着制动管压力升高，主活塞通过主活塞杆带动滑阀、节制阀下移，连通制动管向工作风缸充风的气路；同时，尽管连通作用管通往 156 塞门的气路，但由于 156 塞门的关断（电空位下，156 塞门关断），故 156 不开通作用管排大气的气路。

② 紧急增压阀：随着制动管的压力升高，增压阀柱塞保持在下端，切断总风向作用管充风的气路。

③ 均衡部：随着排风 1 电空阀 254YV 得电而使作用管压力降低，均衡活塞带动空心阀杆下移，打开排气阀口，连通机车制动缸及均衡活塞上侧向大气排风的气路，即机车制动缸压力降低；当均衡活塞上侧及机车制动缸压力降低至与作用管压力平衡时，均衡活塞带动空心阀杆上移而关闭排气阀口，且不顶开供气阀口，即停止机车制动缸的排风。

可见，机车制动机实现缓解作用。同时，随着制动管压力升高，车辆制动机也进行缓解。由于我国车辆制动机通常采用一次缓解性能的分配阀或三通阀，故车辆制动机产生完全缓解。

（4）紧急阀　随着制动管压力升高，使活塞膜板及活塞杆保持在上端，而不开启放风阀口，制动管压力空气经缩孔Ⅰ、Ⅱ向紧急室充风，以备紧急制动时使用。

综上所述，该操纵可实现全列车的缓解。因此，用于制动管正常充风及列车正常运行状态。

实际运行中，禁止“偷风”操纵。所谓“偷风”是指列车制动保压时，人为地将大闸手柄由中立位短时间地移至运转位或过充位，再移回中立位的操纵方法。因为车辆制动机通常为一次缓解型的，不具备阶段缓解性能，即当制动管充风时，不论是否充到定压，一次缓解型制动机均进行完全缓解，所以，偷风操纵会使列车部分或全部车辆完全缓解，而形成列车制动力不足，极易造成人为行车事故，故严禁偷风操纵。

2. 过充位

（1）电空制动控制器　使导线 803、805、813 得电。

① 导线 803 得电，经中间继电器 $455KA_{9\text{-}10}$ 常闭联锁、中间继电器 $452KA_{9\text{-}10}$ 常闭联锁、$451KA_{13\text{-}14}$ 常闭联锁，使缓解电空阀 258YV、排风 2 电空阀 256YV 得电，连通总风经调压阀 55（输出压力为定压）向均衡风缸充风的气路，均衡风缸压力升高。

② 导线 805 得电，使过充电空阀 252YV 得电，连通总风向过充风缸充风的气路，即过充风缸压力升高。

③ 导线 813 得电，为实现 DK-1 型电空制动机与列车分离、制动管断裂、车长阀（或 121、122 塞门）制动及列车安全运行监控记录装置自动停车功能的配合做准备。

（2）中继阀　包括以下两部分动作。

① 总风遮断阀：由于中立电空阀 253YV 失电而连通总风遮断阀管向大气排风的气路，所以，遮断阀左移而打开遮断阀口，使总风充入双阀口式中继阀的供气室内。

② 双阀口式中继阀：随着均衡风缸和过充风缸压力的升高，活塞膜板带动顶杆迅速右移而顶开供气阀口，并且其开度较大，连通总风向制动管及活塞膜板右侧迅速充风的气路，即制动管压力迅速升高；当活塞膜板右侧及制动管的作用力升高至与活塞膜板左侧作用合力平衡时，在供气阀弹簧作用下，关闭供气阀口，且不打开排气阀口，即停止制动管充风。

（3）分配阀　包括以下三部分动作。

① 主阀部：随着制动管压力迅速升高，主活塞通过主活塞杆带动滑阀、节制阀迅速下移，连通制动管向工作风缸充风的气路；同时，尽管连通作用管通往 156 塞门的气路，但由于塞门 156 的关断，故塞门 156 不连通作用管排向大气的气路。

② 紧急增压阀：随着制动管压力迅速升高，增压阀柱塞保持在下端，切断总风向作用管充风的气路。

③ 均衡部：由于作用管压力不变，所以，均衡部保持不动，即处于其供、排气阀口均不开启的保压状态。

由此可见，机车制动机保压。同时，随着制动管压力迅速升高，车辆制动机进行快速缓解。

（4）紧急阀　随着制动管压力迅速升高，使活塞膜板及活塞杆保持在上端而不开启放风阀口，制动管压力空气经缩孔Ⅰ、Ⅱ向紧急室充风，以备紧急制动时使用。

综上所述，该操纵可实现车辆制动机快速缓解，而机车制动机保压。因此，用于列车初充风或再充风。

通过上述分析可知：在电空位下操纵时，电空制动控制器手柄在运转位和过充位均可实现充风缓解，但两者是有区别的。前者使制动管正常充风并得到定压（500 kPa 或 600 kPa），以实现全列车制动系统的正常缓解；而后者则使制动管快速充风，并得到过充压力[定压+（30 ~ 40）kPa]，以实现车辆制动系统的快速缓解，并且保持机车制动。

显然，当电空制动控制器手柄由过充位移至运转位时，制动管由过充压力降至定压，即产生 30 ~ 40 kPa 的减压量，但该减压量不会使列车制动系统产生制动作用。这是因为，当电空制动控制器手柄由过充位移至运转位时，均衡风缸压力保持定压不变，而过充风缸由于过充电空阀 252YV 的失电而关断其充风气路，同时，过充风缸内原有的压力空气经风缸小孔（ϕ0.5 mm）向大气缓慢排风，即过充风缸压力缓慢降低。因此，双阀口式中继阀活塞膜板上缓慢形成向左的压力差，使其微微开启排气阀口，制动管缓慢排风，即制动管压力缓慢降低。对于分配阀（以 109 型分配阀为例）而言，随着制动管缓慢减压，在主活塞上产生微小的向上的压力差，但其不足以带动节制阀、滑阀克服阻力上移，即保持制动管与工作风缸连通的气路，因此，工作风缸向制动管逆流，致使主活塞不能产生足够的向上的压力差而使其保持原缓解状态。随着过充风缸压力空气的缓慢排出，当制动管压力缓慢降低到与均衡风缸压力平衡时，双阀口式中继阀关闭排气阀口，使制动管停止减压，而工作风缸也随之停止减压，并且保持在定压。可见，当电空制动控制器手柄由过充位移至运转位时，既消除了制动管的过充压力，使其恢复到定压，又避免了列车制动系统产生制动（称为自然制动）。事实上，当电空制动控制器手柄移至运转位时，由于排风 1 电空阀 254YV 的得电，机车还要缓解。

3. **制动位**

（1）电空制动控制器　使导线 806、808、813 得电。

① 导线 806 得电，经转换开关 463QS 使中立电空阀 253YV 得电，连通总风向总风遮断阀管充风的气路，即总风遮断阀管压力升高。

② 导线 808 得电，为自动控制过量减压量做准备。

③ 导线 813 得电，为实现 DK-1 型电空制动机与列车分离、制动管断裂、车长阀（或 121、122 塞门）制动及列车安全运行监控记录装置自动停车功能的配合做准备。

此时，由于缓解电空阀 258YV 和制动电空阀 257YV 同时失电，所以连通了均衡风缸向初制风缸 58 降压及向大气排风的气路，即均衡风缸减压。若电空制动控制器手柄一直置于制动位，则当均衡风缸减压 190 ~ 230 kPa 时，压力开关 208 动作，并联动微动开关 208SA 闭合电路 808—800，使制动电空阀 257YV 得电，切断均衡风缸排大气的气路，即停止均衡风缸减压，使其获得 190 ~ 230 kPa 的过量减压量。同时，排风 2 电空阀 256YV 失电，连通过充风缸经 256YV 排风的气路。

此外，因初制风缸的设置，使得均衡风缸产生一个确保全列车制动系统可靠制动的最小为 45 ~ 55 kPa 的较快减压量，以使后部车辆中较迟钝的三通阀或分配阀也能起制动作用。

（2）中继阀　包括以下两部分动作。

① 总风遮断阀：由于中立电空阀 253YV 得电而连通总风向总风遮断阀管充风的气路，所以，遮断阀右移而关闭遮断阀口，切断总风充往双阀口式中继阀供气室的气路。

② 双阀口式中继阀：随着均衡风缸压力的降低，活塞膜板带动顶杆左移并打开排气阀口，连通制动管及活塞膜板右侧向大气排风的气路，即制动管压力降低；当制动管及活塞膜板右侧压力降低到与均衡风缸压力平衡时，在排气阀弹簧作用下，关闭排气阀口，且不打开供气阀口，即停止制动管排风。

（3）分配阀　包括以下三部分动作。

① 主阀部。随着制动管压力降低，主活塞通过主活塞杆带动节制阀上移，连通制动管向局减室降压的气路，以实现局部减压作用；随着制动管压力进一步降低，主活塞通过主活塞杆带动节制阀、滑阀继续上移，连通工作风缸向作用管充风的气路，即作用管压力升高，而工作风缸压力降低；当工作风缸压力降低至与制动管压力平衡时，在自重及稳定弹簧作用下，主活塞通过主活塞杆带动节制阀下移，切断工作风缸向作用管充风的气路，即作用管停止充风。

② 紧急增压阀。随着制动管压力降低，增压阀柱塞仍保持在下端，切断总风向作用管充风的气路。

③ 均衡部。随着作用管压力升高，均衡活塞带动空心阀杆上移，顶开供气阀口，连通总风向机车制动缸及均衡活塞上侧充风的气路，即机车制动缸压力升高；当机车制动缸及均衡活塞上侧压力升高至与作用管压力平衡时，在供气阀弹簧作用下，均衡活塞和空心阀杆下移，关闭供气阀口，且不打开排气阀口，即停止机车制动缸的充风。

可见，机车制动机实现制动作用。同时，随着制动管压力降低，车辆制动机也进行制动。

（4）紧急阀　随着制动管压力降低，使活塞膜板带动活塞杆下移，但不足以顶开放风阀口，紧急室经缩孔Ⅰ向制动管逆流，直至紧急室压力与制动管压力平衡时为止；在安定弹簧作用下，活塞膜板带动活塞杆上移到上端。

综上所述，该操纵可实现全列车的常用制动，并能自动控制制动管过量减压量（190 ~ 230 kPa）。因此，用于列车调速或停车。

实际运行中，既可采用“一段制动法”操纵，又可采用“两段制动法”操纵。所谓一段制动法是指施行制动后不再进行缓解，根据列车减速情况追加减压，使列车停于预定地点的操纵方法。而两段制动法则是指进站前施行制动，待列车速度降至所需要的速度时进行缓解，充风后再次施行制动，使列车停于预定地点的操纵方法。

当在制动位实施追加制动时，须待第一次减压排风完成后，再施行追加减压。这是因为减压排风未完成就进行追加减压，相当于施行了一次大减压，列车因制动力过强而增加冲击，也容易使后部车辆产生紧急制动作用。同时，追加减压量不应超过第一次减压量，否则因列车制动力急剧增加，不利于平稳操纵。

在制动位下，还可以进行“长波浪式制动”和“短波浪式制动”。所谓长波浪式制动是指减压量小、列车减速慢、制动距离长的制动操纵方法。长波浪式制动的优点是列车在较长的距离内，基本保持匀速减速运行，且用风量小，使空气压缩机工作量小；缺点是闸瓦与轮箍摩擦时间长，易发热，因此在使用时，应注意制动距离不宜过长，以免闸瓦过热而使制动失效，或轮箍过热弛缓。另外，在起伏坡道的线路上，也可用小闸调整机车的制动力。所谓短波浪式制动是指减压量大（一般在 100 kPa 以上）、列车减速快、制动距离短的制动操纵方法。短波浪式制动的优点是闸瓦不易过热，缺点是制动频繁，空气压缩机工作量大，因此使用时，应掌握好缓解时机，防止因缓解过早使列车速度剧增，并且严防充风不足，错过下一次制动时机，而造成超速或放飏事故。

4. 中立位

电空制动控制器 使导线 806、807、813 得电。

① 导线 806 得电，经转换开关 463QS 使中立电空阀 253YV 得电，连通总风向总风遮断阀管充风的气路，即总风遮断阀管充入总风。

② 导线 807 得电，经二极管 262 V 使制动电空阀 257YV 得电，切断初制风缸或均衡风缸向大气排风的气路。

③ 导线 813 得电，为实现 DK-1 型电空制动机与列车分离、制动管断裂、车长阀（或 121 塞门）制动及列车安全运行监控记录装置自动停车功能的配合做准备。

同时，缓解电空阀 258YV 失电，切断总风经调压阀 55 向均衡风缸充风的气路，所以，均衡风缸既不充风，也不排风，即均衡风缸压力不变。导致中继阀、分配阀及车辆制动机、紧急阀均不动作而保持原状态，相应的制动管、工作风缸、紧急室、作用管、机车制动缸压力均不变，即全列车制动系统呈保压状态。

实际使用中，电空制动控制器手柄置于中立位，通常有两种情况。一种为制动前置于中立位，即由运转位移至中立位；另一种是制动后置于中立位，即由制动位移至中立位。前者，由于电空制动控制器手柄在运转位时，均衡风缸得到充风并达到定压，压力开关 209 联动微动开关 209SA 闭合电路 807—827，所以，当电空制动控制器手柄移至中立位时，由得电导线 807 经微动开关 209SA、二极管 263 V、中间继电器 $455KA_{10\text{-}9}$ 常闭联锁、中间继电器 $452KA_{9\text{-}10}$ 常闭联锁、$451KA_{13\text{-}14}$ 常闭联锁，使缓解电空阀 258YV 维持得电，保持均衡风缸压力为定压，完成制动前的准备工作。而后者由于电空制动控制器手柄在制动位时，均衡风缸减压 40 kPa 以上，使压力开关 209 联动微动开关 209SA 闭合电路 822—800，并断开电路 807—827，所以，当电空制动控制器手柄移至中立位时，使缓解电空阀 258YV 失电，从而切断均衡风缸的充、排风气路，实现制动系统制动后的保压。

5. 紧急位

（1）电空制动控制器 使导线 812、806、821、804 得电。

① 导线 812 得电，经 107QPF 使撒砂电空阀 251YV、241YV 得电，连通总风向撒砂器充风的气路，完成自动撒砂作用，以防止制动滑行。

② 导线 806 得电，经转换开关 463QS 使中立电空阀 253YV 得电，连通总风向总风遮断阀管充风的气路。

③ 导线 821 得电，使 3 个电空阀得电。

——经二极管 260 V 使中立电空阀 253YV 得电，作用同上。

——经二极管 264 V 使制动电空阀 257YV 得电，切断初制风缸及均衡风缸的排风气路；同时，因缓解电空阀 258YV 失电，故切断均衡风缸的充风气路。

——使重联电空阀 259YV 得电，连通均衡风缸与制动管之间的气路，从而实现双阀口式中继阀的自锁，以保证制动管压力不再受该双阀口式中继阀动作的控制。

同时，排风 2 电空阀 256YV 失电，连通过充风缸向大气排风的气路，从而快速排空过充风缸，以保证紧急制动时制动管压力迅速下降。

④ 导线 804 得电，此时有两方面作用：一方面，若机车有级位，即机车处于牵引工况，零位继电器 558KA 失电，则导线 804 经 558KA 常闭联锁，最终引起控制电路工作，使主断路器跳闸，切除机车牵引动力，保证机车由牵引工况转变为制动工况；另一方面，由导线 804 得电，使紧急电空阀 94YV 得电，连通总风向电动放风阀铜碗及膜板下侧充风的气路，即铜碗及膜板下侧压力升高。

（2）电动放风阀　随着铜碗及膜板下侧压力的升高，膜板、铜碗推动芯杆上移，顶开放风阀口，连通制动管向大气放风的气路，即制动管压力迅速降低。

（3）紧急阀　随着制动管压力的迅速降低，活塞膜板带动活塞杆迅速下移而顶开放风阀口，连通制动管向大气放风的气路，即加速制动管放风；同时，联动微动开关 95SA 闭合电路 838—839。待 15 s 后，因紧急室压力空气经缩孔Ⅰ、Ⅲ排风使其压力与制动管压力趋于一致时，在弹簧作用下，关闭放风阀口，同时，联动微动开关 95SA 断开电路 838—839。

（4）中继阀　一方面因中立电空阀 253YV 得电使遮断阀口关闭，以切断制动管的供气风源；另一方面，由于重联电空阀 259YV 的得电，使双阀口式中继阀处于自锁状态，并且排风 2 电空阀 256YV 失电而排放过充风缸内的压力空气，使其失去对制动管压力变化的控制作用。

（5）分配阀　包括三部分动作。

① 主阀部　随着制动管压力迅速下降，主活塞通过主活塞杆带动节制阀、滑阀迅速上移至上端，连通工作风缸向作用管充风的气路，并且气路的开启程度较大，即作用管压力迅速升高。

② 紧急增压阀　随着制动管压力迅速下降及作用管压力迅速升高，增压阀柱塞迅速上移至上端，从而连通总风向作用管充风的气路，即作用管压力迅速升高，并且由低压安全阀将其压力限定在 450 kPa。

③ 均衡部　随着作用管压力迅速升高，均衡活塞带动空心阀杆迅速上移而顶开供气阀口，并且其开启程度较大，连通总风向机车制动缸及均衡活塞上侧充风的气路，即机车制动缸压力迅速升高；当机车制动缸压力及均衡活塞上侧压力迅速升高至与作用管压力（即 450 kPa）平衡时，在供气阀弹簧作用下，关闭供气阀口，且不打开排气阀口，停止机车制动缸的充风。

可见，机车制动机实现紧急制动作用。同时，随着制动管压力迅速下降，车辆制动机也进行紧急制动。

综上所述，该操纵可实现全列车的紧急制动（又称非常制动），并伴随自动撒砂及切除牵引工况机车的机车动力源，以确保列车的运行安全。因此，用于列车运行过程中当产生危及行车安全或人身安全的紧急情况。值得注意的是：紧急制动后，须 15 s 后再充风缓解。

6. 重联位

（1）电空制动控制器　导线 821 得电，使 3 个电空阀得电。

① 经二极管 260 V 使中立电空阀 253YV 得电，使总风遮断阀口关闭。

② 经二极管 264 V 使制动电空阀 257YV 得电，切断初制风缸及均衡风缸的排风气路；同时，因缓解电空阀 258 YV 失电，故切断均衡风缸的充风气路。

③ 重联电空阀 259YV 得电，连通均衡风缸与制动管之间的气路，从而实现双阀口式中继阀的自锁，以保证制动管压力不再受该双阀口式中继阀动作的控制。

同时，排风 2 电空阀 256YV 失电，连通过充风缸向大气排风的气路，从而快速排空过充风缸，以保证紧急制动时制动管压力迅速下降。

可见，均衡风缸既不充风，也不排风，即其压力不变。

（2）中继阀　一方面因中立电空阀 253YV 的得电而使遮断阀口关闭，以切断制动管的供气风源；另一方面，由于重联电空阀 259YV 的得电，使双阀口式中继阀处于自锁状态，再加上排风 2 电空阀 256YV 失电而排放过充风缸内的压力空气，所以使中继阀失去对制动管压力变化的控制作用。

（3）分配阀　由于制动管压力不变，故使其保持不动而维持原状态。同时，车辆制动机也保持原状态。

（4）紧急阀　因制动管压力不变，故使其保持原状态。

综上所述，该操纵使电空制动控制器失去对全列车制动系统的控制作用。因此，用于重联机车、补机、无动力回送机车及本务机车非操纵端；此时，全列车制动系统由本务机车操纵端进行控制。

3.9.1.2　电空制动控制器手柄在运转位，空气制动阀手柄在各位的作用

该工况一般称为单独制动作用，即通过空气制动阀来单独操纵机车的制动、缓解与保压。

当电空制动控制器手柄在运转位时，则有导线 803 得电，使车辆制动机保持缓解。

1. 制动位

（1）空气制动阀　作用柱塞在其凸轮和弹簧作用下右移至右端，开通 a 管与大气、总风经调压阀 53 与 b 管的气路，则连通总风向作用管充风的气路（总风→53→作用柱塞阀→b 管→电空转换阀→作用管）；同时，微动开关 3SA（2）断开电路 809—818，使排风 1 电空阀 254YV 失电，从而切断作用管向大气排风的气路。所以，作用管压力升高。

（2）分配阀均衡部　随着作用管压力的升高，均衡活塞带动空心阀杆上移，并顶开供气阀口，连通总风向机车制动缸及均衡活塞上侧充风的气路，即机车制动缸压力升高。当机车制动缸及均衡活塞上侧压力升高至与作用管压力平衡时，在供气阀弹簧作用下，关闭供气阀口，且不打开排气阀口，停止机车制动缸的充风。

综上所述，该操纵可实现机车的单独制动。

2. 中立位

（1）空气制动阀　作用柱塞在其凸轮和弹簧作用下处于中间位置，切断 a 管、b 管、调压阀管及大气间的气路，使作用管既不通大气，也不与调压阀管连通；同时，微动开关 3SA2 断开电路 809—818，使排风 1 电空阀 254YV 失电，从而切断作用管向大气排风的气路。所以，作用管压力不变。

（2）分配阀均衡部　由于作用管压力不变，使均衡部保持不动而维持原状态，所以，机车制动缸压力不变。

综上所述，该操纵可实现机车的单独保压。因此，用于机车单独制动前的准备及制动后的保压。

3. 缓解位

（1）空气制动阀　作用柱塞在其凸轮和弹簧作用下左移至左端，开通 b 管与大气、总风经调压阀 53 与 a 管的气路，则连通作用管向大气排风的气路（作用管→电空转换阀→b 管→作用柱塞阀→大气）；同时，微动开关 3SA2 闭合电路 809—818，使排风 1 电空阀 254YV 得电，从而连通另一条作用管向大气排风的气路。所以，作用管压力降低。

（2）分配阀均衡部　随着作用管压力降低，均衡活塞带动空心阀杆下移，打开排气阀口，连通机车制动缸及均衡活塞上侧向大气排风的气路，即机车制动缸压力降低。当机车制动缸及均衡活塞上侧压力降低至与作用管压力平衡时，均衡活塞带动空心阀杆上移，关闭排气阀口，且不顶开供气阀口，停止机车制动缸的排风。

综上所述，该操纵可实现机车的单独缓解，并且其缓解速度较空气制动阀在运转位的缓解速度快。

4. 运转位

（1）空气制动阀　作用柱塞在其凸轮和弹簧作用下处于中间位置，切断 a 管与 b 管、调压阀管及大气间的气路。同时，微动开关 3SA2 闭合电路 809—818，使排风 1 电空阀 254YV 得电，从而连通作用管向大气排风的气路，所以，作用管压力下降。

（2）分配阀均衡部　随着作用管压力降低，均衡活塞带动空心阀杆下移，打开排气阀口，连通机车制动缸及均衡活塞上侧向大气排风的气路，即机车制动缸压力降低。当机车制动缸及均衡活塞上侧压力降低至与作用管压力平衡时，均衡活塞带动空心阀杆上移，关闭排气阀口，且不打开供气阀口，停止机车制动缸的排风。

综上所述，该操纵可实现机车的单独缓解。

5. 下压手柄

（1）空气制动阀　当下压空气制动阀手柄时，推动转轴内的顶杆下移，从而顶开单缓阀口，连通作用管向大气排风的气路，即作用管压力降低。

（2）分配阀均衡部　随着作用管压力降低，均衡活塞带动空心阀杆下移，打开排气阀口，连通机车制动缸及均衡活塞上侧向大气排风的气路，即机车制动缸压力降低。当机车制动缸及均衡活塞上侧压力降低至与作用管压力平衡时，均衡活塞带动空心阀杆上移，关闭排气阀口，且不打开供气阀口，停止机车制动缸的排风。

综上所述，该操纵可实现机车的单独缓解。

下压手柄操纵通常是在空气制动阀中立位下进行。

3.9.1.3　电空制动控制器手柄在制动位或制动后的中立位，空气制动阀手柄在缓解位或下压手柄的作用

该工况一般称为电空制动控制器制动，空气制动阀单独缓解作用，即在全列车制动系统制动时，由空气制动阀单独缓解机车制动。

通过上述讨论可知，若电空制动控制器手柄在制动位或制动后的中立位，则使制动管获得一定的减压量，即全列车制动系统进行常用制动。

当空气制动阀手柄移至缓解位（或下压手柄）时，由作用柱塞阀（或单缓阀）连通作用管向大气排风的气路，即作用管→电空转换阀→b 管→作用柱塞阀→大气（或作用管→单缓阀口→大气），则作用管压力降低，导致分配阀均衡部的均衡活塞带动空心阀杆下移而打开排气阀口，连通机车制动缸向大气排风的气路，即机车制动缸压力降低；待机车制动缸压力与作用管压力平衡时，关闭排气阀口，停止机车制动缸的排风。

可见，该操纵可实现保持车辆制动的同时，单独缓解机车制动。

3.9.2　DK-1 型电空制动机空气位作用原理

为确保行车安全可靠，DK-1 型电空制动机特设置“空气位操纵”。空气位操纵只是作为 DK-1 型电空制动机电气线路部分发生故障后的一步应急补救操纵措施，以避免在区间造成“途停”而影响线路的正常通过。因此，空气位操纵时，不具备“电空位”操纵时那样齐全的性能，而只保证控制列车制动和缓解的基本功能。

空气位操纵就是将电空制动机转换成空气制动机，并且由空气制动阀来操纵全列车制动系统的制动、缓解与保压。空气位操纵时须进行如下基本转换。

（1）将电空转换扳钮扳至“空气位”则有：

气路：连通均衡风缸与 a 管的气路。

电路：微动开关 3SA（1）断开电路 899—801，即切断电空制动控制器电源，并且闭合电路 899—800，使制动电空阀 257YV 单独得电，以保证空气位正常操纵。

（2）调整调压阀 53，使其整定值达到定压。

（3）将转换阀 153 置于“空气位”。

由于微动开关 3SA（1）已切断电源电路，所以，微动开关 3SA（2）闭合电路 809—818 与否均不能使排风 1 电空阀 254YV 得电。可见，在分析其工作过程中，不必考虑微动开关 3SA（2）的工作状态，以简化分析过程。

1. 缓解位

（1）空气制动阀职 作用柱塞在其凸轮及弹簧作用下左移至左端，开通总风经调压阀 53 与 a 管的气路，则连通总风向均衡风缸充风的气路（总风→调压阀 53→作用柱塞阀→a 管→电空转换阀→均衡风缸），即均衡风缸压力升高。

（2）中继阀 包括以下两部分动作。

① 总风遮断阀 由于中立电空阀 253YV 失电而连通总风遮断阀管向大气排风的气路，所以，遮断阀左移而打开遮断阀口，使总风充入双阀口式中继阀的供气室内。

② 双阀口式中继阀 随着均衡风缸压力升高，活塞膜板带动顶杆右移而顶开供气阀口，连通总风向制动管及活塞膜板右侧充风的气路，即制动管压力升高；当活塞膜板右侧及制动管压力升高至与均衡风缸压力平衡时，在供气阀弹簧作用下，关闭供气阀口，且不打开排气阀口，即停止制动管充风。

（3）分配阀 包括以下三部分动作。

① 主阀部 随着制动管压力升高，主活塞通过主活塞杆带动滑阀、节制阀下移，连通制动管向工作风缸充风的气路；同时，尽管连通作用管通往 156 塞门的气路；但由于 156 塞门的关断（空气位下，156 塞门关断），故 156 不开通作用管排大气的气路，即作用管压力不变。

② 紧急增压阀 随着制动管的压力升高，增压阀柱塞保持在下端，切断总风向作用管充风的气路。

③ 均衡部 作用管压力不变，均衡部不动作，即机车制动缸压力不变。

可见，机车制动机实现保压作用。同时，随着制动管压力升高，车辆制动机进行缓解。由于我国车辆制动机通常采用一次缓解性能的分配阀或三通阀，故车辆制动机产生完全缓解。

（4）紧急阀 随着制动管压力升高，使活塞膜板及活塞杆保持在上端，而不开启放风阀口，制动管压力空气经缩孔Ⅰ、Ⅱ向紧急室充风，以备紧急制动时使用。

综上所述，该操纵可实现车辆缓解、机车保压。

2. 制动位

（1）空气制动阀 作用柱塞在其凸轮及弹簧作用下右移至右端，开通 a 管与大气的气路，则连通均衡风缸向大气排风的气路（均衡风缸→电空转换阀→a 管→作用柱塞阀→大气），即均衡风缸压力降低。

（2）中继阀 包括以下两部分动作。

① 总风遮断阀 由于中立电空阀 253YV 失电而连通总风遮断阀管的排风气路，所以，遮断阀左移而开启遮断阀口，连通总风充往双阀口式中继阀供气室的气路。

② 双阀口式中继阀 随着均衡风缸压力的降低，活塞膜板带动顶杆左移并打开排气阀口，连通制动管及活塞膜板右侧向大气排风的气路，即制动管压力降低；当制动管及活塞膜板右侧压力降低到与均衡风缸压力平衡时，在排气阀弹簧作用下，关闭排气阀口，且不打开供气阀口，即停止制动管排风。

（3）分配阀　包括以下三部分动作。

① 主阀部　随着制动管压力降低，主活塞通过主活塞杆带动节制阀上移，连通制动管向局减室降压的气路，以实现局部减压作用；随着制动管压力进一步降低，主活塞通过主活塞杆带动节制阀、滑阀继续上移，连通工作风缸向作用管充风的气路，即作用管压力升高，而工作风缸压力降低；当工作风缸压力降低至与制动管压力平衡时，在自重及稳定弹簧作用下，主活塞通过主活塞杆带动节制阀下移，切断工作风缸向作用管充风的气路，即作用管停止充风。

② 紧急增压阀　随着制动管压力降低，增压阀柱塞仍保持在下端，切断总风向作用管充风的气路。

③ 均衡部　随着作用管压力升高，均衡活塞带动空心阀杆上移，顶开供气阀口，连通总风向机车制动缸及均衡活塞上侧充风的气路，即机车制动缸压力升高；当机车制动缸及均衡活塞上侧压力升高至与作用管压力平衡时，在供气阀弹簧作用下，均衡活塞和空心阀杆下移，关闭供气阀口，且不打开排气阀口，即停止机车制动缸的充风。

可见，机车制动机实现制动作用。同时，随着制动管压力降低，车辆制动机也进行制动。

（4）紧急阀　随着制动管压力降低，使活塞膜板带动活塞杆下移，但不足以顶开放风阀口，紧急室经缩孔Ⅰ向制动管逆流；当紧急室压力降低至接近制动管压力时，在安定弹簧作用下，活塞膜板带动活塞杆上移到上端。

综上所述，该操纵可实现全列车的常用制动。因此，常用于列车减速或停车。

空气制动阀手柄如果一直保持在制动位，可使均衡风缸和制动管减压到零，所以实际操纵中，不允许将空气制动阀手柄长时间停放制动位，以免引起制动管过量减压而延误缓解时机。

3. 中立位或运转位

对于空气制动阀，作用柱塞在其凸轮及弹簧作用下处于中间位置，切断 a 管、b 管、调压阀及大气间的气路，均衡风缸既不充风，也不排风，即均衡风缸压力不变。导致中继阀、分配阀及车辆制动机、紧急阀均不动作而保持原状态，相应的制动管、工作风缸、紧急室、作用管、机车制动缸压力均不变，即全列车制动系统呈保压状态。

4. 下压手柄

（1）空气制动阀　当下压空气制动阀手柄时，推动转轴内的顶杆下移，从而顶开单缓阀口，连通作用管向大气排风的气路，作用管压力降低。

（2）分配阀均衡部　随着作用管压力降低，均衡活塞带动空心阀杆下移，打开排气阀口，连通机车制动缸及均衡活塞上侧向大气排风的气路，即机车制动缸压力降低。当机车制动缸及均衡活塞上侧压力降低至与作用管压力平衡时，均衡活塞带动空心阀杆上移，关闭排气阀口，且不打开供气阀口，停止机车制动缸的排风。

综上所述，该操纵可实现机车的单独缓解。

【任务评价】

序号	评价内容	评价标准	分值
1	能够识读 DK-1 型电空制动机空气管路图	对问题的理解完全正确	4
		对问题部分理解或解释错了	2
		对问题完全理解错了	0
2	能够分析 DK-1 型电空制动机在电空位的作用原理	分析问题有理有据	3
		分析问题不全面	2
		分析问题观点错误	0
3	能够分析 DK-1 型电空制动机在空气位的作用原理	分析问题有理有据	3
		分析问题不全面	2
		分析问题观点错误	0
得分			

任务 3.10 DK-1 型电空制动机辅助功能分析

【任务目标】

1. 知识目标

（1）熟悉 DK-1 型电空制动机的辅助功能的作用。

（2）熟悉 DK-1 型电空制动机的辅助功能的控制原理。

2. 素质目标

（1）培养良好的职业道德修养，有较强的工作责任感。

（2）具备自主学习能力，培养分析能力，善于总结经验并进行创新。

（3）能完成团队分配的工作，承担团队成员的角色和责任。

3. 能力目标

（1）能够识读 DK-1 型电空制动机空气管路图。

（2）能够根据制动机制动机空气管路图，分析其辅助功能控制原理。

【相关知识】

由于 DK-1 型电空制动机建立在电控的基础上，且采用积木式结构，这不仅扩展了制动机自身的功能，而且也为与机车其他系统的协调配合提供了极为有利的条件。本任务以 SS4 改型电力机车为例，分析 DK-1 型电空制动机辅助功能。

3.10.1 紧急制动时自动切除动力

当司机将电空制动控制器放“紧急位”或其他原因产生紧急制动时，为避免不必要的分断主断路器，方便司机操作，司机控制器在“0 位”，即机车无级位时，不断主断路器；而司机控制器离开“0 位”，即机车有级位时，自动分断主断路器。

SS_4改型电力机车自动切除动力原理如图 3-10-1 所示，零位中间继电器 568KA 在司机控制器均处于“0 位”时得电，其常闭联锁断开，导线 804 与 912 不通，紧急制动时不断主断路器。反之，则导线 804 与 912 连通，紧急制动时，导线 804 将经 568KA 到达导线 912，使主断路器分断。按压司机台上的 594SB 按钮时，由于导线 902 电源不经过 568KA 直接到达导线 912，所以各种条件下均分断主断路器。

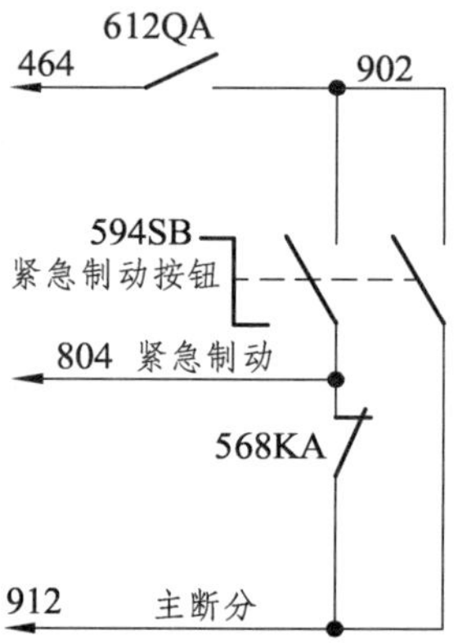

图 3-10-1 SS_4改型电力机车自动切除动力原理

3.10.2 列车分离保护（车长阀、121 塞门制动）

DK-1 型电空制动机与列车分离的配合用于防止列车分离（或制动管断裂）时，而造成再次断钩事故的发生。而与车长阀制动的配合则用于当车长阀制动时，DK-1型电空制动机随之产生紧急制动，以保证列车首尾运行状态的一致性，防止断钩等事故的发生，提高行车的安全性。

无论是制动管断裂、列车分离、车长阀制动，还是 121 塞门制动，都是直接开通制动管放风气路，从而使制动管压力迅速下降。因此，其与 DK-1 型电空制动机的配合过程相同。

设电空制动控制器手柄在过充位、运转位、中立位或制动位，即机车处于牵引工况（或惰行工况、制动工况），则有导线 813 得电。当制动管断裂（或列车分离、车长阀制动，121 塞门制动）时，制动管迅速放风。

1. 紧急阀

随着制动管压力迅速下降，紧急活塞带动活塞杆迅速下移而顶开其放风阀口，连通制动管的放风气路；同时，联动微动开关 95SA 闭合电路 838—839，起断钩保护作用。待 15 s 后，因紧急室压力空气经缩孔Ⅰ、Ⅲ排风使其压力与制动管压力趋于一致时，在弹簧作用下，关闭放风阀口；并且联动微动开关 95SA 断开电路 838—839。

2. 电路部分

（1）电空制动控制器 1AC（运转、过充、中立、制动位）→导线 813→钮子开关 464QS→导线 838→95SA→导线 839→中间继电器 451KA 得电并自锁。

导线 560→中间继电器 451KA 常开联锁→导线 812→107QPF 或 107QPBW→导线 810 或 820→251YV、241YV 或 250YV、240YV 得电并撒砂。

导线 813→二极管 261 V→导线 826→中间继电器 451KA 常开联锁→导线 804→94YV 得电。

导线 813→二极管 261 V→导线 826→中间继电器 451KA 常开联锁→导线 821→

→重联电空阀 259YV 得电。
→二极管 260 V→导线 835→中立电空阀 253YV 得电。
→二极管 264YV→导线 800→制动电空阀 257YV 得电。

中间继电器 451KA 常闭联锁使导线 861 与 837、导线 862 与 863 断开，电空制动控制器运转位得电的缓解电空阀 258YV、排 2 电空阀 256YV 和排 1 电空阀 254YV 失电。

（2）其余电空制动控制器运转位不得电的电空阀、中间继电器仍失电。

3. 气　路

（1）撒砂电空阀 251YV、241YV 或 250YV、240YV 得电，总风→251YV、241YV 或 250YV、240YV 下阀口→机车撒砂阀，机车撒砂。

（2）电动放风阀 94YV 得电，总风→94YV 下阀口→放风阀膜板下方，电动放风阀阀口开启，增加制动管排大气通路。

（3）中立电空阀 253YV 得电，总风→253YV 下阀口→总风遮断阀左侧，遮断阀关闭，切断制动管风源。

（4）重联电空阀 259YV 得电，均衡风缸→259YV 下阀口→制动管→大气，中断阀自锁无动作。

（5）制动电空阀 257YV 得电，其上阀口关闭均衡风缸排气口。

（6）排 2 电空阀 256YV 失电，过充风缸→256YV 上阀口→大气，过充风缸压力空气快排大气。

（7）缓解电空阀 258YV 失电，其下阀口关闭均衡风缸充风气路。

（8）排 1 电空阀 254YV 失电，其下阀口关闭作用管排气口，作用管保压。

4. 电动放风阀

随着铜碗及膜板下侧压力的升高，膜板、铜碗推动芯杆上移，顶开放风阀口，连通制动管向大气放风的气路，即制动管压力迅速降低。

5. **中继阀**

中立电空阀 253YV 得电，使遮断阀口关闭，以切断制动管的供气风源；重联电空阀 259YV 得电，使中继阀处于自锁状态。

6. **分配阀**

（1）主阀部。随着制动管压力迅速下降，主活塞通过主活塞杆带动节制阀、滑阀迅速上移至上端，连通工作风缸向容积室充风的气路，即容积室压力迅速升高。

（2）紧急增压阀。随着制动管压力迅速下降及容积室压力迅速升高，增压阀柱塞迅速上移至上端，从而连通总风向容积室充风的气路，即容积室压力迅速升高，并且由低压安全阀将其压力限定在 450 kPa。

（3）均衡部。随着容积室压力迅速升高，均衡活塞带动空心阀杆迅速上移而顶开供气阀口，连通总风向机车制动缸及均衡活塞上侧充风的气路，即机车制动缸压力迅速升高；当机车制动缸压力及均衡活塞上侧压力迅速升高至与容积室压力平衡时，在供气阀弹簧作用下，关闭供气阀口，且不打开排气阀口，停止机车制动缸的充风。

此时，机车制动机与车辆制动机均实现紧急制动。

当列车分离、制动管断裂及车长阀、121 塞门制动时，DK-1 型电空制动机与之配合协调动作，产生紧急制动作用，并切除牵引工况机车的动力，以保证列车运行的安全。

紧急制动后，若要继续运行，则须将电空制动控制器手柄先移至重联位，使断钩保护电路解锁，再移回运转位或过充位缓解列车。

3.10.3 与动力制动的配合

动力制动是电传动机车采用的又一种较为可靠的制动形式。为使空气制动与动力制动能协调作用，充分利用动力制动的效能，保证列车既安全又经济地运行，DK-1 型电空制动机设置了与动力制动联锁配合的功能。

3.10.3.1 动力制动前微量空气制动的投入与消除

动力制动前微量空气制动的投入与消除又称电空联锁性能。当实施动力制动时，动力制动的制动力集中在机车部分，机车减速度大，降速快，但由于列车巨大的惯性会造成车辆向前挤压，形成各车辆间的动能之差，并将动能差转换为车钩缓冲器弹簧的势能，即造成列车各车钩缓冲器弹簧的压缩，由于列车的这种压缩具有一定的作用速度，所以表现为列车的纵向冲击，特别是在下坡道上施用动力制动时，该纵向冲击更为严重而不利于列车的正常行车。为改善列车在下坡道运行施用动力制动时，造成列车纵向冲击的不良影响，在动力制动初始阶段，DK-1 型电空制动机自动产生 40 ~ 50 kPa 减压量的空气制动，并保持 25 s 左右后，该空气制动自动消除。

设电空制动控制器手柄在运转位或过充位，空气制动阀手柄在运转位，即机车处于牵引工况或惰行工况，则有导线 803、809（或 805）、813 得电，均衡风缸充有定压，制动管充有定压或过充压力，即全列车实现缓解或仅保持机车制动。

1. 列车空气制动的自动产生

（1）电　路

当司机将司机控制器换向手柄置于“制动”位时，导线 405 得电。一方面，经控制电路使励磁接触器闭合，完成动力制动的转换，同时使风速继电器 530KT 常开联锁闭合；另一方面，电空制动控制器使导线 836 得电。当司机操纵司机控制器调速手柄离开“0”位移向“制动区”时，导线 415 得电，导线 415→530KT→导线 855→91KM 常开联锁闭合→导线 856→466QS→导线 857→465QS→导线 841→电子时间继电器 454KT 得电并开始延时；同时，导线 841→中间继电器 $453KA_{9\text{-}10}$ 常闭联锁→中间继电器 452KA 得电，其常开联锁闭合而常闭联锁断开，排风 1 电空阀 254YV、缓解电空阀 258YV、排风 2 电空阀 256YV、制动电空阀 257YV 失电。当均衡风缸减压 20 kPa 时，压力开关 209 联动微动开关 209SA 连通导线 822—800，断开导线 827—807，使制动电空阀 257YV 得电。

（2）气　路

由于排风 1 电空阀 254YV、缓解电空阀 258YV 得电，制动电空阀 257YV 恢复失电，使全列车气路恢复到制动前的状态，此时全列车的空气制动消除，电阻制动仍然保持。

2. 列车空气制动的自动消除

（1）电　路

延时 25 s 后，电子时间继电器 454KT 接通中间继电器 453KA 的供电电路而使中间继电器 453KA 得电，其常闭联锁断开而常开联锁闭合，中间继电器 452KA 恢复失电，使排风 1 电空阀 254YV、排风 2 电空阀 256YV、缓解电空阀 258YV 得电，制动电空阀 257YV 恢复失电。

（2）气　路

① 排风 1 电空阀 254YV 得电，连通作用管经排风 1 电空阀 254YV 的排风气路，机车缓解。

② 缓解电空阀 258YV 得电，从而连通均衡风缸的充风气路并切断其排风气路，均衡风缸充风至定压。

③ 制动电空阀 257YV 恢复失电，排放初制风缸压力空气，为再次制动作准备。

（3）各阀的动作与电空制动控制器在“运转”位时相同。

综上所述，当司机操纵司机控制器进行动力制动时，DK-1 型电空制动机自动控制全列车制动系统产生 40 ~ 50 kPa 减压量所引起的空气制动，并且维持 25 s 后自动消除。

3.10.3.2　动力制动不足时追加空气制动

SS_4 改电力机车上设有风压继电器 516KF，整定值为 150 kPa。其目的是用于动力制动和空气制动同时施用时，若机车制动缸压力超过 150 kPa，则自动切断动力制动的励磁电源，以避免因制动力过大而造成制动滑行。但是，实际运行中，根据动力制动的性能、特点和列车运行的需要，往往需同时实施动力制动和空气制动，以提高列车制动力，确保行车安全。为了解决这一问题，DK-1 型电空制动机设置了在动力制动的基础上，追加空气制动的功能。下面简要分析其工作过程。

司机操纵司机控制器实施动力制动 25 s 后，中间继电器 453KA 维持得电，导线 415→530KT→导线 855→91KM 常开联锁闭合→导线 856→466QS→导线 857→465QS→导线 841→270 V→$453KA_{3\text{-}4}$→导线 862→$451KA_{15\text{-}16}$→排风 1 电空阀 254YV 得电，从而保持作用管排风气路的开通。当需要追加空气制动时，司机将电空制动控制器手柄移至制动位，缓解电空阀 258YV 和制动电空阀 257YV 同时失电，从而连通均衡风缸排风气路，致使制动管也产生减压量，车辆因此进行制动。而对机车而言，尽管制动管压力下降使分配阀主阀部连通工作风缸向作用管充风的气路，但因排风 1 电空阀 254YV 得电而保持了作用管的排风气路，所以，作用管的压力不可能达到 150 kPa，即机车制动缸压力不会达到 150 kPa 而维持风压继电器 516KF 不动作，从而实现了动力制动和空气制动的同时实施。这样，在动力制动工况下，补充车辆的空气制动，既简化操纵程序，又安全可靠。

另外，在动力制动工况下，遇有危及行车安全和人身安全的紧急情况时，仍可实施紧急制动。此时，由于作用管的充风较快，而使机车制动缸得到较大的充风，当制动缸压力上升至 150 kPa 时，风压继电器 516KF 动作，从而切除动力制动，以避免造成制动滑行。

当司机操纵换向手柄移开“制动位”而停止动力制动时，导线 405 失电，从而使 452KA、453KA、454KT 失电，相关电路复原，为下一次动力制动或空气制动做好准备。

3.10.4 空电联合制动

SS 系列电力机车空气-电阻联合制动装置是以机车准恒速加馈电阻制动以及 DK-1 型机车电空制动机技术为基础，在机车进行常用制动时，用电制动替代空气制动，优先使用电制动的前提下，两种制动方式有机结合的一种新的制动技术。

SS_4 改型电力机车空电联合制动的切换由制动屏柜内联合制动电器屏上空电联合转换开关 466QS 完成，该开关有 3 个位置：“0 位”切除；“Ⅰ位”自动缓解空气制动；“Ⅱ位”手动缓解空气制动。

列车运行在长大坡道上时，电空制动控制器手柄置于“运转位”，空气制动阀手柄置于“运转位”。若空电联合转换开关 466QS 在“Ⅰ位”，则司机只需转动司机控制器给定手轮，给定机车运行速度指令，空电联合制动装置将在机车电制动力已达最大，而列车继续加速到超过给定速度 5 km/h 时，发出一级减压指令（制动管减压 50 kPa）；

如果速度还继续上升到超过给定速度 15 km/h 时，发出二级减压指令（制动管追加减压 20 kPa，即减压 70 kPa）。为发挥电制动作用，空气制动投入后，电制动将维持最大。当列车速度低于给定速度 15 km/h 时，将自动缓解列车空气制动。若空电联合转换开关 466QS 在“Ⅱ位”时，则列车空气制动的缓解只能靠司机将电空制动控制器手柄从运转位移至中立位，再移回运转位来完成。在空气制动缓解后，为延长列车充风时间，电制动还将维持最大制动力达 1 min。在空电联合制动过程中，司机根据运行要求可以随时人工干预空气制动，对制动管追加减压或充风缓解。同时，运行中只要机车存在电制动力，机车制动缸压力将自动缓解。

当空电联合转换开关 466QS 处于“Ⅰ位”时，为确保行车安全，在通过分相无电区断电时，空电联合制动将锁定在断电时的状态，只有在合闸以及重新给定司机控制器，司机按动操纵台面上的解锁恢复按钮，空电联合制动将从锁定点开始恢复工作。空电联合制动的锁定和解锁可在司机操纵台空电联合显示灯上显示。此外，在机车加馈电阻制动故障后，空电联合制动装置将自动实行制动管减压。

空电联合制动发生作用时，原 DK-1 型电空制动机的电空联锁性能将被切除。只有空电联合转换开关处于“0”位时，电空联锁性能才起作用。

3.10.5 与列车运行监控装置自动停车功能的配合

当列车速度超过线路限速或冒进信号红灯时，监控发出紧急制动指令，使继电器 391KA 得电，其常开联锁闭合，则导线 813→464QS→导线 838→391KA 常开联锁（闭合）→导线 839→中间继电器 451KA 得电，其常闭联锁断开而常开联锁闭合，则有导线 813→$451KA_{5\text{-}6}$→导线 804 得电。此时产生两方面作用：一方面，若机车有级位，即机车处于牵引工况，零位继电器 558KA 联锁闭合，则导线 804 经闭合的零位继电器联锁 558KA，最终引起控制电路工作，使主断路器跳闸，切除机车牵引动力，保证机车由牵引工况转变为制动工况。另一方面，由导线 804 得电，使紧急电空阀 94YV 得电，总风向电动放风阀铜碗及膜板下方充风，列车产生紧急制动作用。其他控制环节与列车分离保护部分相同，不再赘述。列车安全运行监控记录装置自动停车功能引起紧急制动后，若要继续运行，则须扳动恢复自动停车信号电器屏上的恢复开关 464QS，使继电器 391KA 失电，待自停系统和制动系统恢复正常后方能重新发车。

3.10.6 补风转换作用

制动管的漏泄是不可避免的，其漏泄量的标准根据各国的具体情况而制订。我国目前的标准为每分钟漏泄不大于 20 kPa。在制动保压过程中，制动管的漏泄量若不能得到及时补充，则随保压时间的延续，制动管的实际减压量会随之增加，制动缸压力也随之增大。可见，列车制动力是变化的，这给操纵带来不便。但我国目前的车辆制动机受其性能的限制，制动管不宜具有补风性能，因为一旦制动管补风，有可能会使车辆制动机产生自然缓解现象，这是非常危险的。考虑到制动机性能将随铁路运输事业发展的需要而日益完善，DK-1 型电空制动机增加了补风转换作用。

补风转换作用由转换开关 463QS 控制实现。在不补风位时，转换开关 463QS 闭合电路，电空制动控制器制动位或中立位，使导线 806 经转换开关 463QS 向中立电空阀 253YV 供电，从而使总风遮断阀口关闭，以切断制动管的补风风源。而在补风位时，转换开关 463QS 断开电路，这样，即使电空制动控制器在制动位或中立位，也不能使中立电空阀 253YV 得电。从而保证总风遮断阀口开启，使制动管具有补风风源，因而当制动管漏泄时也能得到补充。

【任务评价】

序号	评价内容	评价标准	分值
1	能够识读 DK-1 型电空制动机空气管路图	对问题的理解完全正确	4
		对问题部分理解或解释错了	2
		对问题完全理解错了	0
2	能够根据制动机制动机空气管路图，分析其列车分离保护控制原理	分析问题有理有据	3
		分析问题不全面	2
		分析问题观点错误	0
3	能够根据制动机制动机空气管路图，分析与动力制动的配合控制原理	分析问题有理有据	3
		分析问题不全面	2
		分析问题观点错误	0
得分			

任务 3.11　DK-1 型电空制动机操作及日常试验

【任务目标】

1. 知识目标

（1）熟悉电空位操作前的准备工作及操作中的注意事项。

（2）熟悉空气位操作前的准备工作及操作中的注意事项。

（3）熟悉换端操作、退乘操作及无动力回送操作的步骤。

2. 素质目标

（1）具备良好的职业道德修养，能遵守职业道德规范，有较强的工作责任感。

（2）具备自主学习能力，有责任心，具有一定的分析能力，善于总结经验和创新。

（3）能主动与同学合作开展工作，完成团队分配的工作，承担团队成员的角色和责任。

3. 能力目标

（1）能在 DK-1 型电空制动机试验台进行电空位操作。

（2）能在 DK-1 型电空制动机试验台进行空气位操作。

（3）能在 DK-1 型电空制动机试验台模拟换端、退乘及无动力回送操作。

【相关知识】

DK-1 型电空制动机以其性能可靠、结构简单、操纵方便、功能可拓展的优势被广泛地应用在国产 SS 系列电力机车上。它的操作规程在各型 SS 系列电力机车上都大同小异。本任务以 SS_4改型电力机车为例进行 DK-1 型电空制动机操作及单机日常试验。

3.11.1 DK-1 型电空制动机位操作

3.11.1.1 电空位操作

1. 操作前的准备工作

（1）检查控制电源屏上的电空制动自动开关 615QA 扳钮应朝上，且处于闭合位。

（2）检查电空制动屏柜。

转换阀 154 在制动管定压为 500 kPa 时，置于货车位；在制动管定压为 600 kPa 时，置于客车位。

转换阀 153 处于正常位。

开关板 502 上的 3 个转换开关 463QS、464QS、465QS 均应朝下，处于闭合位。其中，转换开关 463QS 因目前尚未使用适应补风的车辆制动机，故不宜朝上处于补风位。转换开关 464QS、465QS 则在相应的电路有故障或各段另有规定时，可分别朝上处于切除位。

调压阀 55 输出压力调整为制动管定压（500 kPa 或 600 kPa）。调整时以司机操纵台制动管压力表读数为准。

（3）除 155、156、121 塞门外，开通所有与制动机系统有关的塞门。

（4）电空转换扳钮均处于“电空位”。非操纵节机车电空制动控制器手柄在重联位、空气制动阀手柄在运转位时将手柄分别取出后，并将操纵节机车电空制动控制器、空气制动阀的相应位置装入手柄。

（5）空气制动阀下方调压阀 53 调整压力为 300 kPa。调整时以司机操纵台制动缸压力读数为准。

完成上述各项准备工作并对制动机进行规定的机能检查后，即可使用电空位操作。

2. 操作中的注意事项

（1）操纵电空制动控制器可对全列车进行制动与缓解；操作空气制动阀可对机车进行单独制动与缓解。

（2）电空制动控制器紧急制动后，若需要缓解全列车时，须在紧急位停留 15 s 以上才能返回运转位进行缓解。

（3）电空制动控制器手柄在过充位、运转位、中立位和制动位时，由于其他原因引起紧急制动作用，需经 15 s 以后，电空制动控制器手柄先置重联位或紧急位，再回运转位才能缓解列车。

准备工作中的第（2）及（3）项操作，只是在机车出库前或一般的机能检查时，为缩短检查时间的简易方法。在运行中，则应严格执行《机车操作规程》的第 43 条中“车未停稳，严禁移动单、自阀手柄”之规定。

3.11.1.2　空气位操作

1. 操作前的准备工作

（1）将操纵节机车空气制动阀上的电空转换扳钮移至“空气位”，并将手柄移至缓解位。

（2）将操纵节机车空气制动阀下方调压阀 53 的输出压力值调整为定压（500 kPa 或 600 kPa）。

（3）将电空制动屏柜上的转换阀 153 由“正常位”转换至“空气位”。

上述第（3）项操作，在一般的机能检查时可不必进行。但在运行途中，必须转为空气位操作时，应全部完成上述三项操作，以确保顺利转换。

2. 操作中的注意事项

（1）操作空气制动阀可对全列车进行制动与缓解。单缓机车则要下压其手柄。

（2）电空制动控制器手柄应放运转位，也可从重联位取出。

（3）需紧急制动时，应按压紧急按钮或开放手动放风塞门 121，并将空气制动阀手柄置于制动位。

（4）此时因制动管有补风作用，在中立位停留一段时间后，要监视速度的变化，以免因车辆的陆续自然缓解而丧失制动时机。

（5）由于空气位操作只是一种补救措施，因此在操作时必须格外注意，做到正、副司机密切协调，方能确保运行的安全。

（6）若非操纵节机车处于空气位，或处于电空位但无电空制动电源，应将非操纵节机车中继阀的制动管塞门 115 关断。

（7）空气位操纵，只允许短时间低速维持故障运行，到达安全地方后，应及时恢复电空制动，以确保运行安全。

3.11.1.3　本、补机重联操作

当机车作为本务机车运行时，制动机操作方法与上述的电空位或空气位操作相同。当机车作为补机运行时，该机车制动机受本务机控制，因此补机需做以下处理（此时补机操纵节 570DK 应闭合）：

1. 与同型号机车重联

（1）两机车间平均管、总风联管、制动管均开通。

① 将两节机车电空制动控制器手柄置重联位或取出，空气制动阀手柄置运转位或取出。

② 将两节机车重联转换阀 93 的转换按钮置于“补机位”。

③ 如某节机车无电空制动电源或处于空气位，还应将该节机车中继阀座下方的制动管塞门 115 关断。

（2）两机车间平均管、总风联管没有开通。

① 将两节机车电空制动控制器手柄置重联位或取出，空气制动阀手柄置运转位或取出。

② 将重联操纵节机车重联转换阀 93 的转换按钮置于“本机位”。

③ 将重联非操纵节机车重联转换阀 93 的转换按钮置于“补机位”。

④ 将重联操纵节机车的分配阀缓解塞门 156 开放。

⑤ 如某节机车无电空制动电源或处于空气位，还应将该节机车中继阀座下方的制动管塞门 115 关断。

2. 与不同型号机车重联

同上述第（2）种情况。

3.11.1.4　退乘操作

运行后的退乘及机能检查试验完成后的操作要点如下：

（1）切断电空制动电源。

（2）关闭总风缸塞门 111、113。

（3）确认控制风缸 102 的压力为 900 kPa 时，及时关闭膜板塞门 97。

3.11.1.5 无动力回送操作

（1）空气制动阀手柄置于运转位或取出，电空制动控制器放重联位或取出。

（2）关断两节机车的制动管塞门 115，并开放分配阀缓解塞门 156 及无动力回送塞门 155。

（3）两节机车分配阀低压安全阀的整定值调整为 180 ~ 200 kPa。

（4）两节机车的重联转换阀 93 与本务机车相同。

（5）关断两节机车的总风缸塞门 112。

3.11.1.6 电-空联锁的作用

使用电-空联锁时，制动机应工作在电空位下，且操纵节机车电空制动控制器在运转位。电空制动屏开关板上的转换开关 465QS 应朝下（电空联锁位）。

一次电空联锁结束，且调速手柄回“0”后，如需再一次实现电空联锁，应将“电空制动控制器”手柄移至中立位后再回运转位。

电空联锁作用时，空气制动经 25 s 自动缓解后，电阻制动力不足时，可追加空气制动。机车制动缸压力能自动缓解。

3.11.1.7 空电联合制动的作用

当操纵节机车在电空位，电空制动控制器手柄置于运转位或过充位，空电联合制动转换开关 466QS 处于Ⅰ位或Ⅱ位，电子柜为 A 组，司机控制器在制位时，可产生空电联合制动作用。

（1）若 466QS 处于Ⅰ位，则在通过分相无电区时，应先断主断，再断辅机，并将调速手柄回“0”；分相完毕后，先合主断，再合辅机，给定调速手柄，确认完毕后，按司机台上的空电恢复按钮。

（2）空电联合制动中，若需司机人工干预，可将电空制动控制器手柄置于制动位、中立位追加减压；也可将电空制动控制器手柄置于中立位后再回运转位或过充位，以提前缓解。

（3）若 466QS 处于Ⅱ位，只能将电空制动控制器手柄置于中立位后再回运转位或过充位缓解空气制动。缓解空气制动后，电制动将维持最长 1 min。

DK-1 型电空制动机试验

3.11.2 DK-1 型电空制动机单机日常试验

DK-1 型电空制动机的日常单机试验（即“五步闸”试验），主要在日常运用的交接班过程中用来检查 DK-1 型电空制动机的各项作用是否正常。它是通过电空制动控制器、空气制动阀手柄在各工作位置间的顺序转换，同时观察压力表指针的变化情况，来分析、判断 DK-1 型电空制动机是否处于良好状态。

DK-1 型电空制动机的日常单机试验顺序、检查项目及方法见表 3-11-1。

表 3-11-1　DK-1 型电空制动机单机日常试验（“五步闸”试验）

序号	电空制动控制器（过充位、运转位、中立位、制动位、重联位、紧急位）	空气制动阀（缓解位、运转位、中立位、制动位）	检查要求（制动管定压500 kPa）
第一步	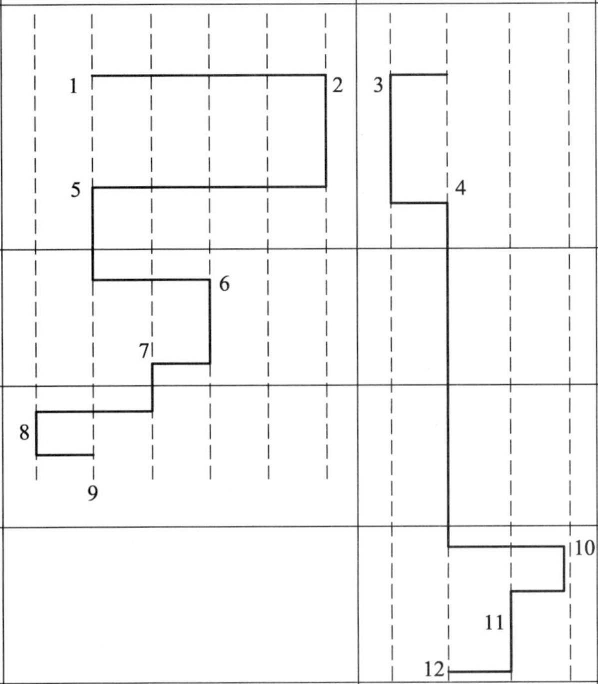		1. 制动管、均衡风缸、总风缸均为规定压力；制动缸压力为0； 2. 制动管压力3 s内降为0；制动缸压力5 s内升至400 kPa，最高压力达到450 kPa；自动撒砂；有级位时切除主断； 3. 同时下压空气制动阀手柄，制动缸压力应缓解到0； 4. 制动缸压力不得回升； 5. 制动管充至480 kPa的时间在9 s内；
第二步			6. 均衡风缸常用最大有效减压量的时间为5~7 s；制动缸压力升至340~380 kPa的时间为6~8 s； 7. 均衡风缸、制动管的漏泄量分别不大于5 kPa/min、10 kPa/min；
第三步			8. 均衡风缸压力为定压，制动管压力为过充压力[定压+(30~40)kPa]，制动缸压力不变； 9. 120~180 s过充压力消除，制动管恢复定压，制动缸压力应缓解为0；
第四步			10. 制动缸压力由0升至280 kPa的时间在4 s内，最终达到300 kPa； 11. 制动缸压力不变； 12. 制动缸压力由300 kPa降至40 kPa的时间在5 s内；
第五步	空气位操作程序： 1. 将电空转换扳钮扳至“空气位”； 2. 将调压阀53调至定压； 3. 空气位试验完毕后将电空转换扳钮复位至“电空位”	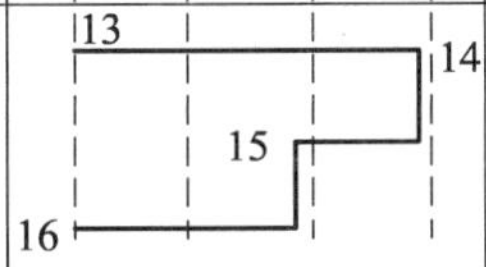	13. 同时下压空气制动阀手柄，制动管、均衡风缸皆为定压，制动缸压力为0； 14. 均衡风缸减压140 kPa的时间为5~7 s； 15. 均衡风缸、制动管、制动缸的漏泄量分别不超过5、10 kPa/min； 16. 均衡风缸、制动管恢复定压

3.11.3　故障分类及处理方法

3.11.3.1　故障分类

由于 DK-1 型机车电空制动机与一般机车空气制动机在结构、性能及操作方法等方面有较大的不同，故障的性质也不相同。一般可分为控制电路、阀类部件、管路及连接部分和操作不当以下几个方面的故障

1. 控制电路故障

DK-1 型机车电空制动机的操作系统采用电控方式，因此常会出现一些控制电路故障。例如接线头、插头及插座的虚接和电子元件的虚焊，二极管及压敏电阻的击穿会造成控制功能的错误；而开关节点不良、中间继电器卡位及触头接触不良、线圈断路，电空阀线圈断路和控制单线断路、短路、接地等则会造成执行部件不动作。

2. **阀类部件故障**

在 DK-1 型机车电空制动机中，阀类部件的故障会直接影响到气路的作用。这类故障大多是在阀类部件内的滑动件上。例如，由于缺少油脂润滑，各种活塞杆和分配阀的滑阀、节制阀会出现卡滞，造成风路不能连通；由于动作频繁和老化等原因，弹簧件会失效，影响阀类部件的正常动作，橡胶件会出现破损裂纹造成窜风和漏风，使阀类部件不能动作或性能下降，同样，阀类部件内的小孔堵塞也会影响动作。

3. **管路及连接部分故障**

管路及连接部分故障的现象一般比较明显，主要表现在堵塞和泄漏，也有部分阀座内部暗孔内泄引起的窜风。

4. **操作不当造成的故障**

DK-1 型机车电空制动机是一个比较复杂的系统，司机在使用机车前，必须全面学习掌握 DK-1 型机车电空制动机的功能作用，并按照制动机的操作方法来操纵机车，如果违反操作方法或操作不当，也会使制动机出现故障。例如塞门开闭不对，重联阀位置不对，重联机车电空制动控制器、空气制动阀手把位置不对等将会使制动机不能正常工作。

3.11.3.2 故障处理方法

（1）首先，必须熟悉 DK-1 型机车电空制动机的控制电路和空气管路，而且要熟悉各部件的内部结构、作用原理和制动机的操作方法，以便快速、准确地判断故障。

（2）对机车制动机所出现的故障大致判断一下，按分类方法将故障分类。例如通过电空阀、压力开关动作是否正常可以把故障区分成电路或气路故障。

（3）对每一类故障化整为零，缩小范围，具体方法有两条，可以采用优选法查找故障，也可以根据分析从最易发生故障的地方入手查找故障。

【任务评价】

序号	评价内容	评价标准	分值
1	能在 DK-1 型电空制动机试验台进行电空位操作	操作完全正确	4
		操作部分错误	2
		操作不正确	0
2	能在 DK-1 型电空制动机试验台进行空气位操作	操作完全正确	3
		操作部分错误	2
		操作不正确	0
3	能在 DK-1 型电空制动机试验台模拟换端、退乘及无动力回送操作	操作完全正确	3
		操作部分错误	2
		操作不正确	0
得分			

复习思考题

1. DK-1型电空制动机的特点、组成、控制关系分别是什么？
2. DK-1 型电空制动机各主要组成部分安装在机车上的哪些部位？
3. 电空制动控制器的用途是什么？试述电空制动控制器手柄在各位置时的作用。
4. DK-1 型电空制动机中电空阀的代号、功用及管路连接如何？
5. 双阀口式中继阀和总风遮断阀的用途分别是什么？
6. 试述双阀口式中继阀的工作原理。
7. 为什么过充风缸压力空气的排风是缓慢进行的？
8. 试述双阀口式中继阀“过充位”快速充风及过充压力消除的动作过程。
9. 109 型分配阀的主阀部、均衡部和紧急增压阀的用途分别是什么？
10. 试述 109 型分配阀主阀部的工作原理。
11. 试述 109 型分配阀紧急增压阀的工作原理。
12. 试述 109 型分配阀均衡部的工作原理。
13. 什么是局部减压作用？
14. 试述紧急增压阀的工作原理。
15. 空气制动阀的用途是什么？有哪几个作用位置？
16. 试述空气制动阀的工作原理。
17. 电动放风阀的用途是什么？试述电动放风阀的工作原理。
18. 紧急阀的作用是什么？试述紧急阀上三个缩孔的作用。
19. 紧急制动后 15 s 内，为什么不能进行缓解操纵？如何调整该时间参数？
20. 重联阀的用途是什么？试述重联阀的作用原理。
21. 调压阀有何用途？调压阀 53、54、55 的整定值分别是多少？
22. 转换阀 153、154 的用途分别是什么？
23. 说明机车无动力装置的用途。机车无动力装置中的阻流塞和止回阀有何作用？
24. 压力开关 208、209 的用途是什么？动作值是多少？
25. 分水滤气器、管道滤尘器的用途分别是什么？
26. 试述 DK-1 型电空制动机电空位操纵时，各种操纵的综合作用。
27. 试述 DK-1 型电空制动机空气位操纵时，各种操纵的综合作用。
28. 试述 DK-1 型电空制动机与列车分离、制动管断裂及车长阀制动配合的工作过程。产生作用后应如何恢复？
29. 试述 DK-1 型电空制动机与电阻制动配合的工作过程。
30. DK-1 型电空制动机电空位操作时，应做哪些准备工作？其注意事项有哪些？

31. DK-1 型电空制动机“电空位”转“空气位”时，应做哪些工作？注意事项有哪些？

32. DK-1 型电空制动机退乘时，对机车制动机应做哪些处理？

33. DK-1 型电空制动机机车无动力回送时，应对制动机做哪些处理？

34. DK-1 型电空制动机存在哪些方面故障？

项目 4
CCB Ⅱ 制动机检查与操作

项目描述

CCB Ⅱ 制动机是按照美国铁路协会标准（AAR），以 26-L 制动机为基础形成的第二代微机控制制动系统（简称 CCB Ⅱ）。采用了国外先进的电子、微机控制技术、现场总线技术和先进的集成化安装工艺，便于检修和维护。CCB Ⅱ 制动机具有制动机状态自检测及必要的故障自诊断功能，同时可将故障信息及处理方法提示给司机。为在干线客运和货运机车上使用而设计，可以满足我国既有机车车辆的配套使用，尤其适用于牵引重载列车的机车使用，是目前世界上最先进的制动机。

本项目以 HXD$_{3C}$ 型电力机车上使用的 CCB Ⅱ 制动机为例，介绍 CCB Ⅱ 制动机中各主要部件构造及作用，在此基础上进行 CCB Ⅱ 制动机气路的综合作用分析，能够在 CCB Ⅱ 制动机试验台上进行制动机模式设置及制动机试验。

知识导图

CCB Ⅱ 制动机检查与操作

- **CCB Ⅱ 制动机的组成**
  - 司机操纵台
    - 电子制动阀
    - 制动显示屏
  - 空气制动柜
    - CCB Ⅱ 制动机电空控制单元
    - CCB Ⅱ 制动机辅助控制模块
- **CCB Ⅱ 制动机综合作用分析**
  - 自动制动作用
  - 单独制动作用
  - 空气备份
  - 无动力回送
- **CCB Ⅱ 制动机设置及试验**
  - CCB Ⅱ 制动机设置
  - CCB Ⅱ 制动机试验
- **CCB Ⅱ 制动机操作**
  - CCB Ⅱ 制动机换端操作
  - 机车无动力回送的操作

任务 4.1　CCB Ⅱ制动机认知

【任务目标】

1. 知识目标

（1）了解 CCB Ⅱ制动机的技术特点和控制原则。

（2）熟悉 CCB Ⅱ制动机操纵台及制动柜设备布置。

（3）掌握 CCB Ⅱ制动机主要部件控制关系。

2. 素质目标

（1）培养学习新知识、新技术，勇于创新、开拓进取的意识。

（2）具备自主学习能力，培养分析能力，善于总结经验并进行创新。

（3）能完成团队分配的工作，承担团队成员的角色和责任。

3. 能力目标

（1）能够识别 CCB Ⅱ制动机操纵台设备。

（2）能够识别 CCB Ⅱ制动机制动柜设备。

【相关知识】

4.1.1　CCB Ⅱ制动系统技术特点

制动系统是机车及列车安全行车中必不可少的装置，同时，为了提高铁路的通过能力，也必须有动作灵敏，控制精确，制动能力强的大功率制动系统。CCB Ⅱ微机控制制动系统是基于现场总线的微处理器电空制动控制系统，除了紧急制动作用由机械阀触发，其他所有逻辑控制指令由微处理器发出。

CCB Ⅱ微机控制制动系统具有以下技术特点：

（1）控制准确性高、反应迅速。

（2）包含大量的冗余功能，安全性较高，在故障情况下有独特的识别、重新配置和备份关键部件的能力。

（3）部件集成度高，可进行部件的线路更换，维护简单。

（4）每个 LRU 模块均具有自我诊断、故障显示及处理方法提示功能。

4.1.2　HXD_{3C} 型电力机车制动控制原则

（1）优先使用机车动力制动。

（2）通过自动制动阀或监控装置实施常用制动，经计算机车施加同空气制动力相当的动力制动，车辆施加空气制动。

（3）通过自动制动阀、车长阀或监控装置实施紧急制动，机车和车辆施加空气紧急制动。

（4）通过紧急按钮实施紧急制动时，机车断开主断路器后施加空气制动，车辆施加空气制动。该紧急按钮为非常情况（如机车起火，主断路器粘接等电器故障）设计。

（5）通过单独制动阀实施制动，机车施加空气制动。

（6）通过司控器可以施加动力制动，其最大值为 480 kN。

（7）若司控器和自动制动阀同时实施动力制动，取其大值。

（8）若单独制动阀施加的空气制动大于 90 kPa，机车将不再施加或切除动力制动；若单独制动阀减压使空气制动小于 60 kPa，机车可以施加动力制动或恢复动力制动。

4.1.3 CCB Ⅱ 制动系统的组成

CCB Ⅱ 制动机的组成部分主要集中在司机操纵台和空气制动柜内，下面以 HXD_{3C} 型电力机车为例进行介绍。

1. 司机操纵台

司机操纵台空气部件主要包括电子制动阀（EBV）、制动显示屏（LCDM）、制动压力表、停放制动按钮、紧急制动按钮等。CCB Ⅱ 制动机操纵台制动部件布置如图 4-1-1 所示。

在司机室后墙安装有紧急放风阀，紧急情况下拉动该阀手柄可产生紧急制动作用。

1—电子制动阀；2—停放制动按钮；3—制动显示屏；4—紧急制动按钮；5—制动压力显示表。

图 4-1-1　司机室操纵台制动部件布置图

2. 空气制动柜

机械间制动操作部件集中安装在空气制动柜内，CCB Ⅱ 制动机空气制动柜的布置位置如图 4-1-2 所示。

空气制动柜是主要制动控制部件的安装柜，是司机对部分制动系统功能进行操作的位置。柜内包括电空控制单元（EPCU）、辅助风源设备、辅助功能控制模块及集成处理器模块（M-IPM）等。

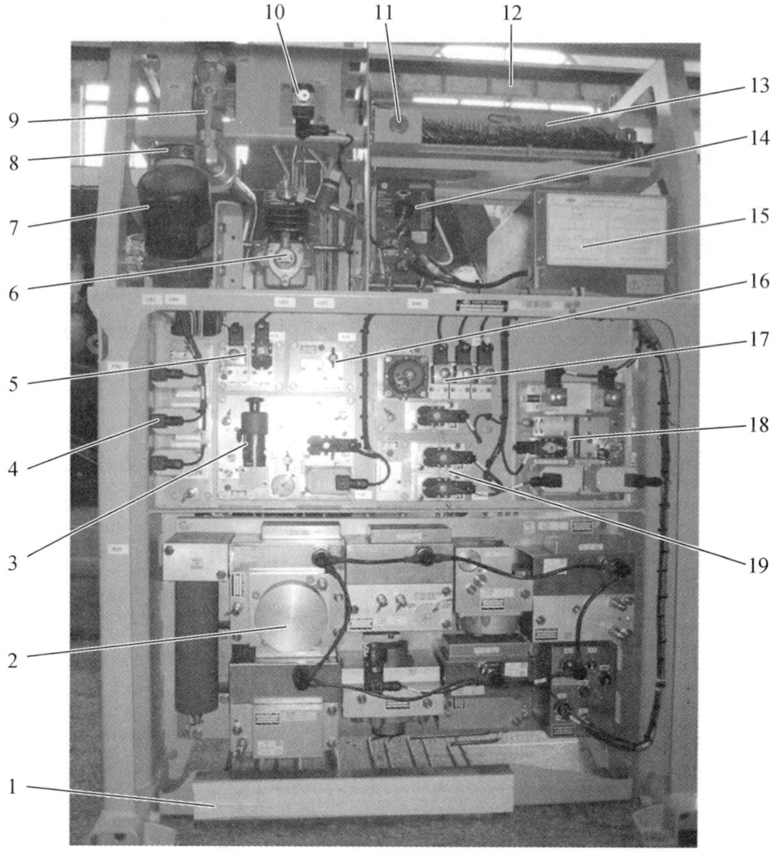

1—气路接口；2—电空控制单元（EPCU）；3—升弓控制模块；4—调压器模块；
5—紧急放风控制模块；6—辅助压缩机；7—辅助干燥器；8—干燥风缸；
9—总风截断塞门；10—升弓钥匙塞门接口；11—辅助压缩机按钮；
12—预留空间；13—I/O 模块；14—集成处理器模块（M-IPM）；
15—继电器接口模块（RIM/CJB）；16—停放制动辅助模块；
17—撒砂控制模块；18—弹簧停放制动控制模块；
19—制动缸切除控制模块。

图 4-1-2　CCB Ⅱ 制动机空气制动柜布置图

4.1.4　CCB Ⅱ 制动机主要部件控制关系

1. 主要部件控制关系

电子制动阀（EBV）→电空控制单元（EPCU）→基础制动装置

↕

继电器接口模块（RIM/CJB）→集成处理器模块（M-IPM）↔制动显示屏（LCDM）

↕　　　　　　↑

机车控制系统（TCMS）←

在以上各部件中，EBV、EPCU、RIM/CJB、M-IPM 之间通过 LON 网线进行通信，M-IPM、LCDM 之间通过 RS422 数据线进行通信，TCMS、RIM/CJB 通过开关模拟量进行通信，TCMS、M-IPM 之间通过 MVB 数据线进行通信。

2. 气路控制关系

控制列车：

自动制动阀→ERCP→BPCP→制动管压力→车辆制动机

↓

16CP→BCCP→机车制动缸

控制机车：

单独制动阀→20CP→BCCP→机车制动缸

↓

平均管压力→重联机车 BCCP→重联机车制动缸

4.1.5 CCB Ⅱ 制动机的性能

CCB Ⅱ 制动机具有良好的灵活性和适用性，其主要性能见表 4-1-1、表 4-1-2。

表 4-1-1 单独制动性能

序号	项目	技术要求
1	全制动时制动缸最高压力（kPa）	300±15
2	制动缸压力由 0 升至 280 kPa 的时间（s）	2～3
3	缓解位，制动缸由 300 kPa 降至 35 kPa 的时间（s）	3～5

表 4-1-2 自动制动性能（制动管定压 500 kPa）

序号	项目	技术要求
1	初制动制动管减压量（kPa）	40～50
2	初制动，制动缸压力上升至（kPa）	70～110
3	运转位，制动管压力由 0 上升至 480Pa 的时间（s）	≤9
4	常用全制动最大减压量（kPa）	140
5	常用全制动时，均衡风缸由定压降至 36 kPa 的时间（s）	5～7
6	常用全制动制动缸最大压力（kPa）	360±10
7	紧急位，制动管压力由定压排至 0 的时间（s）	≤3
8	紧急位，制动缸最大压力（kPa）	450±10
9	紧急位，制动缸压力升至 400 kPa 的时间（s）	≤3

【任务评价】

序号	评价内容	评价标准	分值
1	能够识别 CCBⅡ制动机操纵台制动设备	能够正确识别	3
		部分部件识别错误	2
		不能识别	0
2	能够识别 CCBⅡ制动机制动柜设备	能够正确识别	4
		部分部件识别错误	2
		不能识别	0
3	能够正确分析 CCBⅡ制动机的控制关系	对问题的理解完全正确	3
		对问题部分理解或理解错了	2
		对问题完全理解错了	0
得分			

任务 4.2　CCBⅡ制动机主要部件认知

【任务目标】

1．知识目标

（1）熟悉电子制动阀手柄各位置的作用。

（2）熟悉制动显示屏显示界面的显示内容。

（3）熟悉集成处理器模块的功能。

2．素质目标

（1）培养遵章守纪、严谨认真的工作作风，促使职业素养的养成。

（2）具备自主学习能力，培养分析能力，善于总结经验并进行创新。

（3）能完成团队分配的工作，承担团队成员的角色和责任。

3．能力目标

（1）能够根据制动要求，确认电子制动阀大、小闸手柄位置。

（2）能够认知制动显示屏显示界面。

（3）能够根据微处理器前端指示灯确认集成处理器模块的工作状态。

CCBⅡ制动机主要部件

【相关知识】

CCBⅡ制动机是基于微处理器和 LON 网的电空制动控制系统，除了紧急制动作用由机械阀触发，其他所有逻辑控制指令均由微处理器发出。CCBⅡ制动机包括5个主要部件，即：电子制动阀 EBV、制动显示屏 LCDM、集成处理器模块 M-IPM、继电器接口模块 RIM/CJB、电空控制单元 EPCU。

4.2.1 电子制动阀

电子制动阀（EBV）是 CCBⅡ制动机的人机接口。操作者通过电子制动阀直接给电空控制单元（EPCU）发送指令，并通知集成处理器模块（M-IPM）进行逻辑控制。电子制动阀外观如图 4-2-1 所示。

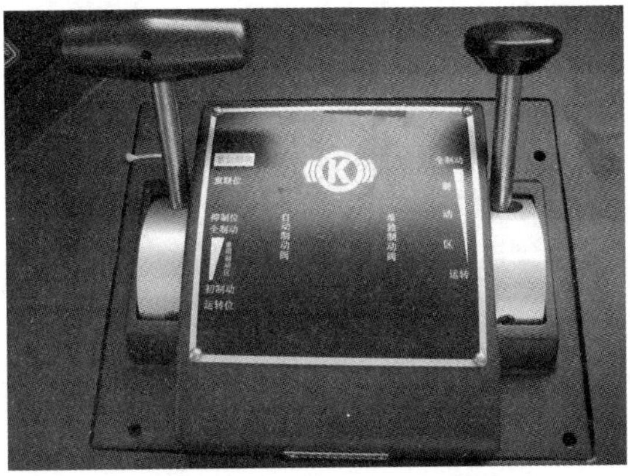

图 4-2-1 电子制动阀外观

电子制动阀采用水平安装结构。自动制动手柄位于左侧，单独制动手柄位于右侧，中间为手柄位置的指示标牌。在电子制动阀内部有一个机械阀，当自动制动手柄置于紧急制动位时机械阀动作，保证机车车辆在任何状态下均能产生紧急制动作用。

自动制动手柄和单独制动手柄均采用推拉式操作方式，并具有自保压特性。

HXD3C 型电力机车的每一个司机室均装有一个电子制动阀（EBV）。当操纵端司机室的制动显示屏（LCDM）被激活，集成处理器模块（M-IPM）将激活操纵端的电子制动阀，操作者可以用来进行制动控制；此时，非操纵端司机室的电子制动阀未被激活，也不能够送出制动指令。未被激活电子制动阀的自动制动手柄，需用销子将其锁定在重联位上，以免误动作触发紧急制动，单独制动手柄应放置在运转位。

1. 自动制动手柄位置

自动制动手柄包括运转位、初制动（最小减压位）、全制动（最大减压位）、抑制位、重联位、紧急位。初制动和全制动之间是常用制动区。

（1）运转位——ERCP 响应手柄位置，给均衡风缸充风到设定值；BPCP 响应均衡风缸压力变化，制动管被充风到均衡风缸设定压力；16CP 响应制动管压力变化，将作用管（16#管）压力排放；BCCP 响应作用管压力变化，机车制动缸缓解；同时车辆副风缸充风，车辆制动机缓解。

（2）制动区——即初制动与全制动之间。手柄放置在初制动位时，ERCP 响应手柄位置，均衡风缸压力将减少 40 ~ 60 kPa（定压 500 kPa 或 600 kPa）；BPCP 响应均衡风缸压力变化，压力也减少 40 ~ 60 kPa；16CP 响应制动管压力变化，作用管压力上升到 70 ~ 110 kPa；BCCP 响应作用管压力变化，机车制动缸压力上升到作用管压力。手柄放置在全制动时，均衡风缸压力将减少 140 kPa（定压 500 kPa）或 170 kPa（定压 600 kPa），制动缸压力将上升到 360 kPa（定压 500 kPa）或 420 kPa（定压 600 kPa）。手柄放置在初制动与全制动之间时，均衡风缸将根据手柄的不同位置减少压力。

（3）抑制位——机车产生常用惩罚制动后，必须将手柄放置此位置使制动机复位后，手柄再置于运转位，机车制动作用才可缓解。在抑制位，机车将产生常用全制动作用。

（4）重联位——当制动机系统在补机或断电状态时，手柄应置于此位置。在此位置，均衡风缸将按常用制动速率减压到 0。

（5）紧急位——在此位置，自动制动阀上的机械阀动作，制动管压力排向大气，触发 EPCU 中 BPCP 及机车管路中的紧急排风阀动作，产生紧急制动作用。

2. 单独制动手柄位置

单独制动手柄位置包括运转位和全制动位，在运转位和全制动位之间是制动区。手柄向前推为制动作用，向后拉为缓解作用。20CP 响应手柄的不同位置，使制动缸产生作用压力为 0 ~ 300 kPa。当侧压手柄时，13CP 工作，可以实现缓解机车的自动制动作用。

4.2.2 制动显示屏

制动显示屏（LCDM）位于司机室操纵台左侧，制动显示屏如图 4-2-2 所示。制动显示屏是 CCB Ⅱ 制动机的主要显示和操作装置。它由 10.4 英寸液晶显示器，下方 8 个功能键和左侧 3 个亮度调节键组成。功能键用来实现操作菜单的选择及制动功能的选定。操作菜单可以用中文或英文来显示。

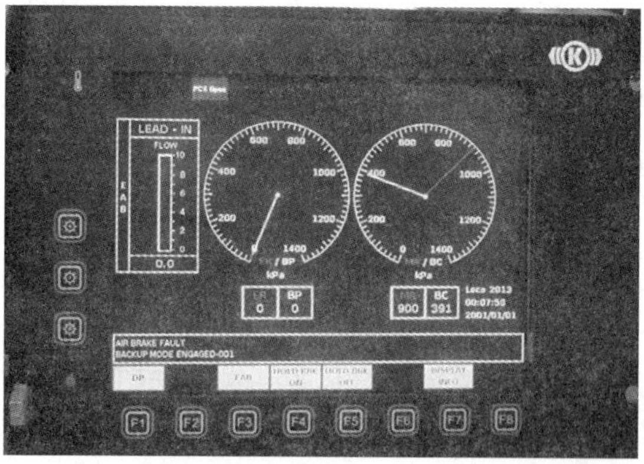

图 4-2-2　制动显示屏外观

HXD_{3C} 型电力机车每个司机室的操纵台上装有一个制动显示屏。通过机车控制系统（TCMS）控制每一个司机室制动显示屏的得失电。当一个制动显示屏得电，其信号将送到集成处理器模块（M-IPM），集成处理器模块（M-IPM）根据此信号激活对应的电子制动阀（EBV），使其具有控制机车车辆制动系统的功能；此时另外一个制动显示屏没有得电，其电子制动阀（EBV）未被激活。如果两个制动显示屏同时得电，集成处理器模块（M-IPM）将通过制动显示屏显示制动系统故障信息，两个电子制动阀（EBV）均未激活。

制动显示屏在机车正常操作时，实时显示均衡风缸、制动管、总风缸和制动缸的压力值，也实时显示制动管流量和空气制动模式的当前状况。制动显示屏显示内容如图 4-2-3 所示。

通过制动显示屏还可以实时显示制动机故障信息，并将其记录。

通过制动显示屏还可以对制动机进行如下操作：对制动机各模块进行自检，可以进行本机/补机、均衡风缸压力设定、制动管投入/切除、客车/货车、补风/不补风、风表值标定、故障查询等功能的选择和应用。

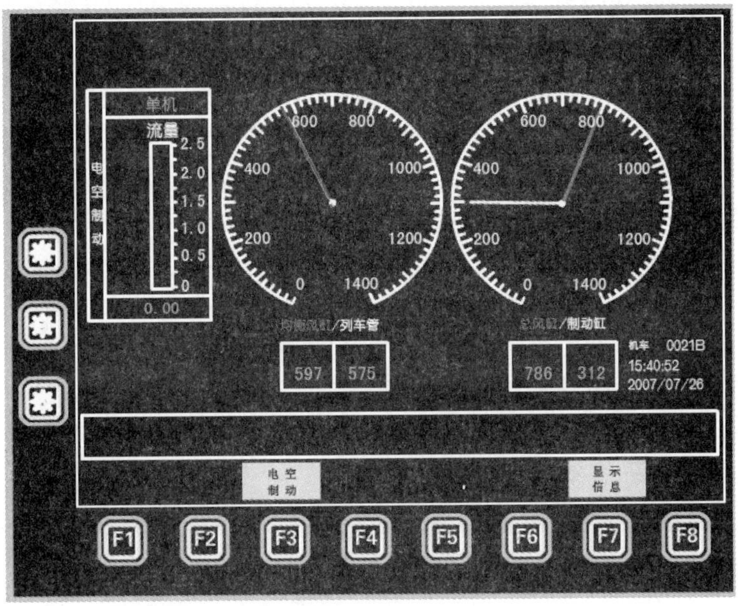

图 4-2-3　制动显示屏显示的内容

4.2.3　集成处理器模块

集成处理器模块（M-IPM）安装在机车制动柜中，如图 4-2-4 所示。集成处理器模块（M-IPM）执行所有到制动系统的通信功能，通过 LON 网络和 EPCU、EBV 通信，通过 RS422 电缆线和 LCDM 通信，通过 MVB 网络和机车 TCMS 通信，并可提供二进制输出，驱动机车继电器。

集成处理器模块前端设有 13 个指示灯，用来提供制动系统状态的反馈信息。若制动系统处于正常工作状态，集成处理器模块顶端两个绿色的指示灯处于指示状态，而其他指示灯没有指示信息。各指示灯具体含义如下：

电源——该绿色 LED 表示 M-IPM 已加电。如果在 M-IPM 得电的情况下，指示灯熄灭，则很有可能是电源失效。

CPU OK——根据内部看门狗计时器，该绿色 LED 显示 M-IPM CPU 的状况良好，该 LED 表示 M-IPM 成功通过每 15 min 进行一次的自检。

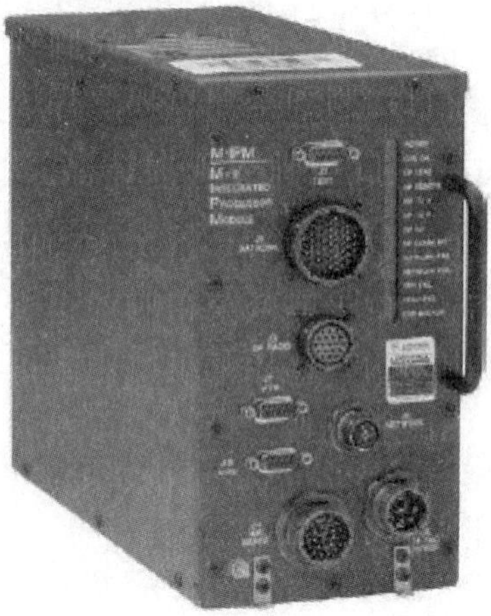

图 4-2-4 集成处理器模块 M-IPM

DP LEAD——该绿色 LED 表示该机车处于动力分散本机机车模式。

DP REMOTE——该绿色 LED 表示该机车处于动力分散重联机车模式。

DP TX A——该黄色 LED 表示该机车电台 A 正在传输 DP 无线信息。

DP TX B——该黄色 LED 表示该机车电台 B 正在传输 DP 无线信息。

DP RX——该绿色 LED 表示该机车正接受 DP 无线信息。

DP COMM INT——该红色 LED 表示该机车 DP 无线通信故障。

DATALINK FA——该红色 LED 表示该机车 M-IPM 无法通过 Lon Work 网或 RS422 数据线与机车控制系统或 EPCU、LCDM 通信。

NETWORK FA——该红色 LED 表示 LOCOTROL EB 或 CCBⅡ系统内部（M-IPM，EPCU、EBV）LON 网络通信有问题。

EBV FAIL——该红色 LED 表示 CCBⅡ系统 EBV 失效，可能是电子部分故障，或空气部分故障，或两者皆发生故障。

EPCU FAIL——该红色 LED 表示 CCBⅡ系统 EPCU 失效，可能是电子部分故障，或空气部分故障，或两者皆发生故障。

EAB BACKUP——该红色 LED 表示 CCBⅡ系统已工作于一项后备模式，比如第一主风缸传感器失效，系统工作于第二主风缸传感器。

4.2.4 继电器接口模块

继电器接口模块（RIM/CJB）位于机车制动柜，是集成处理器模块（M-IPM）与机车间进行通信的继电器接口。继电器接口模块如图 4-2-5 所示。

信号输入部分包括：由安全装置（ATP）产生的惩罚制动和紧急制动，A/B 端司机室操作激活信号，再生制动投入信号，MREP 压力开关工作状态信号，机车速度信号。

信号输出部分包括：紧急制动信号，动力切除（PCS）信号，撒砂动作开关信号，再生制动切除信号，制动系统故障信号。

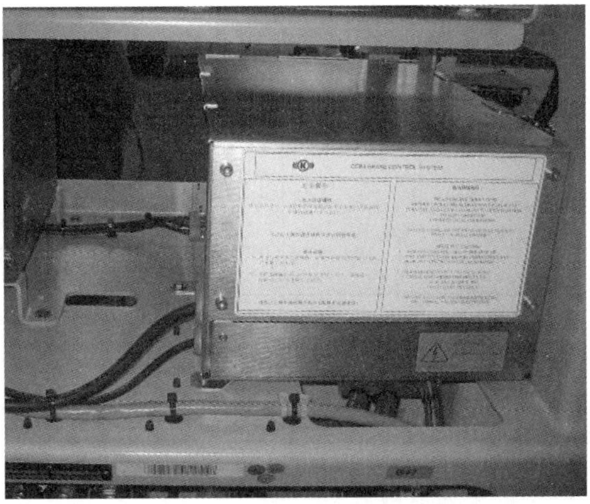

图 4-2-5　继电器接口模块

4.2.5　电空控制单元

电空控制单元（EPCU）由电空阀和空气阀组成，用来控制机车空气管路的压力。它是制动系统的执行部件，所有电空阀和空气阀集成到 8 个线路可更换模块（LRU）上，如图 4-2-6 所示，其中 5 个 LRU 是“智能的”，可以通过软件进行自检并通过 LON 网与 EBV、M-IPM 进行通信。

电空控制单元内主要部件采用冗余设计，机车运行过程中若发生故障，将自动转换到备用模式，同时报警并记录故障，此时机车仍可维持运行。

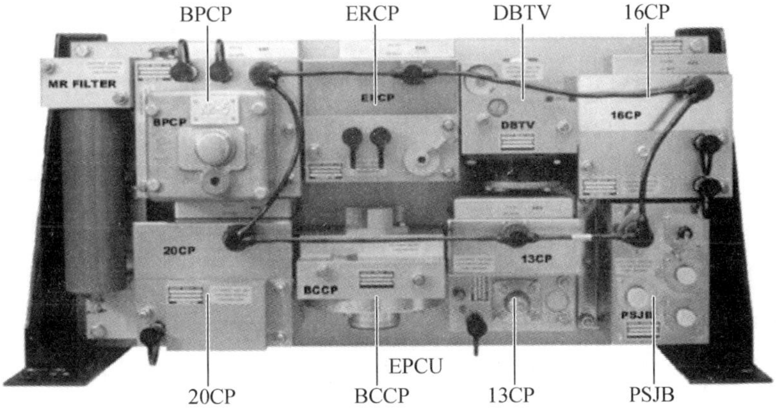

图 4-2-6　电空控制单元

各 LRU 模块上维护用 LED 可用于帮助 CCB Ⅱ 制动系统诊断故障。

绿 LED 亮表示 LRU 已加电。

红 LED 亮表示该 LRU 硬件有问题，或该节点需通信的 LRU 硬件有问题。

黄 LED 亮表示该 LRU 软件有问题。

【任务评价】

序号	评价内容	评价标准	分值
1	能够根据制动要求，确认电子制动阀大、小闸手柄位置	对问题的理解完全正确	4
		对问题部分理解或解释错了	2
		对问题完全理解错了	0
2	能够认知制动显示屏显示界面	对问题的理解完全正确	3
		对问题部分理解或解释错了	2
		对问题完全理解错了	0
3	能够根据集成处理模块前端指示灯确认微处理器工作状态	对问题的理解完全正确	3
		对问题部分理解或解释错了	2
		对问题完全理解错了	0
得分			

任务 4.3　CCB Ⅱ 制动机电空控制单元结构分析

【任务目标】

1. 知识目标

（1）熟悉 CCB Ⅱ 制动机电空控制单元各模块的作用及组成。

（2）熟悉 CCB Ⅱ 制动机电空控制单元各模块的作用原理。

2. 素质目标

（1）培养遵章守纪、严谨认真的工作作风，促使职业素养的养成。

（2）具备自主学习能力，培养分析能力，善于总结经验并进行创新。

（3）能完成团队分配的工作，承担团队成员的角色和责任。

3. 能力目标

（1）能够识别 CCB Ⅱ 制动机电空控制单元各模块的内部结构。

（2）能够根据电空控制单元各模块的内部结构，对其功能进行分析。

【相关知识】

4.3.1　均衡风缸控制模块

ERCP、BPCP 认知

均衡风缸控制模块（ERCP）接收来自电子制动阀（EBV）的自动制动手柄指令、集成微处理器模块（M-IPM）、机车安全装置（ATP）

的指令来控制机车均衡风缸的压力。它的功能类似于 JZ-7 制动机中自动制动阀内调整阀，以及 DK-1 制动机中电空制动控制器和缓解电空阀、制动电空阀的联合作用，但又有所不同，JZ-7 制动机中自动制动阀内调整阀是纯机械结构，只响应自动制动阀手柄的动作，且均衡风缸的压力由凸轮的行程来决定；DK-1 制动机虽然是通过电信号控制电空阀实现对均衡风缸的压力控制，但均衡风缸充风缓解时的最高压力是通过加装在总风管路上的调压阀来限制，均衡风缸排风制动时的最小减压量是通过制动电空阀的缩口和初制风缸联合作用实现的，大减压量的控制是通过电空制动控制器手柄长时间停留在制动位，即制动电空阀长时间得电来实现，控制准确度、减压精度都不是很理想，且不能自保压。而 CCBⅡ制动系统中的 RECP 通过电子信号能够准确地控制均衡风缸的压力，且具有自保压功能，如果 ERCP 发生了故障，会自动由 16CP 来代替其功能，DK-1 型制动机的电空阀没有备份功能。

ERCP 由外壳、管座、均衡风缸、REL 缓解电磁阀、APP 作用电磁阀、MVER 均衡模块电磁阀、MRT 总风压力传感器、ERT 均衡风缸压力传感器、TPER 均衡压力测试点、TPMR 总风测试点、过滤器等部分组成。无动力回送装置也集成在均衡风缸控制部分内部，由 DE 无动力塞门、DER 压力调整阀、C2 充风节流孔、CV 单向止回阀等部分组成。

ERCP 部件的连接如图 4-3-1 所示。

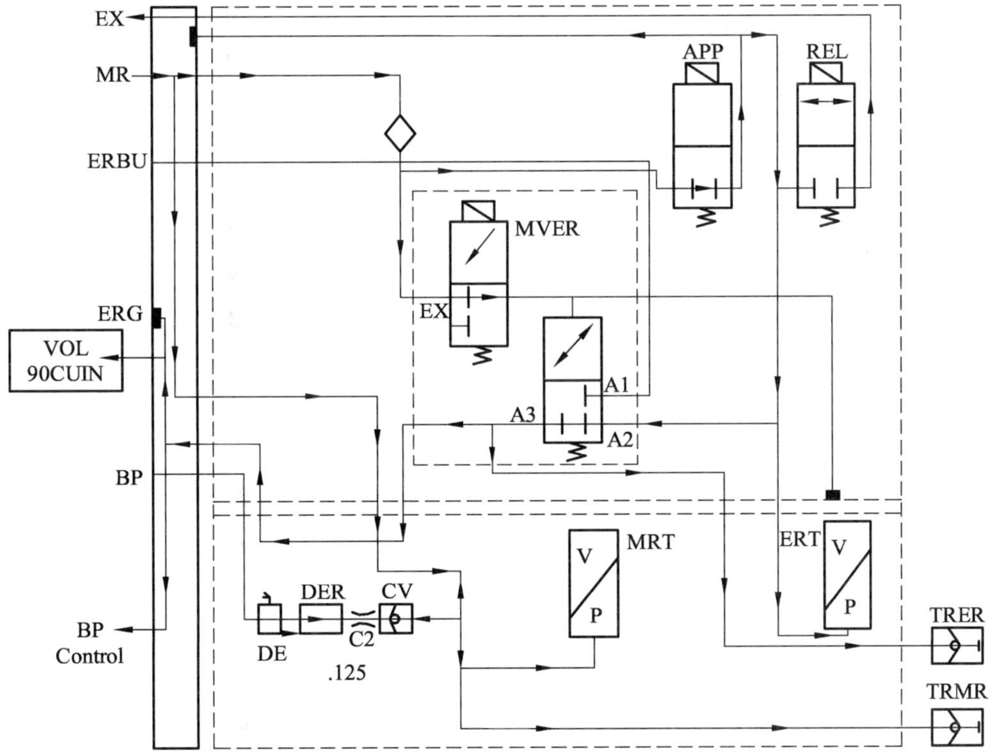

图 4-3-1　ERCP 部件连接示意图

4.3.1.1 管　座

管座是 ERCP 的安装座。管座上设有四根管子的连接孔，即制动管（BP）、总风管（MR）、制动管控制管（BP Control），均衡风缸备份管（ERBU）。均衡风缸直接连接在管座上。

4.3.1.2 各部件简介

ERCP 的其他部件均集成在外壳内，图 4-3-1 中的虚线框表示外壳。

1. REL 缓解电磁阀

得电——均衡风缸通大气，均衡风缸减压；

失电——停止均衡风缸通大气，均衡风缸保压。

2. APP 作用电磁阀

得电——总风通均衡风缸，均衡风缸增压；

失电——停止总风通均衡风缸，均衡风缸保压。

ERCP 通过 REL、APP 电磁阀实现对均衡风缸压力的控制。在缓解后或制动后的保压状态，两个电磁阀均失电。若将自动制动阀手柄置重联位，REL 电磁阀得电将均衡风缸风压排空到零。

3. MVER 均衡模块电磁阀

得电——产生预控压力，允许机械阀接口 A2 通 A3，从而均衡风缸接受 REL、APP 电磁阀控制。

失电——预控压力排大气，允许机械阀接口 A1 通 A3，从而使均衡风缸同 ERBU 管连通。

本电磁阀用来控制机械接口的连通状态，是 ERCP 的预控电磁阀。

当制动机断电、机车设置为补机或 ERCP 故障处于备用模式下，MVER 电磁阀失电；其他状态下均得电。

4. MRT 总风压力传感器

产生与第二总风缸压力成比例的电压信号，并通过 M-IPM 转换，在制动显示屏上显示总风压力。如果此传感器故障，会自动由 BPCP 中的 MRT 压力传感器代替其功能。

5. ERT 均衡风缸压力传感器

产生与均衡风缸压力成比例的电压信号，并通过 M-IPM 转换，在制动显示屏上显示均衡风缸压力。备用模式下，其均衡风缸压力由 16CP 中的 16T 压力传感器通过 M-IPM 转换，在制动显示屏上显示。

ERT 均衡风缸压力传感器同 REL、APP 电磁阀配合作用，实现均衡风缸压力的精确控制和自动保压功能。

6. TPER 均衡风缸压力测试点

此测试点直接和均衡风缸连接，通过与系统外部的压力表连接，能够检测出任何状态下均衡风缸的实际压力。

7. TPMR 总风压力测试点

此测试点直接和第二总风缸连接，通过与系统外部的压力表连接，能够检测出第二总风缸的实际压力。

8. DE 无动力塞门

此塞门在机车附挂（无动力回送）时使用，有投入和切除两个位置。

投入——将制动管和第二总风缸连通，允许制动管给总风缸充风，机车附挂时使用此位置。

切除——断开制动管和第二总风缸的通路，机车在正常运行时使用此位置。

9. DER 压力调整阀

当无动力塞门在投入位时，限制制动管给总风缸充风的压力到 250 kPa 左右。

10. C2 充风节流孔

当制动管给总风缸充风时，限制其压缩空气的流速，使得总风缸能够获得稳定的压缩空气，同时避免制动管压力下降太快而引起牵引机车紧急制动。

11. CV 单向止回阀

防止机车在正常状态或无动力回送状态时，总风缸压缩空气向制动管逆流的现象发生。

4.3.2 制动管控制模块

制动管控制模块（BPCP）接收来自均衡风缸的压力，由内部 BP 作用阀响应其变化并使制动管快速的产生与均衡风缸相同的压力，从而完成列车的制动、保压和缓解。它的作用相当于 JZ-7 或 DK-1 制动系统中的中继阀作用。

此外，BPCP 可以监测制动管的压力，并可接收自动制动阀、M-IPM 的指令。当发现制动管压力快速下降或接收到来自自动制动阀、M-IPM 的紧急制动指令，BPCP 会加快制动管减压产生紧急制动。此作用相当于 JZ-7 分配阀中紧急部或 DK-1 中电动放风阀和紧急阀的作用。

BPCP 由外壳、管座、BP 作用阀、MV53 电磁阀、BPCO 机械阀、BPT 制动管压力传感器、MRT 总风压力传感器、FLT 制动管流量传感器、C1 充风节流孔、TPBP 制动管压力测试点、EMV 紧急电磁阀（74 V）、MVEM 紧急电磁阀（24 V）、PVEM 气动紧急放风阀、C3 充风节流孔等部分组成。

BPCP 部件的连接如图 4-3-2 所示。

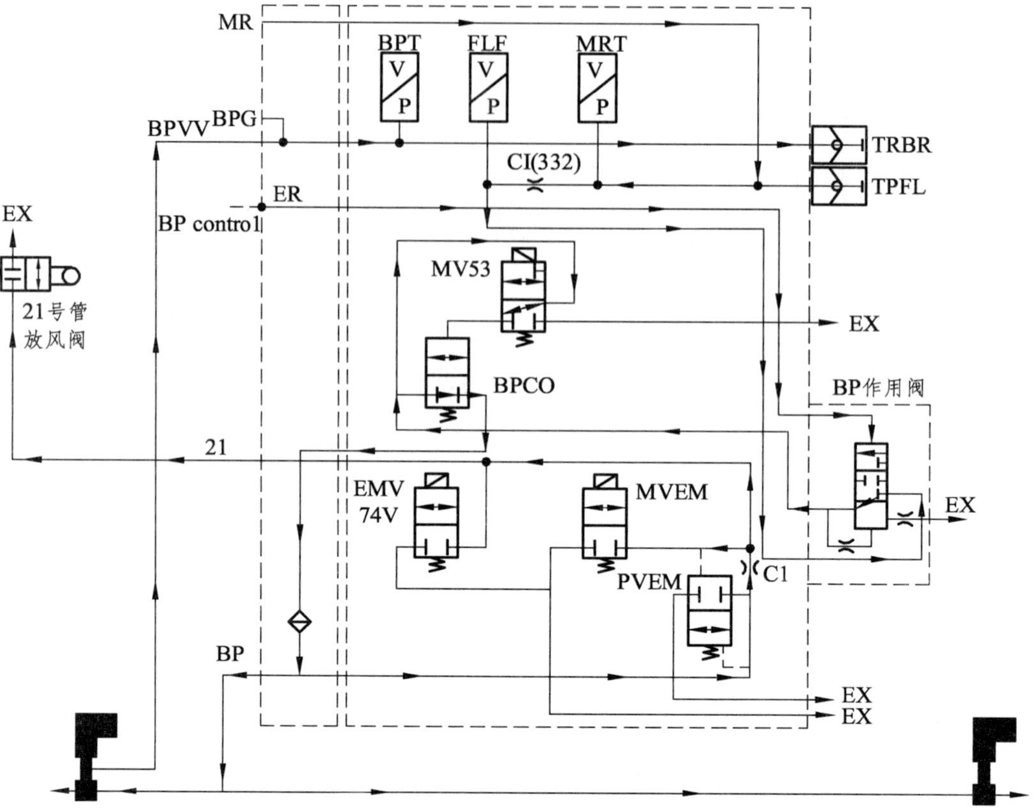

图 4-3-2 BPCP 部件连接示意图

4.3.2.1 管 座

管座是 BPCP 的安装座。管座上设有五根管子的连接孔，即总风管（MR）、制动管压力反馈管（BPVV）、制动管控制管（BP Control）、21 号管和制动管（BP）。

4.3.2.2 各部件简介

BPCP 的其他部件均集成在外壳内，如图 4-3-2 中右侧虚线框表示外壳。

1. BP 作用阀

接受均衡风缸的控制压力产生与之相等的制动管压力，实现对列车的制动、缓解控制功能。其排风管路（EX）的制动管排风速度受 1/4 英寸节流孔限制，使得制动时进行常用制动，而不会引起紧急制动。此阀是 BPCP 的核心部件，属于机械阀。

2. MV53 电磁阀/BPCO 机械阀

MV53 电磁阀与 BPCO 机械阀共同作用，实现机车制动管投入/切除，补风/不补风，一次缓解/阶段缓解等功能。

MV53 电磁阀失电——允许由 BP 作用阀产生的制动管压缩空气通过本电磁阀，进而控制 BPCO 机械阀使其开通，BPCO 开通后由 BP 作用阀产生的制动管压缩空气通过 BPCO 机械阀，经过过滤后进入制动管。

MV53 电磁阀得电——由 BP 作用阀产生的制动管压缩空气不能通过本电磁阀，并且本电磁阀控制 BPCO 机械阀的预控压缩空气排向大气，从而使得 BPCO 机械阀通路关闭。机车（或列车）的制动管路和 BP 作用阀隔离。机车制动管处于保压状态，BP 作用阀虽仍受均衡风缸压力的控制但它不再控制机车的制动管压力。

机车处于本机/补风/阶段缓解状态时 MV53 电磁阀处于常失电状态；机车处于本机/不补风状态时，当自动制动阀在运转位，MV53 电磁阀失电，当自动制动阀在制动区，制动管减压到均衡风缸控制压力后，集成处理器使 MV53 电磁阀得电；如果运行时产生紧急制动作用或将机车设置为单机状态（操纵端/切除）、补机状态，MV53 电磁阀将常得电。

当制动管压力低于 90 kPa 时，BPCO 将自动关闭通路。

3. BPT 制动管压力传感器

产生与制动管压力成比例的电压信号，传送给集成处理器模块 M-IPM，进行数据处理并通过制动显示屏显示压力值。

4. MRT 总风压力传感器

产生与第一总风缸压力成比例的电压信号，并传送给集成处理器模块 M-IPM。如果 ERCP 上的总风压力传感器故障，本压力传感器将代替其功能，在显示屏上显示总风压力。

5. FLT 制动管流量传感器

产生与经过充风节流孔 C1 的总风压力成比例的电压信号，并传送给集成处理器模块 M-IPM。M-IPM 通过比较 MRT 和 FLT 的电压信号，计算出制动管的充风流速，并在显示屏显示。

6. C1 充风节流孔

其作用是限制总风给制动管的充风速度，避免长大列车充风太快，引起列车制动缓解不同步。

7. TPBP 制动管压力测试点

此测试点直接和制动管压力反馈管（BPVV）连接，通过与系统外部的压力表连接，能够检测制动管的实际压力。

8. EMV 紧急电磁阀（74 V）

此电磁阀由微处理器 IPM 直接控制，产生紧急作用。EMV 紧急电磁阀失电，21 号管不排风（正常操作模式）；EMV 紧急电磁阀得电，21 号管排风，产生紧急制动。

9. MVEM 紧急电磁阀（24 V）

此电磁阀接收电子制动阀 EBV 的紧急制动指令，产生紧急作用。EBV 不在紧急制动位，MVEM 紧急电磁阀失电，21 号管不排风；EBV 在紧急制动位，MVEM 紧急电磁阀得电，21 号管排风，产生紧急制动。

10. PVEM 紧急放风阀

由于 21 号管排风，造成 PVEM 紧急放风阀动作，使得制动管内压缩空气以足够大的流速排向大气，保证紧急制动的发生。

16CP、13CP
认知

4.3.3　16 控制模块

16 控制模块（16CP）用来产生制动缸的控制压力，其基本功能类似于 JZ-7 系统的分配阀或 DK-1 系统中分配阀主阀部的作用。

在本机状态时，通过对机车制动管的减压量，机车单独缓解指令以及单独制动阀的控制指令来产生制动缸的控制压力，即 16 号管压力；在补机状态时，除了制动管压力降到 140 kPa 以下并且总风重联管压力开关动作以外，不再根据制动管的减压而产生制动缸的控制压力，重联机车的制动缸压力由平均管的压力来控制。

在本机模式下，16 号管增加的压力同制动管减少的压力的比率为 2.5：1，并且 16 号管增加的压力最大不超过（450 ± 15）kPa。

当接收到单独缓解命令或制动管压力增加 14 kPa 时，制动缸压力开始缓解。

当出现电源故障时，16CP 对制动缸的控制压力自动进行释放，然后通过 DBTV（本务状态）或者从 20CP 到制动缸中继阀的先导压力对制动缸压力进行控制。

一旦制动管压力小于 140 kPa，16CP 内部的紧急限压阀（ELV）将增加制动缸先导压力到一个常规值 440 kPa，这样会产生一个最小 420 kPa 的制动缸压力。产生的制动缸压力在补机单元不能自动释放，只有当制动管的压力被充风到高于 140 kPa，补机单元中的制动缸压力才可随制动管压力增高进行缓解。

在 ER 控制单元故障情况下，16CP 与制动缸隔离，通过 3 个电磁阀的动作连接到均衡风缸（上电 ERBU，断电 MV16 和 MVER），这样 16CP 可以控制均衡风缸的压力。制动缸的控制压力则由 DBTV 控制。

在 20CP 故障情况下，16CP 可以根据单独制动手柄的位置产生制动缸控制压力。这种方式可以在本务机车上产生相应的制动缸压力，但是不能在本务机车上产生相应的平均管压力。

16CP 由外壳、管座、REL 缓解电磁阀、APP 作用电磁阀、MV16 电磁阀、PVTV 三通阀、DCV2 变向阀、PVE 紧急压力阀、ELV 紧急限压阀、DCV1 变向阀、16T 压力传感器、BPT 制动管压力传感器、BCT 制动缸压力传感器、C1 充风节流孔、TP16 作用管压力测试点，TPBC 测试点、过滤器及作用风缸等部分组成。

16CP 部件的连接如图 4-3-3 所示。

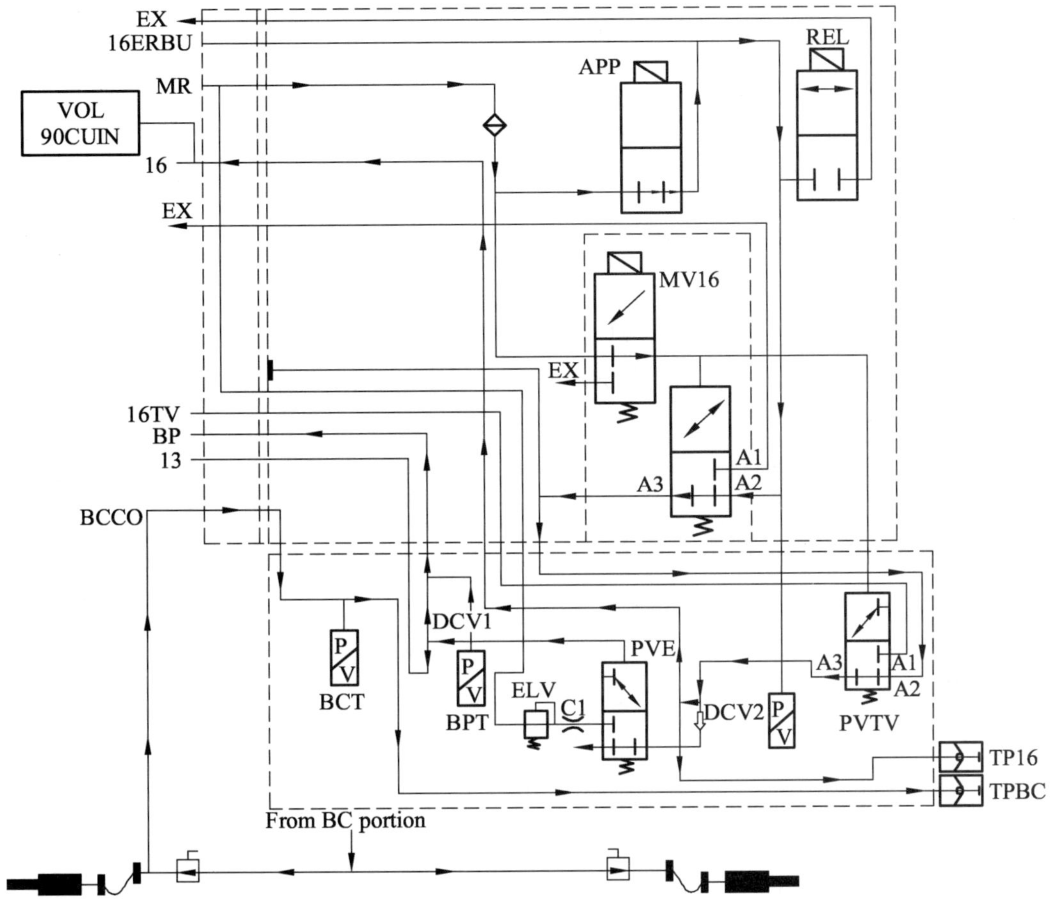

图 4-3-3　16CP 部件连接示意图

4.3.3.1　管　座

管座是 16CP 的安装座。管座上设有七根管子的连接孔，即均衡风缸备份管 16ERBU，总风管（MR），制动缸作用管（16 号管），通 DBTV 的作用管（16TV 管），制动管（BP），单独缓解管（13 号管），制动缸压力反馈管（BCCO）。作用风缸（90 立方英寸）直接连接在管座上。

4.3.3.2　各部件简介

16CP 的其他部件均集成在外壳内，如图 4-3-3 中右侧虚线框表示外壳。

1. REL 缓解电磁阀

得电——作用风缸通大气，作用风缸减压；

失电——停止作用风缸通大气，作用风缸保压。

2. APP 作用电磁阀

得电——总风通作用风缸，作用风缸增压；

失电——停止总风通作用风缸，作用风缸保压。

16CP 通过 REL、APP 电磁阀实现对作用风缸压力的控制。在缓解后或制动后，两个电磁阀均失电，进行作用风缸保压。若将机车设置在补机位，REL 电磁阀得电，将作用风缸的压缩空气排空。

3. MV16 电磁阀

得电——产生控制压力，允许机械阀接口和 PVTV 三通阀接口 A2 通 A3，从而使作用风缸接收 REL、APP 电磁阀指令。

失电——控制压力排大气，允许机械阀接口和 PVTV 三通阀接口 A1 通 A3，从而使作用风缸同 DBTV 连通，并受其控制。

本电磁阀用来控制其机械阀接口的连通，是 16CP 的预控电磁阀。

当制动系统断电、ERCP 故障处于备用模式、16CP 故障处于备用模式，MV16 电磁阀将失电，16CP 失去对作用风缸的控制能力，同时允许 DBTV 对作用风缸进行控制，即对制动缸压力进行控制；其他状态无论机车设置为本机/投入、本机/切除或补机，MV16 电磁阀均得电。

4. PVTV 三通阀

此阀为机械阀，受 MV16 电磁阀控制，与 MV16 电磁阀配合作用，完成 16CP 对作用风缸的控制或 DBTV 对作用风缸的控制的选择或自动转换。在正常的工作状态下，作用风缸的压力控制应由 16CP 产生的 16 号管压力来完成，但 DBTV 也适时根据制动管的压力变化产生作用风缸的控制压力 16 TV，但此控制压力在 PVTV 三通阀处被堵截。

5. DCV2 变向阀

DCV2 从 16/16TV 或 ELV 中选择最高压力，向作用风缸充风。

6. PVE 紧急压力阀

当 BP 压力低于 140 kPa 时，PVE 动作，接通 ELV 和 DCV2，允许总风通过 ELV 直接进入作用风缸。

7. ELV 紧急限压阀

将 MR 压力限制到 440 kPa，使通过 PVE 紧急压力阀控制的作用风缸压力不超过 440 kPa。

8. DCV1 变向阀

DCV1 从制动管 BP 和单独缓解管（13 号管）中选择最高压力，最高压力控制 PVE 紧急压力阀动作。

在紧急制动后使用单独制动手柄进行单独缓解时，13 号管强制 PVE 动作，切断总风通往作用风缸的通路，可进行机车缓解。但当解除单缓命令后，PVE 恢复原态，作用风缸压力恢复到 440 kPa。

当使用单独制动手柄进行单独缓解时，建议将单独制动手柄置于制动区，以免单缓后机车突然缓解溜车。

9. 16T 压力传感器

产生与作用管压力成比例的电压信号，传送给集成处理器模块 M-IPM，进行数据处理。

16T 压力传感器同 REL、APP 电磁阀配合作用，实现作用风缸压力的精确控制和自动保压功能。

10. BPT 制动管压力传感器

产生与制动管压力成比例的电压信号，传送给集成处理器模块 M-IPM，进行数据处理。

如果 BPCP 上的 BPT 压力传感器故障，本压力传感器将代替其功能，并制动在显示屏上显示制动管压力。

11. BCT 制动缸压力传感器

产生与制动缸压力成比例的电压信号，传送给集成处理器模块 M-IPM，进行数据处理。并在显示屏上显示制动缸压力。

12. TP16 作用管压力测试点

此测试点直接和作用风缸连接，通过与系统外部的压力表连接，能够检测出任何状态下作用风缸的实际压力。

13. TPBC 制动缸压力测试点

此测试点直接和制动缸反馈管（BCCO）连接，通过与系统外部的压力表连接，能够检测出任何状态下制动缸的实际压力。

4.3.4　20 控制模块

20 控制模块（20CP）根据制动管减压量、单独缓解命令、本机/单机模式下单独制动手柄位置等信号，产生本务机车平均管压力；平均管压力为制动管减压量的 2.5 倍；当制动管压力增加 14 kPa 或者在单独缓解时，平均管压力缓解。

平均管压力直接根据单独制动手柄命令产生，从在运转位的 0 kPa，直到全制动时的 300 kPa，平均管可实现阶段变化；平均管压力取常用制动和单独制动命令中压力较高者；20CP 在电源故障时进行管路保压作用；20CP 只在本务机车上有效，制动状态时故障，将保持制动缸原压力值。当 20CP 故障时，16CP 会根据本务机单独制动命令产生制动缸压力，但不再产生平均管压力；20CP 在补机中不起作用，将保持在失电状态。

20CP 由外壳、管座、REL 缓解电磁阀、APP 作用电磁阀、MVLT 电磁阀、20R 阀、PVLT 阀、20TL 压力传感器、20TT 压力传感器、C1 充风节流孔、TP20 平均管压力测试点、过滤器及作用风缸等部分组成。

20CP 部件的连接如图 4-3-4 所示。

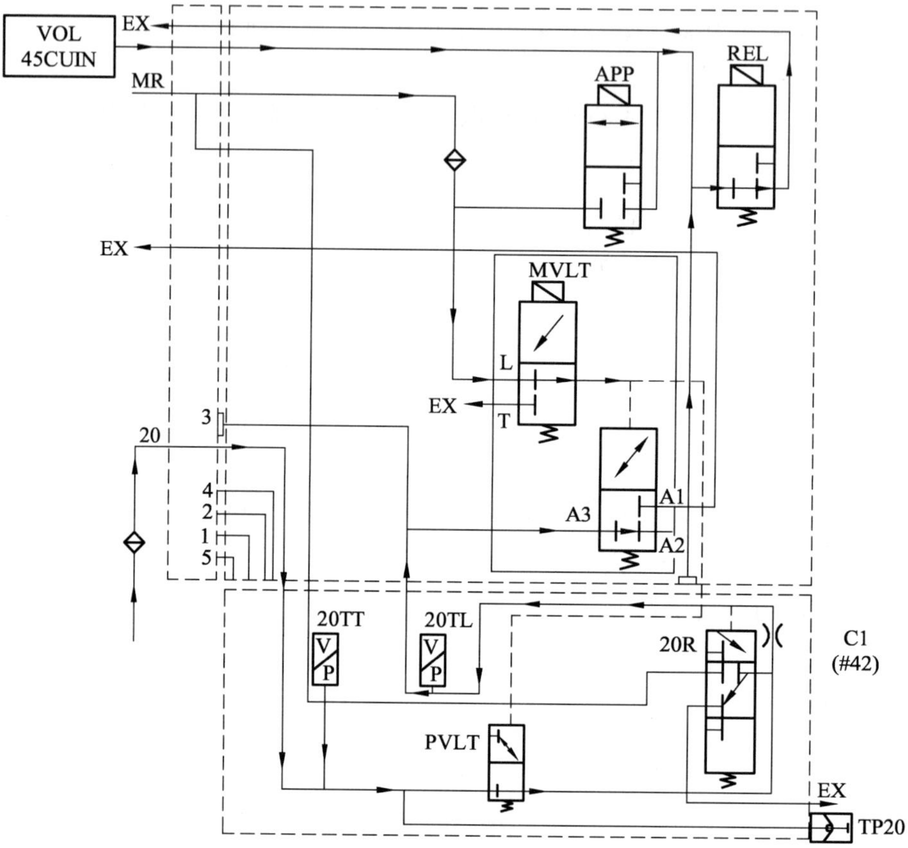

图 4-3-4　20CP 部件连接示意图

4.3.4.1　管　座

管座是 20CP 的安装座。管座上设有两根管子的连接孔，即总风管（MR），平均管（20 号管）。作用风缸（45 立方英寸）直接连接在管座上。

4.3.4.2　各部件简介

1. REL 缓解电磁阀

得电——作用风缸通大气，作用风缸减压，平均管排风；

失电——停止作用风缸通大气，作用风缸保压，平均管停止排风。

2. APP 作用电磁阀

得电——总风通作用风缸，作用风缸增压，平均管充风；

失电——停止总风通作用风缸，作用风缸保压，平均管停止充风。

20CP 通过 REL、APP 电磁阀实现对作用风缸压力、平均管压力的控制。在缓解后或制动后，两个电磁阀均失电，作用风缸进行保压。若将机车设置在补机位，两个电磁阀均在失电状态。

3. MVLT 电磁阀

得电——产生控制压力，允许机械阀接口 A2 通 A3，同时开通 PVLT 阀，从而实现通过控制 REL、APP 电磁阀对平均管进行控制。

失电——控制压力排大气，允许机械阀接口 A1 通 A3，同时关闭 PVLT 阀，从而使 20CP 失去对平均管的控制能力。

本电磁阀用来控制其机械阀的接口的连通和 PVLT 阀的通断，是 20CP 的预控电磁阀。

当制动系统断电、20CP 故障、机车处于补机模式时，MVLT 电磁阀失电，PVLT 阀关闭，20CP 失去对平均管的控制能力，机车平均管管路呈自保压状态；机车设置为本机、单机模式，MVLT 电磁阀均得电。

4. 20R 阀

在 20CP 对平均管控制时，提供较大的充风、排风通道。

5. PVLT 阀

与 MVLT 电磁阀配合使用，实现 20CP 对平均管的控制。此阀属两位两通阀，在关断后不能将机车平均管排空。

6. 20TL 压力传感器

机车在本机模式下，产生与平均管压力成比例的电压信号，传送给集成处理器模块 M-IPM，进行数据处理。

20TL 压力传感器同 REL、APP 电磁阀配合作用，实现作用风缸压力的精确控制和自动保压功能。

7. 20TT 压力传感器

机车在补机模式下，产生与平均管压力成比例的电压信号，传送给集成处理器模块 M-IPM，进行数据处理。

8. TP20 平均管压力测试点

直接与 PVLT 阀前部的平均管相连，通过与系统外部的压力表连接，能够检测出任何状态下平均管的实际压力。

4.3.5 13 控制模块

13 控制模块（13CP）用于当单独制动手柄侧压时控制 13 号管充风，对 DBTV 里的 BO 阀进行控制，排空作用管的风压；同时制动系统控制 16CP 中的缓解电磁阀，排空作用风缸和 16 号作用管的压力，实现单缓机车制动缸压力（该压力由自动制动产生）。同时在 ER 备用情况下与 16CP 共同动作来实现对均衡风缸的压力控制。13CP 由外壳、管座、MV13S 电磁阀、ERBU 电磁阀等部分组成。13CP 部件的连接如图 4-3-5 所示。

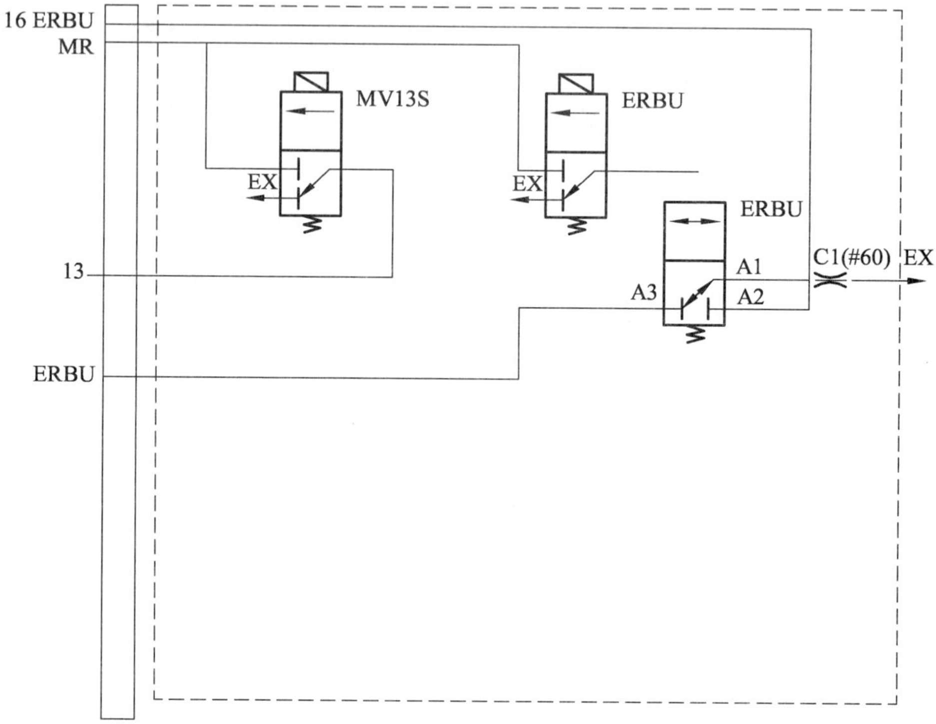

图 4-3-5　13CP 部件连接示意图

4.3.5.1 管　座

管座是 13CP 的安装座。管座上设有四根管子的连接孔，即总风管（MR）、均衡风缸备份管（ERBU）、通往 16CP 的 ERBU 管（16ERBU）、通往 DBTV 的 13 号管。

4.3.5.2 各部件简介

1. MV13S 电磁阀

单独制动阀手柄侧压，得电——总风缸给 13 号管充风，帮助 DBTV 内部实现机械的单缓功能；

单独制动阀手柄恢复，失电——停止总风缸给 13 号管充风。

2. ERBU 电磁阀及气动阀

与 16CP、ERCP 配合使用，当 ERCP 故障失效时，系统自动使 MVER 失电，MV16 失电，ERBU 得电。利用 16CP 中的 REL 缓解电磁阀，APP 作用电磁阀代替 ERCP 中 REL 缓解电磁阀、APP 作用电磁阀的作用，用 ERBU 电磁阀代替 16CP 中 MV16 电磁阀的功能，实现对均衡风缸的控制。

4.3.6 制动缸控制模块

20CP、BCCP 认知

制动缸控制模块（BCCP）的作用是响应从 16CP 或平均管接收到的制动缸控制压力，产生制动缸压力。BCCP 属大通道的空气中继阀，它用总风缸作为供风风源、16 号管或平均管作为控制压力，对机车制动缸进行充风和排风控制。在失电时，BCCP 会使制动缸通过 PVPL 阀与平均管连接，产生平均管压力，这样补机就可以同本务机一样产生制动。PVPL 在均衡风缸后备管路压力大于 69 kPa 时开通。失电时，13CP 缩堵限制均衡风缸压力的释放，从而使本务机的 PVPL 阀可以将其制动缸与平均管相连而产生平均管压力，用于产生补机制动缸控制压力；空电互锁电磁阀也位于 BCCP 的 16 号管路中。

BCCP 由外壳、管座、BCCP 作用阀、DCV1 变向阀、PVPL 阀等部分组成。BCCP 部件的连接如图 4-3-6 所示。

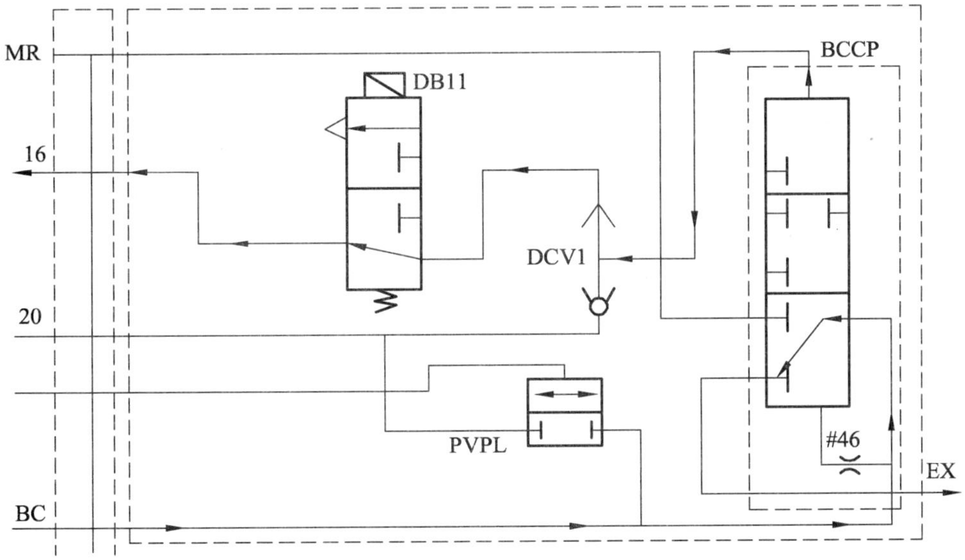

图 4-3-6　BCCP 部件连接示意图

4.3.6.1 管　座

管座也是 BCCP 的安装座。管座上设有五根管子的连接孔，即总风管（MR）、通往 16CP 的 16 号管、通往 20CP 的 20 号管、通往 13CP 的 ERBU 管、通往制动缸的 BC 管。

4.3.6.2 各部件简介

1. BCCP 作用阀

BCCP 作用阀是大容量的空气中继阀。它按照 16 号管控制压力或平均管压力 1∶1 的比率产生制动缸压力。

2. DCV1 变向阀

DCV1 变向阀在 16 号管和 20 号平均管中选择最高压力，导通此压力作为 BCCP（制动缸中继阀）的控制压力。

3. PVPL 阀

在 ERBU（均衡风缸备份）工作期间、ERCP 断电均衡风缸排风期间或机车设置为补机状态时连接制动缸和机车平均管。避免 20CP 不能工作时，本务机车不能产生平均管压力，从而导致补机没有制动缸控制压力。

4.3.7 DB 三通阀

DB 三通阀（DBTV）用于在 16CP 故障情况时为 16CP 提供了一个空气备份功能，来控制制动缸中继阀。

制动管充风缓解时，DBTV 使制动管向 EPCU 上的辅助风缸充风。当制动管压力降低时，辅助风缸通过 DBTV 向 16TV 管充风；当产生全制动时，DBTV 会使辅助风缸与 16TV 管和 3 号风缸压力均衡，从而达到全制动。

DBTV 由外壳、管座、DBTV 阀、BO 阀、缩堵、辅助风缸和 3 号风缸等部件组成。DBTV 部件的连接如图 4-3-7 所示。

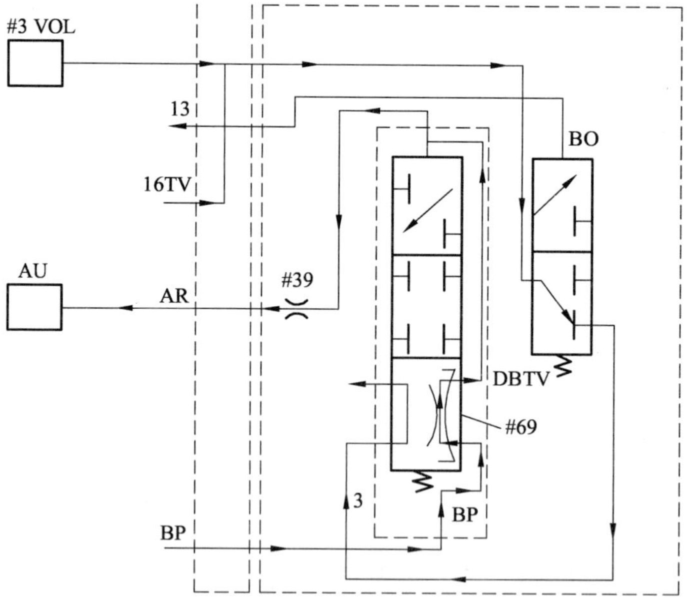

图 4-3-7 DBTV 部件连接示意图

4.3.7.1 管　座

管座是 DBTV 的安装座。管座上设有三根管子的连接孔，即制动管 BP，通往 16CP 的 16TV 管，通往 13CP 的 13 号管。辅助风缸（435 立方英寸）和 3 号风缸（6 0 立方英寸）直接连接在管座上。

4.3.7.2 各部件简介

1. DBTV 阀

制动管压力增加——16TV 管排风，制动缸缓解，制动管给辅助风缸充风。

制动管压力降低——辅助风缸和 16TV 管接通，16TV 充风，制动缸作用。

制动管压力不变——16TV 关闭，充风、排风作用停止。

由于 DBTV 阀为纯机械结构，为使每次产生的制动缸控制压力达到目标值，在列车缓解时，辅助风缸必须完全充满。

2. BO 阀

BDTV 中 13 号管压力高于 140 kPa 时，将导致 16TV 排风，自动制动作用缓解。

4.3.8 电源接线盒

电源接线盒（PSJB）位于电空控制单元（EPCU）上，内置电源，将 110 V 直流电源转换为 24 V 直流电源后提供给 CCBⅡ制动系统，供电空控制单元、电子制动阀等部件使用。在外部具有多个接插口，允许电空控制单元、电子制动阀、集成处理器模块和继电器接口模块相互连接通信。

【任务评价】

序号	评价内容	评价标准	分值
1	能够识别 CCBⅡ制动机电空控制单元各部分的内部结构	能够正确识别	5
		部分部件识别错误	3
		不能够识别	0
2	能够根据电空控制单元各部分的内部结构，对其功能进行分析	分析问题有理有据	5
		分析问题不全面	3
		分析问题观点错误	0
得分			

任务 4.4　CCB Ⅱ制动机综合作用分析

【任务目标】

1. 知识目标

（1）熟悉 CCB Ⅱ制动机自动制动作用原理。

（2）熟悉 CCB Ⅱ制动机单独制动作用原理。

（3）熟悉 CCB Ⅱ制动机空气备份状态作用原理。

（4）熟悉 CCB Ⅱ制动机无动力回送状态作用原理。

2. 素质目标

（1）培养遵章守纪、严谨认真的工作作风，促使职业素养的养成。

（2）具备自主学习能力，培养分析能力，善于总结经验并进行创新。

（3）能完成团队分配的工作，承担团队成员的角色和责任。

3. 能力目标

（1）能够根据空气管路图，对 CCB Ⅱ制动机自动制动作用、单独制动作用进行分析。

（2）能够根据空气管路图，对 CCB Ⅱ制动机空气备份状态、无动力回送状态进行分析。

【相关知识】

机车制动机的综合作用，习惯上是根据自动制动手柄和单独制动手柄各位置的变换而确定的机车制动机各主要部件之间的相互关系和作用规律。

CCB Ⅱ制动机的综合作用，按自动制动作用、单独制动作用、空气备份状态以及无动力回送状态等方面逐一介绍。

4.4.1　自动制动作用

自动制动作用，即 CCB Ⅱ制动机的单独制动手柄位于运转位，操纵自动制动手柄在运转位或制动区，观察本机及重联机车各主要部件的相互作用关系。

4.4.1.1　控制本务机车

1. 运转位

该位置是列车在运行过程中，自动制动手柄常放位置，是向全列车初充风、再充风缓解列车制动以及列车正常运行所采用的位置。

ERCP 模块接收自动制动手柄指令，给均衡风缸充风到设定值；BPCP 模块响应均衡风缸压力变化，制动管被充风至均衡风缸设定压力；16CP/DBTV 响应制动管压力变化，将作用管（16 号管/16TV 管）压力排放；BCCP 模块响应作用管压力变化，机车制动缸排风缓解；同时车辆副风缸充风，车辆制动机缓解。

2. **制动位**

该位置是操纵列车常用制动，使列车正常缓慢停车或调整运行速度所使用的位置。

制动位包括初制动位和全制动位，两者之间是常用制动区。自动制动手柄在制动区的停留位置决定了均衡风缸的减压量，达到目标减压量后，均衡风缸自动保压。机车在货车模式时，自动制动手柄在制动区可实现阶段制动作用，但只可实现一次缓解功能；机车在客车模式下，自动制动手柄在制动区可实现阶段制动和阶段缓解作用。

ERCP 模块接收到自动制动手柄指令，将均衡风缸压力减到目标值；BPCP 模块响应均衡风缸压力变化，制动管减压到均衡风缸压力；16CP/DBTV 响应制动管减压变化，给作用管（16 号管/16TV 管）充风；BCCP 模块响应作用管压力，机车制动缸充风制动；同时车辆副风缸给车辆制动缸充风，车辆制动机制动。

3. **紧急位**

该位置是列车运行过程中需紧急停车时所使用的位置。

一旦自动制动手柄放置在此位置，制动管迅速减压到零，均衡风缸以常用制动速率减压到零，16CP 响应制动管减压变化，迅速给作用管（16 号管）充风到最大允许压力，BCCP 模块响应作用管压力增加，给机车制动缸充风产生紧急制动作用；同时车辆副风缸给车辆制动缸充风，车辆制动机制动。

4. **单缓位**

列车实施制动后认为有必要单独降低机车制动力时使用的位置，需要通过单独制动手柄侧压来帮助实现此功能。

单独制动手柄侧压，13CP 响应该指令，给 13 号管充风，控制 DBTV 模块中的 16TV 作用管减压；同时 16CP 和 20CP 也响应该指令，允许 16 号作用管和 20 号平均管进行减压；BCCP 模块响应（16/16TV）作用管和 20 号平均管压力变化，允许机车制动缸排风缓解；由于自动制动手柄处于制动区，且制动管减压量不变，车辆制动机仍保持制动作用。

4.4.1.2 控制重联机车

补机（重联机车）自动制动手柄应用销子固定在重联位，单独制动手柄应放置在运转位。补机（重联机车）受机车间制动管软管、总风软管、平均软管压力控制而发生作用的位置，其缓解和制动作用应和本务机车同步。

1. **运转位**

本务机车制动管充风，作用管（16/16TV）及平均管（20 号）压力排空，制动作用缓解。补机（重联机车）接收制动管压力增高的变化，通过 DBTV 模块将 16TV 作用管风压排空，同时给补机（重联机车）辅助风缸充风；补机（重联机车）响应平均管压力的变化，通过 BCCP 将制动缸压力排空，补机缓解。

2. **制动位**

本务机车制动管减压，平均管、作用管增压，机车制动缸充风产生制动作用。补机接收制动管压力减少的变化，通过 DBTV 模块停止制动管给辅助风缸充风，并将辅助风缸的风压传送到 16TV 作用管；补机接收平均管压力增高的变化，通过 BCCP 模块给制动缸充风，补机制动。

4.4.2 单独制动作用

单独制动作用，通常自动制动手柄置运转位，单独制动手柄在运转位或制动区，观察本机及重联机车各主要部件的相互作用关系。该作用用于单独操纵机车的制动、缓解。

4.4.2.1 控制本务机车

1. **运转位**

该位置为单独缓解机车。20CP 模块内缓解电磁阀得电，将 20 号管的压力排空；作用电磁阀失电阻止总风给 20 号管充风；BCCP 模块响应 20 号管压力变化，机车制动缸排风缓解。

2. **制动位**

该位置为单独制动机车。20CP 模块内缓解电磁阀失电，作用电磁阀得电，总风给 20 号管充风，MVLT 模块得电允许总风通过，控制 PVLT 阀开通，20 号管压力进入 BCCP 模块，制动缸充风，机车制动。

4.4.2.2 控制重联机车

重联机车自动制动手柄应用销子固定在重联位，单独制动手柄应放置在运转位。重联机车受机车间制动管软管、总风软管、平均软管压力控制而发生作用。其制动、缓解应和本务机车同步。

4.4.3 空气备份

当机车制动系统 EPCU 模块中 ERCP 模块或 16CP 模块故障时，制动系统自动转换到空气模式，使其仍可继续工作。

1. **制动管充风——机车缓解**

当制动管充风缓解时，DBTV 模块使作用管 16TV 压力排空，同时制动管给辅助风缸充风；16CP 中预控电磁阀断电，从而使作用风缸及 16 号作用管同 16TV 连通，并随 16TV 排空；BCCP 模块响应作用管压力变化，排空制动缸压力，机车缓解。

2. **制动管减压——机车制动**

当制动管减压制动时，DBTV 模块使辅助风缸给作用管 16TV 充风，同时制动管停止给辅助风缸充风；16CP 中预控电磁阀断电，作用风缸及 16 号作用管同 16TV 连通，并随 16TV 增压；BCCP 模块响应作用管压力变化，使制动缸充风，机车制动。

4.4.4 无动力回送

机车无动力回送中，由于其空气压缩机停止使用，此时必须开放机车无动力装置。无动力装置由 DE 无动力塞门，DER 压力调整阀，C2 充风节流孔，CV 单向止回阀等部分组成，集成于 ERCP 模块中，连接机车制动管与总风管。当开通无动力塞门后，制动管内压缩空气经 DE 无动力塞门，DER 压力调整阀，C2 充风节流孔，CV 单向止回阀将调整后的空气压力充入总风缸。此时总风缸在机车制动机系统中相当于车辆的副风缸。

无动力回送的空气作用原理同空气备份相同，但总风缸压力较低，约为 220 kPa。

【任务评价】

序号	评价内容	评价标准	分值
1	能够根据空气管路图，对 CCB Ⅱ 制动机自动制动作用进行分析	分析问题有理有据	3
		分析问题不全面	2
		分析问题观点错误	0
2	能够根据空气管路图，对 CCB Ⅱ 制动机单独制动作用进行分析	分析问题有理有据	3
		分析问题不全面	2
		分析问题观点错误	0
3	能够根据空气管路图，对 CCB Ⅱ 制动机空气备份和无动力回送进行分析	分析问题有理有据	4
		分析问题不全面	2
		分析问题观点错误	0
得分			

任务 4.5　CCB Ⅱ 制动机主要部件的备份

【任务目标】

1. **知识目标**

（1）熟悉 CCB Ⅱ 制动机系统安全保护及主要部件的备份过程。

（2）熟悉 CCBⅡ制动机 CCBⅡ制动机的故障检测方式。

2. 素质目标

（1）培养遵章守纪、严谨认真的工作作风，促进职业素养的养成。

（2）具备自主学习能力，培养分析能力，善于总结经验并进行创新。

（3）能完成团队分配的工作，承担团队成员的角色和责任。

3. 能力目标

（1）能够进行对 CCBⅡ制动机系统安全保护及主要部件的备份过程进行分析。

（2）能够根据制动显示屏的故障显示确认故障信息。

【相关知识】

4.5.1 系统安全保护及主要部件的备份

CCBⅡ制动系统在微机故障或失去电源情况下，提供备份的空气制动缸控制。

4.5.1.1 空气备用（16CP 失效）

空气备用模式是指系统采用纯机械三通阀（DBTV）控制来代替电子控制（16CP）产生制动管控制压力，来实现空气备用。其控制关系如下：

自动制动阀→ERCP→BPCP→制动管压力→车辆制动机

↓

DBTV→BCCP→机车制动缸

4.5.1.2 ER 备用（ERCP 失效）

如果 ERCP 失效，它的功能由 16CP 和 13CP 实现，由软件控制自行进行切换。控制关系如下：

自动制动阀→16CP/13CP→BPCP→制动管压力→车辆制动机

↓

DBTV→BCCP→机车制动缸

4.5.1.3 单独制动备用（20CP 失效）

20CP 失效时，16CP 将响应单独制动手柄的指令，控制本机车制动缸的压力。对于重联车，将不存在 20 号平均管压力。控制关系如下：

单独制动阀→16CP→BCCP→机车制动缸

4.5.1.4 紧急制动的触发方式

为确保机车安全停车，HXD_{3C}型电力机车制动系统可以通过以下方式触发紧急制动：

1. 自动制动阀置于紧急位触发紧急制动

（1）该方式为常用紧急制动控制方式，司乘人员将电子制动阀（EBV）自动制动手柄推至紧急位，首先触发紧急阀（D41）动作，将制动管排大气，制动管压力急剧变化又触发紧急阀（N97）动作也将制动管排大气，机车制动管压力在 3 s 内下降为零，从而确保整列车投入紧急制动。

（2）当 EBV 自动制动手柄推至紧急位，M-IPM 同时接收到信号，触发 CCBⅡ内部电磁阀动作，也将制动管压力排大气。

2. 开放车长阀（N69）或列车断钩分离触发紧急制动

（1）该方式为紧急情况下采取的紧急制动触发方式。当车长阀打开后制动管内压力急剧下降，触发紧急阀（N97）动作将制动管排大气确保整列车投入紧急制动。

（2）M-IPM 检测到压力的变化率后，控制内部电磁阀动作，关闭制动管的充风通道，防止制动管压力回升，确保整列车紧急制动稳定触发。M-IPM 同时触发 CCBⅡ内部电磁阀动作将制动管压力排大气。

3. 机车监控装置 ATP 触发紧急制动

（1）该方式为制动系统外部监控装置触发方式，在机车超速或闯红灯情况下强制机车能够尽快停下来。

（2）监控装置通过硬线发出紧急制动信号给制动系统，制动系统 M-IPM 接收到该信号后，触发 CCBⅡ内部电磁阀动作将制动管压力排大气，同时关闭制动管的充风通道，防止制动管压力回升。

（3）制动管内压力急剧下降，触发紧急阀（N97）动作将制动管继续排大气，确保整列车投入紧急制动。

4. 按下操纵台紧急按钮触发紧急制动

（1）该方式为电气系统触发方式，该按钮在电气系统发生故障需强行将机车主断路器断开时使用。

（2）按下该按钮通过硬线发出紧急制动信号给制动系统，制动系统 IPM 接收到该信号后，触发 CCBⅡ内部电磁阀动作将制动管压力排大气，同时关闭制动管的充风通道，防止制动管压力回升。

（3）制动管内压力急剧下降，触发紧急阀（N97）动作将制动管继续排大气确保整列车投入紧急制动。

4.5.1.5 总风缸压力低保护

当总风缸压力低于 350 kPa 时，M-IPM 接收到 MREP 压力开关信号，使机车实施制动，不允许机车加载牵引。

4.5.2　CCB Ⅱ 制动机的故障检测方式

（1）开机时，集成处理模块（M-IPM）进行自检。自检通过后对电子制动阀（EBV）、电空控制单元（EPCU）的各部分进行实时诊断，确认故障后，自动进入备用模式，并将 3 位故障代码的故障信息显示在制动显示屏（LCDM）上。

（2）通过制动显示屏（LCDM）上的按键可以手动对电子制动阀（EBV）、电空控制单元（EPCU）的各部分进行循环或单独自检，若发现故障，将 4 位故障代码的故障信息显示在制动显示屏（LCDM）上。

（3）集成处理模块（M-IPM）及电空控制单元（EPCU）均有串口与外接 PC 机通信，用来传送各种信息供更新程序、检测或检修使用。

【任务评价】

序号	评价内容	评价标准	分值
1	能够进行对 CCB Ⅱ 制动机系统安全保护及主要部件的备份过程进行分析	分析问题有理有据	5
		分析问题不全面	3
		分析问题观点错误	0
2	能够根据制动显示屏的故障显示确认故障信息	对问题的理解完全正确	5
		对问题部分理解或解释错了	3
		对问题完全理解错了	0
得分			

任务 4.6　CCB Ⅱ 制动机辅助控制模块状态检查

【任务目标】

1. 知识目标

（1）熟悉 CCB Ⅱ 制动机各辅助控制模块的组成及作用。

（2）熟悉 CCB Ⅱ 制动机各辅助控制模块的操作。

2. 素质目标

（1）培养遵章守纪、严谨认真的工作作风，促进职业素养的养成。

（2）具备自主学习能力，培养分析能力，善于总结经验并进行创新。

（3）能完成团队分配的工作，承担团队成员的角色和责任。

3. 能力目标

（1）能够根据 CCB Ⅱ 制动机各控制模块的组成分析其作用。

（2）能够进行 CCB Ⅱ 制动机各控制模块操作。

【相关知识】

CCB Ⅱ 制动机辅助控制模块可以改善机车的运行条件，确保机车安全。它包括调压器模块（P50）、升弓控制模块（U43）、制动缸切除控制模块（Z10）、停放制动控制模块（B40）、紧急放风阀控制模块（S10）、停放制动辅助模块（R30）、撒砂控制模块（F14）等部分。CCB Ⅱ 制动机辅助控制模块如图 4-6-1 所示。

CCB Ⅱ 制动机辅助控制模块

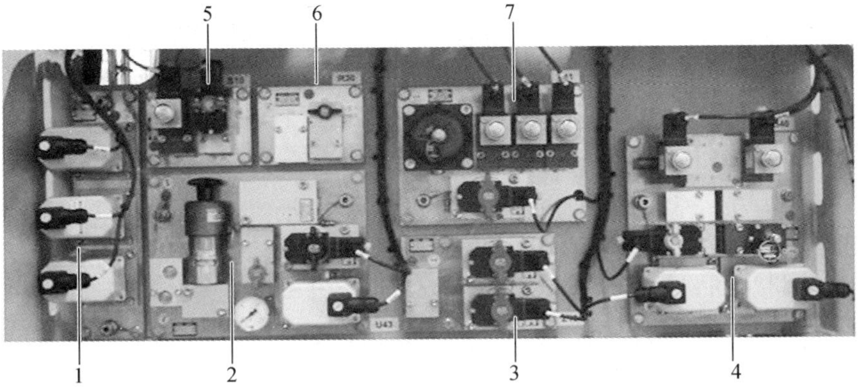

1—调压器模块（P50）；2—升弓控制模块（U43）；3—制动缸切除控制模块（Z10）；
4—弹簧停放制动控制模块（B40）；5—紧急放风控制模块（S10）；
6—停放制动辅助模块（R30）；7—撒砂控制模块（F14）。

图 4-6-1　CCB Ⅱ 制动机辅助控制模块

4.6.1　调压器模块（P50）

调压器模块（P50）主要由压缩机起停控制压力开关（P50.72）、压缩机起停控制压力开关（P50.75）和总风低压保护压力开关（P50.74）组成，调压器模块如图 4-6-2 所示。

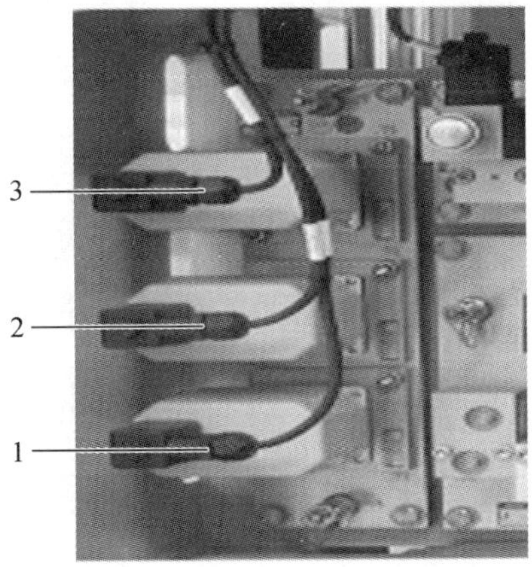

1—压缩机起停控制压力开关（.72）；2—总风低压保护压力开关（.74）；
3—压缩机起停控制压力开关（.75）。

图 4-6-2　调压器模块（P50）

压缩机启停控制压力开关（P50.72），用于控制单台主压缩机投入工作。当压力上升至（900 ± 20）kPa 时，压缩机停机；当压力下降至（750 ± 20）kPa 时，压缩机启动。

总风低压保护压力开关（P50.74），用于监测总风压力，当总风压力低于（600 ± 20）kPa 时，切除牵引动力，机车无法加载；当压力高于（700 ± 20）kPa 时，机车可以加载。

压缩机启停控制压力开关（P50.75），用于控制两台主压缩机同时投入工作。当压力上升至（900 ± 20）kPa 时，压缩机停机；当压力下降至（680 ± 20）kPa 时，两台压缩机启动。

4.6.2 升弓控制模块（U43）

升弓控制模块（U43）为受电弓和主断路器提供干燥、稳定的压缩空气。此模块包括压力开关（.02）、过滤器（.03）、双向止回阀（.04）、机械压力表（.05）、安全阀（.06）、减压阀（.07）、压力测试口（.09、.10）、缩堵（.11、.12）和塞门（.13、.14），它和辅助压缩机（U80）、辅助压缩机干燥器（U82）、干燥风缸（U83）、压力开关（U84）、升弓风缸（U76）、升弓塞门（U98、U99）等部件共同工作。

其中，安全阀（.06）用于防止辅助压缩机管路系统压力过高，开启压力（900 ± 20）kPa；机械压力表（.05）显示升弓风缸及其管路系统、主断路器管路系统的压力；截断塞门（.14）带排风功能，用于关断总风到主断路器通路，并将截断塞门至主断路器间管路的压力排出，水平位置为关闭，垂直位置为开通；截断塞门（.13）用于关断总风到升弓气缸的通路，水平位置为开通，垂直位置为关闭。升弓控制模块如图 4-6-3 所示。

1—机械压力表（.05）；2—减压阀（.07）；3—双向止回阀（.04）；4—安全阀（.06）；
5、6—压力测试口（.09、.10）；7—过滤器（.03）；8—升弓风缸塞门（.13）；
9—主断路器管路塞门（.14）；10—压力开关（.02）

图 4-6-3 升弓控制模块（U43）

升弓控制模块原理如图 4-6-4 所示。

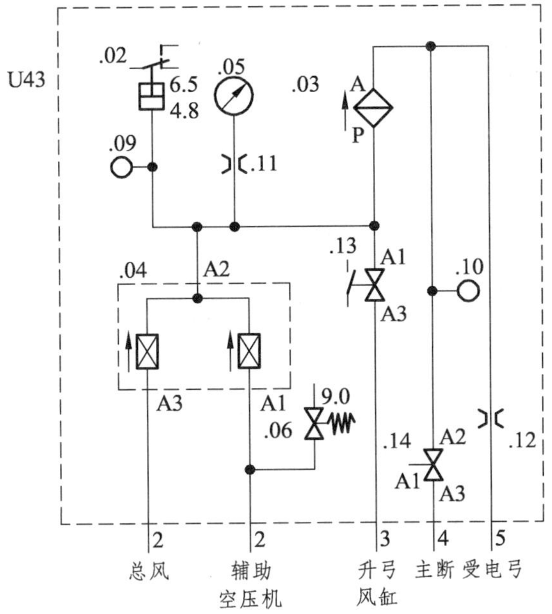

.02—压力开关；.03—过滤器；.04—双逆止阀；.05—压力表；.06—安全阀；
.09、.10—检测套管；.11、.12—缩堵；.13、.14—截止塞门。

图 4-6-4　升弓控制模块原理图

1. 库停后使用辅助压缩机供风升弓

具体通路如下：

辅助压缩机（U80）→干燥器（U82）→双向止回阀（.04）

↗塞门（.13）→升弓风缸（U76）

↘过滤器（.03）→缩堵（.12）→升弓塞门（U99）→升弓塞门（U98）→阀板

↘塞门（.14）→主断路器

启动辅助压缩机，压缩空气通过干燥器（U82），进入升弓模块，通过双逆止阀（.04）右侧的逆止阀后压缩空气分为两路，其中一路通过塞门（.13）进入升弓风缸（U76），将压缩空气存储起来，另一路通过过滤器（.03），又将压缩空气分为两路，其中一路通过塞门（.14）为主断路器提供风源，另一路通过升弓塞门（U98、U99）进入升弓阀板为受电弓提供风源。

机车升弓指令投入后，若升弓风缸压力低于 480 kPa 时，压力开关（.02）动作发出指令，辅助压缩机自动投入工作，当升弓风缸压力高于 735 kPa 时，压力开关（U84）动作发出指令，辅助压缩机自动停止工作，同时干燥风缸（U83）中的干燥空气将干燥器中的水和油污排出。如果通过按钮手动控制辅助压缩机启动，压力开关（.02、U84）将不再对压缩机的启停进行控制。

2. 正常运行时的总风缸供风

具体通路如下：

总风缸→双向止回阀（.04）→塞门（.13）→升弓风缸（U76）
↘过滤器（.03）→缩堵（.12）→升弓塞门（U99、U98）→阀板
↘塞门（.14）→主断路器

总风缸的压缩空气直接进入升弓控制模块，通过双逆止阀（.04）左侧的逆止阀后压缩空气分为两路，其中一路通过塞门（.13）进入升弓风缸（U76），将压缩空气存储起来，另一路通过过滤器（.03），又将压缩空气分为两路，其中一路通过塞门（.14）为主断路器提供风源，另一路通过升弓塞门（U98、U99）进入升弓阀板为受电弓提供风源。

在机车退乘之前，应将升弓风缸内压缩空气充至 900 kPa，然后关闭塞门（.13），以备机车再次使用时，不必启动辅助压缩机即可进行机车升弓操纵。

4.6.3 制动缸切除控制模块（Z10）

制动缸切除控制模块（Z10）主要由换向阀（.24）、Ⅰ架隔离塞门（.22）、Ⅱ架隔离塞门（.23）等组成，如图 4-6-5 所示。

1—换向阀（.24）；2—Ⅱ架隔离塞门（.23）；3—Ⅰ架隔离塞门（.22）。

图 4-6-5 制动缸切除控制模块（Z10）

Ⅰ架隔离塞门（Z10.22）——带排风功能，它用于关断制动机到Ⅰ端转向架制动单元通路，并将截断塞门至制动单元间管路系统中的压力排除。水平位置为开通，垂直位置为关闭。

Ⅱ架隔离塞门（Z10.23）——带排风功能，它用于关断制动机到Ⅱ端转向架制动单元通路，并将截断塞门至制动单元间管路系统中的压力排除。水平位置为开通，垂直位置为关闭。

换向阀（Z10.24）——把Ⅰ架制动缸管 BC1、Ⅱ架制动缸管 BC2 高的压力送到弹簧停放制动控制模块（B40）。

4.6.4 弹簧停放制动控制模块（B40）

弹簧停放制动控制模块（B40）主要由压力开关（.11）、压力测试口（.09）、止回阀（.02）、脉冲电磁阀（.03）、双向止回阀（.04）、减压阀（.05）、压力开关（.07）等组成，如图 4-6-6 所示。

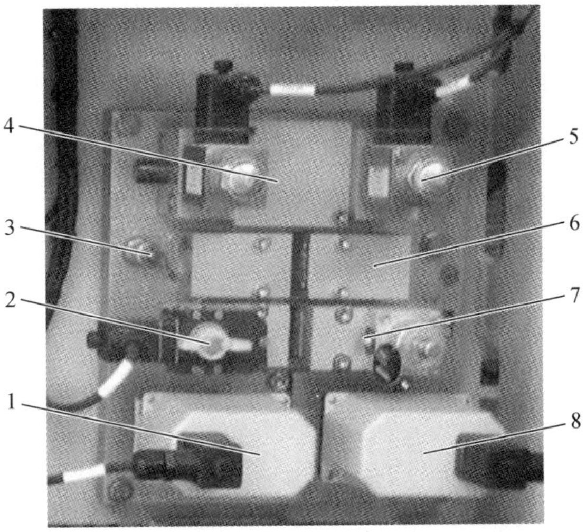

1—压力开关（.11）；2—截断塞门（.06）；3—压力测试口（.09）；4—止回阀（.02）；5—脉冲电磁阀（.03）；6—双向止回阀（.04）；7—减压阀（.05）；8—压力开关（.07）。

图 4-6-6 弹簧停放制动控制模块（B40）

弹簧停放制动控制模块接收司机控制指令控制机车走行部弹簧停车制动缸压力。当弹簧停车制动缸中的空气压力达到 480 kPa 以上时，弹簧停车制动装置缓解，允许机车牵引；机车停车后，将弹簧停车制动缸中的压缩空气排空，弹簧停车装置动作，闸瓦压紧轮对，避免机车因重力或风力的原因溜车。弹簧停放制动控制模块原理如图 4-6-7 所示。

机车第一、六轴上安装有四个弹簧停车装置。机车停车后按下操作台左侧弹停作用开关，可使弹停脉冲电磁阀（.03）中的作用阀得电数秒，脉冲电磁阀（.03）处于作用位，弹簧停车制动缸中的压缩空气通过弹停脉冲电磁阀（.03）排出，弹簧停车制动装置完全作用。如果需要走车，按下操作台左侧弹停缓解开关，可使弹停脉冲电磁阀（.03）中的缓解阀得电数秒，脉冲电磁阀（.03）处于缓解位，总风将通过上述通路进入走行部的弹簧停车制动缸，当弹簧停车制动缸中的压力高于 480 kPa 后操作台上弹停指示灯常灭，弹簧停车制动缸完全缓解，允许机车牵引。

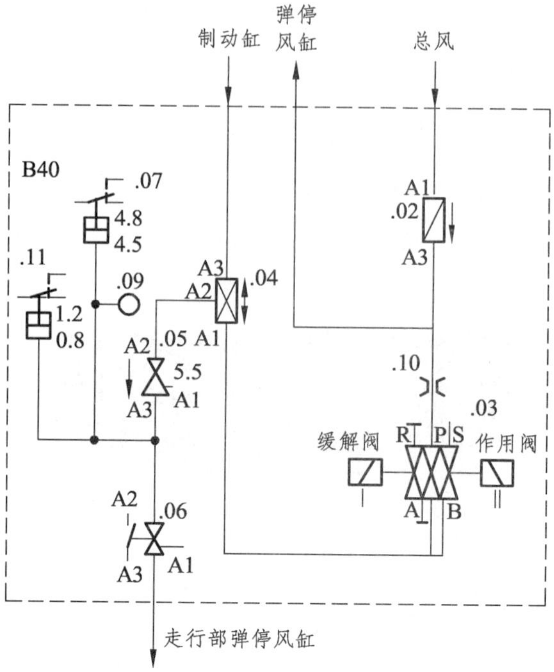

.02—止回阀；.03—脉冲电磁阀；.04—双向止回阀；.05—减压阀；.06—截断塞门；.07—压力开关；.08—压力传感器；.09—压力测试口；.10—缩堵；.11—压力开关。

图 4-6-7　弹簧停放制动控制模块原理图

1. 弹簧停车制动缸缓解

具体通路如下：

总风缸→止回阀（.02）→弹停风缸（A13）

↘弹停脉动阀（.03）→双向止回阀（.04）→减压阀（.05）

→弹停塞门（.06）→走行部的弹停风缸

2. 弹簧停车制动装置作用后机车制动缸作用时的工作状态

具体通路如下：

制动缸→双向止回阀（.04）→减压阀（.05）→弹停塞门（.06）→走行部的弹停风缸

制动缸风压进入弹停风缸后，可以缓解部分弹簧压力，避免停车后或机车运行时制动缸产生的压力和弹停风缸产生的弹簧压力同时作用在制动盘上，造成制动盘的损伤。

在发生供电故障的情况下，也可以使用脉冲电磁阀的手动装置对停放制动装置进行手动操作。在系统无风的情况下，可以使用停放制动单元的手动缓解装置（位于制动缸夹钳上）缓解停放制动。手动缓解后，不能再次实施停放制动。如果需要重新实施停放制动，必须使系统总风压力达到 450 kPa 以上，方可实施停放制动。

4.6.5 紧急放风控制模块（S10）

紧急放风控制模块（S10）主要由电磁阀（.36）、截断塞门（.01）组成，紧急放风控制模块如图 4-6-8 所示。

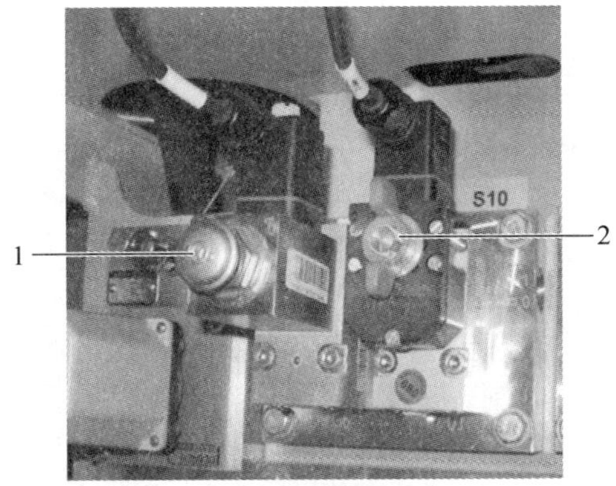

1—电磁阀（.36）；2—截断塞门（.01）。

图 4-6-8 紧急放风控制模块（S10）

紧急放风控制模块接受司机室台面的电动紧急按钮的信号，迅速排出 21 号管压力，产生紧急制动。截断塞门还可以切除紧急制动。

4.6.6 停放制动辅助模块（R30）

停放制动辅助缓解模块（R30）主要由止回阀（.02）、截断塞门（.01）等组成，停放制动辅助模块如图 4-6-9 所示。

1—止回阀（.02）；2—截断塞门（.01）。

图 4-6-9 停放制动辅助模块（R30）

停放制动辅助模块用于在机车总风缸（A11/A15）和停放风缸（A13）均无风压情况下，借助其他机车制动管的压力来实现弹簧停车制动的快速缓解，无须在走行部的弹停风缸上进行手动缓解。该装置将会提高机务段的调车作业效率，减小劳动强度。

4.6.7 撒砂控制模块

撒砂控制模块（F41）由撒砂塞门（.02），减压阀（.03），加热电磁阀（.04），撒砂电磁阀（.05），撒砂电磁阀（.06）等控制部件组成。撒砂控制模块如图 4-6-10 所示。

1—截断塞门（.02）；2—减压阀（.03）；3—加热电磁阀（.04）；
4—撒砂电磁阀（.05）；5—撒砂电磁阀（.06）。

图 4-6-10 撒砂控制模块（F14）

机车设有 8 个砂箱和撒砂装置，每个走行部上面 4 个砂箱，容积为 100 L/个，撒砂量可在 0.5 ~ 1 L/min 范围内调节。撒砂动作与司机脚踏开关、紧急制动、防空转、防滑行等功能配合使用，撒砂方向与机车实际运行方向一致，控制原理如图 4-6-11 所示。

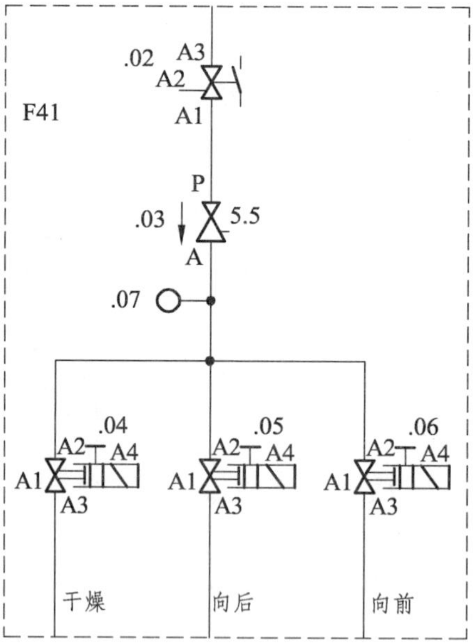

.02—截断塞门；.03—减压阀；.04—加热电磁阀；.05—撒砂电磁阀；
.06—撒砂电磁阀；.07—检测套管。

图 4-6-11 撒砂控制模块原理图

具体通路如下：

总风缸→撒砂塞门（.02）→减压阀（.03）→加热电磁阀（.04）/撒砂电磁阀（.05）/撒砂电磁阀（.06）→砂箱

HXD_{3C}型电力机车撒砂装置具有砂子加热功能，加热装置在砂箱底部。

【任务评价】

序号	评价内容	评价标准	分值
1	能够根据 CCBⅡ制动机各控制模块的组成分析其作用	分析问题有理有据	4
		分析问题不全面	2
		分析问题观点错误	0
2	能够进行 CCBⅡ制动机各控制模块操作	能正确进行操作	3
		部分模块不会操作	2
		完全不会操作	0
得分			

任务 4.7　CCBⅡ制动机设置及试验

【任务目标】

1. 知识目标

（1）熟悉 CCBⅡ制动机模式设置。

（2）熟悉 CCBⅡ制动机试验程序。

2. 素质目标

（1）培养遵章守纪、严谨的工作作风，促进学生职业素养的养成。

（2）具备自主学习能力，培养分析能力，善于总结经验并进行创新。

（3）能完成团队分配的工作，承担团队成员的角色和责任。

3. 能力目标

（1）能正确进行 CCBⅡ制动机模式的设置。

（2）能在 CCBⅡ制动机试验台进行制动机试验。

【相关知识】

4.7.1 CCB Ⅱ 制动机设置

CCB Ⅱ 制动系统可通过制动显示屏（LCDM）进行本机、单机或补机设置。CCB Ⅱ 制动显示屏设置界面如图 4-7-1 所示。

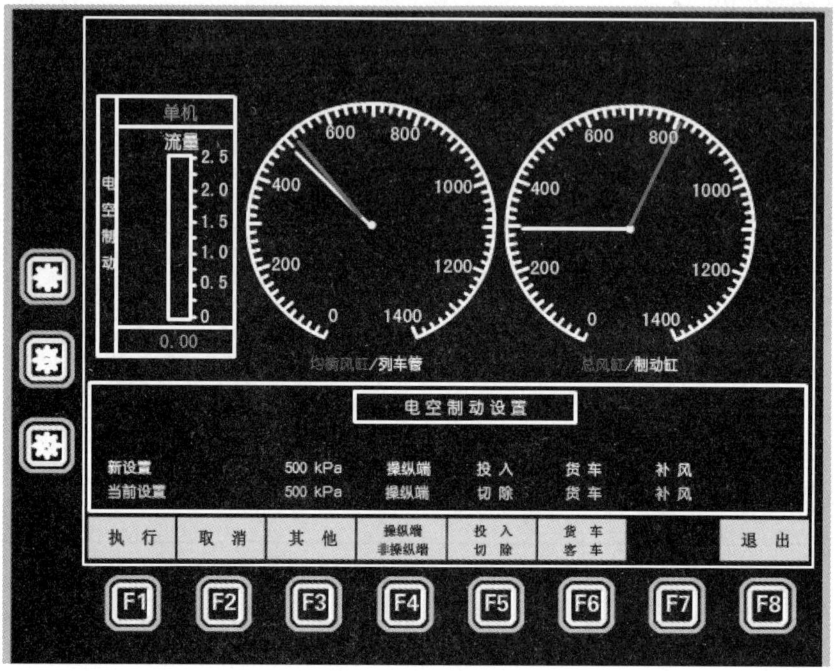

图 4-7-1　设置界面

1. 本机设置

单独制动控制可通过 EBV 单独制动手柄实施；均衡风缸（ER）控制可通过 EBV 自动制动手柄获得。列车管压力被投入并随从均衡风风缸压力变化。当自动制动手柄移动到运转位，ER 和 BP 将加压到空气制动设置中确定的 ER 设定压力。同时可进行列车管补风/不补风功能选择。在补风状态，如果列车管有泄漏，总风将会自动给列车管充风到均衡风缸的压力；在不补风状态，自动制动手柄在制动区，如果列车管有泄漏，总风将不会自动给列车管补风。具体操纵如下：

如果有重联机车，在对本务机车进行设置前，确保其他机车在补机状态。

（1）本机机车制动显示屏默认的是当前的空气状态。

（2）将自动制动阀手柄置运转位（确保紧急作用不会发生），单独制动阀手柄置全制动位。

（3）司机控制器手柄可置任何位置。

（4）从制动显示屏选择 F3 键“电空制动”，机车当前的设置信息显示在制动屏消息栏中。如果再选择其他对应的按键，机车对应的改变设置信息也会显示在制动屏消息栏中（字体为淡灰色）。

（5）按压 F4 键“操纵端/非操纵端”，选择“操纵端”。

（6）按压 F5 键“投入/切除”，选择“投入”。

（7）根据需要设置补风或不补风状态。

（8）按压 F1 键“执行”，制动系统设置到了本机状态。

（9）按压 F3 键“电空制动”检查均衡风缸的压力，500 kPa 或 600 kPa。

（10）如需调整均衡风缸压力，按压 F3 键“其他”进入下一菜单，选择 F5 键“增加 10 kPa/减少 10 kPa”来调整均衡风缸的设定压力。

（11）按压 F8 键“退出”，显示屏恢复到默认状态。观察列车管压力上升到均衡风缸的设定压力（BP 等于（ER ± 7）kPa）。

在本机状态，单独制动和自动制动作用均可实施。

2. 单机设置

单独制动控制可通过 EBV 单独制动手柄得到，ER 控制可通过 EBV 自动制动手柄获得。

列车管压力被切除，不被均衡风缸压力控制。机车制动作用和缓解作用仍可根据列车管压力减少和增加而变化。具体操纵如下。

（1）制动显示屏默认显示的是当前的空气设置状态。

（2）将自动制动阀手柄置运转位（确保紧急作用不会发生），单独制动阀手柄置全制动位。

（3）将换向手柄置中立位。

（4）从制动显示屏选择 F3 键“电空制动”，一个当前的设置信息将在消息栏中显示。

（5）按压 F4 键“操纵端/非操纵端”，选择“操纵端”。

（6）按压 F5 键“投入/切除”，选择“切除”。

（7）按压 F1 键“执行”，制动系统设置到了补机状态。

在单机状态，单独制动作用可以单独制动阀手柄实施，自动制动作用被切除。但通过自动制动手柄紧急作用仍可实施。

3. 补机设置

均衡风缸排大气。列车管压力被“切除”，不受均衡风缸压力控制。EPCU 将对 EBV 手柄移动不响应，仅当自动制动手柄被移动“紧急位”产生紧急作用。机车的制动、缓解作用通过平均管来控制。具体操纵如下：

（1）确保司机控制器手柄在零位。

（2）移动单独制动手柄到“全制动”位，自动制动手柄到“重联”位。

（3）从制动显示屏选择 F3 键“电空制动”，一个当前的设置信息将在消息栏中显示。

（4）按压 F4 键“操纵端/非操纵端”，选择“非操纵端”。

（5）按压 F1 键“执行”，制动系统设置到了补机状态。

（6）确保列车管、总风管、平均管各端部软管均连接。

（7）开通列车管、总风管、平均管各端部塞门。

在补机状态，单独制动作用和自动制动作用均被切除。此模式下自动制动手柄的紧急作用仍然有效，如果 30 s 对屏幕无操作，LCDM 显示屏将进行屏保。

4. 操作注意事项

（1）牵引客运列车，只需将列车管定压调为 600 kPa，严禁在制动系统显示屏上进行客/货转换。显示屏上只允许设置为“货车”。

注：有些 CCBⅡ制动系统设置为客车模式时，不补风功能失效。

（2）禁止在“补机”状态下进行任何牵引作业。

（3）在现有条件下，制动系统显示屏上严禁设置为“补风”，只能设置为“不补风”。

注：制动机上电默认为“补风”，开车前必须转换为“不补风”。

（4）出现列车管突然放风或监控装置惩罚动作时，应将大闸手柄置“紧急”或“抑制”位，按显示屏消息框的提示进行操作。

（5）如按压【F3】键查询符合以上规定的，按压【F8】键退回。如不符合以上规定的，根据显示屏上提示进行调整。调整好后注意按压【F1】键确认、执行。

4.7.2 CCBⅡ制动机试验

CCBⅡ制动机试验

1. 试验前的准备工作

（1）制动显示屏初始化显示正常，模式设置为本机、货车、不补风、管压 500 kPa（客车 600 kPa）。必须设置停车制动或在车轮下放置止轮器以防止机车移动，缓解弹停装置，确认弹停指示灯熄灭，弹停指示灯绿色。

（2）确认机车总风缸风压不小于 750 kPa，均衡风缸、制动管压力 500 kPa，制动缸压力为 0。

（3）检查总风缸截断塞门（A24）打开，总风缸 2 个排水塞门（A12）关闭。

（4）检查制动系统两端制动管塞门（B81）关闭，两端总风塞门（B80）关闭，两端平均管塞门（B82）关闭，紧急制动模块上制动缸截断塞门（Z10.22）打开。

（5）确认自动制动阀手柄在“重联”位，单独制动阀手柄在“运转”位。

2. CCBⅡ制动机“五步闸”试验方法

CCBⅡ制动机“五步闸”试验方法如表 4-7-1 所示。

表 4-7-1　CCB Ⅱ制动机“五步闸”试验方法（制动管定压 500 kPa）

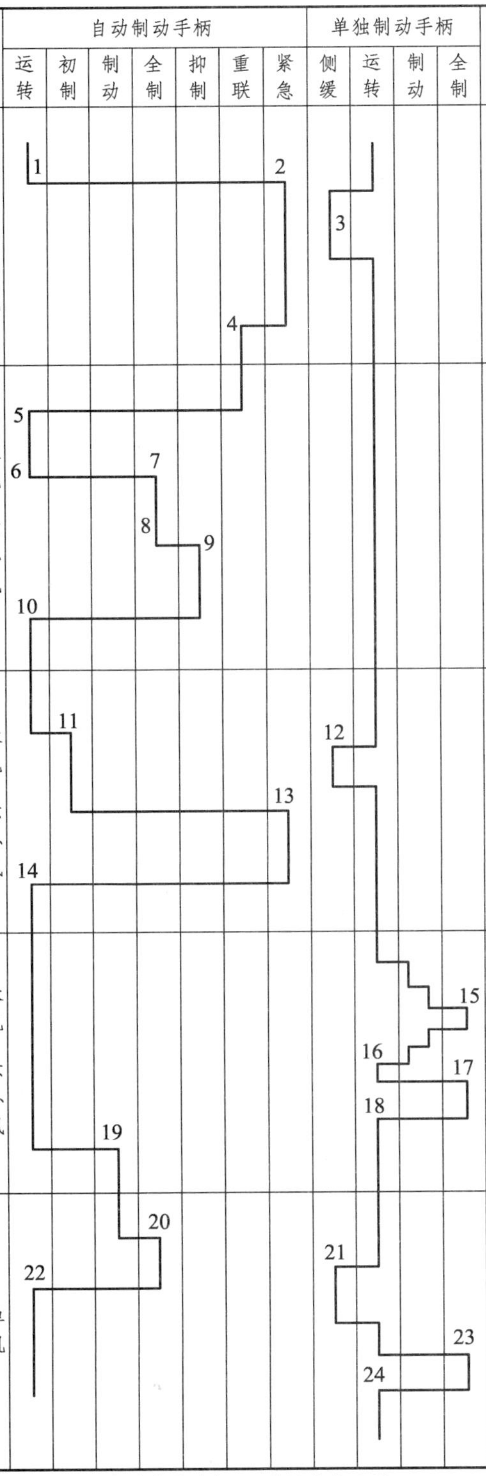

步骤	设置	检查内容
1	本机/不补风	1. 总风压力750~900 kPa，制动缸压力0，均衡风缸压力500 kPa，列车管压力500 kPa； 2. 列车管压力在3 s内降为0，制动缸在3~5 s内升至200 kPa，并继续增压至450 kPa，均衡风缸压力降为0，紧急制动倒计时60 s开始； 3. 制动缸压力下降为0，手柄复位后制动缸压力恢复； 4. 60 s倒计时结束后操作，列车管、均衡风缸、制动缸压力不变
2	本机/不补风	5. 均衡风缸增压至500 kPa，列车管增压至480 kPa不大于9 s，制动缸压力下降为0； 6. 等60 s使系统各风缸充满风； 7. 均衡风缸在5~7 s减压到360 kPa，列车管减压到均衡风缸压力±10 kPa，制动缸6~8 s增压到360 kPa； 8. 保压1 min，均衡风缸压力泄漏不大于7 kPa，列车管压力泄漏不大于10 kPa，制动缸压力变化不大于25 kPa； 9. 各压力无变化； 10. 均衡风缸增压至500 kPa，列车管压力500 kPa，制动缸压力下降为0
3	本机/不补风	11. 充满风后，均衡风缸减压50 kPa，列车管减压到均衡风缸压力的±10 kPa，制动缸增压到70~110 kPa； 12. 制动缸压力下降为0，手柄复位后制动缸压力不恢复； 13. 均衡风缸以常用制动速率降为0，列车管减压至55~85 kPa后保持，制动缸增压至450 kPa； 14. 均衡风缸增压至500 kPa，列车管压力500 kPa，制动缸压力下降为0
4	本机/不补风	15. 阶段制动，制动缸压力阶段上升，全制动制动缸压力300 kPa； 16. 阶段缓解，制动缸压力阶段下降，运转位制动缸压力下降为0； 17. 制动缸在2~3 s上升到280 kPa，最终为300±15 kPa； 18. 制动缸压力在3~5 s降到35 kPa以下； 19. 均衡风缸减压100 kPa，列车管减压到均衡风缸压力的±10 kPa，制动缸增压到230~250 kPa
5	单机	20.均衡风缸减压140 kPa，列车管压力保持不变，制动缸压力保持不变； 21. 制动缸压力下降为0，手柄复位后制动缸压力不恢复； 22. 均衡风缸增压至500 kPa，列车管压力保持不变，制动缸压力保持不变； 23. 制动缸压力在2~3 s上升到280 kPa，最终为300 kPa； 24. 制动缸压力在3~5 s降到35 kPa以下

注：试验完毕，机车恢复本机/不补风状态设置。

【任务评价】

序号	评价内容	评价标准	分值
1	能正确进行 CCBⅡ制动机模式设置	模式设置完全正确	5
		部分模式设置错误	3
		设置错误或不会设置	0
2	能在 CCBⅡ制动机试验台进行制动机试验	试验完整、正确	5
		试验部分错误	3
		试验不正确或不会进行试验	0
得分			

任务 4.8　CCBⅡ制动机操作

【任务目标】

1. 知识目标

（1）熟悉 CCBⅡ制动机换端操作步骤。

（2）熟悉 CCBⅡ制动机机车无火回送的操作步骤。

（3）熟悉 HXD3C 型电力机车制动机常见应急故障处理。

2. 素质目标

（1）培养遵章守纪、严谨的工作作风，促进学生职业素养的养成。

（2）具备自主学习能力，培养分析能力，善于总结经验并进行创新。

（3）能完成团队分配的工作，承担团队成员的角色和责任。

3. 能力目标

（1）能正确进行 CCBⅡ制动机换端操作。

（2）能正确进行机车无火回送操作。

（3）能进行 CCBⅡ制动机常见应急故障处理。

【相关知识】

4.8.1　CCBⅡ制动机换端操作

换端前机车必须处于制动停车状态。换端作业时小闸置于“全制动位”，大闸放置

“重联位”，并插上锁闭插销，确认闸缸压力达到 300 kPa 以上，换向手柄 0 位取出，断开空压机、断主断、降弓、断开电钥匙并拔出。换端后，大闸需在抑制位停留 2 s 以上再置“运转位”，大、小闸均置“全制动位”，进行操纵端“本机位”设置。机班人员共同确认“本机位”’设置无误后，升弓、合主断、合空压机，动车前必须进行大、小闸制动试验。动车后，速度达到 2 km/h 按照规定试闸。

CCBⅡ型制动机换端作业卡死制度：严禁在走行中进行设置，严禁在设置为“补机位”的司机室进行牵引操纵，严禁在制动机完成设置前升弓、合闸，严禁大闸、小闸未在全制动位进行制动机设置，严禁换端后不进行大、小闸静态制动试验盲目动车，严禁换端中处理故障或做其他工作。

4.8.2 机车无动力回送操作

1. 车上操作

（1）单独制动手柄置运转位，自动制动手柄置重联位。

（2）制动系统断电。

（3）将 ERCP 上的无动力回送塞门转到投入位。

（4）关闭塞门 A10（Ⅰ、Ⅱ总风缸间）。

（5）排放总风缸压力空气至 250 kPa 以下。

（6）关闭弹簧停放制动控制截断塞门 B40.06，应有排风现象。

2. 车下操作

（1）打开端部平均管塞门。

（2）连接制动软管，缓慢开放折角塞门，等待制动管压力升至定压。

（3）确认停放指示器为红色，制动指示器为绿色，手动缓解停放制动单元，并确认夹钳已缓解。

（4）本务机车进行制动与缓解操作，并确认无动力机车与本务机车制动状态一致。

4.8.3 CCBⅡ制动系统操作运行注意事项

（1）始发站 CCBⅡ制动机设置正确后，运行中严禁随意更改设置（作业需要及处理故障除外）。

（2）运行中注意观察信息提示框流量模块和各仪表显示状态。如果发现有异常流量或者机车制动缸非正常上闸时，应及时检查确认。

（3）空气制动系统故障以及监控装置实施的放风均会造成机车惩罚制动，此时均衡风缸将以常用速度排到零，这是一个不可抑制的惩罚制动。

当满足下列所有条件时惩罚制动才能消除：引起惩罚制动的原因必须按照提示消除，特别注意监控装置放风后，必须视情况实施解锁（实行常用制动时必须停车后按压【缓解键】；防溜自停按压【警惕键】），大闸手柄放抑制位停留 1 s。在运行途中一旦产生惩罚制动必须停车，不得擅自强行缓解，以防引发安全事故。

（4）遇制动机失电停车后，再次上电时必须重新确认显示屏设置是否正确。

（5）运行中长时间不对此装置进行操纵，显示屏将出现黑屏，只要按压任意键就可消除。

（6）紧急制动（大闸置紧急位、监控装置实施自停动作、警惕报警装置动作、列车发生紧急制动）后大闸在“紧急制动位”停放 60 s，并且观察制动机显示屏显示，根据其提示进行操作。

（7）担当第二位重联运行时，CCBⅡ制动系统设定为单机．此时若本务机车或车列发生紧急制动后，大闸手柄也要放“紧急位”60 s 消除紧急制动，再放回“重联位”。注意当机车故障需要加挂运行，不能升弓打风时，须按无动力回送处理。

4.8.4 HXD_{3C} 型电力机车制动机常见故障处理

1. 故障处理时注意事项

（1）故障处理前，必须将主手柄及换向手柄置 0 位，断开主断路器。

（2）确认需要断开蓄电池自动开关 QA63 之前，应正确处理好监控装置的操作。

2. 制动机常见应急故障处理

（1）机车发生惩罚制动故障

① 监控装置常用制动引起的惩罚制动，应将自动制动手柄置于抑制位 1 s 以上并缓解监控装置常用制动。

② 操纵端处理无效，确认“M-IPM”上 CPU OK 指示灯为绿色显示时，换端操纵维持进站。

（2）大闸运转位，列车制动管不充风

① 大闸手把置抑制位或重联位，等待“动力切除”消失后，回运转位充风。

② 大闸非常制动或列车分离、使用放风阀、使用紧急停车按钮后，列车制动管排为 0，大闸手把需在紧急位停留 60 s 后，再回运转位充风。

③ 如动力切除不消失，应在 LCDM 上按【F3】键，查看制动机设置信息，并确认设置为操缴端和投入状态。

【任务评价】

序号	评价内容	评价标准	分值
1	能正确进行 CCBⅡ制动机换端操作	操作完全正确	4
		操作部分错误	2
		操作完全错误或不会操作	0
2	能正确进行机车无火回送操作	操作完全正确	3
		操作部分错误	2
		操作完全错误或不会操作	0
3	能够进行 HXD_{3C} 型电力机车制动机常见故障处理	能够熟练进行故障处理	3
		故障处理不熟练	2
		不会进行故障处理	0
得分			

复习思考题

1. CCBⅡ制动系统具有哪些特点？
2. 制动柜主要包括哪些部件？
3. EBV 自动制动控制阀手柄有哪些位置？各位置的作用是什么？
4. 制动显示屏的作用是什么？
5. 如何在制动显示屏上进行制动模式操作？有何注意事项？
6. 集成处理器模块（M-IPM）的作用是什么？
7. 继电器接口模块（RIM/CJB）的作用是什么？
8. 电空控制单元（EPCU）的作用是什么？
9. 均衡风缸控制模块（ERCP）的作用是什么？
10. 制动管控制模块（BPCP）的作用是什么？
11. 13 控制模块（13CP）的作用是什么？
12. 16 控制模块（16CP）的作用是什么？
13. 20 控制模块（20CP）的作用是什么？
14. 制动缸控制模块（BCCP）的作用是什么？
15. DB 三通阀（DBTV）的作用是什么？
16. 如何进行本机/补机模式设置？
17. 简述制动机“无动力回送”的操作。
18. 画图并叙述 CCBⅡ制动机五步闸试验的操作步骤及要求。
19. 画出 CCBⅡ制动机控制关系原理框图。
20. 为何说严禁在设置为“补机位”的司机室进行牵引操纵？

项目 5

法维莱 Eurotrol 制动机检查与操作

项目描述

法维莱 Eurotrol 制动机是在 SAB WABCO 微机控制电空制动机基础上，为满足中国铁路要求开发出来的，符合 UIC 标准的新一代机车制动机。该制动机在正常工况时，通过微机控制制动管和机车制动缸压力实现列车的制动控制，在出现严重故障时，可将机车制动机转换到备用制动模式进行列车制动控制。Eurotrol 是制动机中的一个关键部件，也是法维莱 Eurotrol 制动机有别于其他机车制动机的标志性部件。

本项目以 HXD_{2C} 型电力机车上所使用的法维莱 Eurotrol 制动机为例，介绍法维莱 Eurotrol 制动机中各主要部件的构造及作用，在此基础上进行法维莱 Eurotrol 制动机气路的综合作用分析，能够在法维莱 Eurotrol 制动机试验台上进行制动机模式设置及制动机试验。

知识导图

法维莱Eurotrol制动机检查与操作

- 法维莱Eurotrol制动机的组成
  - 司机操纵台
    - 制动控制器
    - 制动显示屏
  - 空气制动柜
    - 制动控制单元
    - 司机制动阀
    - 电空模块
    - 分配阀模块
    - 转向架中继阀模块
    - 停放制动模块
    - 隔离模块
- 法维莱Eurotrol制动机综合作用分析
  - 自动制动
  - 直接制动
  - 停放制动
- 法维莱Eurotrol制动机设置及试验
  - 法维莱Eurotrol制动机设置
  - 法维莱Eurotrol制动机试验

任务 5.1　法维莱 Eurotrol 制动机认知

【任务目标】

1. 知识目标

（1）了解法维莱 Eurotrol 制动机的功能。

（2）熟悉法维莱 Eurotrol 制动机的组成。

（3）熟悉法维莱 Eurotrol 制动机的性能。

2. 素质目标

（1）培养学习新知识、新技术，勇于创新、开拓进取的意识。

（2）具备自主学习能力，培养分析能力，善于总结经验并进行创新。

（3）能完成团队分配的工作，承担团队成员的角色和责任。

3. 能力目标

（1）能识别法维莱 Eurotrol 制动机操纵台制动设备。

（2）能识别法维莱 Eurotrol 制动机制动柜设备。

【相关知识】

5.1.1　法维莱 Eurotrol 制动机功能

（1）复合制动功能，以确保空气制动和电制动的协调配合，电制动优先。

（2）阶段制动、阶段缓解和一次缓解功能。

（3）紧急制动的功能。

（4）无动力回送功能。

（5）备用制动功能。

（6）重联控制功能。

（7）断钩保护功能。

5.1.2　HXD_{2C} 型电力机车制动模式

HXD_{2C} 型电力机车具有空气制动、电制动及空电联合制动功能。

（1）电制动可以通过自动制动手柄或牵引/制动手柄施加，如果同时施加，执行较高者的电制动要求。

（2）当司机通过使用自动制动手柄实施常用制动操作时，机车将根据制动管的减压量给出电制动，以代替机车的空气制动，而列车中的车辆仍然根据制动管的减压实施空气制动。如果机车电制动失效，恢复自动制动手柄的空气制动。

（3）机车能够控制空气制动和电制动的互锁，使电制动与自动制动产生的空气制动不能同时施加。实施电制动时，机车控制单元发出一个信号给制动控制单元，机车制动缸压力将通过一个电磁阀得电排出制动缸的预控压力而使机车制动缸缓解。

（4）机车根据单独制动手柄实施空气制动，在制动缸压力小于 90 kPa 时，机车电制动和空气制动叠加，当制动缸压力大于 90 kPa 时，电制动切除，机车实施空气制动。

（5）在速度不大于 5 km/h，电制动的制动力降低且被空气制动力取代。

（6）实施紧急制动时，机车仅施加空气制动。

5.1.3　法维莱 Eurotrol 制动机的组成

法维莱 Eurotrol 制动机的组成部分主要集中在司机操纵台和空气制动柜内。下面以 HXD_{2C} 型电力机车为例进行介绍。

5.1.3.1　司机操纵台

司机操纵台上主要有司机制动控制器、空气紧急制动按钮、制动管/总风压力表、制动缸压力表、制动显示屏、停放制动施加与缓解按钮、电控紧急制动按钮，司机室后墙上有车长阀。法维莱 Eurotrol 制动机操纵台制动部件布置如图 5-1-1 所示。

1—司机制动控制器；2—空气紧急制动按钮；3—制动管/总风压力表；4—制动显示屏；5—制动缸压力表；6—机车显示屏；7—停放制动施加/缓解按钮。

图 5-1-1　法维莱 Eurotrol 制动机操纵台制动部件布置图

5.1.3.2　空气制动柜

为方便安装与维修，法维莱 Eurotrol 制动机采用阀类与电器部件集中安装的方式，主要部件集中在制动柜上，法维莱 Eurotrol 制动机制动柜如图 5-1-2 所示。

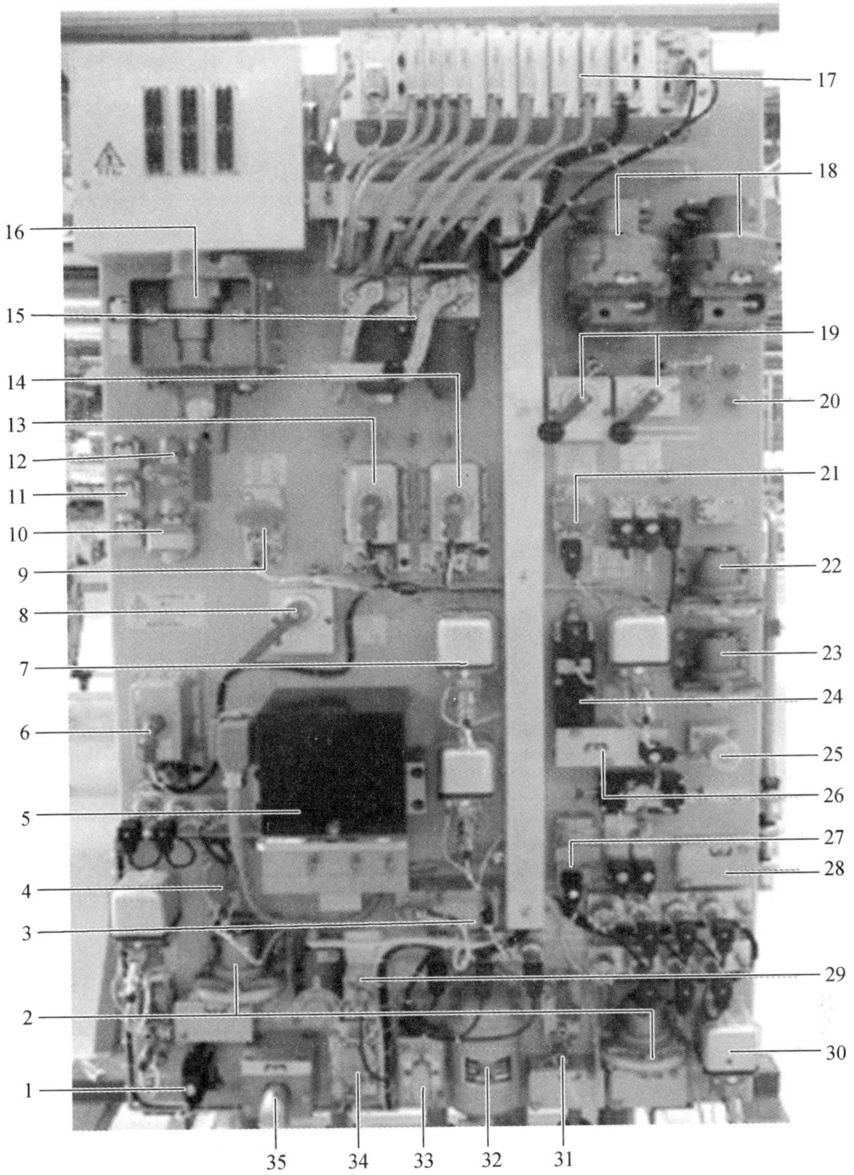

1—传感器；2—转向架中继阀；3—司机制动阀隔离模块；4—备用制动转换塞门；5—司机制动阀；6—备用制动电空模块；7—电磁阀；8—平均管重联隔离阀；9—一次/阶段缓解塞门；10—控制风缸中继阀；11—控制风缸单向阀；12—控制风缸止回阀；13—转向架制动电空模块；14—直通制动电空模块；15—分配阀制动管总风隔离塞门；16—分配阀；17—制动控制单元（BCU）；18—中继阀和无火中继阀；19—无动力塞门和重联塞门；20—压力测试口；21—单独（小闸）隔离塞门；22—单独（直接）制动中继阀；23—平均管中继阀；24—平均管电磁阀；25—减压阀；26—停放制动双稳态阀；27—停放制动隔离塞门；28—停放双向阀；29—流量计；30—电磁阀；31—制动缸隔离塞门；32—过滤器；33—总风隔离塞门；34—紧急隔离塞门；35—紧急排风阀。

图 5-1-2　法维莱 Eurotrol 制动机制动柜

5.1.4　法维莱 Eurotrol 制动机的性能

法维莱 Eurotrol 制动机具有良好的灵活性和适用性，其主要性能如表 5-1-1、表 5-1-2 所示。

表 5-1-1　单独制动性能

序号	项目	技术要求
1	全制动时制动缸最高压力（kPa）	300
2	制动缸压力由 0 升至 280 kPa 的时间（s）	2 ~ 4
3	缓解位，制动缸由 300 kPa 降至 40 kPa 的时间（s）	3 ~ 6

表 5-1-2　自动制动性能（制动管定压 500 kPa）

序号	项目	技术要求
1	初制动制动管减压量（kPa）	40 ~ 50
2	初制动，制动缸压力上升至（kPa）	70 ~ 110
3	运转位，制动管压力由 0 上升至 480Pa 的时间（s）	≤9
4	常用全制动最大减压量（kPa）	140
5	常用全制动时，均衡风缸减压至最大减压量的时间（s）	6 ~ 8
6	常用全制动制动缸最大压力（kPa）	360 ± 10
7	紧急位，制动管由定压排至 35 kPa 的时间（s）	≤3
8	紧急位，制动缸最大压力（kPa）	450 ± 10
9	紧急位，制动缸压力升至 400 kPa 的时间（s）	≤3

【任务评价】

序号	评价内容	评价标准	分值
1	能够阐述 HXD_{2C} 型电力机车制动的特点及制动模式	阐述完全正确	3
		阐述不完整	2
		阐述错误	0
2	能识别法维莱 Eurotrol 制动机操纵台制动设备	能够正确识别	3
		部分部件识别错误	2
		识别错误或不能识别	0
3	能识别法维莱 Eurotrol 制动机制动柜设备	能够正确识别	4
		部分部件识别错误	2
		识别错误或不能识别	0
得分			

任务 5.2　法维莱 Eurotrol 制动机构成分析

【任务目标】

1. 知识目标

（1）熟悉法维莱 Eurotrol 制动机主要部件的组成及作用。

（2）熟悉法维莱 Eurotrol 制动机主要部件的控制原理。

2. 素质目标

（1）培养遵章守纪、严谨认真的工作作风，促进职业素养的养成。

（2）具备自主学习能力，培养分析能力，善于总结经验并进行创新。

（3）能完成团队分配的工作，承担团队成员的角色和责任。

3. 能力目标

（1）能够认知法维莱 Eurotrol 动机主要部件的结构组成。

（2）能够根据法维莱 Eurotrol 制动机主要部件的结构，分析其作用原理。

【相关知识】

法维莱 Eurotrol 制动机主要由制动控制器、制动显示屏、司机制动阀、作用阀模块、制动控制单元、备用制动模块、直通制动模块、停放制动模块、流量计、分配阀和中继阀等组成。

5.2.1　制动控制器

制动控制器是产生制动控制信号的装置，其信号是数字信号，直接送入司机制动阀，从而使制动机产生需要的制动与缓解功能。每个司机室装有一个制动控制器，制动控制器包括自动制动控制器和直通制动控制器，它是一个集成在一起的制动操纵装置。左侧是自动制动控制器，俗称大闸；右侧是直通制动控制器，俗称小闸。图 5-2-1 所示为制动控制器外观，自动制动控制器与直通制动控制器各位置的作用如下：

图 5-2-1　制动控制器外观

（1）自动制动控制器（大闸）

自动制动控制器（大闸）有 6 个位置。

① 运转位（RUN） 手柄置于该位置则制动管充风至 500 kPa 或 600 kPa，并使制动管保持在该压力值。

② 初制位（MIN） 手柄置于该位置则实施初制动（制动管减压 50 kPa）。

③ 全制动位（FS） 手柄置于该位置则制动管减压至 360 kPa（定压 500 kPa）或 430 kPa（定压 600 kPa），实施最大常用全制动。

如果手柄置于初制位和全制动位之间，则根据其位置关系，制动管将按照对应比例减压。

④ 抑制位（SUP） 安全设备清除惩罚制动后，司机操作大闸执行缓解均衡风缸 RE 的压力。缓解时必须把大闸推至抑制位（SUP）保持 1 s 以清除惩罚制动，然后推至运转位，这样制动控制单元（BCU）才能接收缓解指令。

当启用备用制动模式时，必须把大闸手柄推至 SUP 位以确认备用制动启用，此时 EPM 备用制动模块开始工作。

⑤ 重联位（MU） 在激活端司机室，把大闸手柄推至抑制位（SUP）和重联位（MU）之间时，制动管将在最大减压量和 0 kPa 之间按比例减压；当手柄推至重联位（MU）时，制动管减压至 0 kPa。

⑥ 紧急位（EMER） 该位置产生紧急制动，紧急制动位既有位置传感器也有微动开关信号串联安全环路，产生紧急制动同时将制动管通大气。

制动控制器（大闸）的编码器根据相应位置不同发送信号给 BCU 来控制司机制动阀（Eurotrol），在其内部还存在另一个编码器用作备用制动。

（2）直通制动控制器（小闸）

直通制动控制器（小闸）有 3 个位置：

① 运转位（RUN） 用于缓解机车制动缸。

② 最大制动位（FULL） 用于产生机车制动缸的最大制动压力 300 kPa，在运转位和最大制动位之间则（按照比例）产生相应的制动和缓解。

③ 单缓位（BAIL） 将小闸扳至侧面则产生单独缓解指令，此时机车的常用制动将被隔离，但是直通制动不隔离。

直通制动控制器（小闸）的编码器根据相应位置发送不同信号来控制直通制动模块。

5.2.2 制动显示屏

制动显示屏有中、英文两种界面，通过操作可进行转换，如图 5-2-2 所示。显示屏为制动控制人机界面，实时显示均衡风缸、制动管、总风、制动缸压力，以及流量等信息，通过下方 8 个功能键可对制动机的控制模式进行设置，其操作方法与 CCBⅡ制动机显示屏类似。

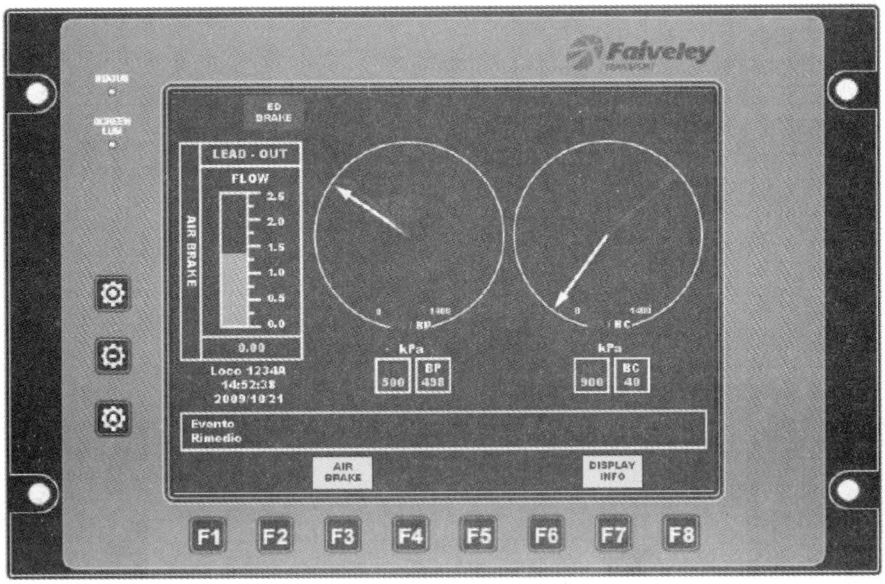

图 5-2-2　制动显示屏

5.2.3　制动控制单元

制动控制单元（BCU）对司机制动阀进行控制。BCU 通过 MVB 连接到列车计算机，通过 CAN 总线连接到各 EPM 模块。根据自动制动控制器的制动指令，BCU 计算均衡风缸 RE 压力，然后通过电磁阀和压力传感器闭环控制得到需要的均衡风缸 RE 压力，再控制其他模块，实现制动与缓解功能。

5.2.4　司机制动阀

司机制动阀（Eurotrol）从 BCU 接收输入信号控制均衡风缸压力，然后调整制动管压力，进而控制列车缓解及制动。司机制动阀外形如图 5-2-3 所示。其主要包括减压阀、缓解阀、中立阀、中继阀、压力传感器、快速缓解阀等部件。司机制动阀工作原理为通过缓解电磁阀 VE（DG）和制动电磁阀 VE（SG）控制均衡风缸 RE 压力，进而控制中继阀 Q（P）CG 的开闭而达到对制动管压力的控制，通过制动管压力的变化，最终发出对列车实施制动和缓解的操作指令。司机制动阀原理如图 5-2-4 所示。

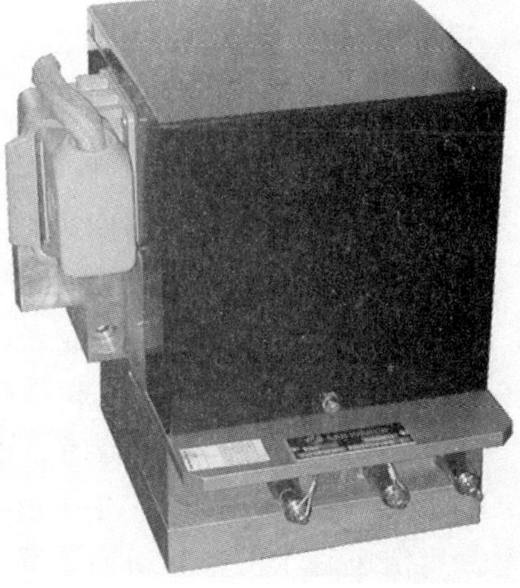

图 5-2-3　司机制动阀外形

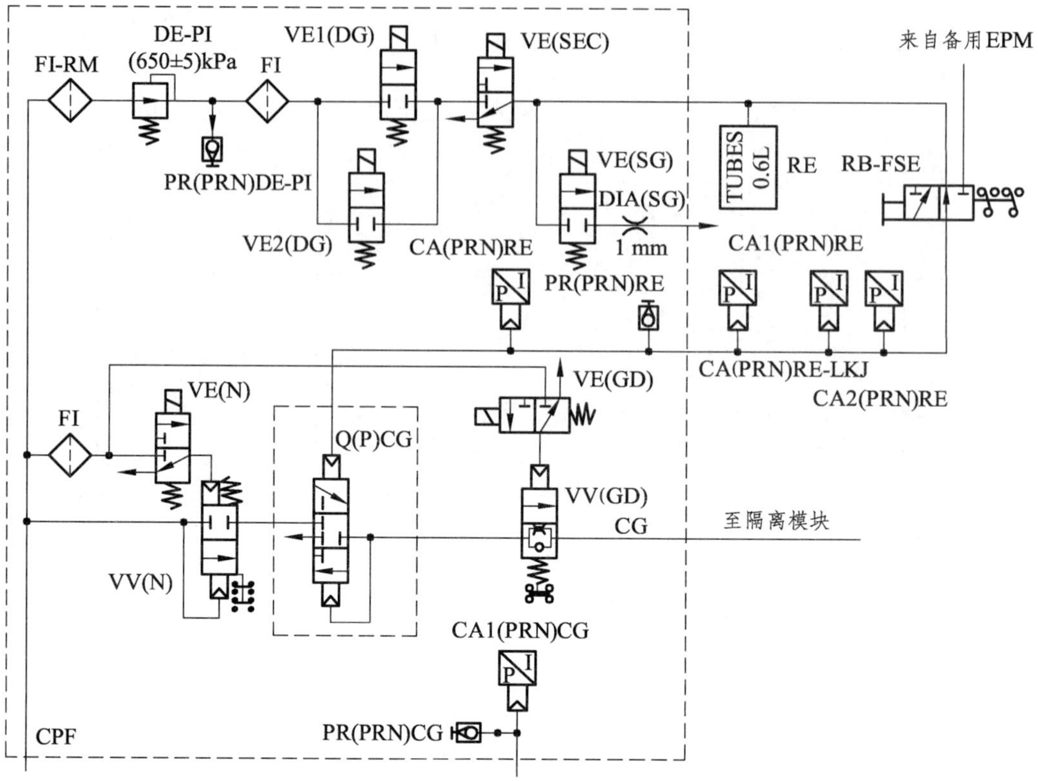

图 5-2-4　司机制动阀原理图

1. 组　成

1）减压阀 DE-PI

司机制动阀通过 CPF（总风经总风过滤器后管路）与风源相连，过滤器 FI-RM 后装有减压阀 DE-PI，它将总风压力降至（650 ± 5）kPa 的范围内，以避免过高的压力作用于中继阀。

2）电磁阀 VE1（DG）、VE2（DG）、VE（SEC）和 VE（SG）

这些电磁阀用于控制均衡风缸 RE 压力，它们均受 BCU 控制。

电磁阀 VE（SEC）常用制动和缓解时得电，使其他电磁阀能够顺利控制均衡风缸 RE 的压力变化。当紧急制动或者电源发生故障时，该电磁阀将失电，从而使均衡风缸 RE 压力始终排向大气，并且均衡风缸 RE 不可能再充气。

当电磁阀 VE（SG）故障时，电磁阀 VE（SEC）也可作为冗余。

电磁阀 VE1（DG）和 VE（SG）确保对均衡风缸 RE 的控制。电磁阀 VE1（DG）得电，均衡风缸 RE 压力增加（制动后缓解）；电磁阀 VE（SG）失电，均衡风缸 RE 压力降低（制动）；当电磁阀 VE1（DG）发生故障时，VE2（DG）电磁阀作为其冗余。

3）中立阀 VV（N）

中立阀 VV（N）集成于司机制动阀，它由电磁阀 VE（N）控制，用以切断中继阀 Q（P）CG 的供风源。

4）中继阀 Q（P）CG

通过中继阀 Q（P）CG 向 CG（制动管）供风，最终其压力与均衡风缸 RE 压力相同。在此，中继阀实际上起到了容量和流量放大的作用。

5）压力传感器 CA（PRN）RE 和 CA1（PRN）CG

对应于 0～1 000 kPa 压力范围，压力传感器输出 4～20 mA 的电流信号。BCU（制动控制单元）读取压力传感器的电信号。

BCU 通过压力传感器 CA（PRN）RE 读取并调节均衡风缸 RE 压力。

压力传感器 CA（PRN）CG 用以监控 CG（制动管）压力。

6）快速缓解阀 VV（GD）

电磁阀 VE（GD）控制快速缓解阀 VV（GD），压缩空气通过自动绕过节流孔，快速给 CG（制动管）充气。BCU（制动控制单元）读取连接于快速缓解阀 VV（GD）的微动开关的信息，进而诊断其位置状态。

2. 作用原理

1）紧急制动

电磁阀 VE（SEC）失电，均衡风缸 RE 快速通大气，均衡风缸压力为零。通过中继阀 Q（P）CG 使 CG（制动管）压力也为零。实际上紧急制动时制动管压力都是在司机制动阀外部快速排向大气，此时将均衡风缸 RE 压力快速通大气也是对中继阀 Q（P）CG 的一种保护，即防止其活塞膜板的撕裂。

2）缓　解

电磁阀 VE（SEC）、VE1（DG）得电，CPF（总风管）压缩空气经 FI-RM 过滤后，再经减压阀 DE-PI 限压后向均衡风缸 RE（0.6 L）充风。根据压力传感器 CA（PRN）RE 返回的信号，决定电磁阀 VE1（DG）得电时间的长短。当均衡风缸 RE 被充风到规定压力值时，BCU 发出指令使电磁阀 VE1（DG）失电，均衡风缸 RE 得到规定的压力而保压。

中继阀 Q（P）CG 根据均衡风缸 RE 的压力值，在下述两种情况下使制动管得到与均衡风缸 RE 相等的压力。

（1）正常充风缓解

电磁阀 VE（GD）失电，VV（GD）不动作，总风缸通过充风节流孔向制动管充风。

（2）快速充风缓解

电磁阀 VE（GD）得电，VV（GD）动作，总风缸通过比较大的孔径直接快速向制动管充风。

3）制　动

电磁阀 VE（SEC）得电，VE（SG）得电，均衡风缸 RE 经过 DIA（SG）排向大气。根据压力传感器 CA（PRN）RE 返回的信号，决定 VE（SG）得电时间的长短。当均衡风缸 RE 减压到控制要求压力值时，BCU 发出指令使电磁阀 VE（SG）失电，使均衡风缸 RE 停止排风而保压。

在均衡风缸 RE 减压后保压时，根据制动机处于补风还是不补风状态，有如下两种方式。

（1）补风　电磁阀 VE（N）失电，VV（N）开通总风管至中继阀 Q（P）CG 的通路，使制动管有供风风源。这样在制动管泄漏时，因为均衡风缸 RE 压力不变，可随时通过中继阀 Q（P）CG 向制动管充风，使制动管动态保压。

（2）不补风　当制动机要求制动后不补风时，BCU 使电磁阀 VE（N）得电，电磁阀 VV（N）动作，关闭总风管至中继阀 Q（P）CG 的通路，使制动管失去供风风源。此时制动管泄漏时，就不能再被补风。

4）保　压

由缓解、制动状态下气路分析可知，当电磁阀 VE（SEC）得电，电磁阀 VE1（DG）和 VE（SG）失电时，均衡风缸 RE 既不通总风缸，也不通大气，均衡风缸 RE 压力保持不变。

在缓解状态下，电磁阀 VE（N）不会得电，制动管始终保持与均衡风缸 RE 压力相等。

在制动后保压时，根据制动机的要求，当制动机补风时，制动管的泄漏可以得到补充，制动管始终保持与均衡风缸 RE 压力相等；当制动机不补风时，制动管的泄漏不能得到补充，制动管不能保持与均衡风缸 RE 压力相等（如果制动管没有发生泄漏，则制动管与均衡风缸 RE 的压力仍然相等）。

5.2.5　作用（排气）阀模块

1. 组　成

作用阀模块由一个安全装置先导控制的电磁阀 VE-URG1，BCU 控制的电磁阀 VE-URG2，一个紧急压力开关 MA-URG1，一个中继阀 Q（ECH）URG 和一个塞门 RB（IS）Q（ECH）URG 组成，用于紧急制动时快速排出 CG 压缩空气。RB（IS）Q（ECH）URG 塞门用于在故障情况下将模块隔离。作用阀模块的原理如图 5-2-5 所示。图中 CP 为总风管，CG 为制动管。

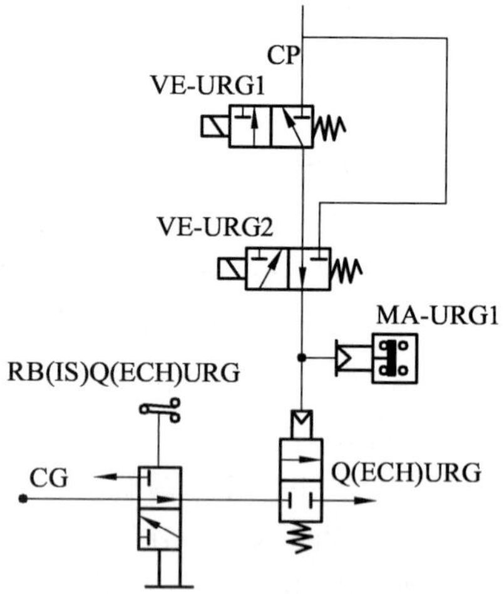

图 5-2-5　作用阀模块原理图

2. 作用原理

（1）当 BCU 控制实施紧急制动时，电磁阀 VE-URG2 得电，CP 压缩空气到达中继阀控制压力处，使其动作，将 CG 过来的压缩空气经动作的中继阀 Q（ECH）URG 迅速排出。

（2）当 BCU 控制没有做紧急制动时，电磁阀 VE-URG2 失电。此时，如果安全装置先导控制电磁阀 VE-URG1 得电，则 CP 先经电磁阀 VE-URG1，再经失电的电磁阀 VE-URG2 到达中继阀 Q（ECH）URG 控制压力处，使其动作，将 CG 过来的压缩空气经动作的中继阀 Q（ECH）URG 迅速排出。

（3）在正常常用制动与缓解情况下，电磁阀 VE-URG1、VE-URG2 均失电，中继阀 Q（ECH）URG 无控制压力，不动作，制动管压力在此不变化。

5.2.6 电空模块

电空模块（EPM），又称电子分配阀，电空模块是比例调节阀，用于将从 BCU 接收的数字压力值转换为相应的气动压力。实现相应气动压力的数字化闭环控制。EPM 由 BCU 经 CANopen 信号控制。电空模块外形如图 5-2-6 所示：

图 5-2-6 电空模块外形

电空模块包括三个模块，即备用制动电空模块（EPM-FSE）、直通制动电空模块（EPM-FD）、转向架制动电空模块（EPM-DISTR）。

5.2.6.1 备用制动电空模块

备用制动电空模块（EPM-FSE），当制动系统发生重大故障时[BCU 或司机制动阀（Eurotrol）故障]时，将备用制动切换塞门转至备用位，制动系统的控制就转为备用制动模式，备用制动电空模块作为冗余控制 RE-FSE（备用制动均衡风缸）。备用制动电空模块由软件控制，模块提取大闸信号进行控制。

1. **组　成**

（1）减压阀 DE-PI-EPM。

减压阀 DE-PI-EPM 将总风压力降至（650 ± 10）kPa 的范围内，以防止备用制动均衡风缸 RE-FSE 压力过高。

（2）电磁阀 VE1-EPM-FSE、VE2-EPM-FSE。

这两个电磁阀用于控制备用制动均衡风缸 RE-FSE 压力，它们均受 BCU 控制。

（3）备用制动转换阀 RB –FSE。

备用制动转换阀有两个工作位置，正常位时通过司机制动阀（Eurotrol）控制中继阀 Q（P）CG，备用位时通过备用制动模块控制中继阀 Q（P）CG。

（4）压力传感器 CA（PRN）EPM-FSE、CA（PRN）RE -LKJ、CA1（PRN）RE、CA2（PRN）RE。

BCU（制动控制单元）通过压力传感器 CA1（PRN）RE、CA2（PRN）RE 读取并调节备用制动均衡风缸 RE-FSE 压力。

LKJ 监控装置通过压力传感器 CA（PRN）RE-LKJ 获得备用制动均衡风缸 RE-FSE 压力值。

CA（PRN）EPM-FSE 将备用制动电空模块中的压缩空气压力传送至 BCU。

2. 作用原理

备用制动电空模块原理如图 5-2-7 所示。

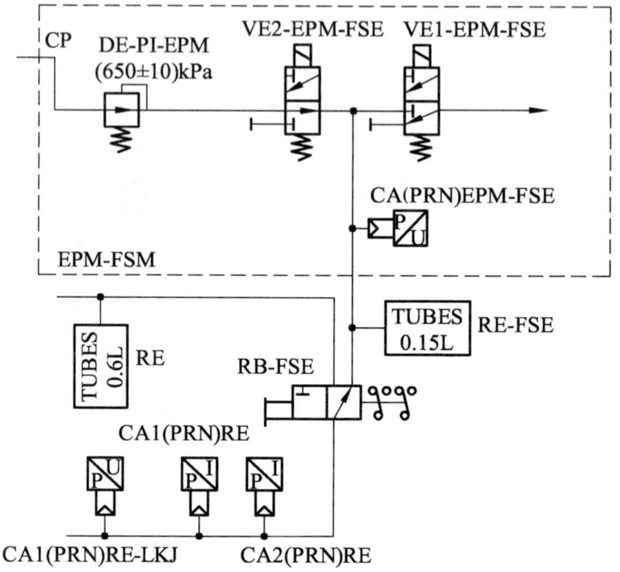

图 5-2-7　备用制动电空模块原理图

1）缓　解

电磁阀 VE1-EPM-FSE 常失电，电磁阀 VE2-EPM-FSE 得电，CP（总风管）压缩空气经过减压阀 DE-PI-EPM 减压为（650 ± 10）kPa，经电磁阀 VE2-EPM-FSE 得电打开的通路，再经备用制动转换阀 RB-FSE 进入备用制动均衡风缸 RE-FSE，作为中继阀 Q（P）CG 的控制压力。当压力传感器 CA（PRN）EPM-FSE、CA1（PRN）RE、CA2（PRN）RE 检测到备用制动均衡风缸 RE-FSE 压力达到控制要求时，使 VE2 -EPM-FSE 失电，备用制动均衡风缸 RE-FSE 压力值保持在规定值。

2）制　动

电磁阀 VE2-EPM-FSE 常失电，电磁阀 VE1-EPM-FSE 得电，备用制动均衡风缸 RE-FSE 压缩空气经过备用制动转换阀 RB-FSE，再经电磁阀 VE1-EPM-FSE 得电打开的通路排向大气。当压力传感器 CA（PRN）EPM-FSE、CA1（PRN）RE、CA2（PRN）RE 检测到备用制动均衡风缸 RE-FSE 压力达到控制要求时，使电磁阀 VE1-EPM-FSE 失电，备用制动均衡风缸 RE-FSE 通向大气的通路被切断，备用制动均衡风缸 RE-FSE 压力保持在规定值。

备用制动电空模块能够实现阶段制动和阶段缓解。在阶段制动和阶段缓解时，制动管压力变化可以 10 kPa 或更小的级差进行；当备用制动均衡风缸 RE-FSE 的风压达到某个值时，制动管的风压也维持该值。

5.2.6.2 直通制动电空模块

直通制动电空模块（EPM-FD）是控制风源直接向转向架制动缸供风的模块，在机车单独操纵或调车时使用。

1. 组　成

（1）减压阀 DE-FD 将 CP（总风管）来的压缩空气减压为（300 ± 10）kPa，确保直通制动时制动缸最高压力为（300 ± 10）kPa。

（2）VE1-FD、VE2-FD 这两个电磁阀用于控制制动缸先导压力（作用管压力）。它们的得、失电均受直通制动控制模块控制。

（3）直通中继阀 Q（P）FD 为大流量中继阀，通过它将 VE1-FD、VE2-FD 所控制的制动缸先导压力（作用管压力）进行转换为制动缸压力。

（4）压力开关 MA1-FD 为制动缸先导压力上升时的压力开关，动作值为（90 ± 10）kPa。MA2-FD 为制动缸先导压力下降时的压力开关，动作值为（20 ± 10）kPa。

（5）BCU 从压力传感器 CA（PRN）FD 读取并调节制动缸先导压力。

（6）当需隔离直通制动模块时，将直通制动隔离塞门 RB（IS）FD 打至隔离位。

2. 作用原理

直通制动电空模块原理如图 5-2-8 所示，直接制动的电磁阀由直接制动控制器直接控制。在失电状态下，向制动缸提供空气。故障时，直接制动的输出可由 RB（IS）FD 塞门进行隔离。先导气路中的最大压力值被 DE-FD 减压阀限制在（300 ± 10）kPa。

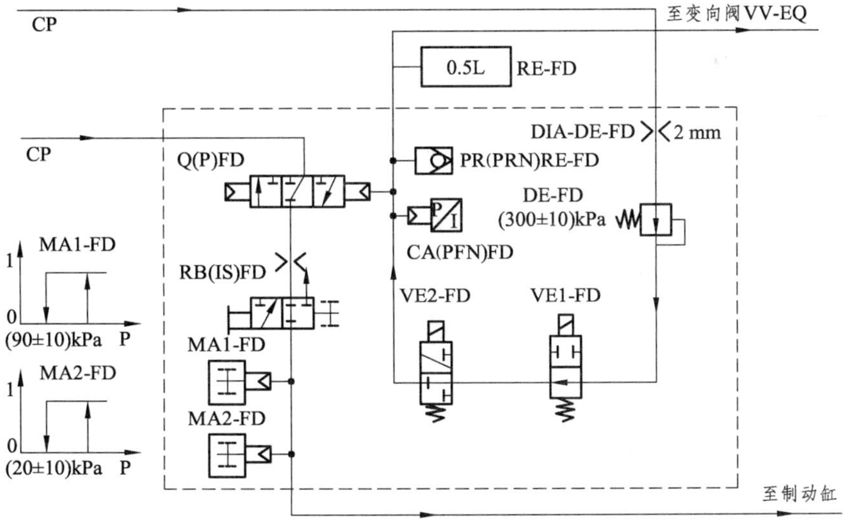

图 5-2-8　直通制动电空模块原理图

1）制　动

VE1-FD 和 VE2-FD 电磁阀均失电，Q（P）FD 中继阀的先导室 RE-FD 通过

（300 ± 10）kPa 减压阀进行充气，制动缸接收到同样的压力并实施制动。

2）缓　解

VE2-FD 阀得电，VE1-FD 阀得电，Q（P）FD 中继阀先导室 RE-FD 的压力经过 VE2-FD 得电而打开的通路排向大气，该方式下制动缸压力降低，制动装置缓解。

3）保　压

当 CA（PRW）FD 压力传感器检测到 Q（P）FD 中继阀先导室 RE-FD 压力达到要求时，VE1-FD 阀得电，VE2-FD 阀失电。因此 Q（P）FD 中继阀先导室的压力保持在要求值。

由于有 VV1/2 双向止回阀，直通制动和自动制动不会相互干扰。两者信号按照取大原则进行制动。

在远程重联机车上，直接制动装置由 BCU 根据 Locotrol 系统的要求进行控制。

5.2.6.3　转向架制动电空模块

1. 组成及作用

转向架制动电空模块（EPM-DISTR）由减压阀 DE-EPM- DISTR、电磁阀 VE1-EPM-DISTR、电磁阀 VE2-EPM-DISTR、压力传感器 CA（PRN）EPM-DISTR、作用风缸（又称模拟制动缸）CFF-EPM、测试口 PR（PRN）EPM 和电磁阀 VE-Q（P）FR 组成。

转向架制动电空模块的作用是产生制动缸预控压力的控制信号。通常情况下电磁阀 VE-Q（P）FR 得电，由转向架制动电空模块（EPM-DISTR）控制作用风缸 CFF-EPM 向中继阀 Q（P）FR1 或中继阀 Q（P）FR-MV 提供预控压力，进而去控制制动缸的压力变化。但当 EPM 和 BCU 故障或无动力回送时，VE-Q（P）FR 失电，由 SW4 型分配阀 DISTR 向中继阀 Q（P）-FR1 或中继阀 Q（P）FR-MV 提供预控压力，进而去控制制动缸的压力变化。

2. 作用原理

转向架制动电空模块原理如图 5-2-9 所示。

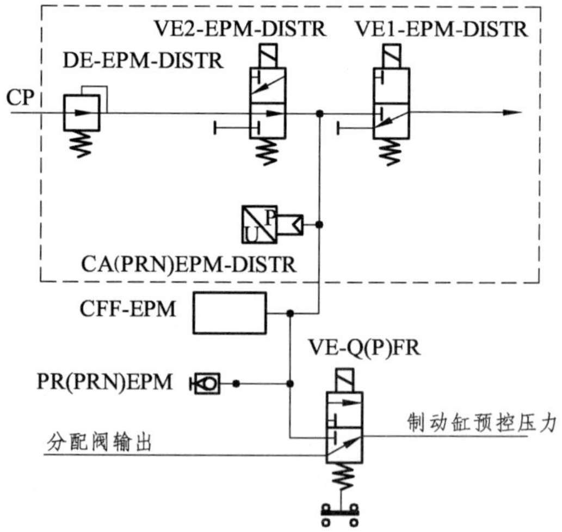

图 5-2-9　转向架制动电空模块原理图

1）缓　解

当电磁阀 VE2-EPM-DISTR 得电，电磁阀 VE1-EPM-DISTR 得电时，作用风缸 CFF-EPM 内的压缩空气排入大气，最终使制动缸压力排入大气，机车缓解。

2）制　动

当电磁阀 VE2-EPM-DISTR 失电，电磁阀 VE1-EPM-DISTR 失电时，总风 CP 的压缩空气通过减压阀 DE-EPM-DISTR 向作用风缸 CFF-EPM 充气，最终使制动缸压力上升，机车制动。

3）保　压

当电磁阀 VE2-EPM-DISTR 得电，电磁阀 VE1-EPM-DISTR 失电时，作用风缸 CFF-EPM 内的压缩空气既不被充气，也不排向大气，其压力保持不变，最终使制动缸压力也保持不变，机车保持制动。

5.2.7　分配阀组成

每台机车使用一套分配阀，该分配阀符合 UIC 标准的自动空气制动装置要求，并且必须对副风缸和停放制动气路里的空气进行分配。

分配阀组成包括 SW4 分配阀、辅助风缸及隔离设备、分配阀一次缓解模块。

5.2.7.1　SW4 分配阀

SW4 分配阀符合 UIC 540 标准，该分配阀通过 RB（IS）CP/CG 塞门可将总风管和制动管隔离，并受到两个过滤器的保护。

分配阀参数及特征如表 5-2-1 所示。

表 5-2-1　分配阀参数及特征

参　数	特　征
制动缸充气时间（0～95%）	（4±1）s
制动缸排气时间（最大～40 kPa）	（7±1）s

5.2.7.2　辅助风缸及隔离设备

总风通过总风管经由 FI-RB（IS）CP 过滤器和 RB（IS）CP 塞门为辅助风缸提供气源。

5.2.7.3　分配阀一次缓解模块

通过隔离塞门 RB（IS）RC，向 BCU 提供两种缓解模式：阶段缓解和一次缓解。阶段缓解时，塞门 RB（IS）RC 处于隔离位，一次缓解时，塞门 RB（IS）RC 处于导通位。

一次缓解仅出现在制动管处于制动状态、压力超过 300 kPa 时，气动阀 VV（IS）RC 确保该项功能。当气动阀 VV（RT）RC 检测到制动管和风缸 R（T）的压差超过 20 kPa 时，控制风缸 RC 开始通过 VV（RT）RC 阀将其内部的压缩空气排入制动管。在这种方式下，分配阀能更快速地缓解。当制动管和风缸 R（T）的压差低于 20 kPa 时，气动阀 VV（RT）RC 自动关闭。当制动缸完全缓解时，制动管开始向控制风缸充风。

分配阀一次缓解模块气路原理如图 5-2-10 所示。

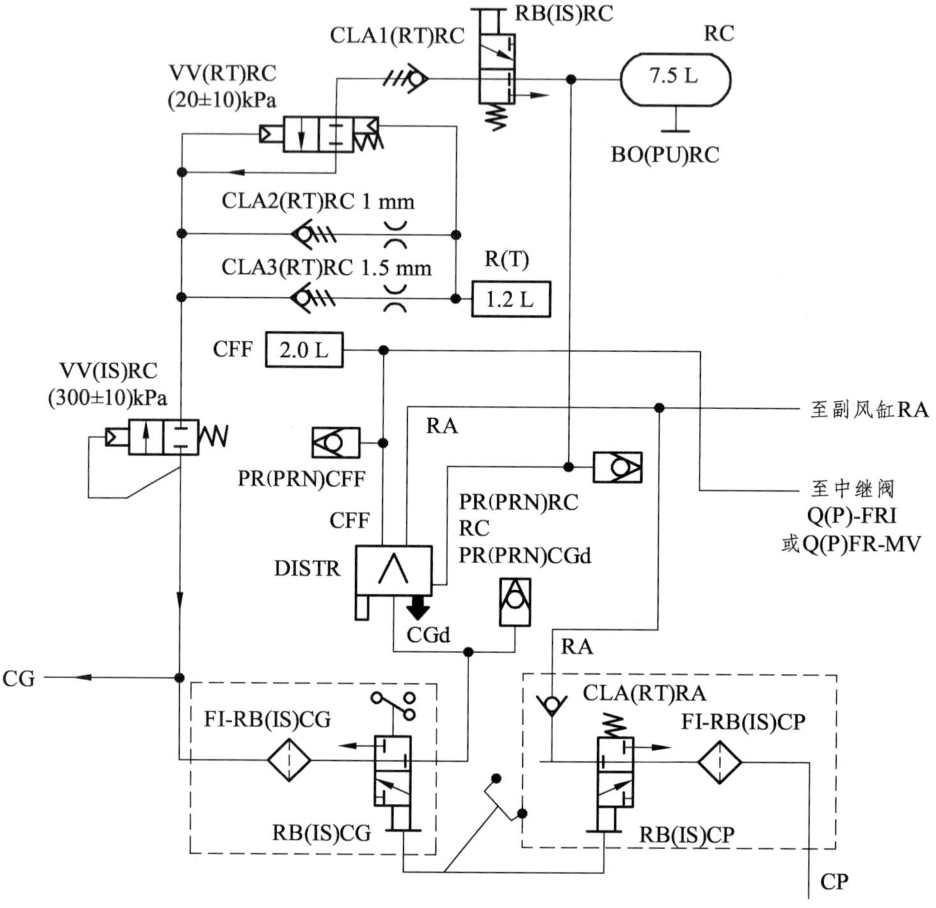

图 5-2-10　分配阀一次缓解模块气路原理图

5.2.8　转向架中继阀模块

5.2.8.1　组　成

（1）转向架中继阀 Q（P）1 和 Q（P）2

转向架中继阀 Q（P）1 和 Q（P）2 将输入的制动缸预控压力转换为同样大小的输出压力，但制动缸的容量与流量都已被放大。

（2）电磁阀 VE1-Q（P-COM）F、VE2-Q（P-COM）F

电磁阀 VE1-Q（P-COM）F、VE2-Q（P-COM）F 由机车控制单元控制，得电时排空中继阀先导压力，机车缓解，从而实现空电联合制动时电制动优先，机车缓解空气制动的功能。这两个电磁阀也能实现机车单独缓解功能。

（3）制动隔离塞门 RB（IS）CF1、RB（IS）CF2

制动隔离塞门 RB（IS）CF1、RB（IS）CF2 隔离相应转向架的制动缸。

（4）双向止回阀 VV1、VV2、VV-FS1、VV-FS2

双向止回阀 VV1、VV2 将转向架中继阀 Q（P）1、2 的输出压力与直接制动输出压力在这两个止回阀进行比较后取大值输出。VV-FS2 双向止回阀将两台转向架制动缸压力的较大值进行输出；VV-FS1 将停放制动模块的输出压力与 VV-FS2 的输出压力进行比较后取最大值输出到停放制动缸。

5.2.8.2 作用原理

中继阀 Q（P）-FR1 输出的制动缸预控压力，并将其容量和流量放大后，输入中继阀 Q（P）1 和 Q（P）2 作为制动缸的预控压力，控制制动缸压力的变化；无动力中继阀 Q（P）FR-MV 输出的制动缸预控压力，并将其容量和流量放大后，输入中继阀 Q（P）1 和 Q（P）2 作为制动缸的预控压力，控制制动缸压力的变化；中继阀 Q（P）1 和 Q（P）2 除了接受上述的预控压力外，还直接接受直通制动输出的制动缸预控压力（平均管）去控制制动缸压力的变化。转向架中继阀模块气路原理如图 5-2-11 所示。

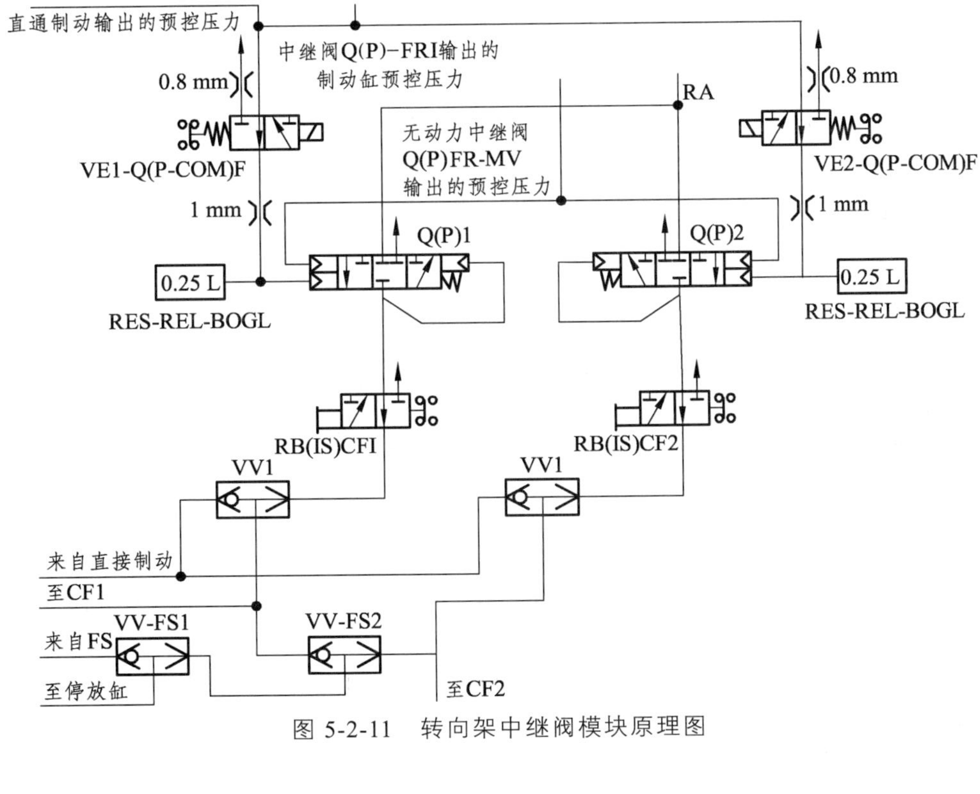

图 5-2-11　转向架中继阀模块原理图

5.2.9　停放制动模块

停放制动为弹簧施加/释放压力式，由双稳态阀 VE-FS 控制。此阀可以由来自司机室的电信号驱动，或者通过对阀本身的手动操作驱动。

停放制动模块主要由停放制动减压阀 DE-FS、手动或电控施加停放制动的双稳态阀 VE-FS、停放制动隔离开关 RB（IS）FS、停放制动压力开关 MA-FS1、MA-FS2 和双向止回阀 VV-FS1 等组成。

停放制动模块原理如图 5-2-12 所示。当施加停放制动时，停放制动缸内的压力为 0 kPa。不能同时施加停放制动和常用制动，如果停放制动缸内的压力为 0 kPa，同时常用制动被施加，则停放制动缸将通过双向止回阀被充注至与常用制动相同的压力，与停放制动部分相关的制动力由此被减小，以避免损坏制动卡钳。

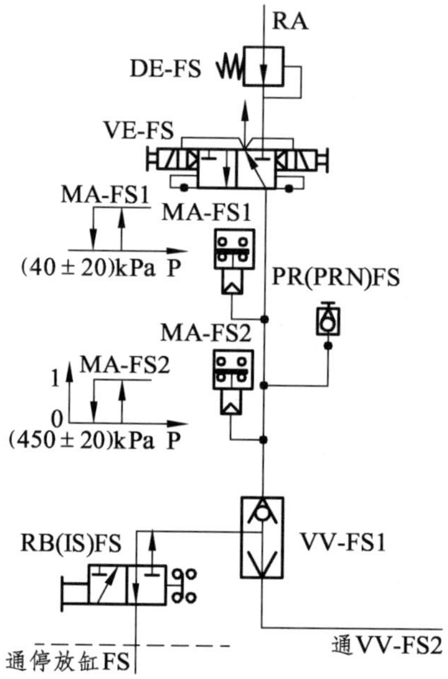

图 5-2-12　停放制动模块原理图

每个转向架的停放制动回路由压力开关 MA-FS1 或 MA -FS2 进行监控。从机车外部的停放制动指示器上可查看停放制动器是否施加了停放制动。如果停放制动发生故障时，可通过塞门 RB（IS）FS 对停放制动实施隔离。

5.2.10　隔离模块

隔离模块由一个电磁阀 VE（IS）RM 和一个气动阀 VV（IS）RM 组成，用于将司机制动阀和制动管 CG 隔离开。如果 VE（IS）RM 阀得电，司机制动阀和制动管 CG 隔离；如果 VE（IS）RM 阀失电，司机制动阀和制动管不隔离。该模块由 BCU 控制。

微动开关把气动阀的状态发送给 BCU，当司机制动阀隔离时，司机控制台上的指示灯点亮。开关 Z（IS）RM 对 VE（IS）RM 阀得电、失电状态进行控制。隔离模块原理如图 5-2-13 所示。

RB-UM-MV 打到无动力回送或者重联位时，将 VE（IS）RM 输入端的压力排空，自动将制动管隔离。

5.2.11　流量计

司机制动阀有一个流量计，用于测量制动管的空气流量。该流量值由 BCU 读取并发给 Locotrol。流量计由文氏管止回阀 I-DB 和差压传感器 CA（PRN）DEB 组成。流量计结构原理如图 5-2-14 所示。

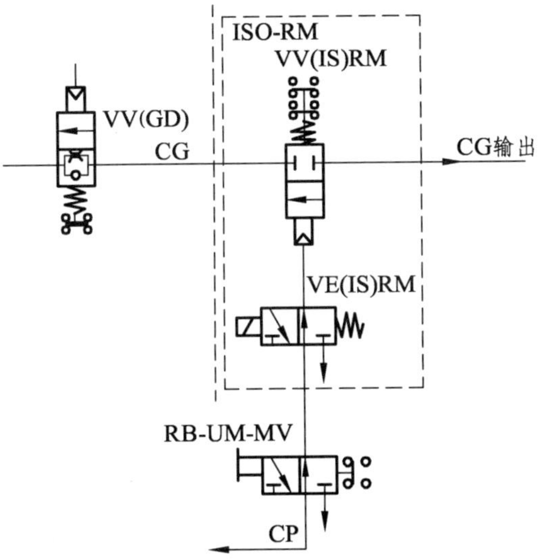

图 5-2-13　隔离模块原理图

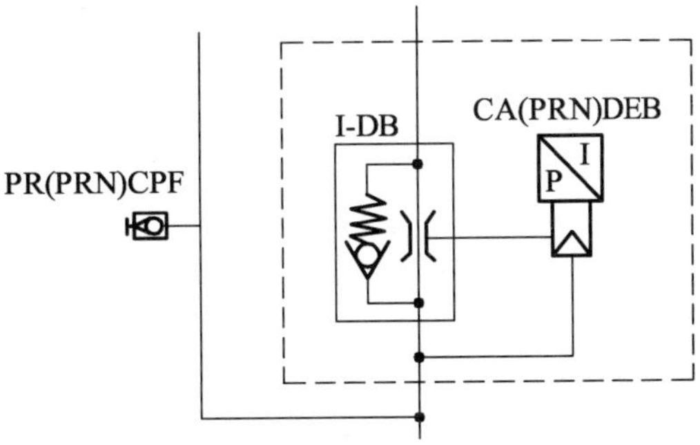

图 5-2-14　流量计原理图

5.2.12　紧急阀

紧急阀的作用是在紧急制动时加快制动管的排风，提高紧急制动灵敏度和紧急制动波速，同时接通列车分离保护电路，使列车紧急制动的作用更加可靠。当制动管路压力降速超过 80 kPa/s 时，紧急阀动作加速制动管的排风。该阀是以压差而产生动作并随之带动电联锁，是外部因素而引起制动管紧急排风后的刺激诱发。

5.2.13　其他部件

（1）手动转换塞门 RB-MV，有两个作用位置：无动力回送位置、其他作用位置。

（2）电磁阀 VE-Q（P）-FR1，紧急制动时得电，加快中继阀 Q（P）FR1 快速地输出预控压力。

（3）气动阀 VV URG（CG-EQ），当机车作为重联机车或补机时，使平均管压力作为制动缸中继阀的预控压力。

【任务评价】

序号	评价内容	评价标准	分值
1	能够阐述法维莱制动机操纵台制动设备的作用	阐述完全正确	3
		阐述不完整	2
		阐述错误	0
2	能够阐述法维莱制动机制动柜设备的作用	能够正确识别	3
		部分部件识别错误	2
		识别错误或不能识别	0
3	能够根据法维莱制动机主要部件的结构，分析其作用原理	分析问题有理有据	4
		分析问题不全面	2
		分析问题观点错误	0
得分			

任务 5.3　法维莱 Eurotrol 制动机 BCU 原理分析

【任务目标】

1. 知识目标

（1）了解法维莱 Eurotrol 制动机 BCU 硬件的作用。
（2）熟悉法维莱 Eurotrol 制动机 BCU 软件控制原理。

2. 素质目标

（1）培养学生遵章守纪，养成严谨的工作作风，促使学生职业素养的养成。
（2）具备自主学习能力，有责任心，具有一定的分析能力，善于总结经验和创新。
（3）能主动与同学合作开展工作，完成团队分配的工作，承担团队成员的角色和责任。

3. 能力目标

（1）能够识别法维莱 Eurotrol 制动机 BCU 硬件组成。
（2）能够分析法维莱 Eurotrol 制动机 BCU 软件控制原理。

【相关知识】

BCU（制动控制单元）对司机制动阀进行控制，它通过 MVB 总线连接到列车计算机，通过 RS422 连接到 Locotrol（预留），通过 CAN 总线连接到各 EPM 模块。

BCU 根据自动制动控制器的指令或来自 Locotrol 系统（预留）的制动指令计算均衡风缸 RE 压力，然后通过电磁阀和压力传感器闭环控制得到所需的均衡风缸 RE 压力。

5.3.1 BCU 硬件

如图 5-3-1 所示，BCU 是一个通用软、硬件平台，是整列车或单台车的控制装置。该系统设计成最优化的功能配置，本身具有安全防护措施和自诊断功能。其实现措施如下：

在单个插件式单元中，分配所有的系统资源（比如 RAM、ROM、EPROM 存储器、看门狗功能）；CPU 不同功能的插件单元（如数字部分、模拟输入输出）使用隔离电源；电气隔离不同功能的设备；使用能与所有电池电压制式（24V、48V、76V、110 V）相连的“宽范围”数字接口，而不需要任何的适配器插件；使用复合和表贴的生产制造技术，保证质量和可靠性的增长；通过快速总线将各插件单元连接起来；为每一外部接口增加滤波设施，以使外部电磁干扰的影响最小化，提高信噪比；提供具备软件支持的在线检查措施的硬件部分，生成正确的操作状态信息。

图 5-3-1 BCU 硬件

5.3.2 BCU 软件

BCU 是根据机车自动制动控制器的指令来操纵制动管的。

5.3.2.1 预备阶段

当 BCU 通电而司机室没有激活时，所有电磁阀都不得电。由于 VE（SEC）阀通大气，使均衡风缸 RE 压力为 0 kPa。

只有当下列所有条件被确认时，司机制动阀的操纵才能启动。

（1）司机室运行（CAB1 或 CAB2）= 1。

（2）无紧急制动需要。

（3）VE（SEC）阀工作正常。

（4）总风压力：如果制动管定压 500 kPa，则高于 600 kPa；如果制动管定压 600 kPa，则高于 700 kPa。

（5）自动制动控制器被移至抑制位 1 s。

（6）BCU 将均衡风缸 RE 压力调整到：使用阶段缓解则为（300 ± 5）kPa；使用一次缓解则为 0 kPa。

在上述条件下，操纵自动制动控制器来控制制动管。如果上述其中一个条件没有得到确认，则压力保持为零，不可能控制制动管。只能激活一个司机室，一旦同时激活两个司机室，则显示相应的故障代码。一旦司机室被锁闭，均衡风缸 RE 压力被设定为 0 kPa，制动管自动排气。

5.3.2.2　先导室控制

通过 BCU 驱动司机制动阀的电磁阀来控制均衡风缸。均衡风缸压力按照闭环控制，BCU 闭环控制如图 5-3-2 所示。

司机制动阀均衡风缸压力应稳定在定压，这是由 BCU 根据经 MVB 总线从 MPU 接收到的控制信号来控制的。根据所选定的压力，均衡风缸的压力应等于（500 ± 5）kPa 或者（600 ± 5）kPa。

BCU 接收到制动指令，通过司机制动阀的电磁阀将其转换成气动压力。压力传感器 CA（PRN）RE 读取均衡风缸压力，以模拟量信号的形式发送给 BCU。BCU 根据该信号，使制动和缓解电磁阀得电或失电。

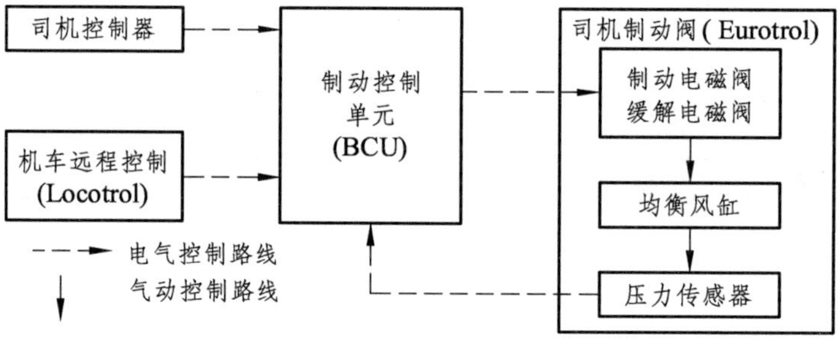

图 5-3-2　BCU 闭环控制示意图

1. 阶段缓解模式

1）初制动

初始压降，将自动制动控制器移至初制动位来实现初次压降。只有在制动缓解状态（制动管完全缓解）下才能实现初制动。

用时间和压力大小（制动管 = 25 L 储气缸）来表示，这个过程的主要特征是：在 $T \leqslant 2.25$ s 的时间内，$\Delta P =$（50 ± 5）kPa。

2）制　动

在初制动位和全制动位之间移动自动制动控制器可使制动级与控制器的位置成正比变化。

自动制动控制器的编码器发送一个 4 ~ 20 mA 信号（该信号与控制器的位置成正

比）至 BCU，BCU 计算相应的 RE 目标压力。BCU 使 VE（SG）阀得电，使 RE 压力回路根据控制器的位置成比例排气，直至达到计算的 RE 目标压力。中继阀释放制动管压力。当达到要求压力值时，自动制动控制器停留在相应位置，BCU 使 VE（SG）阀失电从而停止释放均衡风缸 RE 压力。

如制动管定压为 500 kPa：

在常用全制动时，在 $T=(6.5\pm1)$ s 内压力从定压（500 kPa）下降 $\Delta P=140$ kPa。

如果制动管定压为 600 kPa：

在常用全制动时，在 $T=(7.75\pm1)$ s 内压力从正常压力（600 kPa）下降 $\Delta P=170$ kPa。

在常用全制动时，通过在不到 10 s 内，将相当于制动管容积的 400 L 风缸内的压力排至 120 kPa 来确定司机制动阀的排气能力。

将自动制动控制器从全制动位移至抑制位，制动管压力不会降低。

在抑制位和重联位之间移动自动制动控制器，根据自动制动控制器位置 BCU 成比例地使 RE 压力降低，当自动制动控制器位于重联位时，RE 压力降至 0 kPa。

3）来自制动管的指令

如果制动管压力下降大于 150 kPa，并且不是由 RE 的压力下降引起的，则 RE 压力应降低到 300 kPa。当制动管压力下降原因消失后，没有缓解指令时 RE 压力不应增加。

4）来自 LKJ2000 系统的指令

安全设备“LKJ”可通过电磁阀 VE-URG 执行紧急制动或通过要求 RE 压力下降而施加制动。

当 LKJ 的信号为（0，0），LKJ 制动指令禁用；

当 LKJ 的信号为（1，0），LKJ 制动指令激活：对任一定压，$\Delta RE=80$ kPa；

当 LKJ 的信号为（1，1），LKJ 制动指令激活：定压 500 kPa，$\Delta RE=120$ kPa；

定压 600 kPa，$\Delta RE=130$ kPa；

安全设备“LKJ”可重复制动施加指令，直至最大常用制动（430/360 kPa）。

当安全设备“LKJ”清除惩罚制动条件时，在未得到司机发出的指令前，RE 压力不能增加。司机须将自动制动控制器移至抑制位，以复位惩罚制动条件。随后，司机可将控制器移至运转位，使 BCU 缓解制动。

5）来自安全设备“无人警惕装置”的指令

“无人警惕装置”可通过要求 RE 压力下降而施加最大常用制动。

如制动管定压为 500 kPa，RE 压力降至 360 kPa；

如制动管定压为 600 kPa，RE 压力降至 420 kPa。

当安全设备“无人警惕装置”清除惩罚制动条件时，在未得到司机发出的指令前，

RE 压力不能增加。司机须将自动制动控制器移至抑制位，以复位惩罚制动条件。随后，司机可将自动制动控制器移至运转位，使 BCU 缓解制动。

6）缓 解

将自动制动控制器从重联位移至运转位，可以使缓解级与自动制动控制器的位置（0 kPa 至定压之间）成正比。

在重联位与抑制位之间，RE 压力在 0 ~ 430/360 kPa 范围内增加（定压 = 600/500 kPa 时）；在抑制位和全制动位之间，RE 压力不增加；在全制动位和初制动位之间，RE 压力在 430/360 ~（定压-50）kPa 范围内增加；将自动制动控制器从初制动位移至运转位，RE 压力直接被设为定压。

自动制动控制器的编码器发送一个 4 ~ 20 mA 的信号（该信号与自动制动控制器的位置成比例）至 BCU，BCU 计算相应的 RE 目标压力。BCU 使 VE1（DG）阀得电（由 DE-PI 减压阀供风），按照控制器的位置对 RE 成比例地进行充风，直至达到计算的 RE 目标压力。总风经中继阀向制动管重新充风。当 RE 内达到要求压力值时，BCU 停止充注，并使 VE1（DG）阀失电。

全缓解时，对于相当于容积 25 L 的制动管的压力形成时间是：从（定压 – 150 kPa）到（定压 – 10 kPa）为（5 ± 1）s；从（定压 – 10 kPa）到定压小于 5 s。在一个相当于制动管容积的 400 L 风缸内，从比定压低 150 kPa 充至比定压低 10 kPa，制动管的再充气时间低于 20 s。

定压是 500 kPa 时，当总风压力低于 600 kPa，不能进行制动缓解操作；定压是 600 kPa 时，当总风压力低于 700 kPa，不能进行制动缓解操作。

7）制动或缓解后的保压

制动或缓解后，BCU 从压力传感器 CA（PRN）RE 获得 RE 压力值，同时控制制动及缓解阀 VE（SG）和 VE1（DG），以将 RE 压力维持在目标值。

8）快速缓解

只有在司机要求（通过将自动制动控制器置于运转位）并且 RE 压力处于 300 kPa 和（定压 – 50）kPa 之间，BCU 才能实施快速缓解。

如果总风压力高于 600 或 700 kPa，快速缓解指令才能被接受：根据定压不同，如果总风压力降至 600 或 700 kPa 以下快速缓解指令将被终止，继续以小流量进行缓解。快速缓解可以使相当于制动管容积的 400 L 风缸，在 T<10 s 时间内，从（定压 – 150）kPa 充至（定压-10）kPa。在确认指令之后，VE（GD）阀带电（60 ± 2）s，RE 压力开始达到定压，60 s 之后 VE（GD）阀失电。如果快速缓解需求持续 60 s 以上，会被 BCU 自动清除。VV（GD）阀上的微动开关触点使得 BCU 可诊断该阀的功能。假如两个状态之间有差异，将产生一个故障代码。

假如有常用制动或紧急制动要求、隔离要求和来自制动管的制动需求指令，VE（GD）阀失电，相应的过程中断。

9）紧急制动

操纵司机室的紧急制动设备（紧急按钮或自动制动控制器）之后，制动管迅速排大气，另外，通过使 VE（SEC）阀失电，排出 RE 压力，从而使得制动管排大气。同时，中立阀 VE（N）得电，防止制动管再充气。

通过在 $T \leqslant 4$ s 时间内，使 400 L 风缸从定压排气后压力降低$\Delta P \geqslant 150$ kPa，来测定制动管的排气能力。在小于 3 s 时间内，使 25 L 风缸从定压排至 40 kPa，来测定单机的排气能力。当紧急制动需求被取消，RE 压力增至 300 kPa（达到常用制动后的压力）。

安全装置也能产生紧急制动。安全装置系统通过控制电路来控制先导阀 VE-URG，以便使制动管通过 Q（ECH）URG 阀排气。

10）总风压力过低

如果定压是 500 kPa，总风≤600 kPa 时，快速缓解期间，则 VE（GD）阀失电，继续以小流量进行缓解；当总风管的压力高于 650 kPa，则 VE（GD）阀再次得电，并维持阀的作用时间，重新开始大流量的快速缓解；总风管的压力低于 500 kPa，则 BCU 通过使 RE 降低（50 ± 10）kPa，来产生制动作用。仅在总风压力水平恢复至适当值时才允许实施随后的制动缓解。

通过移动自动制动控制器至抑制位，复位惩罚制动条件，然后移动自动制动控制器至运转位，发出命令实施制动缓解。

如果定压是 600 kPa，总风≤700 kPa 时，快速缓解期间，则 VE（GD）阀失电，继续以小流量进行缓解；当总风管的压力高于 750 kPa，则 VE（GD）阀再次得电，并维持阀的作用时间，重新开始大流量的快速缓解；总风管的压力低于 600 kPa，则 BCU 通过使 RE 降低（50 ± 10）kPa，来产生制动作用。仅在总风压力水平恢复至适当值时才允许实施随后的制动缓解。

通过移动自动制动控制器至抑制位，复位惩罚制动条件，然后移动控制器至运转位，发出命令实施制动缓解。

2. 一次缓解模式

1）初始压降

初始压降，将自动制动控制器移至初制动位来实现初次压降。只有在制动缓解状态（制动管完全缓解）下才能实现初制动。

用时间和压力大小（制动管 = 25 L 储气缸）来表示，这个过程的主要特征是：在 $T \leqslant 2.25$ s 的时间内，$\Delta P =$（50 ± 5）kPa。

2）制动作用

在初制动位（MIN）和全制动位（FS）之间移动自动制动控制器可使制动级与控制器的位置成正比变化。

自动制动控制器的编码器发送一个 4 ~ 20 mA 信号（该信号与自动制动控制器的位置成正比）至 BCU，BCU 可计算相应的 RE 目标压力。BCU 使 VE（SG）阀得电，使 RE 压力根据自动制动控制器的位置成比例排气，直至达到计算的 RE 目标压力。中继阀释放制动管压力。当达到要求压力值时，自动制动控制器停留在相应位置，BCU 使 VE（SG）阀失电从而停止释放 RE 压力。

如制动管定压为 500 kPa：

在常用全制动时，在 $T=$（6.5 ± 1）s 内压力从定压（500 kPa）下降$\Delta P=140$ kPa。

如果制动管定压为 600 kPa：

在常用全制动时，在 $T=$（7.75 ± 1）s 内压力从正常压力（600 kPa）下降$\Delta P=$ 170 kPa。

在常用全制动时，通过在不到 10 s 内，将相当于制动管容积的 400 L 风缸内的压力排至 120 kPa，来确定司机制动阀的排气能力。

将自动制动控制器从全制动位移至抑制位，制动管压力不会降低。

在抑制位和重联位之间移动自动制动控制器，根据自动制动控制器位置 BCU 成比例地使 RE 压力降低，当自动制动控制器位于重联位时，RE 压力降至 0 kPa。

3）来自制动管的制动指令

如果 5 s 时间内制动管压降≥150 kPa、并且不是由 RE 压降引起的，必须执行紧急制动，使 RE 目标压力降至 0 kPa。当引起制动管降压的原因消失时，在未复位惩罚制动条件（自动制动控制器被移至抑制位）、无制动缓解请求（自动制动控制器被移至运转位）且未清除 65 s 紧急制动超时之前，RE 压力不会增加。

如果制动管压力和均衡风缸压力降至 0 kPa，且机车速度变为 0 km/h 时，来自制动管功能的施加指令被禁用。当制动管压力高于以下值时，该功能被重新激活：

400 kPa（额定压力为 500 kPa 时）；

500 kPa（额定压力为 600 kPa 时）。

4）来自 LKJ 2000 系统的制动指令

安全设备“LKJ”可通过电磁阀 VE-URG 执行紧急制动或通过要求 RE 压力下降而施加制动。

当 LKJ 的信号为（0，0），LKJ 制动指令禁用；

当 LKJ 的信号为（1，0），LKJ 制动指令激活：对任一定压，$\Delta RE=80$ kPa；

当 LKJ 的信号为（1，1），LKJ 制动指令激活：定压 500 kPa，$\Delta RE=120$ kPa；

定压 600 kPa，$\Delta RE=130$ kPa。

安全设备“LKJ”可重复制动施加指令，直至最大常用制动（430/360 kPa）。

当安全设备“LKJ”清除惩罚制动条件时，在未得到司机发出的指令前，RE 压力不能增加。司机须将自动制动控制器移至抑制位，以复位惩罚制动条件。随后，司机可将自动制动控制器移至运转位，使 BCU 缓解制动。

5）来自安全设备“无人警惕装置”的指令

“无人警惕装置”可通过要求 RE 压力下降而施加最大常用制动。

如制动管定压为 500 kPa，RE 压力降至 360 kPa；

如制动管定压为 600 kPa，RE 压力降至 420 kPa。

当安全设备“无人警惕装置”清除惩罚制动条件时，在未得到司机发出的指令前，RE 压力不能增加。司机须将自动制动控制器移至抑制位，以复位惩罚制动条件。随后，司机可将控制器移至运转位，使 BCU 缓解制动。

6）制动缓解

如果 RB（IS）RC 塞门打开，直接制动缓解被激活。直接制动缓解可实现直接且完全缓解制动，直至额定压力（500 kPa 或 600 kPa）。

施加初制动后，直接将自动制动控制器移至运转位，以大流量执行随后的直接缓解。

BCU 使 VE（GD）阀得电（300 ± 2）s 并将 RE 控制压力设至定压。

施加任何常用制动后，将自动制动控制器移至运转位，可自动执行随后的直接缓解（事实上，重联位和初制动位之间自动制动控制器的所有缓解位在一次缓解模式下均未被 BCU 读取）。BCU 将 RE 压力设至额定压力（500 kPa 或 600 kPa）。

如果制动管压力降至 0 kPa，且机车速度变为 0 km/h，将自动制动控制器移至运转位，可自动执行随后的直接缓解（事实上，重联位和初制动位之间的自动制动操纵器的所有缓解位在一次缓解模式下均未被 BCU 读取）。

如果制动管压力降至 0 kPa 且机车速度变为 0 km/h，来自制动管功能和总风低压功能的施加指令均被禁用（当总风压力过低时禁止制动缓解除外）。当制动管压力高于以下值时，这些功能被重新激活：

400 kPa（额定压力为 500 kPa 时）；

500 kPa（额定压力为 600 kPa 时）。

当该模式被激活时，在均衡风缸上检测的缓解时间通常如下：

如果额定压力为 500 kPa，从 0 kPa 至 480 kPa，小于 9 s；

如果额定压力为 600 kPa，从 0 kPa 至 580 kPa，小于 11 s。

当总风压力低于 600 kPa 或 700 kPa 时，制动缓解操作不可行。

7）制动或缓解后的保压

制动或缓解后，BCU 从压力传感器 CA（PRN）RE 获得 RE 压力值，同时控制制动及缓解阀 VE（SG）和 VE1（DG），以将 RE 压力维持在目标值。

8）紧急制动

当紧急制动开始时，BCU 激活紧急制动延时 65 s：在此期间，BCU 不接收或存储任何制动缓解指令。

使 RE 控制压力保持在 0 kPa。当延时终了时，紧急状态被复位（自动制动控制器被移至抑制位）且要求制动缓解（自动制动控制器被移至运转位），可以缓解制动。

9）总风压力低

如果定压是 500 kPa，总风≤550 kPa 时，制动缓解被禁用；快速缓解期间，总风≤600 kPa 时，则 VE（GD）阀失电，继续以小流量进行缓解；当总风管的压力高于650 kPa，则 VE（GD）阀再次得电，并维持阀的作用时间，重新开始大流量的快速缓解；总风管的压力低于 500 kPa，则 BCU 通过使 RE 压力降低（50 ± 10）kPa，来产生制动作用。仅在总风压力水平恢复至适当值时才允许实施随后的制动缓解。通过移动控制器至抑制位，复位惩罚制动条件，然后移动控制器至运转位，发出命令实施制动缓解。

如果定压是 600 kPa，总风≤650 kPa 时，制动缓解被禁用；快速缓解期间，总风≤700 kPa 时，则 VE（GD）阀失电，继续以小流量进行缓解；当总风管的压力高于750 kPa，则 VE（GD）阀再次得电，并维持阀的作用时间，重新开始大流量的快速缓解；总风管的压力低于 600 kPa，则 BCU 通过使 RE 压力降低（50 ± 10）kPa，来产生制动作用。仅在总风压力水平恢复至适当值时才允许实施随后的制动缓解。通过移动自动制动控制器至抑制位，复位惩罚制动条件，然后移动自动制动控制器至运转位，发出命令实施制动缓解。

如果制动管压力降至 0 kPa，且机车速度变为 0 km/h，总风低压功能将被禁用。当制动管压力高于以下值时，该功能被重新激活：

400 kPa（额定压力为 500 kPa 时）;

500 kPa（额定压力为 600 kPa 时）。

5.3.2.3 制动管隔离

司机可操作塞门 RB-UM-MV 请求隔离司机制动阀，当隔离功能被激活时，经 MVB 总线通知 BCU，BCU 无需考虑自动制动控制器的信号。这就意味着无制动施加或制动缓解被执行。

当隔离功能被激活时，列车分离，来自安全设备（LKJ 或 VACMA）的制动施加，总风低压等功能也均被禁用。

两个位置开关监控隔离阀 VV（IS）RM。第一个带触点的阀控制司机室的一个指示灯，而第二个允许 BCU 诊断该功能（阀的状态和反馈信号之间的不一致）。一旦隔离阀出现故障，则会显示专门的故障代码。

5.3.2.4 分布式车组中的机车（预留功能）

在分布式车组中，在运行方向上每一台机车的司机制动阀处于运用状态。

1. 通信系统

BCU 通过 RS422 与 Locotrol 系统通信。

BCU 通过 MVB 网络与车辆控制计算机通信。

2. 流量计

如果无线电通信失效且产生制动作用时，差压传感器能识别出止回阀上不断增加的压降。流量计将压降信息传送 BCU，BCU 将该信息发送给 Locotrol，Locotrol 命令 BCU 操纵 VE（IS）RM 来隔离司机制动阀。

5.3.2.5　CPU 显示管理

CPU 显示允许用户进入 CPU 内部信息区，例如，软件版本和故障代码，从而执行特殊操作，如重置错误代码和压力传感器的设置。此功能只有 BCU 在调试状态下才能运行。正常状态下显示信息为 9999（无错误出现）或 89××（一个或多个故障出现），××指明故障类型（83 = 重大故障；84 = 次要故障；87 = 一般故障）。CPU 显示按钮如图 5-3-3 所示。

CPU 的用户接口编码成 4 个数字显示和 2 级处理如下：P1，P2，P3 和 P4 通过它们左边或者右边的动作指明级别的位置。进入调试状态的通道是使用 P3；通过按这个按钮，屏幕显示 Cxyy，xyy 指明 BCU 的软件版本（x = 版本，y = 升级版本）。按钮的另一个动作是使系统返回正常功能模式。

在调试状态，通过按下 P1，显示的数字是 0001；这个数字可以通过使用 P1 和 P2 来修改。

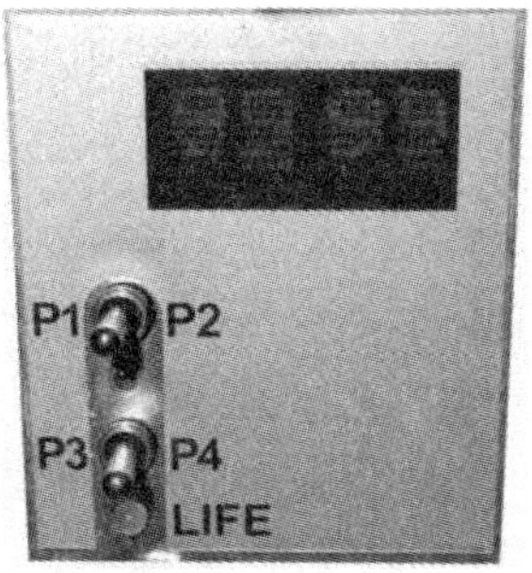

图 5-3-3　CPU 显示按钮

【任务评价】

序号	评价内容	评价标准	分值
1	能够识别法维莱 Eurotrol 制动机 BCU 硬件组成	能够正确识别	2
		部分部件识别错误	1
		识别错误或不能识别	0
2	能够分析法维莱 Eurotrol 制动机 BCU 阶段缓解模式的控制原理	分析问题有理有据	4
		分析问题不全面	2
		分析问题观点错误	0
3	能够分析法维莱 Eurotrol 制动机 BCU 一次缓解模式的控制原理	分析问题有理有据	4
		分析问题不全面	2
		分析问题观点错误	0
得分			

任务 5.4　法维莱 Eurotrol 制动机综合作用分析

【任务目标】

1. 知识目标

（1）熟悉法维莱 Eurotrol 制动机综合作用分类。

（2）熟悉法维莱 Eurotrol 制动机综合作用控制原理。

2. 素质目标

（1）培养遵章守纪、严谨的工作作风，促进职业素养的养成。

（2）具备自主学习能力，培养分析能力，善于总结经验并进行创新。

（3）能完成团队分配的工作，承担团队成员的角色和责任。

3. 能力目标

能够对法维莱 Eurotrol 制动机综合作用进行分析。

【相关知识】

制动机综合作用大致可分为自动制动、直接制动、停放制动、无动力回送、Locotrol 控制的集成式制动等。

5.4.1 自动制动

自动制动控制器的电气部分通过制动控制单元（BCU）生成控制司机制动阀所必需的信号。BCU 从控制器硬件（常用制动器的编码器）接收控制信号，通过司机制动阀控制均衡风缸 ER 压力，再经中继阀 Q（P）CG 控制制动管压力，实现机车以及后部车辆的自动制动。在自动制动控制器内部还装有一个编码器，用以控制备用制动模块。自动制动控制原理如图 5-4-1 所示。

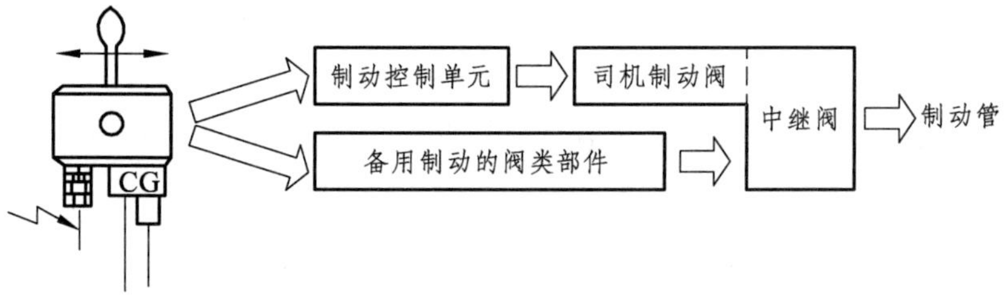

图 5-4-1　自动制动控制原理

5.4.2 直接制动

直接制动是一种由直通制动模块直接向转向架制动缸供风的制动控制方式，其主要用于机车单独驾驶时（如调车时）使用。其制动原理参见图 5-2-8。

由于有 VV1/2 双向止回阀，直接制动和自动制动不会相互干扰。两者信号按照取大原则进行制动。

在远程重联机车上，直通制动装置由 BCU 根据 Locotrol 系统的要求进行控制。

5.4.3 停放制动

停放制动为弹簧施加/压力释放式，由双稳态阀 VE-FS 控制。此阀可以由来自司机室的电气信号驱动，或者通过对阀本身的手动操作驱动。

当施加停放制动时，停放制动气缸内的压力为 0。不能同时施加停放制动和常用制动，如果停放制动气缸内的压力为 0，而常用制动被施加，则停放制动气缸将通过双向止回阀被充注至与常用制动相同的压力，与停放部分相关的制动力由此被减小，以避免损坏制动气缸的卡钳。

每一转向架的停放制动回路由压力开关 MA-FS1/2 进行检查。从机车外面可通过停放制动指示器查看停放制动器状况。如果停放制动故障，可通过塞门 RB（IS）FS 隔离。

5.4.4 无动力回送

切除驱动电源时，机车可作为单一的货车进行无动力回送。

当机车无动力回送时，手动转换塞门 RB-MV，然后无动力回送机车的 SW4 型分配阀根据制动管压力的变化，产生预控压力，再经中继阀 Q（P）FR-MV 容量放大后进入转向架中继阀 Q（P）1 和 Q（P）2，实现对无动力回送机车制动与缓解的控制。

5.4.5 平均管控制

当多台机车重联时，将采用平均管（EQ 管）来实现本务机车对从控机车转向架中继阀的直接控制。

来自前导机车的每一制动请求（自动制动、直接制动和紧急制动）均通过平均管来传递。平均管电磁阀 VE-EQ 的档位将确定机车是本务机车（机车将制动缸的先导压力发送至从控机车的转向架）还是从控机车（机车的中继阀接收来自本务机车制动缸先导压力）。

【任务评价】

序号	评价内容	评价标准	分值
1	能够对法维莱 Eurotrol 制动机自动制动作用进行分析	分析问题有理有据	4
		分析问题不全面	2
		分析问题观点错误	0

续表

序号	评价内容	评价标准	分值
2	能够对法维莱 Eurotrol 制动机直接制动作用进行分析	分析问题有理有据	3
		分析问题不全面	2
		分析问题观点错误	0
3	能够对法维莱 Eurotrol 制动机停放制动作用进行分析	分析问题有理有据	3
		分析问题不全面	2
		分析问题观点错误	0
得分			

任务 5.5　法维莱 Eurotrol 制动机设置及试验

【任务目标】

1. 知识目标

（1）熟悉法维莱 Eurotrol 制动机设置。

（2）熟悉法维莱 Eurotrol 制动机试验程序。

（3）了解法维莱 Eurotrol 制动机简单故障处理。

2. 素质目标

（1）培养遵章守纪、严谨的工作作风，促进职业素养的养成。

（2）具备自主学习能力，培养分析能力，善于总结经验并进行创新。

（3）能完成团队分配的工作，承担团队成员的角色和责任。

3. 能力目标

（1）能够正确进行法维莱 Eurotrol 制动机设置。

（2）能够正确在法维莱 Eurotrol 制动机试验台上进行制动机试验。

（3）能进行法维莱 Eurotrol 制动机简单故障处理。

【相关知识】

5.5.1　法维莱 Eurotrol 制动机设置

法维莱 Eurotrol 制动系统可通过司机室制动显示屏在“主控投入”状态下设置。在司机室制动显示屏启动完毕后，按压 F3，查询制动系统的设置状态，本务牵引货物列车的正常显示为：

500 kPa　主控　投入　货车位　不补风

流量表上方显示“主控投入”字样。

如为牵引货物列车第二位重联运行时正常显示为：

500 kPa　从控　切除　货车位　不补风

流量表上方显示“从控切除”字样，大闸、小闸置运转位。

如按压 F3 查询符合以上规定的，按压 F8 退回。如不符合以上规定的需重新设置时，先按 F3 键，显示屏出现“新设置”一栏后，再按需要并根据显示屏上的提示进行相应的设置，设置完毕后按 F1 键确定执行。

系统的设置必须在列车管风压为零的条件下进行，即大闸置重联位或紧急位。

“客车位”与“货车位”的转换设置可按压 F6 键。

“500 kPa”与“600 kPa”的转换设置可按压 F3 键。

将“补风”设置为“不补风”时，按压 F3 键“更多”，再按压 F7 键，出现新设置“中立”，再次按压 F7 键即显示“不补风”，设置完毕后按 F1 键确认。

注意事项如下：

（1）运行中制动显示屏只能显示 F3（空气制动）、F7（显示屏信息）。机车运行且制动机处于正常状态下，空气管路柜的所有塞门位置均处于垂直位置状态。

（2）将制动柜重联塞门置于主控位即可设置为“主控投入”位，重联塞门置于从控位即可设置为“从控切除”位（操作时须先按压塞门手柄弹簧再转动塞门至指定位置）。

（3）牵引客运列车或者行包列车时，只需将列车管定压由 500 kPa 调为 600 kPa，严禁在制动屏上进行客/货转换。显示屏上只允许设置为“货车”。

（4）禁止在“从控切除”状态下进行任何牵引作业。

（5）在现有条件下，制动显示屏上严禁设置为“补风”，只能设置为“不补风”。注：制动机上电默认为“补风”，司机换端操作、制动系统断电重启、备用模式转正常模式，即制动系统重启后，司机需将“补风”重新设置为“不补风”，开车前必须确认已转换为“不补风”状态。

（6）出现列车管急速排风或监控装置动作时，应将大闸手柄置“紧急”或“抑制”位，按显示屏的消息框的提示进行操作（紧急制动产生后，必须将自动制动阀置紧急位 60 s 后才可缓解）。

（7）非操纵端大闸手柄应在重联位（紧急位仍然有效，应注意避免误动作），小闸手柄在运转位。

（8）运行中制动控制单元、司机制动阀发生故障，可将大闸置重联位或紧急位，再将制动柜的备用制动切换塞门置备用位，大闸置抑制位 1 s 以上激活备用模式后回运转位维持运行（备用模式下制动机的机能没有减少，仅不能对客、货位进行转换设置，显示屏上显示“备用模式”红色字样并间隔 3 s 闪烁）。

（9）机车在行车中发现有数据丢失现象，若通过制动显示屏无法调整，可通过低压柜上的制动电源开关将制动机断电后再恢复电源（注：断电后将产生制动作用，应在机车停车后实施）。

5.5.2 法维莱 Eurotrol 制动机试验

法维莱 Eurotrol 制动机五步闸试验步骤见表 5-5-1。

5.5.3 法维莱 Eurotrol 制动机故障诊断及处理

1. 故障分类

法维莱 Eurotrol 制动机包括的部件较多，造成故障的原因较为复杂，基本上可以分为四大类：

（1）控制电路故障　法维莱 Eurotrol 制动机采用微机控制电-空方式操纵，且许多阀带有电连接点需要返回到 BCU，因此常出现一些控制电路的故障。

（2）气动部件故障　气动部件的故障大多发生在气动部件的滑件上。

（3）管路及连接部分故障　这类故障主要表现为堵塞和泄漏，例如，接头漏风等。

（4）操纵不当造成的故障　司机在使用机车前，必须全面学习掌握法维莱 Eurotrol 制动机的功能原理功能，并按照制动机的操作要求来操纵机车，如果违反规定操纵不当，也会使制动系统出现故障。

2. BCU 故障代码分类

BCU 故障代码分为如下三类：

（1）类型 83　在运行期间请求向司机发送信息的主要故障代码（DM），在 CPU 显示信息为 8983。

（2）类型 84　在运行结束时请求向司机发送信息（该信息在 CPU 显示器上显示为 8984）的次要故障代码（DC）

（3）类型 87　仅用于维护的一般故障代码（该信息在 CPU 显示器上显示为 8987）。

3. 故障识别模式

法维莱制动系统根据不同的故障状态其内部诊断系统会做出相应的提示，正常状况下制动控制单元 BCU 的显示窗会显示 9999 表示系统工作正常。

——如果检测到一个轻微的故障会显示 8987，此时不影响行车，也不影响操作可继续运行。

——如果检测到一个一般的故障会显示 8984，此时不影响行车，可继续运行到段后处理。

——如果检测到一个严重的故障会显示 8983，影响行车，可转换至备用制动运行。

表 5-5-1　法维莱 Eurotrol 制动机五步闸试验步骤

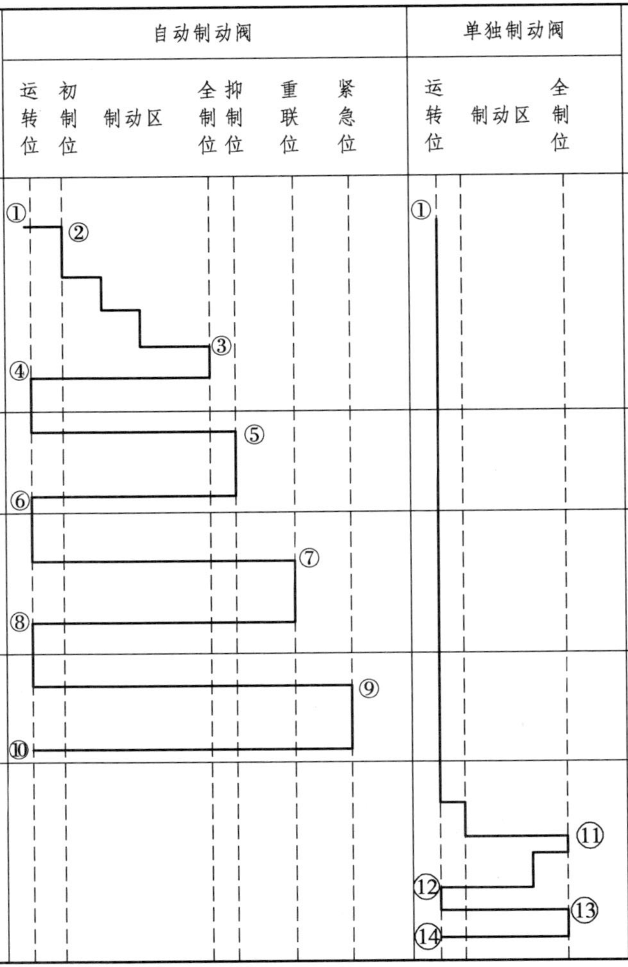

操作顺序	检查方法及要求
一	① 总风缸在825～900 kPa，均衡风缸及制动管为500 kPa（或600 kPa），制动缸压力为0。 ② 自动制动手柄在初制动位减压（50±5）kPa，制动缸压力（100±10）kPa；保压1min，制动管泄漏不得超过20 kPa。 ③ 自动制动手柄在制动区移动3～4次，观察阶段制动是否稳定，减压量与制动缸压力的比例是否正确，至全制位，制动管减压量为140～160 kPa（或170～190 kPa），制动缸压力应为（360±10）kPa[或（420±15）kPa]。 ④ 将自动制动手柄移至运转位，均衡风缸及制动管恢复定压，制动缸压力下降至 0
二	⑤ 将自动制动手柄移到抑制位，均衡风缸及制动管 5～7 s减压量为（150±10）kPa [或（180±10）kPa]，制动缸压力6～8 s增加到（360±10）kPa[或（420±15）kPa]。 ⑥ 将自动制动手柄移至运转位，均衡风缸及制动管恢复定压
三	⑦ 将自动制动手柄移至重联位，均衡风缸、制动管以常用制动速度降低到 0（没有紧急放风发生），制动缸压力增加到（450±20）kPa；将单独制动手柄向右侧压，制动缸压力降到0，松手后制动缸压力自动上升至原压力。 ⑧ 将自动制动手柄置运转位，均衡风缸及制动管恢复定压，制动缸压力下降至 0 kPa
四	⑨ 将自动制动手柄置紧急位，制动管 3 s减压至0 kPa，均衡风缸压力快速减至0。制动缸压力在3～5s上升至400 kPa，并最终达到（450±20）kPa。 ⑩ 等待60s后紧急制动复位，将自动制动手柄置运转位，让制动系统充风 1min
五	⑪将单独制动手柄阶段移到全制动位，阶段制动作用应稳定，制动缸压力应达到300 kPa。 ⑫将单独制动手柄阶段移到运转位，阶段缓解作用应良好。 ⑬将单独制动手柄移至全制位，制动缸压力 4s内上升至285 kPa以上。 ⑭将单独制动手柄移至运转位，制动缸压力 5s内缓解至40 kPa以下

4. 故障处理

在机车内制动系统发生 Eurotrol 故障或 BCU 停用时，制动器的控制将被切换至备用制动模块。备用制动模块（EPM）可对 RE 先导压力进行冗余控制。

将制动系统切换至备用模式时，司机须将 RB-FSE 塞门转至备用挡位。此塞门位于制动柜上。此时，自动制动控制器被禁用，直至司机将手柄移至 SUP 挡位，使备用模块开始工作为止，之后司机可以将手柄移至 RUN 挡位，制动器将被缓解。

如果 Eurotrol 发生故障而 BCU 仍能工作，除了部分功能外，正常常用制动的主要功能在备用模式中仍可使用。

【任务评价】

序号	评价内容	评价标准	分值
1	能够正确进行法维莱 Eurotrol 制动机系统设置	设置完全正确	4
		设置部分错误	2
		设置完全错误或不会设置	0
2	能够正确在法维莱 Eurotrol 制动机试验台上进行制动机试验	试验完整、正确	3
		试验部分错误	2
		试验不正确或不会进行试验	0
3	能够根据故障代码进行相应的故障处理	能够熟练操作	3
		不能够熟练操作	2
		不会操作	0
得分			

复习思考题

1. 法维莱 Eurotrol 制动系统具有哪些功能？
2. HXD_{2C} 型电力机车制动柜主要包括哪些部件和模块？
3. 自动制动控制器（大闸）手柄有哪些位置？各位置的作用是什么？
4. 直通制动控制器（小闸）手柄有哪些位置？各位置的作用是什么？
5. 简述制动控制单元（BCU）的作用。
6. 司机制动阀 Eurotrol 的作用及组成是什么？Eurotrol 主要分为哪几种工作情况？
7. 简述备用制动电空模块的作用。

8. 简述紧急阀的作用。

9. 试述法维莱制动机日常试验程序。

10. 为何说在现有条件下，制动系统显示屏上严禁设置为“补风”，只能设置为“不补风”？

11. 为何禁止在“从控切除”状态下进行任何牵引作业？

项目 6

基础制动装置与停放制动装置检查与维护

项目描述

基础制动装置用于将制动缸活塞上所产生的推力（称为制动原力）放大若干倍后均匀地传递到各个闸瓦（或闸片），使之作用于车轮（或制动盘）产生制动作用。机车基础制动装置一般采用闸瓦制动装置或盘形制动装置。

停放制动装置是机车车辆在无压缩空气时，用以代替空气制动机的作用。停放制动装置包括手制动机和蓄能制动器（弹簧止轮器）。

本项目着重进行机车基础制动装置和停放制动装置的基本结构认知，检查箱式单元制动器、盘形制动器和停放制动装置的工作状态，并分析其工作原理。分析制动力的形成，并探讨防滑器对预防机车轮对滑行的机理。

知识导图

基础制动装置与停放制动装置检查与维护

- **基础制动装置**
  - 闸瓦制动装置
    - SS_9型电力机车闸瓦制动装置
    - HXD_2系列电力机车闸瓦制动装置
  - 盘形制动装置
    - HXD_1、HXD_3系列电力机车轮盘制动装置
- **停放制动装置**
  - SS_9型电力机车停放制动装置
  - HXD_1、HXD_3系列电力机车停放制动装置
  - HXD_2系列电力机车停放制动器
- **防滑器**
  - SFH-2型防滑器
  - MGS2型防滑器

任务 6.1 基础制动装置认知

【任务目标】

1. 知识目标

（1）熟悉闸瓦制动装置的组成与布置形式。

（2）熟悉盘形制动装置的组成与布置形式。

2. 素质目标

（1）培养良好的职业道德修养，有较强的工作责任感。

（2）具备自主学习能力，培养分析能力，善于总结经验并进行创新。

（3）能完成团队分配的工作，承担团队成员的角色和责任。

3. 能力目标

（1）能够识别闸瓦制动的装置的组成与布置形式。

（2）能够识别盘形制动的装置的组成与布置形式。

（3）能够根据盘形制动与闸瓦制动的特点，分析它们的优缺点。

【相关知识】

6.1.1 闸瓦制动

闸瓦制动是用铸铁或其他材料制成的瓦状制动块，在制动时抱紧车轮踏面，通过摩擦产生制动力，把列车动能转变成热能，消散于大气。闸瓦制动属于黏着制动。

1. 闸瓦制动装置的组成

闸瓦制动装置由制动缸、制动传动装置、闸瓦装置及闸瓦间隙调整装置组成。

制动缸俗称闸缸，是产生制动原力的部件，它受制动缸压缩空气压力变化的控制而进行动作。制动缸的种类很多，但其构造基本相同，主要由缸体、活塞、活塞杆及缓解弹簧等组成。

制动传动装置应用杠杆原理，将制动缸产生的制动原力放大一定的倍数后，均衡地传递给各个闸瓦。

闸瓦装置用于安装闸瓦，并调整闸瓦与车轮踏面间的工作角度。闸瓦装置包括闸瓦、闸瓦托、闸瓦签及闸瓦定位装置等。

闸瓦间隙调整装置用于自动调整闸瓦与车轮踏面之间的间隙，使闸瓦间隙保持在规定的范围内，以确保制动作用的可靠性。

2. 闸瓦制动装置的布置形式

1）按闸瓦的布置情况分

闸瓦制动装置按照闸瓦的分布情况，可分为单侧制动式和双侧制动式。

单侧制动式也称单侧闸瓦式，即只在车轮的一侧设有闸瓦，如图 6-1-1 所示。单侧闸瓦式基础制动装置的构造较为简单，适用于速度不高、吨位不大的车辆和有其他制动形式的机车。但这种制动装置在制动时使轴箱单侧受力，轴瓦易于偏磨；而且闸瓦单位面积上的压力较大，闸瓦磨耗量大，制动效果较差。

双侧制动式也称双侧闸瓦式，即在车轮的两侧都设有闸瓦，如图 6-1-2 所示。双侧闸瓦式基础制动装置结构比较复杂，但由于制动时闸瓦单位面积上所受的压力较小，因而摩擦系数较高，制动效果较好，闸瓦磨耗量也小，因此，对缩短制动距离、提高运行速度都是有利的。

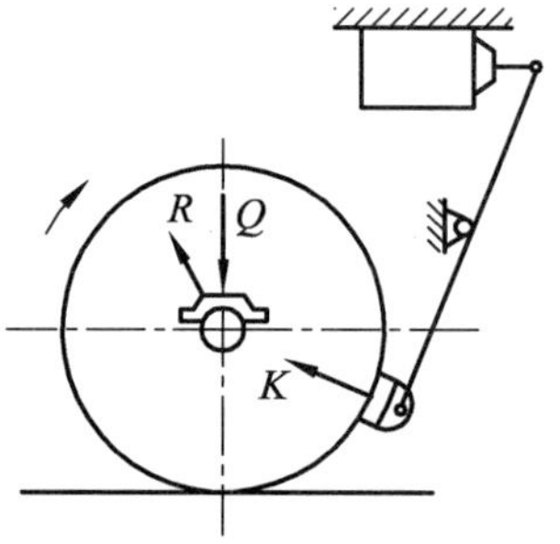

图 6-1-1　单侧闸瓦制动

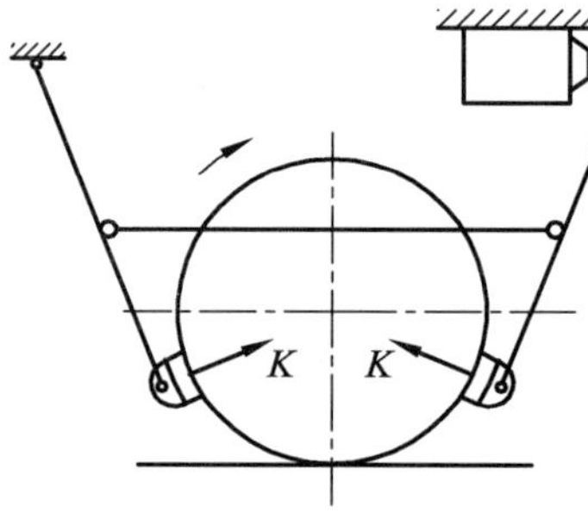

图 6-1-2　双侧闸瓦制动

目前，我国货车和 DF_4 型内燃机车、部分电力机车采用单侧制动，客车和部分型号的内燃机车、电力机车采用双侧制动。随着列车运行速度的提高，大吨位货车也有采用双侧式基础制动装置的必要。SS 系列电力机车除 SS_1、SS_3、SS_7 型机车采用双侧制动外，其他车型均采用单侧制动。

2）按制动缸的控制对象分

闸瓦制动装置按照制动缸的控制对象，可分为组合式和单独式。

组合式基础制动装置是由一个制动缸为若干个闸瓦装置提供制动原力。

单独式基础制动装置又称独立式，一个制动缸单独为一个闸瓦装置提供制动原力。

目前，国产 SS 系列电力机车和大多数内燃机车、装用盘形制动的客车均采用单独式基础制动装置，货车和大多数客车采用组合式基础制动装置。

6.1.2　盘形制动

盘形制动（摩擦式圆盘制动）装置是在车轴上或在车轮辐板侧面装上制动盘，一般为铸铁圆盘，用制动夹钳使合成材料制成的两个闸片紧压制动盘侧面，通过摩擦产生制动力，把列车动能转变成热能，消散于大气。盘形制动属于黏着制动。

1. 盘形制动特点

与闸瓦制动相比，盘形制动有下列优点。

（1）可以大大减轻车轮踏面的热负荷和机械磨耗。

（2）可按制动要求选择最佳“摩擦副”。盘形制动的制动盘可以设计成带散热筋的，旋转时它具有半强迫通风的作用，以改善散热性能，适宜于高速、重载列车。

（3）制动平稳，几乎没有噪声。

但盘形制动有下列不足之处。

（1）车轮踏面没有闸瓦的磨刮，轮轨黏着将恶化。所以，为了防止高速滑行，既要考虑采用高质量的防滑装置，也要考虑加装踏面清扫器，或采用盘形制动为主、闸瓦制动为辅的混合制动方式，否则即使安装有防滑器，制动距离也比闸瓦制动距离长。

（2）制动盘使簧下重量及其引起的冲击振动增大；运行中还要消耗牵引功率，速度越高，此种功率损失也越大。

2. 制动盘的结构形式

按摩擦面的配置，制动盘可分为单摩擦面（单面盘）和双摩擦面（双面盘）两类；按盘本身结构可分为整体式和由两个“半圆盘”用螺栓组装而成的“对半式”；按盘安装的位置可分为轴盘式和轮盘式。制动盘安装在车轴上的称为轴盘式盘形制动装置，制动盘安装在车轮辐板上的称为轮盘式盘形制动装置。由于制动盘是一个既受力又受热的零部件，不宜采用过盈配合直接装在轴上，所以轴盘式通常要采用锻钢盘毂作为车轴与铸铁盘之间的过渡零件，而且在铸铁盘螺栓连接处要加装弹性套。我国的大多数客车车辆采用轴盘式盘形制动装置。

轮盘式盘形制动装置一般在机车或动车上采用，而且都是单摩擦面，这是因为机车或动车的车轴上要安装驱动装置，没有安装制动盘的位置，制动盘只能安装在车轮的两侧。国产 HXD_1、HXD_3 系列电力机车基础制动装置采用轮盘式盘形制动装置。

使用盘形制动后，由于车轮踏面没有闸瓦的磨刮，车轮黏着将恶化，为此一般仍装有清扫踏面的铸铁闸瓦，以免因踏面油污而降低轮轨间的黏着系数，因此“盘形-踏面”的混合制动装置也得到广泛应用。踏面制动单元由一块闸瓦、一个制动缸、一根制动杠杆和闸瓦间隙自动调整器组成。盘形制动的一个制动缸带动两个夹钳，一根车轴上安装两个轴盘式双摩擦面的制动盘。由于踏面清扫也承担一部分制动力，因此，和盘形制动结合使用，可获得更好的制动效果。

【任务评价】

序号	评价内容	评价标准	分值
1	能够识别闸瓦制动装置的组成与布置形式	能够正确识别	3
		部分部件识别错误	2
		不能够识别	0
2	能够识别盘形制动装置的组成与布置形式	能够正确识别	3
		部分部件识别错误	2
		不能够识别	0
3	能够根据盘形制动与闸瓦制动的特点，分析它们的优缺点	对问题的理解完全正确	4
		对问题部分理解或解释错了	2
		对问题完全理解错了	0
得分			

任务 6.2　闸瓦制动装置状态检查

【任务目标】

1. 知识目标

（1）熟悉 SS 系列电力机车单元制动器结构。

（2）熟悉 HXD_2 系列电力机车单元制动器结构。

（3）熟悉手动调整闸瓦间隙的步骤。

2. 素质目标

（1）培养严谨认真、精益求精的工作态度，促进职业素养的养成。

（2）具备自主学习能力，培养分析能力，善于总结经验并进行创新。

（3）能完成团队分配的工作，承担团队成员的角色和责任。

3. 能力目标

（1）能够根据 SS 系列电力机车单元制动器结构检查其工作状态。

（2）能够根据 HXD_2 系列电力机车单元制动器结构检查其工作状态。

（3）能在试验台上手动调整闸瓦间隙。

闸瓦制动装置

【相关知识】

闸瓦制动装置主要应用在 SS 系列电力机车、HXD_2 系列电力机车上，每个车轮安装一套独立的制动单元。其中每个转向架安装有一套带弹簧停车装置的单元制动器。典型的闸瓦制动单元制动器有杠杆式单元制动器和楔角放大式单元制动器。

6.2.1 SS 系列电力机车单元制动器

SS 系列电力机车的基础制动装置采用独立箱式单元制动器，它是以制动器箱体为基础，将制动缸、制动传动装置和闸瓦间隙调整装置安装于箱体内部，闸瓦装置安装于箱体外侧的一种基础制动装置，因而又称为单缸制动器，主要由制动缸、杠杆传动系统、闸瓦间隙自动调整器和闸瓦装置组成。其特点是将制动单元各部件分别安装于箱体内外，对精密部件实行全密封，以提高可靠性。不论采用单侧制动，还是双侧制动，组装好的制动器作为一个独立单元吊装在转向架构架的制动器安装座上，用螺栓连接，此外还采用了其他的稳定措施。

SS 系列各型电力机车所使用的单缸制动器主要参数，如表 6-2-1 所示。

表 6-2-1　SS 系列电力机车制动器的主要参数

制动器技术参数	SS_{3B}	SS_4 改	SS_7	SS_8	SS_9
制动缸直径（mm）	178	178	190	203	190
缓解弹簧反力（N）	347	347		307	
制动倍率	2.85	2.85	4	3.5	4
传动效率	0.95	0.85	0.8	0.85	0.85
闸瓦压力（紧制）（N）	32 650	25 560	21 850	46 600	43 000
每台转向架制动缸数	6	4	4	4	6
闸瓦间隙（mm）	6～9	6～9	7～9	6～9	5～8
闸瓦材料	高摩合成	高摩合成	中磷铸铁	粉末冶金	粉末冶金

注：制动缸直径 203 mm 相当于 8 英寸，178 mm 相当于 7 英寸。

SS 系列各型电力机车基础制动装置的结构原理基本相同，只是 SS_7、SS_9 型机车的闸瓦自动调整器与其他车型不同。下面以 SS_9 型电力机车单元制动器为例，介绍其构造和作用原理。

SS_9 型电力机车基础制动装置采用 JDYZ-4A 型和 JDYZ-4B 型两种结构形式的单元制动器，其结构如图 6-2-1、图 6-2-2 所示。它们的区别只是后者能与停车制动装置相连。该单元制动器具有结构紧凑、制动效率高、制动性能可靠等特点。组装好的制动器可作为一个独立部件直接用螺栓连接在构架的制动器安装座上。

1. 基本工作原理

以 JDYZ－4A 型单元制动器为例，当制动缸 9 内充气时，活塞 11 推动杠杆 12，杠杆推动闸瓦间隙调整机构 4，闸瓦间隙调整机构 4 带动传动螺杆 7 及闸瓦托 17 一起向车轮踏面方向移动，从而实现机车制动。当制动缸排气时，活塞在弹簧 10 的推动下，分别带动杠杆 12、闸瓦间隙调整机构 4、传动螺杆 7、闸瓦托 17 一起向相反方向运动，闸瓦离开车轮踏面而实行缓解。

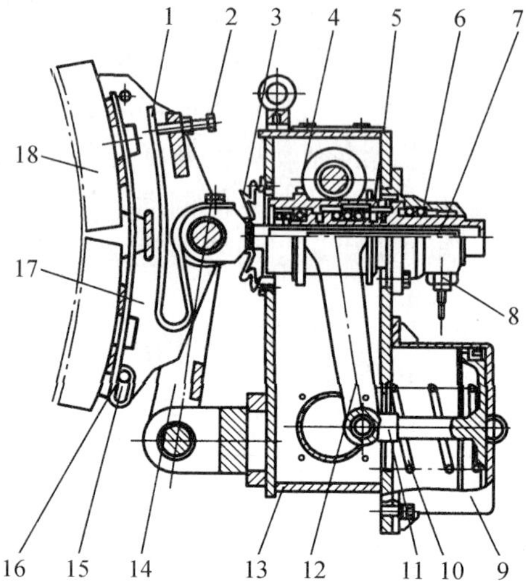

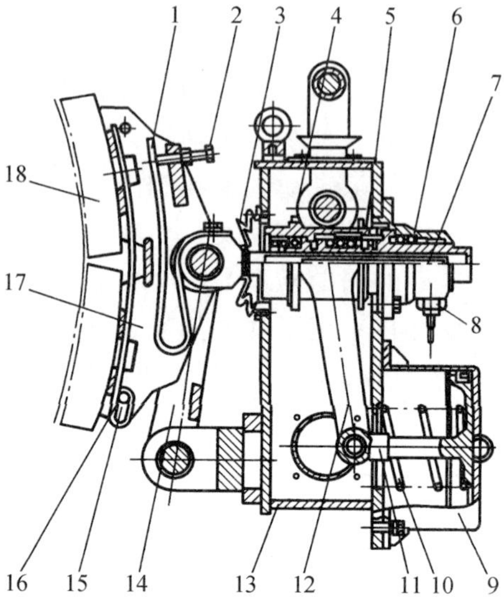

1—闸瓦定位弹簧；2—调整螺钉；3—防尘罩；4—调整机构；5—引导机构；6—挡套螺母；7—传动螺杆；8—锁紧机构；9—制动缸；10—弹簧；11—活塞；12—杠杆；13—箱体；14—闸瓦托杆；15—销；16—闸瓦钎；17—闸瓦托；18—闸瓦。

图 6-2-1 JDYZ－4A 型单元制动器

图 6-2-2 JDYZ－4B 型单元制动器

2. **闸瓦间隙的自动调整**

SS_7、SS_9电力机车闸瓦间隙自动调整装置与其他机型不同，它取消了棘轮机构，采用调整螺母调整，使一次制动闸瓦间隙的调整量大为增加。其结构如图 6-2-3 所示。

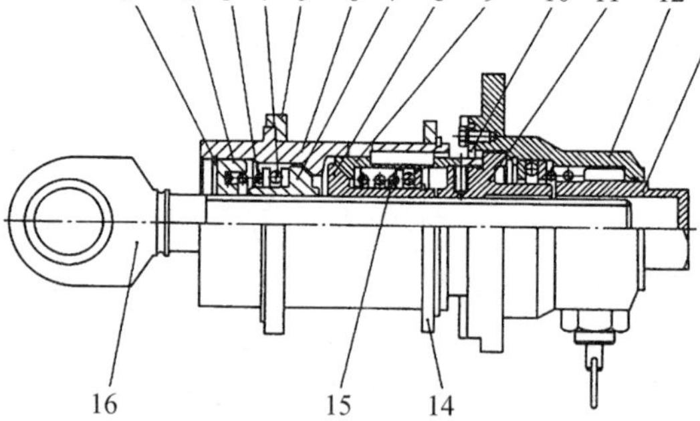

1—卡环；2—导向套；3—调整弹簧；4—轴承；5—力推挡圈；6—调整螺母套；7—调整螺母；8—导向螺母；9—导向螺母套；10—压圈；11—调隙挡；12—端盖；13—挡套螺母；14—复位挡圈；15—弹簧；16—传动螺杆。

图 6-2-3 SS_9 型机车单元制动器闸瓦间隙调整机构

如果制动前和制动中闸瓦与踏面的间隙大于调隙挡 11 与压圈 10 间的间隙 X（X 为正常闸瓦间隙），为（$X+a$），则当传动螺杆 16 带动导向螺母 8、导向螺母套 9、调隙挡 11 左移 X 后，由于调隙挡被压圈挡住，不能继续左移，导向螺母套 9 也不能继续左移，这时传动螺杆 16 和导向螺母 8 的左移使调整弹簧 3 压缩，导向螺母 8 与导向螺母套 9 间的锥形齿啮合脱开。由于传动螺杆与导向螺母间也是通过非自锁螺纹连接的，故此时导向螺母在调整弹簧的弹力作用下，绕传动螺杆 16 旋转后退而不再随之左移。

在制动过程中，传动螺杆 16 左移了（$X+a$），而导向螺母、导向螺母套和调隙挡 11 只左移了 X。

缓解时，杠杆推动复位挡圈 14，通过调整螺母套 6、卡环 1、导向套 2、调整弹簧 3、轴承 4、调整螺母 7、传动螺杆 16 右移，传动螺杆 16 带动导向螺母 8、导向螺母套 9、调隙挡 11 右移。当右移行程达到 X 后，调隙挡 11 被端盖 12 挡住，导向螺母套、导向螺母、传动螺杆也不能继续右移（在此过程中，调整螺母套与导向螺母间一直保持 a 的间隙）。而调整螺母套 6 的继续右移便与调整螺母 7 的锥齿啮合脱开。调整螺母与传动螺杆是通过非自锁螺纹连接的，所以调整螺母在调整弹簧 3 的弹力作用下绕螺杆旋转后退，直到调整螺母套被导向螺母挡住（间隙 a 消除），调整螺母套与调整螺母的锥齿重新啮合。此时，缓解到位。在这一过程中，传动螺杆右移 X，而调整螺母套右移（$X+a$），闸瓦与踏面间的间隙保持在 X，即闸瓦间隙得到了自动调整。

SS_9 型电力机车闸瓦间隙一次调整量最大为 7 mm，SS_7 型电力机车闸瓦间隙一次调整量为 2 ~ 5 mm。

6.2.2 HXD_2 系列电力机车单元制动器

1. 结　构

HXD_2 系列电力机车基础制动装置是单侧、双闸瓦、带闸瓦间隙自动调整机构的独立踏面制动单元，每个转向架共配有四组踏面制动单元，其中有一组制动单元具有自动停车功能。

踏面制动单元具有质量轻、体积小、安装方便、间隙调整器调节准确、传动效率高、闸瓦更换方便、使用维护简单等特点，基础制动装置可以实现机车在平直道上在 120 km/h 速度下，轴重 25 t 机车紧急制动距离不大于 900 m 的要求，停放制动可以使机车在线路坡度为 1.0%的情况下，使机车停放。该踏面制动单元用螺栓安装在构架侧面，拆卸方便。

踏面制动单元主要由制动缸、楔形力放大机构和单向间隙自动调整器组成。制动缸由缸体、活塞和缸套等组成，闸瓦间隙调整器由弹簧、轴承、导向螺母和调整螺母等组成。

2. 作用原理

制动活塞是以重心方式自由悬挂的。它是通过前后滚动轴承之间的楔形块并借助于制动缸的圆柱部分来实现平衡的。

楔形力放大机构采用了楔角放大原理及滚动轴承结构，固定在活塞上的两个楔子横跨推杆间隙调整到两侧，当制动缸充风时，活塞向下移动，推动楔子到滚柱轴承之间，借助间隙调整器机构将输出力传递到闸瓦，同时将作用力放大，作用力放大的倍率与楔子的角度相关。单元制动器基本作用原理如图 6-2-4 所示。

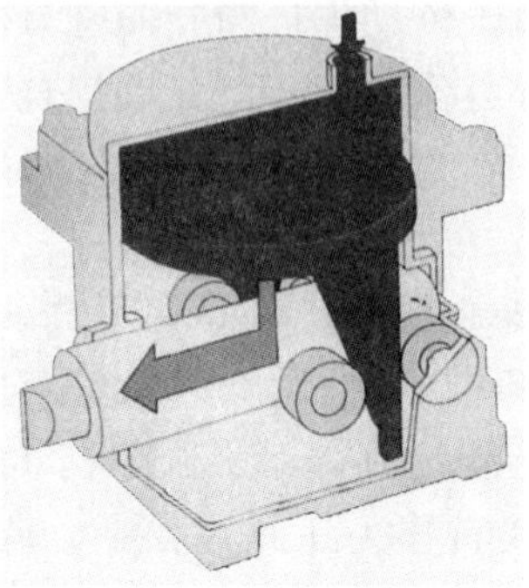

图 6-2-4　单元制动器基本作用原理

当制动缸无压缩空气时，制动缸活塞及楔角机构在复原弹簧的作用下上移，滚动轴承和间隙调整器后退，带动调整螺杆后退，从而实现了机车车辆的缓解，如图 6-2-5 所示。

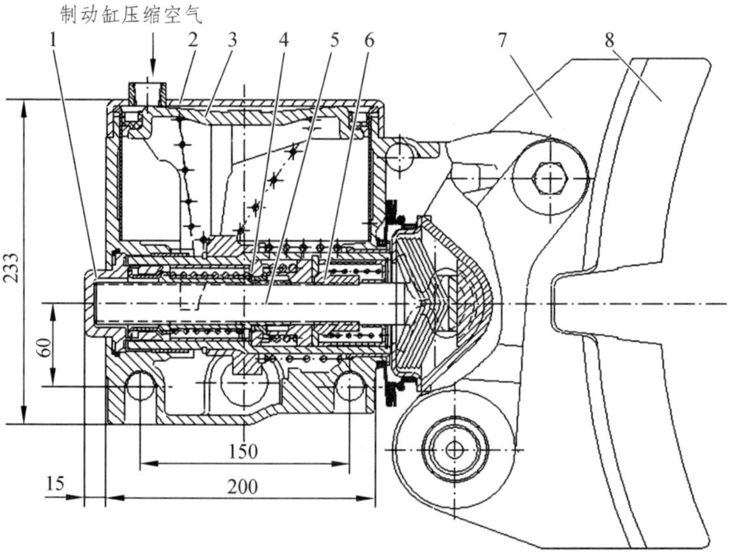

1—后盖；2—制动缸；3—活塞；4—后螺母；5—调整螺杆；
6—前螺母；7—闸瓦托；8—闸瓦。

图 6-2-5　单元制动器（缓解状态）

当空气压力输入到制动缸体内，压缩空气作用在活塞头上时，制动活塞向下移动，楔子被压下并作用到滚动轴承上，挤压前面一个活动轴承向前运动。这些轴承通过间隙自动调整机构将输出力转移到制动闸瓦上，如图 6-2-6 所示。

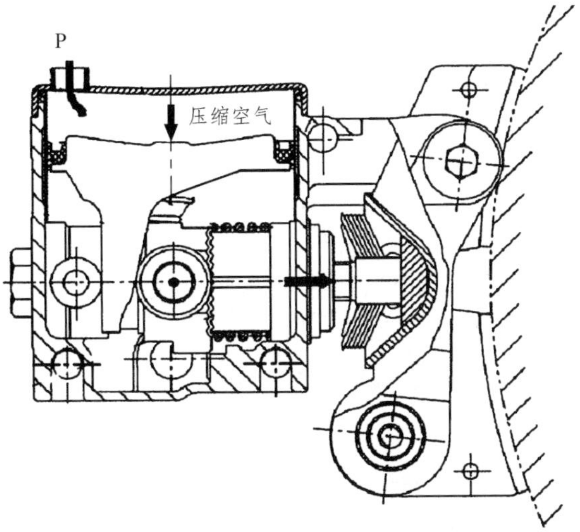

图 6-2-6　单元制动器（制动状态）

当压缩空气从进气口排出时，制动作用停止，通过内部弹簧的作用力，闸瓦回到原来位置。

为使闸瓦与车轮踏面之间保持正常间隙，当闸瓦磨耗时，闸瓦间隙自动调整机构能自动调整闸瓦与车轮踏面的间隙变化，使之达到规定的正常间隙。闸瓦间隙自动调整机构是一单独作用的机构，它不受制动力产生的弹性变形的影响。

弹簧停放制动是在常用制动缸体上部增加弹簧停车制动器，当机车在正常运行状态时，停放制动缸中充有压缩空气，弹簧处于压缩状态，停放制动缸不参与机车正常的制动作用；机车在停放时，当总风管的压缩空气泄漏到一定程度（空气压力小于弹簧的作用力时），停放制动开始作用，此时，停放缸活塞在弹簧的作用下向下移动，推动制动缸活塞产生制动力。

【任务评价】

序号	评价内容	评价标准	分值
1	能够根据 SS 系列电力机车单元制动器结构检查其工作状态	对问题的理解完全正确	3
		对问题部分理解或解释错了	2
		对问题完全理解错了	0
2	能够根据 HXD_2 系列电力机车单元制动器结构检查其工作状态	对问题的理解完全正确	3
		对问题部分理解或解释错了	2
		对问题完全理解错了	0
3	能在试验台上手动调整闸瓦间隙	能够正确、熟练调整	4
		调整不熟练	2
		调整错误	0
得分			

任务 6.3　盘形制动装置状态检查

【任务目标】

1. 知识目标

（1）熟悉 HXD_1、HXD_3 系列电力机车轮盘制动装置结构。

（2）熟悉 UP 单元制动缸作用原理。

（3）熟悉更换机车盘形制动装置的闸片及调整闸片间隙作业流程。

2. 素质目标

（1）培养学生遵章守纪、严谨认真的工作作风，促使学生职业素养的养成。

（2）具备自主学习能力，培养分析能力，善于总结经验并进行创新。

（3）能完成团队分配的工作，承担团队成员的角色和责任。

3. 能力目标

（1）能够根据 HXD_1、HXD_3 系列电力机车轮盘制动装置结构检查其工作状态。

（2）能够根据 UP 单元制动缸结构，分析它的作用原理。

（3）能在试验台上按程序更换机车盘形制动装置的闸片及调整闸片间隙。

【相关知识】

6.3.1　概　述

盘形制动装置

1. 组　成

HXD_1、HXD_3 系列电力机车基础制动装置采用轮盘制动装置，每个车轮安装一套独立的制动单元，其中每个转向架安装有一套带有弹簧停车装置的制动单元。下面以 HXD_3 型电力机车为例进行具体介绍，如图 6-3-1 所示。

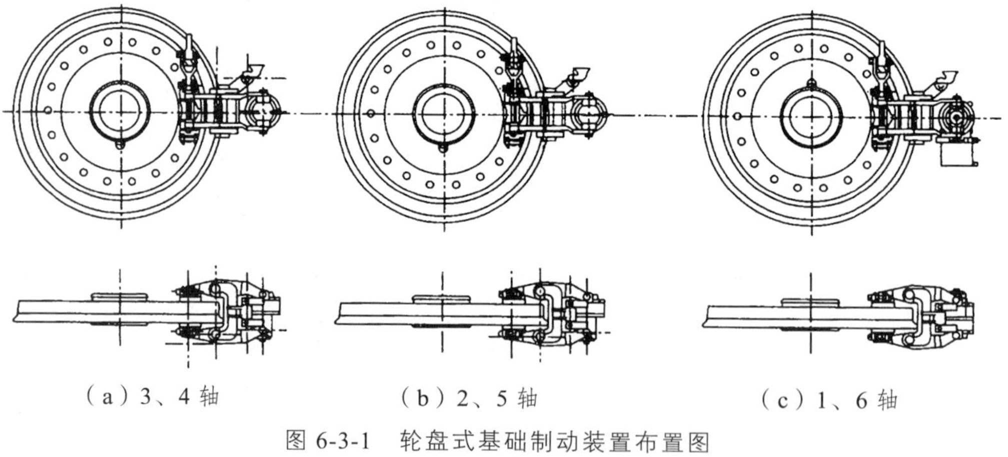

（a）3、4 轴　　（b）2、5 轴　　（c）1、6 轴

图 6-3-1　轮盘式基础制动装置布置图

HXD_3型电力机车基础制动装置采用的是轮盘制动方式，每轴安装两套轮盘制动单元。其中1、6轴为带停放制动功能的制动单元，2、3、4、5轴为不带停放制动功能的制动单元。

轮盘制动单元由制动盘、制动缸、夹钳以及合成闸片等组成。当机车制动时，制动单元得到压缩空气，通过制动缸活塞推动夹钳，通过闸片将压力作用到安装在车轮辐板的摩擦盘上，使闸片与摩擦盘间产生摩擦、消耗功率，将动能转变为热能散发掉，从而使机车达到减速或停车的目的。

根据制动单元在转向架上的安装位置，不带停放制动功能的制动单元又分为左、右两种，两者的性能参数完全相同，只是制动缸安装方向相反。同样带停放制动功能的制动单元也分为左、右两种。制动缸（包括带弹簧停车装置）带有闸片间隙自动调整机构。

2. 技术参数

HXD_3型电力机车基础制动技术参数如表6-3-1所示。

表6-3-1　HXD_3型电力机车基础制动技术参数

制动缸（数量×直径）	4×203 mm（1、6轴）
	8×254 mm（2、3、4、5轴）
制动倍率	3.23（1、6轴）
	2（2、3、4、5轴）
基础制动装置传动效率（紧急制动时）	（扣除缓解弹簧力）>0.95
	（含缓解弹簧力）>0.85
机车空气制动率（紧急制动时）	23.34%
停放制动率	18%（能保证机车在30‰坡道上安全停放）
闸片与制动盘单侧间隙 S	单元缸（缸径：254 mm）：S = 1.75～2.0
	复合缸（缸径：203 mm）：S = 1.4～2.05

3. 盘形制动单元

盘形制动单元主要由夹钳机构和制动缸两大部分组成。带停放制动功能的盘形制动单元的制动缸由常用缸和弹簧缸两部分组成，不带停放制动功能的盘形制动单元的制动缸只有常用缸。盘形制动单元外形如图6-3-2所示。

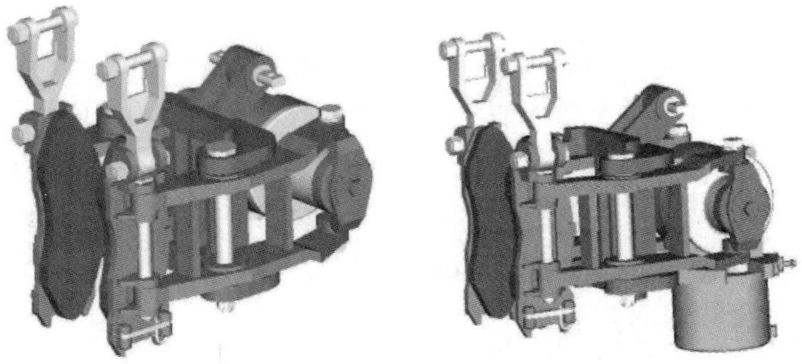

图6-3-2　盘形制动单元外形图（右图为带停放制动功能）

带停放制动功能的盘形制动单元与不带停放制动功能的盘形制动单元，夹钳机构的结构相同，只是零部件尺寸不尽相同。整个盘形制动单元通过夹钳机构上的前后三个吊点安装在转向架上。夹钳机构通过四个螺栓与制动缸连接，夹钳组成相当于一个杠杆，将制动缸的输出力传递到闸片托上。闸片托接口符合 UIC543-1 标准，配置有机合成材料的闸片，闸片如图 6-3-3 所示。闸片可以是一整片，也可由两半片组成。有带有沟槽的闸片，也有没有沟槽的闸片，沟槽可以降低湿度对摩擦特性的影响。

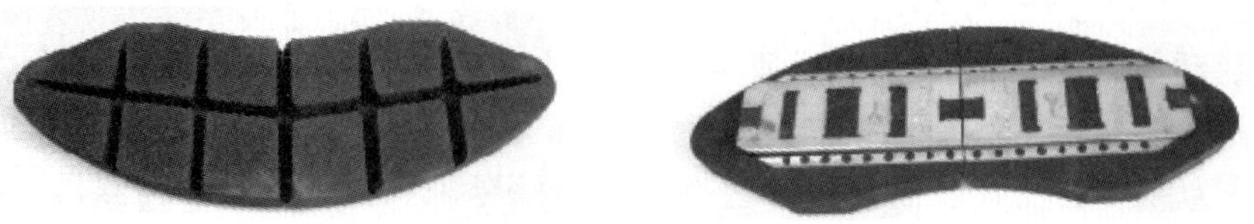

图 6-3-3　闸片

6.3.2　UP 单元制动缸

1. 结　构

UP 单元制动缸只有常用制动缸，其结构如图 6-3-4 所示。

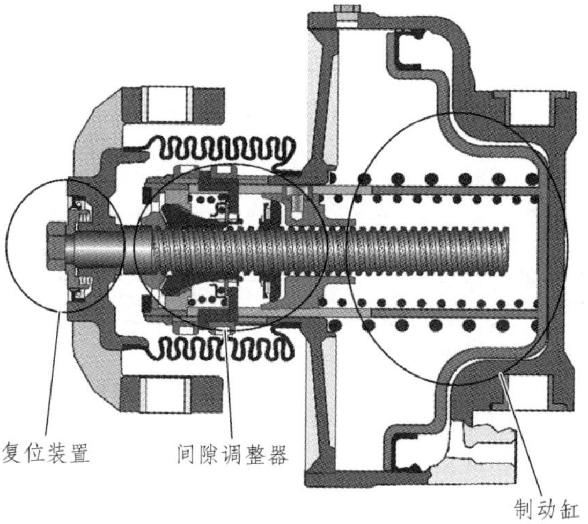

图 6-3-4　UP 制动缸

UP 制动缸由三个功能部件组成：一个传力部件，一个间隙调整装置，一个丝杠复位结构。缸体是一个铝制金属模铸件，活塞工作表面光滑，接触均匀，耐磨性能良好。活塞皮碗耐低温，且韧性好。即使在缓解位，间隙调整器也被齿形离合器牢靠地锁定，因此运行时的振动和摇晃对间隙调整器不会造成影响。制动缸具有防水功能。制动缸非加载气室通过呼吸堵与大气相通。间隙自动调整，丝杠复位简单。

2. UP 单元制动缸工作过程

UP 单元制动缸工作过程如图 6-3-5 所示。

制动时向制动缸充入压缩空气，在压缩空气的作用下制动缸伸长，带动夹钳臂绕转轴转动。转轴通过连接架与转向架相对固定，夹钳臂前端的闸片托则夹紧制动盘产生制动作用。

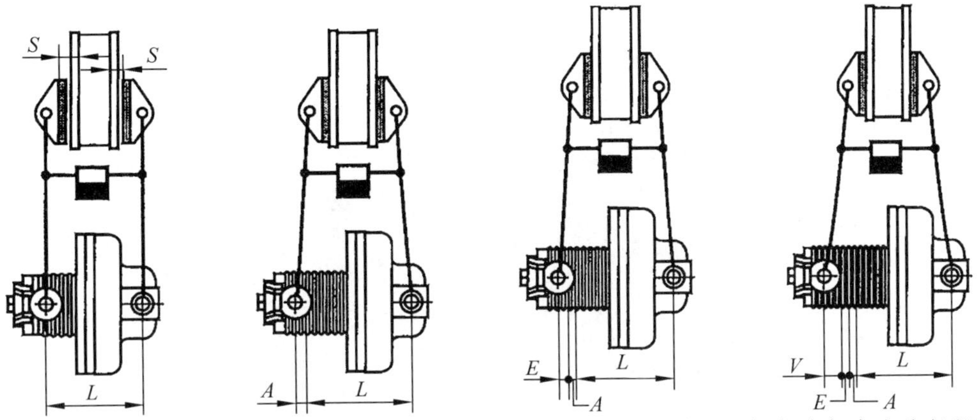

（a）缓解位　（b）作用行程阶段　（c）弹性变形阶段　（d）磨耗产生的行程阶段

图 6-3-5　UP 单元制动缸工作过程

制动缓解时，排出制动缸内压缩空气，在缓解弹簧的作用下制动缸回缩通过夹钳臂带动闸片托与制动盘分离。制动夹钳单元带有缓解间隙自调整功能，能够保证闸片与制动盘之间始终保持设定的合适间隙。

6.3.3　制动缸、夹钳的日常维护

（1）检查单元制动缸及夹钳的螺栓、螺母及衬套有无松动、丢失和损坏，检查制动缸及夹钳外观是否良好、动作是否正确。

（2）单元制动缸能够正常制动，闸片能压紧轮盘制动盘；缓解良好，不得有卡滞现象，制动缸不得存在泄漏。

（3）弹簧停车制动缸制动、缓解良好，指示器指示正确。

（4）确认闸片安装牢固，无裂纹、破损。

（5）空气软管安装牢固，外观无破损、老化、管接头无泄漏。

（6）制动缸呼吸堵畅通。

（7）检查波纹管是否破损。防止污物进入间隙调整装置内而产生故障。

（8）检查夹钳吊杆自由运动的程度，必要时进行润滑。

（9）制动盘是否过度磨损、偏磨，是否有必须处理的裂纹。

（10）闸片是否过度磨损。

6.3.4　更换不良闸片、调整闸片间隙

1. 更换闸片

更换闸片时，需先将闸片间隙调大，然后用螺丝刀将闸片托体下部的弹性 U 形销

向外撬动，使闸片挡块打开，便可将闸片沿着闸片托的燕尾槽向下滑动取出。闸片换装完毕后将闸片挡块向内推，使弹性 U 形销复原。将手调螺母逆时针旋转一圈，再对制动缸反复充、排 200 ~ 300 kPa 压缩空气进行制动、缓解操作，循环数次直至闸片间隙复原，完成闸片的更换工作，如图 6-3-6 所示。也可直接通过手调螺母调整闸片与制动盘之间的间隙至规定的数值。

图 6-3-6　闸片更换示意

2. 手拉缓解

当无法充分缓解停放制动时，可手动缓解停放制动。手动缓解停放制动时，只要拉动手动缓解拉环，并保持 3 s 以上，然后放开手拉缓解环，即可缓解停放制动，如图 6-3-7 所示。

图 6-3-7　制动夹钳单元手拉缓解装置

3. 闸片间隙调整

闸片间隙（双边：2 ~ 4 mm）在出厂时已经设定并调整好，可用 2 mm 塞尺和 3 mm 塞尺检测闸片间隙，如图 6-3-8 所示。正常情况下，安装后不须重新设定。闸片具有间隙自动调整功能，能根据闸片磨耗量自动补偿间隙以保证闸片和轮盘间隙在正常范围。如有特殊情况需人为调整闸片间隙（如更换闸片），需用口径 27 mm 的扳手旋转制动器的手调螺母，顺时针旋转会使闸片间隙变大，逆时针旋转会使闸片间隙变小，如图 6-3-9 所示。

图 6-3-8　测量闸片间隙

图 6-3-9　调整闸片间隙

【任务评价】

序号	评价内容	评价标准	分值
1	能够根据 HXD_1、HXD_3 系列电力机车轮盘制动装置结构检查其工作状态	对问题的理解完全正确	3
		对问题部分理解或解释错了	2
		对问题完全理解错了	0
2	能够根据 UP 单元制动缸结构，分析它的作用原理	分析问题有理有据	3
		分析问题不全面	2
		分析问题观点错误	0
3	能在试验台上按程序更换机车盘形制动装置的闸片及调整闸片间隙	能够正确、熟练调整	4
		调整不熟练	2
		调整错误	0
得分			

任务 6.4　停放制动装置认知

【任务目标】

1. 知识目标

（1）熟悉 SS_9 型电力机车停放制动装置结构。

（2）熟悉 HXD_1、HXD_3 系列电力机车停放制动装置结构。

（3）熟悉 HXD_2 系列电力机车停放制动装置结构。

2. 素质目标

（1）培养遵章守纪、严谨认真的工作作风，促使职业素养的养成。

（2）具备自主学习能力，培养分析能力，善于总结经验并进行创新。

（3）能完成团队分配的工作，承担团队成员的角色和责任。

3. 能力目标

（1）能够根据 SS_9 型电力机车停放制动装置结构检查其工作状态。

（2）能够根据 HXD_1、HXD_3 系列电力机车停放制动装置结构检查其工作状态。

（3）能够根据 HXD_2 系列电力机车停放制动装置结构检查其工作状态。

【相关知识】

停放制动装置

机车长时间停放时，会造成总风压缩空气流失，导致机车空气制动能力丧失。采用停放制动装置用以代替空气制动机，可防止机车车辆发生溜车引起事故。早期的机车停放制动采用手制动机，靠人力操纵产生制动力，停放制动力不能准确控制。当机车投入运行时，如没有及时缓解手制动机还易引发机车故障，甚至造成行车事故。随着技术的发展，自动化程度高、制动力控制准确的停放制动装置得到了广泛运用。

停放制动装置包括手制动机和蓄能制动器（停放制动器）。

SS_4 改型电力机车停放制动装置采用手制动机，SS_8、SS_9 型电力机车以及 HX_D 系列电力机车则安装蓄能制动器（停放制动器），作为机车防溜的措施。

下面分别以 SS_9 型电力机车和 HX_D 系列电力机车的停放制动装置为例介绍其构造和作用原理。

6.4.1 SS_9 型电力机车停放制动装置

1. 组　成

SS_9 型电力机车在每台转向架第三位轮对处设置有两套停放制动装置，每套停放制动装置由蓄能制动器 1、调整螺母 2、拉杆 3、水平杠杆 4、连杆 5、竖杠杆 6 等组成，如图 6-4-1 所示。

蓄能制动器所产生的制动力依次通过拉杆、水平杠杆、竖杠杆和连杆传递到制动器闸瓦上，以实现车轮踏面制动。

2. 工作原理

蓄能制动器通过螺栓直接安装在转向架构架上，机车停车后通过蓄能制动器的弹簧力来对车轮踏面进行制动。蓄能制动器主要由制动缸体 10、主压缩弹簧 5、压缩弹簧 6、锁紧机构 3、棘轮机构、导向机构、丝杆 12、调整螺母 13、导向套筒 14、套筒 15 等部件组成。活塞 9 与套筒 15 焊在一起，套筒 15 内有止推轴承、内卡圈、弹簧 11 等，靠这些将调整螺母 13 的头部夹在中间。调整螺母 13 内部有非自锁螺纹与丝杆 12 连接，外圆 180°对称位置有两条通长的滑槽，导向套筒 14 的右端有两个凸块插在滑槽中，导向套筒 14 的左端为一棘轮，受棘爪 4 的钳制。蓄能制动器结构如图 6-4-2 所示。

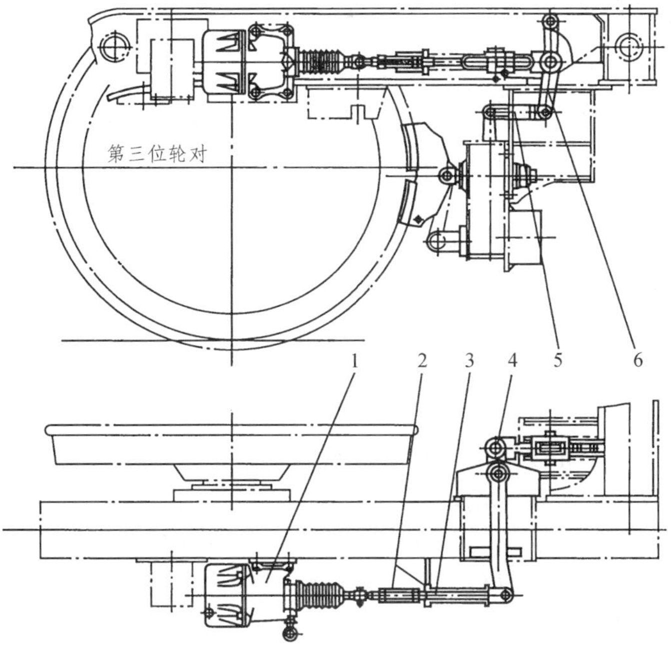

1—蓄能制动器；2—调整螺母；3—拉杆；4—水平杠杆；5—连杆；6—竖杠杆。

图 6-4-1　SS_9型电力机车停放制动装置

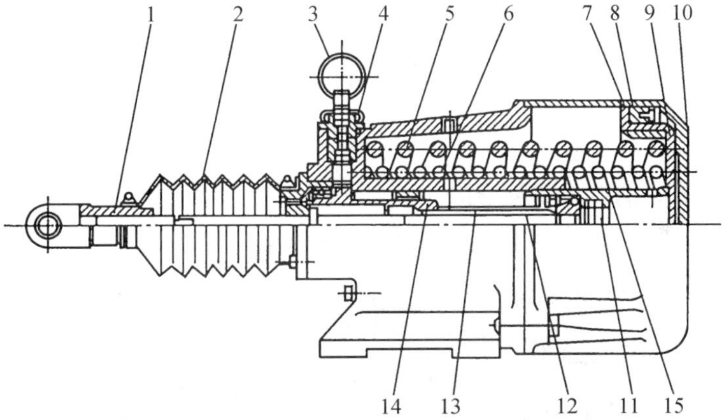

1—调整杆；2—护尘罩；3—锁紧机构；4—棘爪；5—主压缩弹簧；6—压缩弹簧；
7—导向环；8—皮碗；9—活塞；10—缸体；11—弹簧；12—丝杆；
13—调整螺母；14—导向套筒；15—套筒。

图 6-4-2　蓄能制动器结构图

蓄能制动器有缓解、制动、手动缓解三种状态，分别用来对机车进行制动与缓解。

（1）缓解状态

机车正常运行时，蓄能制动器应处在缓解位。当总风缸的压缩空气（600 kPa）充入蓄能制动器的制动缸内时，压缩空气将活塞 9 推向左端，弹簧 5、6 受压缩，丝杆 12 处于伸出位置，不起制动作用。

（2）制动状态

当制动缸排气到压缩空气低于 300 kPa 时，由于弹簧 5、6 的伸长，活塞 9 带动套筒 15 及调整螺母 13 向右移动。由于棘轮机构有反锁作用，锁住导向套筒 14 和调整螺母不能在丝杆 12 上转动，因此也带动丝杆向右移动，拉动杠杆产生制动作用。

（3）手动缓解状态

机车在停车时要移动而又无司机操纵时，只需拉动蓄能制动缸上的手动拉环 3 就可进行缓解。蓄能制动缸在制动时其弹簧 5、6 并没有全部伸长，拉动拉环后棘爪提起，导向套筒和调整螺母可在丝杆上自由旋转，由于弹簧 5、6 的伸长，推动活塞 9 连同套筒 15 向右移动直至尽头；另一方面踏面制动器制动缸复原弹簧等的反力作用将丝杆 12 向左拉，使调整螺母 13、导向套筒 14 绕丝杠 12 旋转至完全缓解。

蓄能制动装置处于完全缓解状态要实行制动时，必须先对制动缸充气，使之恢复缓解状态，然后放气就能转入制动状态。一旦充气压力下降到 300 kPa 以下，蓄能制动器就会自动进行工作。随着充气压力的减小，加在闸瓦上的压力也就会越来越大。所以，在运行时一定要注意风压。在无气的情况下移动机车一定要检查蓄能制动器是否处于缓解位。若处于制动位，可拉动蓄能制动器上的拉环，使机车处于缓解位方能移动机车，以防发生轮缘踏面擦伤等事故。

6.4.2　HXD_1、HXD_3 系列电力机车停放制动装置

HXD_1、HXD_3 系列电力机车每个转向架有两个带弹簧停放制动单元的制动器（克诺尔停放制动器），分别布置在每个转向架的第一轴车轮上。

1. 组　成

带停放制动单元的制动器如图 6-4-3 所示，其主要由复合制动缸（UF 型制动缸）、闸片间隙调整器、三点固定机构与弹簧停放制动器组成。

图 6-4-3　带停放制动单元的制动器

UF 制动缸由常用制动缸和停放制动缸组成，停放制动缸结构如图 6-4-4 所示。

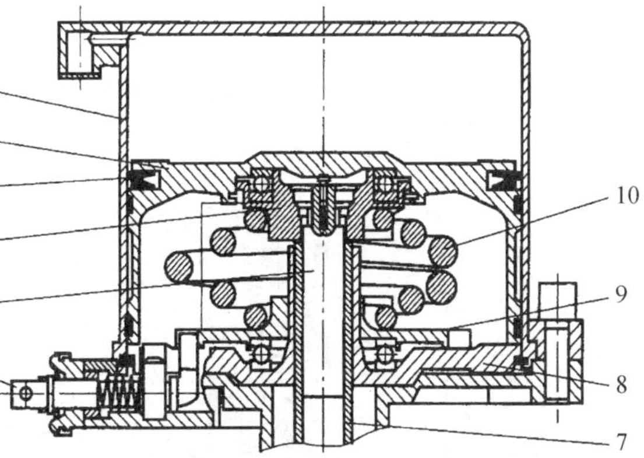

1—蓄能缸体；2—蓄能活塞；3—皮碗；4—上弹簧座；5—丝杠；6—手动缓解塞门；
7—螺套；8—托盘；9—棘轮盘；10—主弹簧。

图 6-4-4　停放制动缸结构

弹簧停放制动缸由停放制动缸、活塞和主弹簧等组成。主弹簧的力通过活塞、停放丝杠和套筒螺母作用在楔形体上，再通过常用制动缸传递到制动夹钳机构。

2. 作用原理

（1）制动状态

列车的停放制动可以在司机室来集中控制实施，当停放制动缸压缩空气排出时，活塞在压缩弹簧作用下向上移动，作用在制动盘上的弹簧停放制动力通过具有自动间隙调整装置的常用制动缸来施加，故其输出的停放制动力是固定不变的。在常用制动失效时增加了安全保障。紧急情况下，列车可以通过集中控制弹簧停放制动缸来进行制动。

（2）缓解状态

正常情况下停放制动缓解可以在司机室集中控制。当压缩空气充入弹簧停放制动缸时，活塞压缩弹簧向下移动，自动缓解停放制动。

（3）手动缓解状态

当停放制动缸产生停放制动作用后，如没有缓解所需的压缩空气，可使用手动缓解塞门实施辅助缓解。辅助缓解机构装在弹簧停放制动缸上，辅助缓解可以使主弹簧展开，直到将活塞推到停放缸体的底部，使弹簧力不再通过停放丝杠作用到楔形体上。

只有施加最小的缓解压力后，被手动缓解的弹簧停放制动器才会自动恢复。

6.4.3　HXD_2 系列电力机车停放制动装置

HXD_2 系列电力机车每个转向架有两个带弹簧停放制动的制动单元（BFCF 停放制动器），分别布置在轮对齿轮的两个车轮处。

当用于正常的制动时，弹簧停放缸得到压缩空气（一直保持在 420 ~ 450 kPa），弹簧停放缸缓解。其常用制动缸作用与不带停放制动单元制动缸相同。

1. 组　成

停放制动器主要由停放制动缸、弹簧、套筒、棘轮装置、活塞、手动缓解拉环等组成，如图 6-4-5 所示。

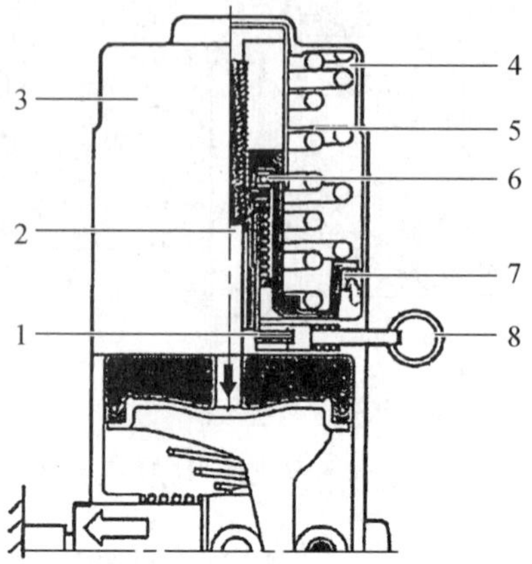

1—棘轮销与棘轮装置；2—活塞推杆；3—停放制动缸；4—（外）弹簧；
5—（内）弹簧；6—套筒；7—活塞；8—手动缓解拉环。

图 6-4-5　停放制动器结构

2. 作用原理

（1）制动状态

当停放制动活塞下方的压缩空气排出时，（内、外）弹簧伸张，借助轴承、旋转套筒及棘轮装置和活塞推杆传递弹簧力，当活塞推杆向下移动到常用制动缸时，就会向下推动常用制动缸活塞，实施制动，如图 6-4-6 所示。

（2）缓解状态

总风进入停放制动活塞下方，当总风压力达到 450 kPa 以上时，推动活塞和主弹簧向上移动，从而带动小调整螺杆上移，实现了停放制动的缓解。

当压缩空气进入停放制动活塞下方时，推动活塞和（内、外）弹簧向上移动，使弹簧被压缩，停放制动器呈缓解状态，如图 6-4-7 所示。

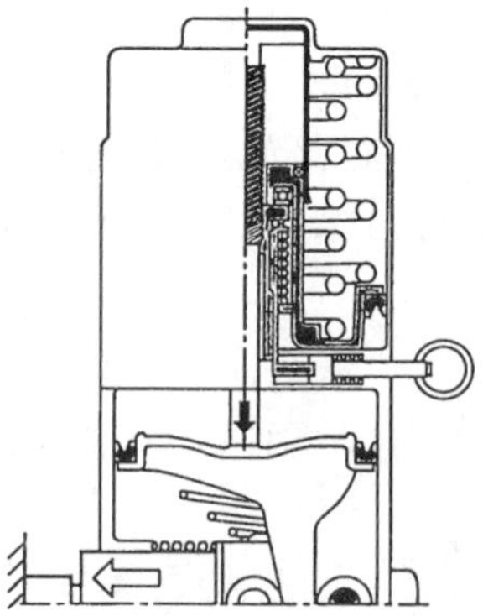

图 6-4-6　停放制动器（制动状态）

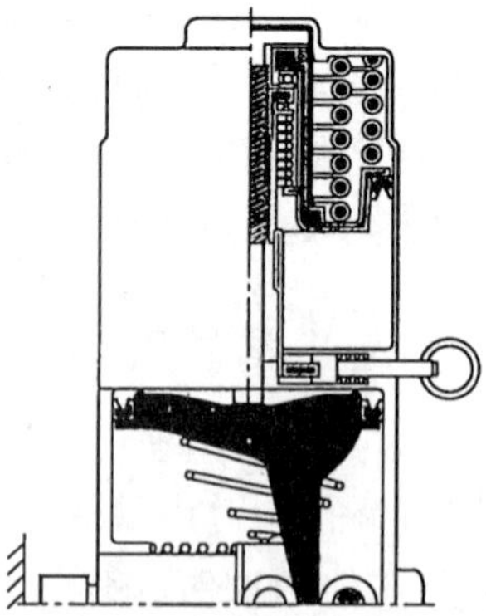

图 6-4-7　停放制动器（缓解状态）

（3）手动缓解状态

当停放制动器处于制动时，在没有压缩空气缓解停放制动器的情况下，只要拉动停放制动器上的手动缓解拉环，使棘轮销与棘轮装置之间的锁紧机构松开，来自（内、外）弹簧的力迫使棘轮装置自由旋转，活塞向上移动，同时向上推动活塞推杆，直至完全缓解为止，如图 6-4-8 所示。

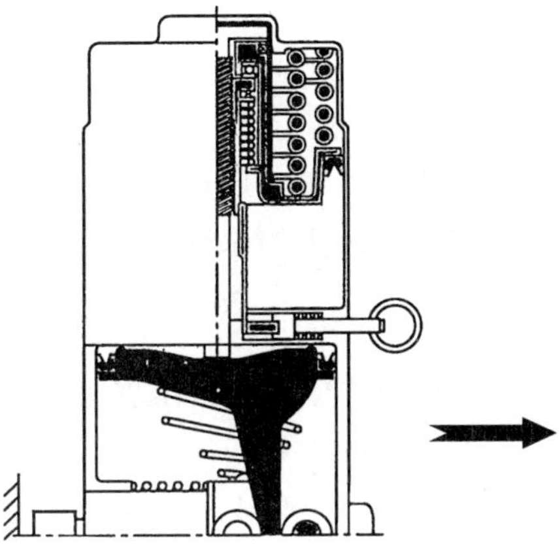

图 6-4-8　停放制动器（手动缓解）

当压缩空气重新进入停放制动缸时，推动活塞压缩（内、外）弹簧，使棘轮装置反转，棘轮装置复位。使停放制动缸充满压缩空气复原，停放制动器再次进入制动前的准备状态。

【任务评价】

序号	评价内容	评价标准	分值
1	能够根据 SS_9 型电力机车停放制动装置结构检查其工作状态	对问题的理解完全正确	3
		对问题部分理解或解释错了	2
		对问题完全理解错了	0
2	能够根据 HXD_1、HXD_3 系列电力机车停放制动装置结构检查其工作状态	对问题的理解完全正确	4
		对问题部分理解或解释错了	2
		对问题完全理解错了	0
3	能够根据 HXD_2 系列电力机车停放制动装置结构检查其工作状态	对问题的理解完全正确	3
		对问题部分理解或解释错了	2
		对问题完全理解错了	0
得分			

任务 6.5　防滑器检查与维护

【任务目标】

1. 知识目标

（1）了解防滑器的作用。

（2）熟悉 SFH-2 型防滑器的组成及工作原理。

（3）熟悉 MGS2 型防滑器的构造及工作原理。

2. 素质目标

（1）培养遵章守纪、严谨认真的工作作风，培养工作责任心。

（2）具备自主学习能力，培养分析能力，善于总结经验并进行创新。

（3）能完成团队分配的工作，承担团队成员的角色和责任。

3. 能力目标

（1）能够评价 SFH-2 型防滑器三种控制判断的特点。

（2）能够根据 MGS2 型防滑器的构造分析其控制原理。

【相关知识】

防滑器

6.5.1　概　述

防滑器用于高速机车车辆或重载机车上，其作用是防止在车轮滚动过程中轮轨之间纵向发生严重相对滑动，以免造成车轮踏面严重擦伤。轮轨间纵向滑动有两种情况：一种是空转，另一种是滑行。

轮轨间纵向滑动的两种情况：一种是在牵引状态下发生的，轮周牵引力超过了黏着限制，车轮飞快地转动而车速很慢、甚至不动，称为“空转”或“打飞轮”；另一种是在制动状态下发生的，制动力超过了黏着限制，车轮转速急剧下降甚至停转而车速降得很慢，称为“滑行”或“抱死轮”。制动系统中的防滑器主要目的为防止车轮“滑行”。

车轮在钢轨上滚动的黏着状态实际上是一种“滚动中有微量滑动”的状态。当制动力小于黏着力时，这种微量滑动不但不会导致机车车辆滑行，相反，它还可以起清除轮轨接触处的污垢和改善轮轨接触表面状态的作用；当制动力大于黏着力时，轮轨接触面的纵向相对滑动就会急剧增大，在过渡阶段纵向滑动由小变大，最后导致车轮被抱死而完全滑行。在这过程中，闸瓦摩擦力随车轮转速的急剧降低、摩擦系数的急剧增大而急剧增大，制动力反而随轮轨间的纵向相对滑动的急剧增大而急剧减小。防滑器的作用就是要在这短暂的过渡阶段内检测出车轮即将发生滑行的危险，并及时动作，快速排出制动缸中的压缩空气而不排空，使制动力迅速降至小于黏着力，以防止车轮滑行、恢复轮轨间的黏着状态，而且在车轮黏着恢复以后，还要使防滑器立刻由发生作用状态回到停止作用状态，制动缸及时再充风，尽量恢复较大的制动力。

防滑器有机械式防滑器、电子式防滑器和微机控制的防滑器等。机械式防滑器的工作原理是把回转体的惯性转换成位移，打开阀门或接通电路，使角减速度（此种防滑器的判断根据是车轮的角减速度）骤然减小的轮对缓解。电子式防滑器可以有多种判据，又具有较高的灵敏度和较快的作用速度，还能进行必要的监督和轮径补偿。但是分离电子元件的零点漂移不易清除。微机控制的防滑器可以对轮轨间纵向滑动的全过程进行动态检测与控制，信息采用脉冲处理，既简单又可靠，无零点漂移，无需调节和补偿，更重要的是微处理器的处理速度极快，既可以提高检测速度，又可以利用软件随时提供有关信息。

6.5.2 SFH-2 型防滑器的基本原理

图 6-5-1 所示为中车青岛四方车辆研究所股份有限公司研制的 SFH-2 型防滑器的结构组成示意图。它由 1 台防滑器主机（控制单元和控制线板）、4 个速度传感器和 4 个防滑排风阀等组成。主机采用 16 位 8098 单片机系统和 STD 总线小模板结构，系统高度模块化，机械强度高，抗振动和冲击性能好，比较容易解决发热和抗干扰等问题。

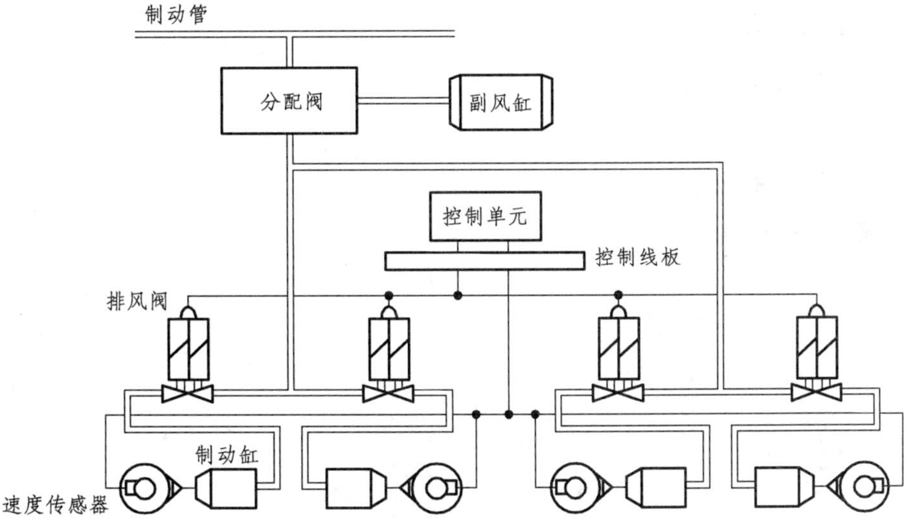

图 6-5-1　SFH-2 型防滑器的结构组成

防滑器主机的控制判断根据有以下 3 种：

1. 转速差控制（或速度差控制）

同一辆车的几根轴中的一个轮对制动力超过黏着力而快要发生滑行时，该轴的转速必然远低于其他轴的转速。当该轴转速与其他轴最高转速之差大于预定值时，该轴的防滑排风阀便排风，降低控制该轴的制动缸压力，使该轴转速回升；当转速差小于预定值时，该轴排风阀口关闭，相应的制动缸保压；当该轴转速完全恢复正常时，相应的排风阀充风，使该轴的制动缸压力回升、恢复到较高压力。

2. 角减速度控制（或减速度控制）

同一辆车的各根轴以接近的速度同时要发生滑行，用转速差是判别不了的，这时就要采用角减速度控制。当角减速度骤然增大并超过设定值时，防滑器也要起作用。

3. 滑移率控制（或蠕滑率控制）

车轮在钢轨上滚动时的“微量滑动”可以改善轮轨接触表面的状态。所以要得到最佳的轮轨黏着，必须把轮轨间的滑移率稳定控制在某个足够大的数值（5%）左右。这个要求只有微机控制的防滑器才能达到。滑移率控制得太小容易造成制动力不足，滑移率太大又容易导致滑行。

采用三种判断根据可以互相弥补不足，以免造成滑行的漏检或误检。

SFH-2 型防滑器可适应的车速范围是 5 ~ 200 km/h。

6.5.3 MGS2 型防滑器的构造及作用原理

6.5.3.1 MGS2 型防滑器的构造

HXD_3 型电力机车采用德国 KNORR 公司生产的 MGS2 型防滑器，属于微处理器控制的防滑器，其由防滑处理器 ESRA、防滑阀 GV12-ESRA、速度传感器和感应齿轮等组成。

1. 速度传感器和感应齿轮

MGS2 型防滑器的感应齿轮安装在车轴端部，齿轮有 80 齿。齿轮组装后齿顶距速度传感器顶部须保留 0.4 ~ 1.4 mm 间隙。传感器的安装如图 6-5-2 所示。

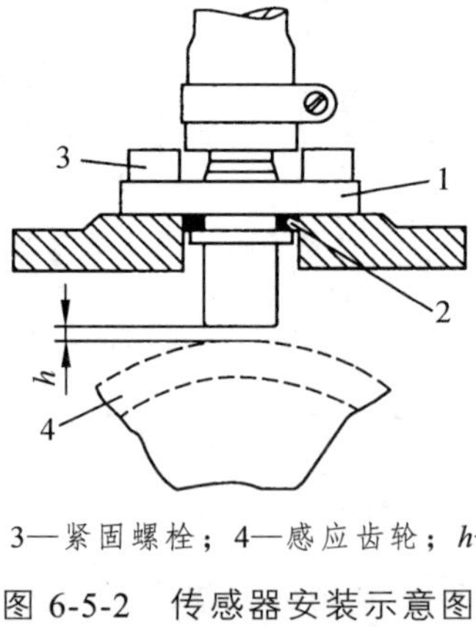

1—速度传感器；2—密封圈；3—紧固螺栓；4—感应齿轮；h—安装间隙（0.4 ~ 1.4 mm）。

图 6-5-2 传感器安装示意图

2. **防滑处理器 ESRA**

防滑处理器 ESRA 是防滑控制的处理装置，由外壳、电源控制板、主板、通信板、信息窗等部分组成，防滑处理器 ESRA 结构如图 6-5-3 所示。

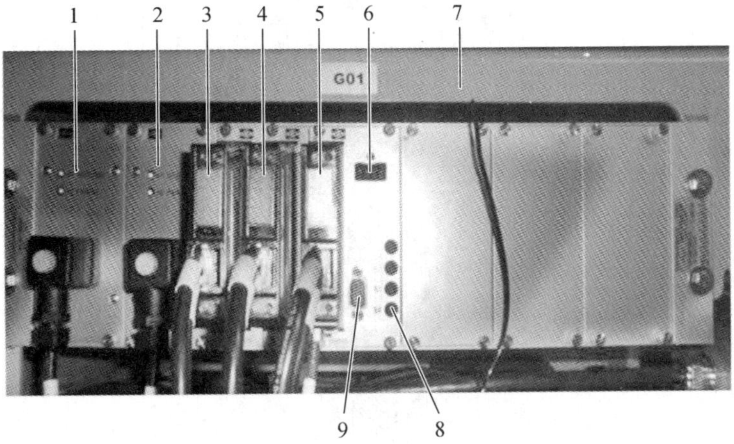

1—电源控制板；2—电源控制板；3—通信板 EB01B；4—主板 MB03B；5—主板 MB04B；6—信息窗口；7—外壳；8—通信接口；9—操作按钮。

图 6-5-3 防滑处理器 ESRA

3. **防滑阀** GV12-ESRA

防滑阀 GV12-ESRA 也称作防滑排风阀，是防滑控制的执行装置。每台机车上装有 6 个防滑排风阀，分别独立控制每根车轴上的制动缸的压力。防滑排风阀的控制电压为 DC 24 V。

（1）防滑阀结构

防滑排风阀主要由两个动作膜板、一个双阀电磁阀和一个阀座组成。阀座上有缩堵 dC（未安装）和 dD（5 mm），两个阀座（VD，VC）由两个膜板开关（C，D）控制。D 膜板控制 D 室至 C 室通道的通断，C 膜板控制 C 室和大气通道的通断。双阀电磁阀由两个 2 位 3 通电磁阀（VM1 排气，VM2 进气）组成。防滑阀结构如图 6-5-4 所示。

（2）工作原理

防滑排风器未投入时，电磁阀 VM1 和 VM2 失电，VC 关闭，VD 开启。C 和 D 之间通道开放，如图 6-5-5（a）所示。

防滑器投入（BC 缓解）时，电磁阀 VM1 和 VM2 得电，压力通过电磁阀 VM2 到达控制室 SD，膜板 D 动作，阀座 VD 关闭，切断 D 室通路。控制室 SC 压力通过 VM1 排空，膜板 C 动作，阀座 VC 开启，C 室压力通过阀座 VC 排至大气，如图 6-5-5（b）所示。

防滑器投入（BC 保压）时，电磁阀 VM1 失电，电磁阀 VM2 得电。压力通过电磁阀 VM2 到达控制室 SD，膜板 D 动作，阀座 VD 关闭，切断 D 室通路。控制室 SC 压力保持，阀座 VC 仍关闭，C 室压力处于保压状态，如图 6-5-5（c）所示。

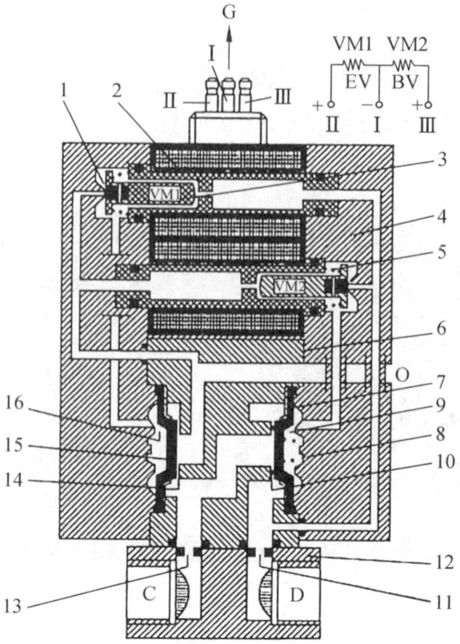

1—外阀座；2—内阀座；3—对阀座；4—侧板；5—弹簧；6—壳体；7—膜板 D；8—弹簧；9—控制室 SD；10—阀座 VD；11—缩孔 dD；12—阀支架；13—缩孔 dC；14—阀座 VC；15—膜板 C；16—控制室 SC；C—通制动缸；D—通作用阀；G—电接口；O—通大气。

图 6-5-4 防滑阀结构

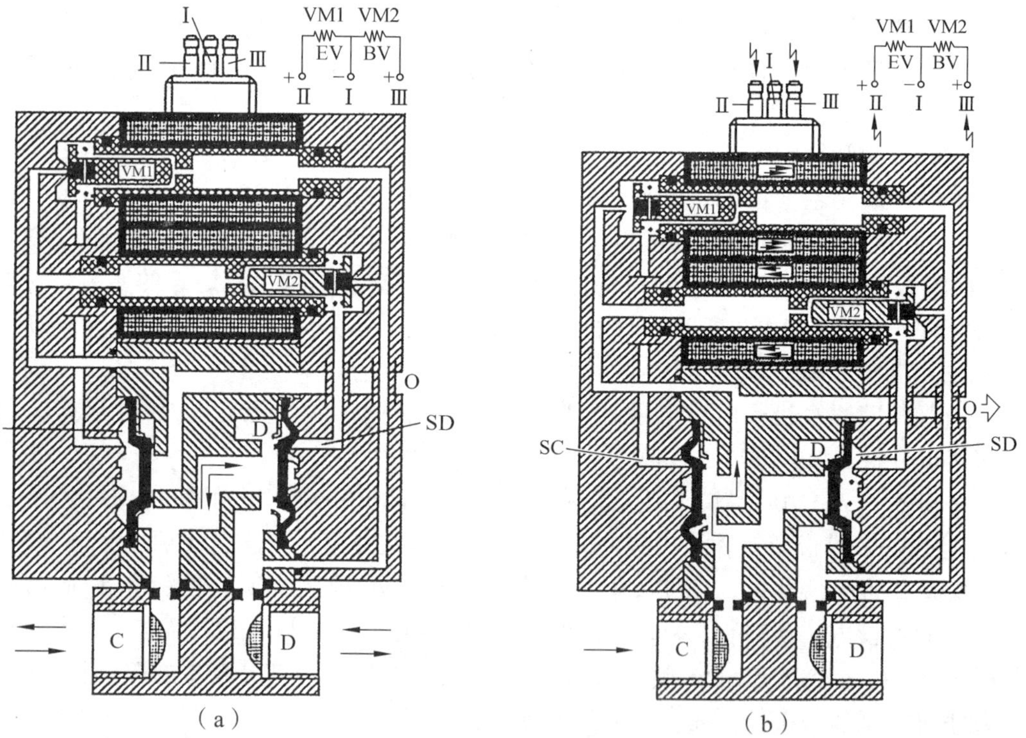

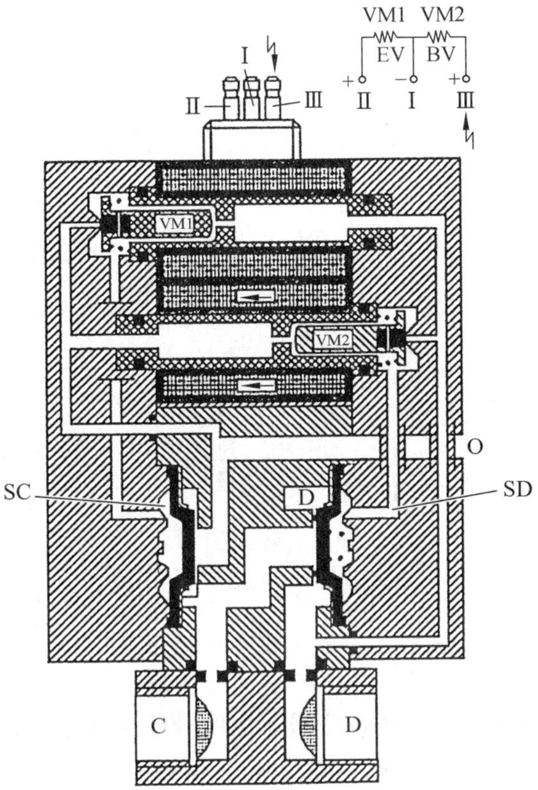

（c）

图 6-5-5 防滑排风阀工作原理

6.5.3.2 MGS2 型防滑器的工作原理及功能

1. MGS2 型防滑器的工作原理

（1）基本逻辑

速度传感器的脉冲信号传输到防滑处理器 ESRA，防滑处理器 ESRA 对本车或本转向架的速度信号进行处理，当数据判断达到有关标准时，防滑处理器发出防滑控制指令，操纵防滑排风阀 GV12-ESRA，控制相应的制动缸进行阶段排风或一次排风，从而防止轮对滑行，并达到根据轮轨黏着系数调节制动力的目的。

（2）减速度判据的控制原理

减速度判据是与其他轮对无关的独立判据标准，图 6-5-6 表示以减速度为判据时防滑器的循环工作原理。图中分别表示了制动时列车速度 v_{train}，一个轮对线速度 v_m，轮对减速度 a 及制动缸压强 P_{BC} 的控制变化关系。

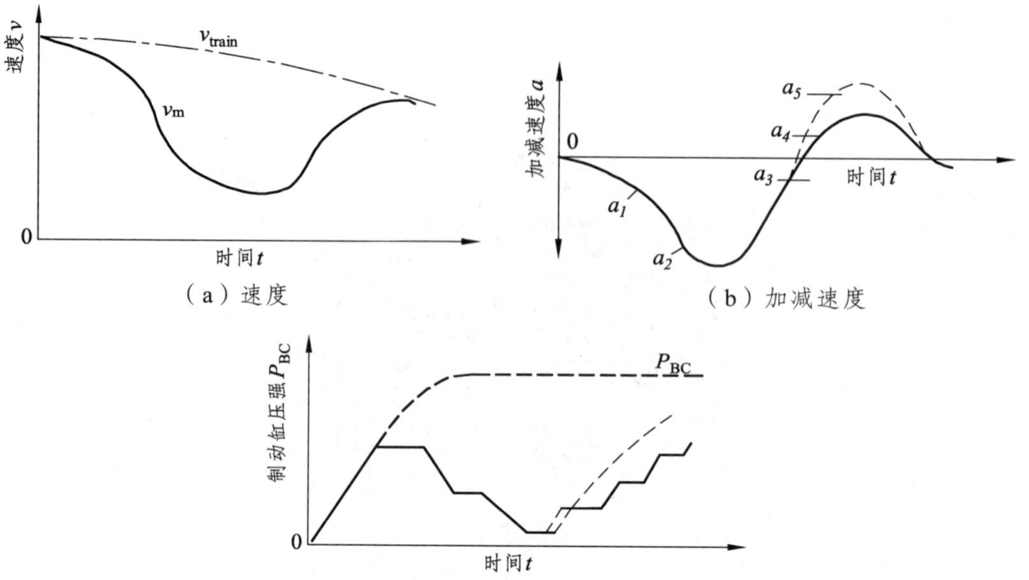

（a）速度　（b）加减速度　（c）制动缸压强

图 6-5-6　防滑器工作曲线图

制动时，当轮轨间黏着较差时，轮对发生连滚带滑的运行状态。此时，该轮对产生一个大于正常值的减速度 a，致使该轮对的线速度 v_m 低于列车速度 v_{train}，当该减速度继续增到第一个判据 a_1 时，主机使防滑排风阀动作，使制动缸停止充风即保压（如果在制动充风过程中）。若轮轨间黏着状态差，该轮对减速度将会继续增加，其速度也将继续降低。当该轮对减速度达到第二个判据 a_2 时，防滑器主机再使防滑排风阀动作，使该轮对的制动缸阶段排风。如果遇到极差的黏着条件时，轮对减速度 a 很大，超过一次排风的判据标准时，可实现一次排风。由于制动缸排风，制动力减小，该轮对的减速度逐渐减小。当减速度减小到 a_3 时，轮对即将开始恢复正常转动，此时主机将使防滑排风阀施行制动缸保压（不再排风）。该轮对速度渐渐增加，当轮对加速度 a 大于 a_4 时，制动缸开始阶段再充风以恢复该轮对的制动力。倘若轮轨间的黏着变得很好，加速度很大，即 a 大于 a_5 时，主机控制实现制动缸一次再充风，如图 6-5-6 中虚线所示。这就是以减速度为标准的控制原理。

当遇到特定的轮轨黏着条件，6 条轮对减速度 a 小于或等于 a_1，制动缸呈充风保压状态，但它们既达不到 a_2 的标准，又达不到速度差判据 Δv_2 的标准，即 6 条轮对同时以相近的减速度微量滑动。这种状态持续太久，终将会使 6 条轮对发生滑行。为了避免发生这种特殊情况，防滑器制定了专门的判据标准，一旦发生这种情况，经过一定的时间，将使各制动缸排风，让轮对恢复正常的运行状态。一旦各轮对恢复正常的转动，主机立即控制防滑排风阀，使各制动缸再充风，发挥出相应的制动力。

（3）速度差判据的控制原理

黏着蠕滑理论的实验表明，轮对线速度 v_m 与列车速度 v_{train} 存在一定的速度差 $\Delta v = (v_{train} - v_m)$，此速度差与列车速度的百分比 $(\eta = \Delta v / v_{train} \times 100\%)$，称为该轮对此时

的滑移率。当滑移率在 5%～15%时，轮轨可获得最佳黏着。

为了按照速度差标准控制防滑器，微处理器按以下步骤工作：

① 速度比较。由于无法得到制动时列车的真实速度 v，为此要对机车 6 条轮对的速度分别进行计算、比较，选出最高者作为列车速度，称之为参照速度 v_r。当 6 条轴同时滑行时，则按照列车制动模式曲线计算列车参照速度值。

② 将各轮对的真实速度 v 与 v_r 进行比较，当 v_r-v 大于等于 Δv_1 时（第一个速度差判据），主机控制防滑排风阀动作，实现制动时的充风保压（如果这时正在充风）。

③ 如果黏着条件差，该轮对可能继续减速，当 v_r-v 大于等于 Δv_2 时（第二个速度差判据），主机控制防滑排风阀动作，使制动缸实现阶段排风。减速的轮对将逐渐恢复其转动速度。

④ 如果黏着条件差继续恶化，该轮对可能继续减速，当 v_r-v 大于等于 Δv_4 时（第四个速度差判据），主机控制防滑排风阀动作，使制动缸迅速排风，快速减小制动力，使轮对恢复转动。

⑤ 逐渐恢复转动的轮对，当 v_r-v 小于等于 Δv_3 时（第三个速度差判据），主机控制防滑排风阀动作，使制动缸实现阶段再充风，以恢复该轮对的制动力。

这就是用速度差判据控制，使其滑移率在最佳黏着范围内的防滑控制原理。

2. MGS2 型防滑器的功能

① 制动时能有效防止轮对因滑行造成的踏面擦伤。

② 能根据轮轨间的黏着变化调节制动缸压力，从而有效利用轮轨黏着，缩短制动距离。

③ 具有轮径自动修正功能。

④ 具有防滑排风阀自动切换与相邻轴速度部件互补的功能。

⑤ 具有监视、故障存储和显示及诊断功能。

【任务评价】

序号	评价内容	评价标准	分值
1	能够正确阐述防滑器的作用	阐述完全正确	3
		阐述不全面	2
		阐述错误	0
2	能够评价 SFH-2 型防滑器三种控制判断的特点	对问题的理解完全正确	3
		对问题部分理解	2
		对问题完全理解错了	0
3	能够根据 MGS2 型防滑器的构造分析其控制原理	分析问题有理有据	4
		分析问题不全面	2
		分析问题观点错误	0
得分			

任务 6.6　制动倍率、传动效率和制动率的计算

【任务目标】

1. 知识目标

（1）熟悉机车制动倍率、传动效率和制动率的概念。

（2）熟悉制动倍率、传动效率和制动率的计算公式的使用。

2. 素质目标

（1）培养遵章守纪、严谨认真的工作作风，促使职业素养的养成。

（2）具备自主学习能力，培养分析能力，善于总结经验并进行创新。

（3）能完成团队分配的工作，承担团队成员的角色和责任。

3. 能力目标

能够进行机车制动倍率、传动效率和制动率的计算。

【相关知识】

6.6.1　制动倍率

为了在制动时得到足够的制动力，就必须有一定的闸瓦压力。闸瓦压力源于制动缸活塞（或停放制动装置）产生的制动原力，而制动原力的大小与制动缸直径、制动缸内空气压力成正比。因此，增大制动缸直径和制动缸内空气压力可提高制动原力，达到增大闸瓦压力，产生足够的制动力的目的。但是，由于经济成本和技术条件的制约，制动缸的直径和缸内空气压力被限制在一定的范围内。实际工作中，一般是靠制动传动装置将制动原力放大一定倍数后传递到闸瓦装置，形成闸瓦压力。这个将制动原力放大的倍数，称为制动倍率。

制动倍率用 γ_b 表示，其表达式为:

$$\gamma_b = \sum K_{理} / F \tag{6-6-1}$$

式中　$\sum K_{理}$——一个制动缸所形成的闸瓦压力的总和（理论值）（kN）;

F——制动原力（kN）。

制动倍率的大小取决于制动传动装置各杠杆的尺寸大小。根据杠杆原理可知：

$$\gamma_b = \frac{各杠杆主动臂长度的乘积}{各杠杆从动臂长度的乘积} \tag{6-6-2}$$

SS 系列电力机车均采用单元制动器，只设有一副制动杠杆，故其制动倍率为制动杠杆主动臂长度与被动臂长度的比值。各型机车的制动杠杆的结构和尺寸不一样，制动倍率也不尽相同。

制动倍率是基础制动装置的重要特性，它的数值与制动缸活塞行程及闸瓦与车轮间的间隙大小有关，所以制动倍率的大小对制动效果及运用维修工作都有直接的影响。

6.6.2 传动效率

1. 制动传动效率

制动时，在制动缸活塞杆推力传递至闸瓦的过程中，需要克服缓解弹簧的反拨力、制动缸活塞与缸壁间的摩擦力，以及制动传动装置各销套间的摩擦力等，所以闸瓦所得到的实际闸瓦压力小于按上述杠杆原理计算的理论闸瓦压力。实际闸瓦压力与理论闸瓦压力的比值称为基础制动装置的传动效率，一般用η表示，其表达式为：

$$\eta = \sum K_{实} / \sum K_{理} \qquad (6\text{-}6\text{-}3)$$

式中 $\sum K_{实}$——一个制动缸所形成的实际总闸瓦压力（kN）；

$\sum K_{理}$——根据式（6-6-1）和式（6-6-2）计算的一个制动缸所形成的总闸瓦压力（kN）；

基础制动装置的传动效率η表征着制动原力的有效利用程度。同一般机械设备一样，我们希望η值越大越好。η值的大小与基础制动装置中各杠杆的结构形式、销套连接的多少、制动缸的直径等因素有关，还与机车车辆所处的状态及其保养状态有关。通常，制动传动效率值是由试验获得的。SS 系列电力机车的制动传动效率参见表 5-2-1。

2. 闸瓦压力的计算

由式（6-6-3）可知，一个制动缸所产生的实际闸瓦压力为：

$$\sum K_{实} = \sum K_{理}\eta$$

根据式（6-6-1）可得：

$$\sum K_{理} = F\gamma_{b}$$

则

$$\sum K_{实} = F\gamma_{b}\eta \qquad (6\text{-}6\text{-}4)$$

若要计算机车实际闸瓦总压力，则还要乘上制动缸的总数 m，即：

$$\sum K = m\sum K_{实} = mP_{z}\gamma_{b}\eta\ (3.14d^{2}/4)\ (\text{kN}) \qquad (6\text{-}6\text{-}5)$$

式中　m——每台机车的制动缸个数；
P_z——制动缸压力（kPa）；
d——制动缸活塞直径（mm）；
γ_b——制动倍率；
η——制动传动效率。

6.6.3　制动率

机车、车辆的制动能力不能仅以闸瓦压力来表示，因为同样大小的闸瓦压力，对于质量不同的机车车辆来说，其制动效果是不同的。只有机车、车辆或车列单位质量所具有的闸瓦压力，才能确切地表示其制动能力。我们把机车、车辆或车列单位质量所具有的闸瓦压力称作机车、车辆或列车制动率。

所谓机车制动率是指机车单位质量所获得的闸瓦压力。机车制动率用 δ 表示，其表达式为

$$\delta = \sum K / q \tag{6-6-6}$$

式中　$\sum K$——机车闸瓦总压力（kN）；
q——机车总质量（kN）。

制动率表征机车、车辆制动能力的大小。合理地确定制动率对保证运行速度及运行安全都有重要意义。为了提高制动效果，通常希望采取较大的制动率，但是提高制动率受轮轨间黏着条件的限制。另外，制动率还需根据所选用的闸瓦材料的摩擦系数适当选取。

【任务评价】

序号	评价内容	评价标准	分值
1	能够解释制动倍率的概念，并能够进行计算	概念理解正确，公式应用熟练	4
		概念不熟练或公式应用不熟练	2
		概念不理解或公式不会应用	0
2	能够解释制动传动效率的概念，并能够进行计算	概念理解正确，公式应用熟练	3
		概念不熟练或公式应用不熟练	2
		概念不理解或公式不会应用	0
3	能够解释制动率的概念，并能够进行计算	概念理解正确，公式应用熟练	3
		概念不熟练或公式应用不熟练	2
		概念不理解或公式不会应用	0
得分			

任务 6.7 制动力的形成及其限制分析

【任务目标】

1. 知识目标

（1）熟悉制动力的形成。

（2）熟悉黏着与滑行的概念。

（3）了解闸瓦摩擦系数及影响因素。

2. 素质目标

（1）培养学遵章守纪、严谨认真的工作作风，促使职业素养的养成。

（2）具备自主学习能力，培养分析能力，善于总结经验并进行创新。

（3）能完成团队分配的工作，承担团队成员的角色和责任。

3. 能力目标

（1）能够根据制动力的形成，分析闸瓦制动对制动力的影响。

（2）能够根据闸瓦摩擦系数的影响因素，提出改善闸瓦摩擦性能的措施。

制动力形成及限制

【相关知识】

6.7.1 制动力的形成

制动力是指作用在运动物体上，与物体运动方向相反的外力。目前，我国铁道机车车辆上使用最广泛的制动形式是闸瓦摩擦制动，通过闸瓦紧压在车轮踏面上的闸瓦压力引起闸瓦作用于车轮的摩擦力，它的方向与车轮转动方向相反。但是闸瓦与车轮之间的摩擦力对整个车辆来说是内力，它不能阻止车辆自身的运动，那么闸瓦制动时，阻止车辆运动的外力究竟是哪一个呢？它是怎样产生的呢？根据黏着理论，制动时的制动力是由闸瓦作用于车轮的摩擦力矩通过车轮压在钢轨上的法向力在轮轨接触点上产生的钢轨对车轮的静摩擦力所引起的。这个钢轨对车轮的水平反作用力对于车轮及整个车辆来说，就是一种外力，其方向与列车运行方向相反，起着阻止列车运动的作用。

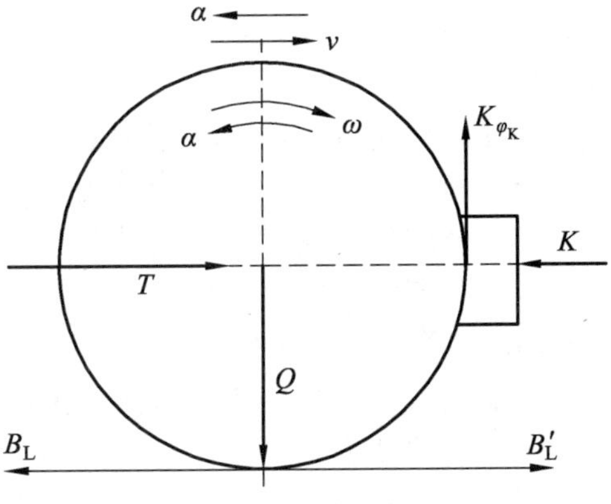

图 6-7-1 单侧闸瓦制动时的车轮受力情况

下面以单侧闸瓦制动为例，分析制动力产生过程，如图 6-7-1 所示。

施行制动时，在机车惯性力 T 的推动下

以速度 v 在惰行，轮对以角速度 ω 在钢轨上滚动。

以轮对为隔离体，并且不考虑其他力的影响，则在闸瓦压力 K 的作用下，产生的闸瓦摩擦力为 $K\varphi_K$（φ_K 为闸瓦摩擦系数），闸瓦摩擦力 $K\varphi_K$ 并不能使机车减速，而只能阻止车轮转动。但是，车轮转动一旦被阻，势必引起车轮、钢轨间相对滑动的趋势，产生车轮、钢轨间的相互作用力。

在黏着条件下，钢轨对车轮的反作用力为 B_L。由于 B_L 的作用，阻止车轮滑动，从而在机车惯性力 T 的推动下继续滚动。但是，轮对的转速 ω 将降低，机车速度 v 也相应地减低。由于 B_L 是由 $K\varphi_K$ 作用而引起的，是钢轨作用在车轮轮周上的与机车运行方向相反的外力，所以这个外力才是使机车急剧减速的制动力。

6.7.2 黏着与滑行

闸瓦制动的制动力，在运用中是通过控制闸瓦压力来调节的。在正常情况下，制动力随闸瓦压力的增大而增大。而所谓的正常情况，指的是车轮没有发生滑行，或者说，轮轨间的黏着没有被破坏。

1. 黏　着

按刚体平面运动学的分析：沿钢轨自由滚动的车轮，具有不断变化的瞬时转动中心，车轮和钢轨的各个接触点在它们接触的瞬间是没有相对运动的，轮轨之间的纵向水平作用力就是物理学上说的静摩擦力，其最大值——“最大静摩擦力”是一个与运动状态无关的常量，它等于钢轨对车轮的垂直支反力 N 与静摩擦系数 μ 的乘积。

实际上问题比较复杂：车轮和钢轨在很高的压力作用下都有变形，轮轨间实际上是椭圆面接触而不是点接触，不存在理想的瞬时转动中心；车辆运行中不可避免地要发生冲击和各种振动，车轮在钢轨上滚动的同时还伴随着微量的纵向和横向滑动，即实际上不是纯粹的“静摩擦”状态；在制动过程中，由于制动力和车辆惯性力不是作用在同一水平面内，造成车辆前后车轮作用于钢轨的垂直载荷不均匀分配。所以，轮轨间的纵向水平作用力的最大值实际上与运动状态有关，而且比物理上的“最大静摩擦力”要小得多。轮轨间的静摩擦系数 μ、黏着系数 ψ、动摩擦系数 φ 的关系为 $\mu > \psi > \varphi$。

因此，铁路牵引和制动理论中，在分析轮轨间纵向力问题时，不用“静摩擦”这个名词，而以“黏着”的概念来代替它。相应地，轮轨间纵向水平作用力的最大值就叫作（轮轨间的）黏着力，而黏着力与轮轨间垂直载荷的比值就叫作黏着系数。

依靠黏着滚动的车轮与钢轨黏着点之间的黏着力来实现机车车辆的制动，叫作黏着制动。黏着制动是目前主要的一种制动方式，它能实现的最大制动力不会超过黏着力。

影响黏着系数的因素概括起来主要有两个：一个是车轮和钢轨的表面状况，另一个是车列运行速度。

车轮和钢轨的表面状况又受许多因素的影响，如干湿情况，清洁和污秽以及是否生锈的情况，是否撒砂及砂子的数量和质量等。

车列运行速度对黏着系数的影响也相当复杂，但总的来说随着速度的提高，黏着系数呈下降趋势。

2. 滑　行

列车制动过程中发生滑行的过程如图 6-7-2 所示。在没有发生滑行时，如果忽略由于冲击、振动等带来的微量纵向和横向滑动，可以认为车轮基本上是在钢轨上做纯粹的滚动。这时，如果不考虑轮对的回转质量惯性，可以认为制动力就等于闸瓦摩擦力，即 $B_m = \sum K\varphi_K$，它随闸瓦压力 K 的增大和运行速度的降低而增大。当它增大到接近、甚至等于黏着力时，轮轨间的黏着状态就开始被破坏，出现车轮在钢轨上“连滚带滑”的现象，即在车轮滚动的同时，伴随着少量的但越来越大的纵向相对滑动。此时制动力不仅不再随闸瓦摩擦力的增大而增大，反而开始急剧减小。车轮转速急剧降低，闸瓦摩擦系数剧增，使闸瓦摩擦力几乎直线上升，终于使轮轨黏着状态完全被破坏，车轮被“抱死”而不再滚动。车辆在钢轨上滑行。这时，钢轨对车轮的纵向水平反力完全变成滑动摩擦力，在阻力忽略不计时，可以认为它就是制动力 B_0。由于 $B_0 = N\varphi$，φ 是轮轨间滑动摩擦系数，它比黏着系数小得多（见图 6-7-3），所以制动力大大下降。同时，由于滑行，车轮踏面将发生局部擦伤。

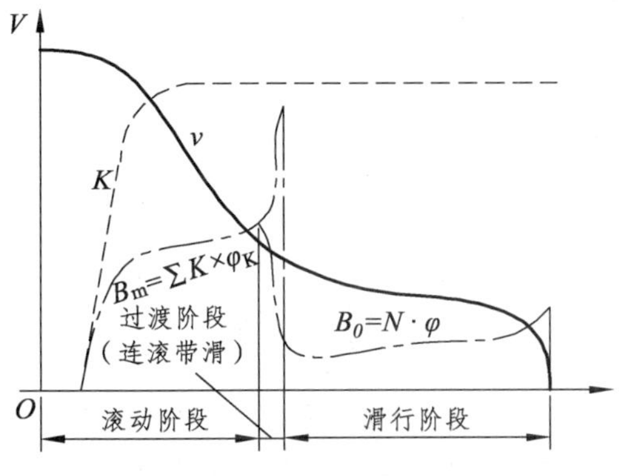

图 6-7-2　滑行发生的过程

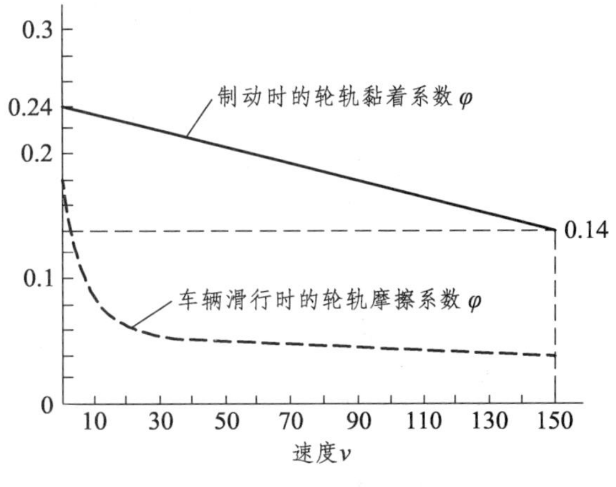

图 6-7-3　轮轨黏着系数和摩擦系数

综上所述，制动时钢轨对车轮的纵向水平反力（近似地说，即闸瓦摩擦力）不能大于轮轨间的黏着力。或者说，闸瓦制动的制动力是受轮轨黏着能力限制的。

6.7.3　闸瓦对制动力的影响

对闸瓦制动装置来说，闸瓦是非常重要的最基本的零件。如上所述，闸瓦压力和闸瓦摩擦系数直接影响制动力的大小和制动性能的优劣。同时它又是铁路运输中消耗铁量最大的零件，所以，必须对闸瓦，特别是它的摩擦性能进行较深入的研究，找出其变化规律，并用以解决有关的制动问题，能提高制动效能、减少材料消耗。

1. 闸瓦摩擦系数及影响因素

闸瓦摩擦系数不是固定值，它直接影响着列车的制动力。在闸瓦压力一定时，制动力的大小和变化取决于闸瓦摩擦系数的大小和变化。

影响闸瓦摩擦系数的因素很多，主要有以下几个方面：

（1）闸瓦材质和制造工艺

闸瓦材质对摩擦系数影响很大，闸瓦中，磷是对摩擦性能起主要作用的元素，适当提高含磷量，可使摩擦系数与耐磨性均可相应增加。

此外，闸瓦的铸造工艺也影响着摩擦系数。

（2）闸瓦压力

闸瓦对车轮单位面积上的压力越大，摩擦系数越小；反之摩擦系数越大。这是因为，闸瓦压力大时，摩擦产生的热量多，闸瓦温度升高，在接触面上可能有一薄层因高温而变软，起着近似润滑剂的作用，所以降低了摩擦系数。

（3）列车运行速度

铸铁闸瓦与车轮间的摩擦系数受列车运行速度的影响较大。列车速度高，闸瓦与车轮踏面摩擦的相对速度就越大，在摩擦过程中产生的热量多，使闸瓦温度升高，摩擦系数减小。这显然不能满足高速时需要有较大制动力的要求。列车速度低，摩擦系数反而增大，尤其是在速度很低时，摩擦系数急剧上升，容易发生“抱死轮”即“滑行”现象。

（4）列车制动初速度

初速度较低时，其摩擦系数较高。当制动初速度较高时，闸瓦温度高，则摩擦系数较低。

除上述几种主要因素外，闸瓦摩擦系数还与气候、接触面状态等因素有关。

2. 改善闸瓦摩擦性能的措施

对闸瓦除要求有高的、比较稳定的摩擦系数外，还要求它有较好的耐磨性和导热性，以及一定的机械强度，并且希望制造成本低。改善闸瓦摩擦性能的措施如下：

（1）提高铸铁闸瓦中的含磷量

据研究，含磷量高的高磷铸铁闸瓦可明显降低甚至完全消除火花，制动效果好，但容易脆裂。我国研发了采用钢背作为补强措施的高磷铸铁闸瓦，现在已被普遍使用。

（2）采用双侧制动或复式闸瓦

双侧制动即每一车轮两侧各有一块闸瓦。复式闸瓦是一个闸瓦托上安装两块或两块以上的闸瓦。采用双侧制动或复式闸瓦能增加闸瓦的摩擦面积，减小闸瓦单位面积的压力。根据试验，闸瓦单位面积的压力较小时，可获得良好的摩擦系数与较小的磨耗量；同时闸瓦单位面积的压力小，制动时的温度较低，由此引起的闸瓦变形也较小，使闸瓦与车轮有较好的接触状态，可有效提高其摩擦系数。

（3）采用合成闸瓦

合成闸瓦是用非金属材料和金属粉末为填充料，用橡胶或树脂等黏性材料作为黏结剂，在高温高压下塑合而成的。

与铸铁闸瓦相比，高摩合成闸瓦的摩擦系数大而稳定，基础制动装置受力减小；摩擦系数-速度曲线特性与轮轨黏着特性一致，有利于缩短制动距离。此外，合成闸瓦的耐磨性也有显著提高，制动时的摩擦火花也小，可防止火灾。

【任务评价】

序号	评价内容	评价标准	分值
1	能够根据制动力的形成，分析闸瓦制动对制动力的影响	分析问题有理有据	3
		分析问题不全面	2
		分析问题观点错误	0
2	能够阐述黏着与滑行对列车运行的影响	阐述观点正确	3
		阐述观点不全面	2
		阐述观点错误	0
3	能够提出改善闸瓦摩擦性能的措施	对问题的理解完全正确	4
		对问题部分理解或解释错了	2
		对问题完全理解错了	0
得分			

复习思考题

1. 说明基础制动装置的用途。
2. 试述箱式单元制动器的主要组成部件名称及作用。
3. 试述基础制动装置布置形式的分类。
4. 查阅资料，试述 SS_4 改型电力机车闸瓦间隙调整器的作用原理。
5. 查阅资料，试述 SS_9 型电力机车闸瓦间隙调整器的作用原理。
6. 蓄能制动器的工作原理是怎样的？在无司机操纵时如何缓解？
7. 什么叫盘形制动？盘形制动的制动盘有哪些结构形式？
8. 盘形制动与闸瓦制动相比，有哪些优点和不足？
9. 盘形制动是否就不再需要闸瓦？
10. 简述 UP、UF 制动缸的工作原理。
11. 什么是滑行？有何危害？
12. 什么是防滑器？防滑器是如何防止制动时发生滑行？
13. SFH-2 型防滑器采用了哪些判断依据？
14. MGS2 型防滑器有哪些部件组成？采用了哪些判断依据？
15. 什么叫制动倍率、制动传动效率和机车制动率？

项目 7 其他型号机车制动系统认知

项目描述

目前国内和谐系列电力机车普遍采用克诺尔公司的 CCB Ⅱ 制动系统或法维莱公司的 Eurotrol 制动系统。为了早日实现制动系统自主化目标，近几年我国自主设计研发了具有完全自主知识产权的新型 DK-2 型、JZ-8 型和 CAB 型机车制动系统。这些制动系统采用基于分布式网络通信技术的微机控制方式和模块化设计，并具有良好的人机交互功能。

本项目以部分 HXD_1 型电力机车上所使用的 DK-2 型制动系统和部分 HXD_{3C} 型电力机车所使用的 JZ-8 型制动系统以及 CR200J 动力集中型动车组动力车所使用的 CAB 型制动系统为例，通过这三种制动系统的主要技术特点、主要部件的构造及功能原理的学习，熟悉这三种制动系统的操纵方法。

知识导图

- 其他型号机车制动系统认知
  - DK–2型机车制动系统认知
    - 操纵台制动设备认知
    - 机车制动柜设备认知
    - 机车制动系统操作
  - JZ–8型机车制动系统认知
    - 操纵台制动设备认知
    - 机车制动柜设备认知
    - 机车制动系统操作
  - CAB型机车制动系统认知
    - 操纵台制动设备认知
    - 动力车制动柜设备认知
    - 机车制动系统操作

任务 7.1 DK-2 型机车制动系统认知

【任务目标】

1. 知识目标

（1）了解 DK-2 型机车制动系统的特点。

（2）熟悉 DK-2 型机车制动系统操纵台制动设备作用。

（3）熟悉 DK-2 型机车制动系统制动柜各组成设备的作用。

2. 素质目标

（1）培养学生学习新知识、新技术，勇于创新、开拓进取的意识。

（2）具备自主学习能力，有责任心，具有一定的分析能力，善于总结经验和创新。

（3）能主动与同学合作开展工作，完成团队分配的工作，承担团队成员的角色和责任。

3. 能力目标

（1）能识别 DK-2 型机车制动系统操纵台制动设备。

（2）能识别 DK-2 型机车制动系统制动柜设备。

【相关知识】

7.1.1 DK-2 型机车制动系统概述

DK-2 型制动系统是一种具备微机模拟控制、网络通信、故障智能诊断等信息化功能的新型国产机车制动系统，能实现列车自动制动与机车单独制动、空电联合制动、断钩保护、列车充风流量检测、无动力回送、制动重联、列车电空制动、列车速度监控配合等制动基本功能，具备单机自检、故障诊断、数据记录与存储等智能化、信息化功能，具备 MVB、CAN 等网络通信接口，适应现代机车制动系统信息化以及网络控制的发展要求。

DK-2 型机车制动系统主要由司机室制动操作设备、制动柜以及基础制动装置等组成，主要组件有司机室内的制动控制器、后备制动阀、制动显示屏等操纵显示部件，以及制动柜内的制动控制单元 BCU、分配阀、紧急阀、中继阀、重联阀、放风阀、电空阀、传感器等。DK-2 型机车制动系统在机车上的布置如图 7-1-1 所示。

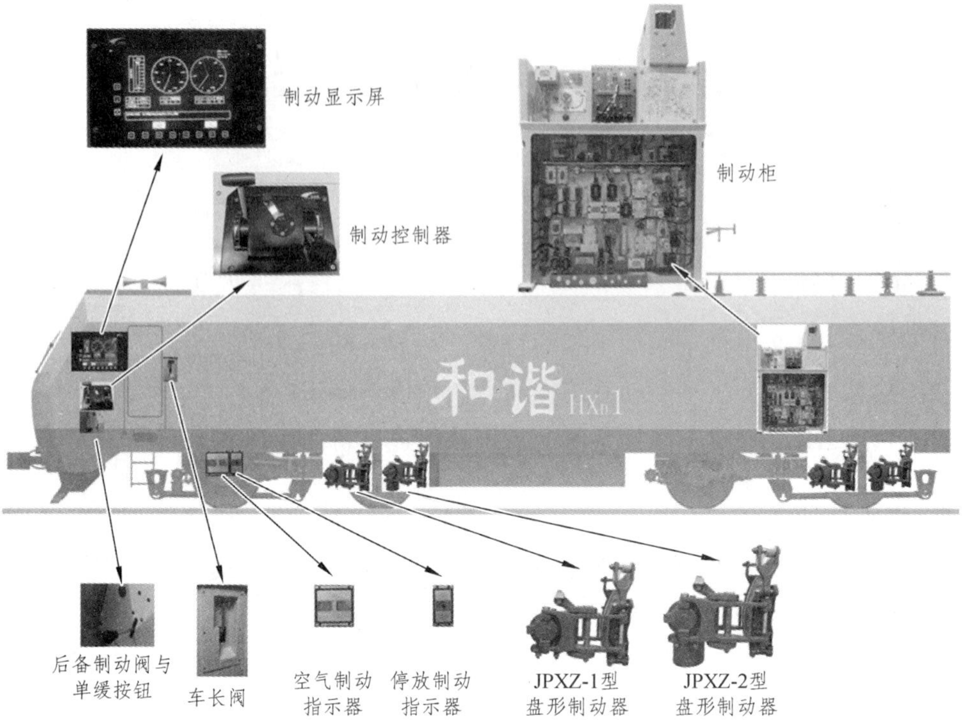

图 7-1-1　DK-2 型机车制动系统在机车上的布置

7.1.2　DK-2 型机车制动系统操纵台制动设备

DK-2 型机车制动系统操纵台制动设备包括制动控制器、制动显示屏、后备制动阀等。

7.1.2.1　制动控制器

制动控制器是空气制动的主要操作部件，如图 7-1-2 所示。它的主要功能是发送电信号指令到制动控制单元 BCU、为机车制动机提供自动制动和单独制动等指令，同时还具备紧急位机械排风功能。

图 7-1-2　制动控制器

制动控制器具有两个操作手柄，自动制动控制手柄（以下简称大闸手柄）和单独制动控制手柄（以下简称小闸手柄）。大闸手柄和小闸手柄均采用推拉式操作方式。插入钥匙手柄并逆时针转动到“开”位时，大闸手柄和小闸手柄可在各个位置间进行操作，这时钥匙手柄被锁在“开”位；大闸手柄在重联位及小闸手柄在运转位时，钥匙手柄可转到“关”位并取出。

1. **大闸手柄在各位置功能**

大闸手柄前推最前位为紧急位，往后拉依次为重联位、抑制位、全制动位、制动区、初制动位、运转位。

（1）运转位　列车管按定压进行充风控制，是列车制动进行缓解和充风的位置。

（2）初制动位　制动管实施最小有效减压量（50 ± 5）kPa。

（3）制动区　控制列车管压力降低，列车产生制动作用，制动区对列车管进行连续的压力下降控制，该值随手柄在这个区域的位置而变。

（4）全制动位　制动管实施最大有效减压量（140 或 170 kPa）。

（5）抑制位　该位置是制动机开机解锁和惩罚制动解锁的工作位置。

（6）重联位　该位置是机车制动机非操纵端以及无动力回送、重联时大闸所放位置。

（7）紧急位　该位置设有列车管排风阀，能对机车或列车施行紧急制动，大闸手柄置于该位置列车管压力以紧急速度放风到零。

2. **小闸手柄在各位置功能**

小闸手柄前推最前位为全制动位，往后依次为制动区、运转位，侧压缓解位（将小闸向右侧旁推，自动复位，无论小闸在哪个位置都可投入）。

（1）侧压缓解位　此位置用来缓解机车单独制动。

（2）运转位　此位置为机车正常运行时所放位置，用来缓解小闸产生的机车制动缸压力。

（3）制动区　机车单独制动压力随着手柄在这个区域的位置而变。

（4）全制动位　机车最大单独制动，机车制动缸充风至（300 ± 15）kPa。

7.1.2.2　制动显示屏

制动显示屏是制动机各种模式切换的人机交互界面，制动显示屏可以实时显示制动机的各种状态信息，通过制动显示屏功能键，可以实现制动机操作，制动显示屏如图 7-1-3 所示。

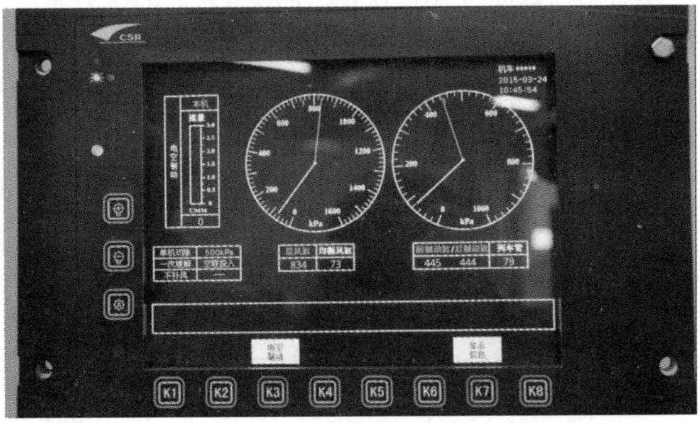

图 7-1-3　制动显示屏

制动显示屏的主要功能是：实时显示 BCU 状态设置状态信息；以风表和数值的形式显示总风压力、列车管压力、均衡风缸压力、前后制动缸压力；以流量计的形式动态显示列车管的充风流量；显示制动机操作的提示信息和故障信息；提供机车号、时间日期、软件版本号的显示及设置功能；提供单机自检、事件记录、和传感器校准等诊断功能。

制动显示屏界面主要由主界面、电空制动设置界面、维护界面、显示信息界面等组成，通过触发主界面和子界面按键可进入各级子界面，各级子界面均设有返回主界面按键，通过触发返回按键可返回上一级界面，通过触发主界面按键可返回显示屏主界面，制动显示屏界面如图 7-1-4 所示。

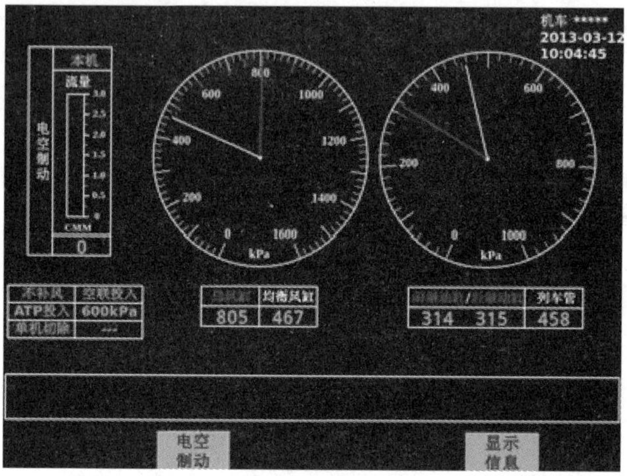

图 7-1-4　制动显示屏主界面

制动显示屏支持屏幕亮度调节，通过显示屏左侧的三个按键实现，即“+”、“－”、“A”键，最下面一个按键“A”可以设置亮度调节为自动，自动调节通过传感器自动调节屏幕的亮度，若为手动调节，通过上面的“+”、“－”按键手动调节亮度。

7.1.2.3　后备制动阀

为确保安全运行，特设置后备制动作用。后备制动作用只是作为电空位故障的一种应急补救操纵措施，以免在区间途停而影响线路的正常运行，它是一种纯空气的制动作用。因此，在该位操纵时，不具备电空位操纵时那样齐全的功能，只能保证控制全列车的制动和缓解的基本功能。

后备制动作用是通过操作司机台面上的后备制动阀来实现的，后备制动阀有三个作用位置：制动位、中立位、运转位，其对外接有总风调压阀管、均衡风缸管以及一个排大气缩孔。操纵后备制动阀，能实现均衡风缸充风缓解和排风减压制动。后备制动阀如图 7-1-5 所示。

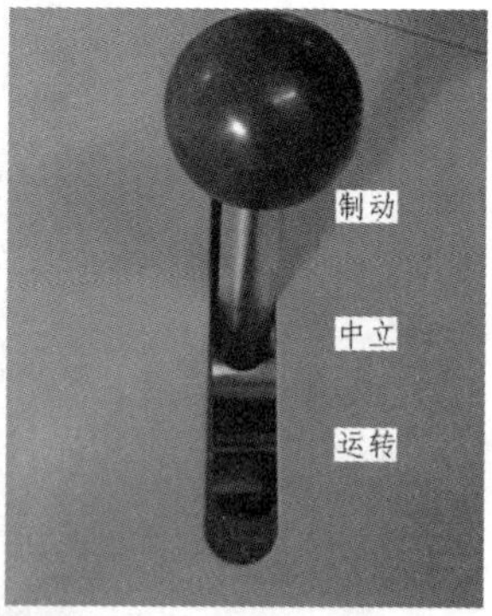

图 7-1-5　后备制动阀

7.1.3 DK-2 型机车制动系统制动柜

制动柜是制动系统的重要组成部分，它主要由骨架、主压缩机启停控制模块、停放制动控制模块、列车/均衡控制模块、制动缸控制模块、升弓控制模块、撒砂控制模块、制动控制单元 BCU 等部件组成。制动机通过它来实现列车管、制动缸、停放制动的压力控制，同时，还能为主压缩机的自动启停控制、撒砂控制提供辅助帮助，为受电弓、主断提供压缩空气等功能，DK-2 型机车制动系统制动柜如图 7-1-6 所示。

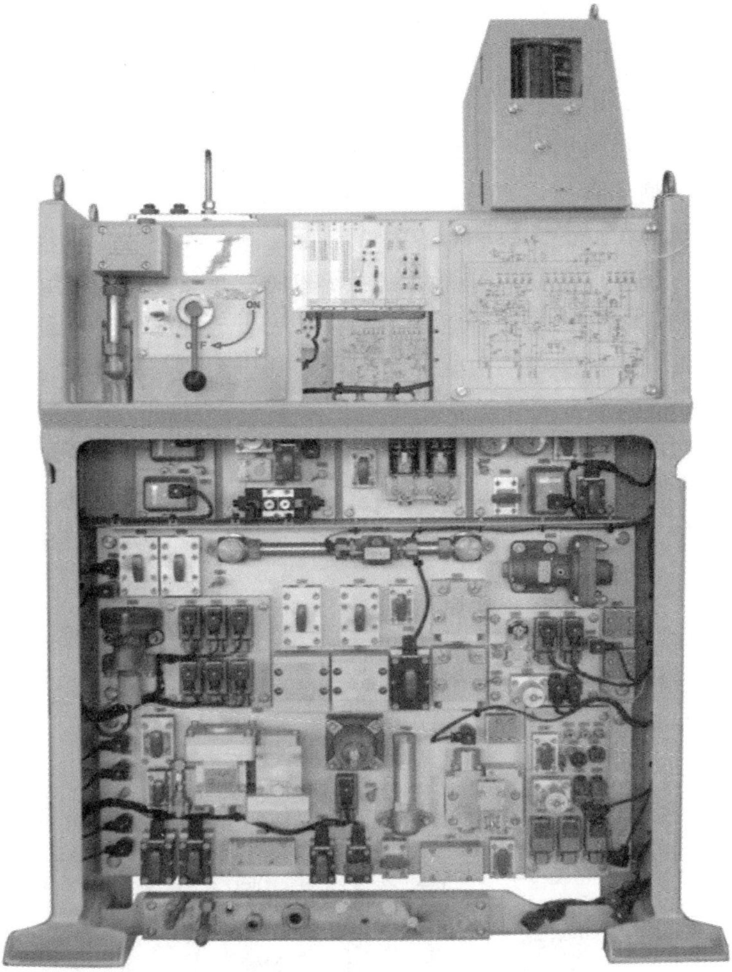

图 7-1-6 DK-2 型机车制动系统制动柜

7.1.3.1 列车/均衡控制模块

列车/均衡控制模块由列车管压力控制模块和均衡压力控制模块组成，列车/均衡控制模块如图 7-1-7 所示。

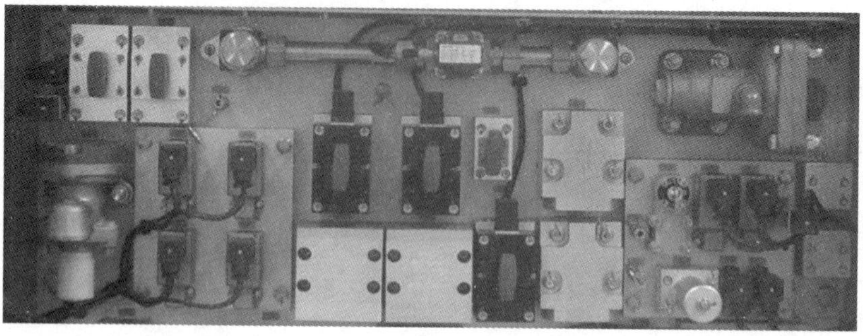

图 7-1-7　列车/均衡控制模块

1. 列车管压力控制模块

列车管压力控制模块的主要功能是控制列车管的初充风和再充风、常用制动排风和紧急制动排风、列车管前后遮断等功能。

列车管的充风与排风由中继阀根据均衡风缸压力控制，中继阀能保证列车管压力在均衡风缸压力 ± 10 kPa 范围内。流量计用于检测列车管充风流量。总风遮断阀受中立电空阀控制，用来切断常用制动与紧急制动工况下的列车管补风通路。列车管遮断阀受遮断电空阀控制，用于制动机重联工况下切断中继阀与列车管的通路。

当大闸、ATP、列车分离保护作用等产生紧急电信号时，紧急制动电空阀得电，驱动电动放风阀直接将列车管压力排向大气，列车管压力迅速降为 0。

当紧急阀检测到列车分离时的列车管快速减压信号时，立刻通过电联锁向制动控制单元发出断钩信号，同时，自动打开列车管排风阀口加快列车管排风并锁定紧急制动信号约 15 s。

2. 均衡压力控制模块

均衡压力控制模块的主要功能是对均衡风缸压力进行闭环控制、制动机失电时使均衡风缸排风，均衡压力控制模块如图 7-1-8 所示。

图 7-1-8　均衡压力控制模块

采用高速电空阀、压力传感器以及 PWM 脉宽调制方式实现对压力精确控制的 EP 闭环模拟控制模式，均衡风缸升压、减压速度都符合相关规定。

在 EP 闭环模拟控制模式下，制动控制单元接收大闸发出的均衡风缸目标值命令，比较目标值与压力传感器反馈的均衡风缸实时压力值，通过对进、排气高速电空阀的 PWM 控制，达到精确控制均衡风缸压力的目的。

保护电空阀可以确保系统失电时均衡风缸的自动减压排风，实现失电常用制动。

7.1.3.2　制动缸控制模块

制动缸控制模块的主要功能是根据系统指令输出制动缸压力，实现预控风缸闭环控制、电子分配阀和空气分配阀切换、机车单缓等功能，制动缸控制模块如图 7-1-9 所示。

图 7-1-9　制动缸控制模块

7.1.3.3　主压缩机启停控制模块

主压缩机启停控制模块的主要功能是为主压缩机启停状态控制提供信号，主压缩机启停控制模块如图 7-1-10 所示。

图 7-1-10　主压缩机启停控制模块

7.1.3.4 停放制动控制模块

停放制动控制模块的主要功能是接受停放制动施加与缓解指令，实现停放制动缸排气与充气，同时可防止停放制动力和闸缸制动力叠加，停放制动控制模块如图 7-1-11 所示。

图 7-1-11 停放制动控制模块

7.1.3.5 升弓控制模块

升弓控制模块的主要功能是为受电弓和主断路器提供风源，实现升弓风源不同工况的转换，升弓控制模块如图 7-1-12 所示。

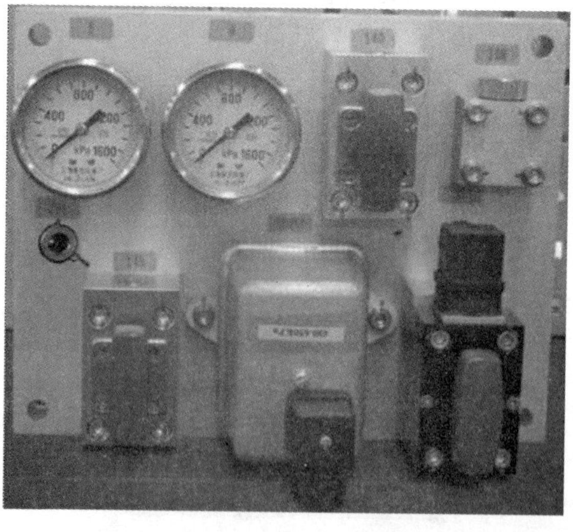

图 7-1-12 升弓控制模块

7.1.3.6 撒砂控制模块

撒砂控制模块的主要功能是接受撒砂控制指令、控制撒砂器撒砂，撒砂控制模块如图 7-1-13 所示。

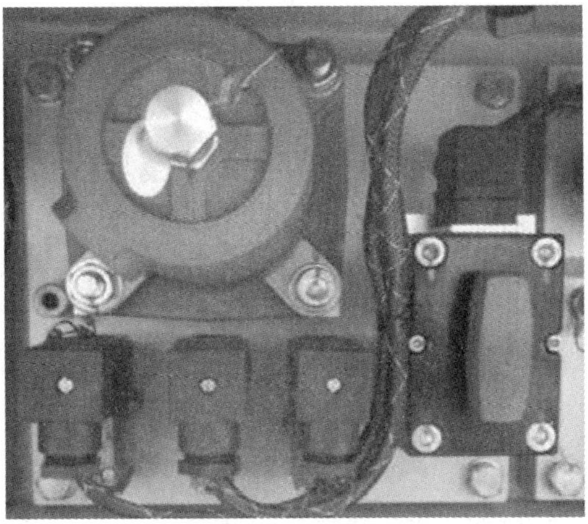

图 7-1-13 撒砂控制模块

7.1.3.7 制动控制单元

制动控制单元（BCU）是制动机核心控制部件，用来实时、快速地处理制动机模拟量、网络通信数据以及制动机信息化数据，实现机车制动机控制、状态监控及故障诊断、显示、报警、数据记录存储、网络通信等功能。为和 CCU 交换制动机的信号，制动控制单元与 CCU 的接口通过 MVB 连接，部分制动信号由 CCU 进行控制（例如停放制动等），制动控制单元如图 7-1-14 所示。

图 7-1-14 制动控制单元

制动控制单元（BCU）采用欧式 4U 标准结构框架，由七块 4U 标准插件组成：一块 PWM 板、一块输入板、两块输出板、一块控制板、一块模拟板、一块电源板。其插件通过其面板由带防脱的紧固件与机箱固定，母线板安装在机箱后部，母线板也与 BCU 后面的专用连接器相连，这些连接器用来实现与外部电路通信。

PWM 板主要提供 24 V 的 PWM 调制信号，用于驱动高速电磁阀。每块 PWM 板共设置 4 路 PWM 输出信号，每路信号都设置了对应的信号输出指示灯。

输入板用于制动控制单元开关量信号的采集，每路开关量信号都经过了电阻网络降压、稳压管限幅、电容滤波、光电隔离后再经过施密特触发器输入给控制板。输入板电路可靠性很高，抗干扰能力强，能适应机车上的恶劣工作环境。每块输入板设计为 32 路，每路都有指示灯指示该点的工作状态。

输出板用于制动控制单元（BCU）开关量信号的输出，每路开关量信号都经过了光电隔离耦合器、滤波电路单元、过流保护电路单元后送至制动机的电空阀。每块输出板设计为 8 路，每路都有指示灯指示该点的工作状态。

模拟板主要用来采集传感器送来的 4 ~ 20 mA 的电流信号，信号经过整形转换限幅、滤波等处理后送到 A/D 芯片进行模数转换。模拟板包含 14 路 4 ~ 20 mA 电流信号输入通道和 2 路 0 ~ 10 V 电压信号输入通道。

电源板用于提供制动控制单元（BCU）工作的 DC5 V 内部工作电源和 DC 24 V 外供电源（用于驱动传感器、高速电控开关阀等），具有过热、过流、过压、欠压保护功能，制动控制单元（BCU）输入电压为 DC 110 V。

电源板上有 6 个钮子开关，制动显示屏上有对应的钮子开关状态显示信息栏。

7.1.4　DK-2 型机车制动系统操作

7.1.4.1　制动系统运行模式设置

闭合电空制动电源约 40 s，待制动机状态指示灯长亮后，将制动控制器自动制动手柄置于重联位或抑制位 1 s，制动机将被激活。

1. 内重联模式（主机模式）

当机车牵引客、货物列车或单机运行时，机车以内重联模式运行。操纵节制动显示屏上状态设置信息栏显示：不补风、空联投入、ATP 投入、定压 500 kPa（600 kPa）、单机切除，同时，显示屏流量表上方显示“本机”字样。

非操纵节制动显示屏上状态设置信息栏的状态显示：不补风、空联投入、ATP 投入、定压 500 kPa（600 kPa）、单机切除，同时显示屏流量表上方显示“补机”字样。

注意事项：

（1）非操纵节大闸置重联位、小闸置运转位，并拔出制动控制器的钥匙。

（2）操纵节制动柜上的重联阀转换手柄置于“本机位”（若需转换位置，须先将转换手柄向里推，然后再转动 180°到所需的位置后松开），转换阀 153 置于“正常位”，无火塞门 155、无火安全阀塞门 139 处于关闭位，其他所有塞门都应开通，制动控制单元 BCU 数码管将显示“bcu”。

（3）非操纵节制动柜上的重联阀转换按钮置于“补机位”，转换阀 153 置于“正常位”，无火塞门 155、无火安全阀塞门 139 处于关闭状态，其他所有塞门都应开通，制动控制单元 BCU 数码管将显示“bcu”。

（4）换端操作。

① 换端前需将大闸置于重联位，小闸置于运转位，拔出制动控制器钥匙，确认机车处于静止状态后换端。

② 司机进入机械间后需对制动柜重联阀转换按钮进行转换，确保非操作节重联阀转换按钮至“补机位”，操作节重联阀转换按钮至“本机位”。

2. 附挂机车模式（单机模式）

当机车以单机模式附挂运行时（和前部牵引机车只连接列车管），应将操纵节 BCU 上单机模式投入/切除钮子开关打到“单机投入”位，操纵节大闸置重联位，小闸置运转位，其他设置和主机模式一致，此时，仅小闸可以投入使用。

操纵节制动显示屏上状态设置信息栏显示：不补风、空联投入、ATP 投入、定压 500 kPa（600 kPa）、单机投入，同时显示屏流量表上方显示“单机”字样。

非操纵节制动显示屏上状态设置信息栏显示：不补风、空联投入、ATP 投入、定压 500 kPa（600 kPa）、单机切除，同时显示屏流量表上方显示“补机”字样。

3. 外重联模式（作重联补机）

当机车以外重联模式运行（和前部机车连接列车管、平均管、总风联管），机车作重联补机时，需在两节机车上进行以下操作：制动柜重联阀上的转换按钮打到“补机位”，大闸置重联位，小闸置运转位，拔出制动控制器钥匙。

制动显示屏上状态设置信息栏显示：不补风、空联投入、ATP 投入、定压 500 kPa（600 kPa）、单机切除，同时显示屏流量表上方显示“补机”字样。

注意：如果重联补机的某节机车制动机处于空气位或处于电空位但无电空制动电源，还应将该节机车中继阀座下方的中继阀列车管塞门 115 关闭。

4. 后备制动模式（纯空气制动）

后备制动操纵方式是作为“电空位”故障后的一种应急补救操纵措施，以免在区间途停而影响线路正常运行。在该位操纵时，不具备“电空位”操纵时齐全的功能，后备制动具有制动位、中立位、运转位 3 个操作位置，只能保证全列车的制动、保压、缓解的基本功能。

1）司机室设置

（1）将大闸手柄置紧急位，小闸手柄置运转位，制动机断电后将大、小闸都置运转位。

（2）将操纵节司机室后备制动模块上的后备塞门打开，此时操纵节的制动机会自动断电。

2）机械间内设置

（1）将两节车上的制动机电源都断开（每节车上 = 28 – F04、 = 28 – F06，开关打到向下位置）。

（2）将操纵节制动柜上的转换阀 153 由“正常位”转到“空气位”。

（3）将非操纵节制动柜上的中继阀列车管塞门 115 置关闭位。

3）试　验

调节后备制动调压阀，使其输出压力为列车管定压，操作后备制动控制手柄，对机车进行制动和缓解，按压后备制动单缓按钮，可以单缓机车。

7.1.4.2　操作中的注意事项

（1）自动制动控制器紧急制动后，机车速度为 0 时，起制动机紧急状态锁定 60 s，制动显示屏倒计时结束后，手把移至紧急位再回运转位才能缓解。

（2）自动制动控制器在运转位（或制动区）时，由于其他原因引起紧急制动作用后，机车速度为 0 时起制动机紧急状态锁定 60 s，制动显示屏倒计时结束，手把移至紧急位再回运转位才能缓解。

（3）当制动机接收到惩罚制动指令时，制动机产生惩罚制动，制动控制单元会根据不同惩罚制动级别施加相应的列车管减压，然后制动显示屏提示相应的惩罚制动信息。如需解除惩罚制动，首先惩罚源必须消除，然后需要将自动制动手柄置抑制位 1 s 以上。

（4）当制动机状态指示灯不亮时，表示制动机处于无电状态或制动控制单元 BCU 正在启动；当制动机状态指示灯常亮时，表示制动控制单元 BCU 已启动完毕；当制动机状态指示灯慢闪时（约 4 s 闪烁一次），表示制动机存在不影响机车运行的故障（制动显示屏将在主界面显示故障的级别，通过制动显示屏的事件查询功能可以查询相应的故障信息），可维持机车运行到段后进行处理；当制动机状态指示灯快闪时（约 0.5 s 闪烁一次），表示制动机存在影响机车运行安全的故障（制动显示屏将在主界面显示故障的级别，通过制动显示屏的事件查询功能可以查询相应的故障信息），需立即进行停车与制动机故障处理。

（5）后备制动操作时应注意如下几点：

① 操纵空气后备制动阀可对全列车进行制动、保压和缓解，单缓机车则要按单缓按钮。

② 应将自动制动控制器和单独制动控制器手柄放运转位。

③ 需紧急制动时，可按压紧急按钮或者拉紧急放风阀（车长阀），并同时将后备制动阀手柄移放制动位。

④ 因列车管具有补风作用，后备制动阀减压后放中立位保压时，要注意监视列车速度的变化，防止长时间保压时的车辆制动机自然缓解。

⑤ 因为空气位的制动机性能不齐全，不能长期使用，但可作为制动机电空位故障时的一种维持运行的补救操作措施，因此在操作时必须格外注意。

7.1.4.3 停放制动操作（库停后操作）

（1）按压停放制动施加按钮，停放制动施加，停放指示器显示红色。

（2）断开制动机电源，制动机自动常用制动。

7.1.4.4 无动力回送

无动力回送时，无动力回送机车制动、缓解由牵引机车控制，无动力回送操作步骤如下（以下操作均在两节车上完成）：

（1）确认机车不会溜逸。

（2）将大闸手柄置重联位、小闸手柄置运转位，拔出制动控制器钥匙。

（3）将制动柜重联阀 93 转换开关转至“本机位”。

（4）打开无火塞门 155。

（5）关闭中继阀列车管塞门 115 和停放制动塞门 177。

（6）关闭机车第一、第二间总风缸塞门 A10。

（7）断开低压柜上蓄电池开关 = 32 – Q82。

（8）连接列车软管，在列车管充至定压后，确认Ⅰ、Ⅱ架制动指示器均完全变为绿色。

（9）手动缓解每根轴的停放制动，并确认停放制动指示器完全变为红色，且停放制动夹钳完全缓解（每节车共 4 个）。

（10）与本务机车联系进行制动试验，确认无动力回送机车与本务机车同步制动或缓解。

7.1.4.5 DK-2 型制动系统使用过程中一些常见问题及解决方法

（1）制动机启动后，操作大、小闸制动机没有反应。

问题分析：制动机未解锁。

解决方法：将大闸置重联位或抑制位 1 s 解锁（注意制动显示屏上提示）。

（2）制动机解锁成功后，大闸运转位，但列车管不能充风。

问题分析：电空制动总风塞门 157 处于关闭位。

解决方法：将 157 塞门置打开位。

（3）将大闸置于制动区，闸缸不上闸。

问题分析：制动缸塞门 119、120 处于关闭位。

解决方法：将 119、120 塞门置打开位。

（4）大闸紧急制动后，操作大闸放运转位，列车管不能充风。

问题分析：制动机未解锁。

解决方法：紧急制动 60 s 后，需将大闸手柄置紧急位然后回运转位充风解锁（注意制动显示屏上提示），由其他原因引起机车紧急制动也需上述同样操作来解锁。

（5）当制动机接收到惩罚制动指令时，制动机产生惩罚制动，制动控制单元会根据不同惩罚制动级别施加相应的列车管减压，同时制动显示屏提示相应的惩罚制动信息。如需解除惩罚制动，首先惩罚源必须消除，同时需要将自动制动手柄置于抑制位 1 s，制动机才能完成解锁。

【任务评价】

序号	评价内容	评价标准	分值
1	能识别 DK-2 型机车制动系统操纵台制动设备	能够正确识别	3
		部分部件识别错误	2
		识别错误或不能识别	0
2	能识别 DK-2 型机车制动系统制动柜设备	能够正确识别	4
		部分部件识别错误	2
		识别错误或不能识别	0
3	能够正确进行 DK-2 型制动系统模式设置	能够正确设置	3
		部分模式设置错误	2
		模式设置不正确	0
得分			

任务 7.2　JZ-8 型机车制动系统认知

【任务目标】

1．知识目标

（1）了解 JZ-8 型机车制动系统的特点。

（2）熟悉 JZ-8 型机车制动系统操纵台制动设备作用。

（3）熟悉 JZ-8 型机车制动系统制动柜各组成设备的作用。

2．素质目标

（1）培养学生学习新知识、新技术，勇于创新、开拓进取的意识。

（2）具备自主学习能力，有责任心，具有一定的分析能力，善于总结经验和创新。

（3）能主动与同学合作开展工作，完成团队分配的工作，承担团队成员的角色和责任。

3. 能力目标

（1）能识别 JZ-8 型制动系统操纵台制动设备。

（2）能识别 JZ-8 型制动系统制动柜设备。

【相关知识】

7.2.1 JZ-8 型机车制动系统概述

JZ-8 型机车制动系统是一种具备微机模拟控制、网络通信、故障智能诊断等信息化功能的新型国产机车制动系统。它主要由集成多种阀类的制动柜、制动控制器、制动显示屏、快速排风阀以及基础制动装置等组成，JZ-8 型机车制动系统主要组成部件如图 7-2-1 所示。

图 7-2-1　JZ-8 型机车制动系统主要组成部件

JZ-8 型机车制动系统采用微机控制技术，实现列车自动制动与机车单独制动、空电联锁、断钩保护、列车充风流量检测、无动力回送、制动重联、列车速度监控配合、备用空气制动等功能，并具备单机自检、数据记录与存储等智能化、信息化功能。此外，系统配备 MVB、CAN、RS485 等网络通信接口，适应现代机车制动系统信息化以及网络控制的发展要求。

7.2.2 JZ-8 型机车制动系统操纵台制动设备

JZ-8 型机车制动系统操纵台制动设备主要包括制动控制器、制动显示屏等部件。

7.2.2.1 制动控制器

制动控制器是空气制动的主要操纵部件，制动控制器主要功能是：发送电信号指令到指令转换器，通过指令转换器将电信号转换为 CAN 网络信号发送给制动控制单元 BCU，为机车制动机提供自动制动和单独制动等指令，同时还具备紧急位机械排风功能，制动控制器如图 7-2-2 所示。

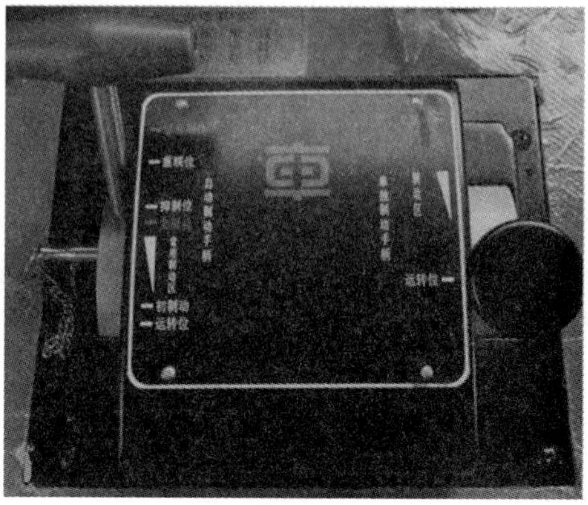

图 7-2-2 制动控制器

大闸手柄从近司机端向前推依次为运转位、初制位、制动区、全制位、抑制位、重联位、紧急位，各位置功能分别如下：

（1）运转位 列车管按定压进行充风控制，是列车制动系统进行充风和缓解的位置。

（2）初制位 手柄置于该位置实施初制动（列车管减压 50 kPa）。

（3）制动区 控制列车管压力降低，列车产生制动作用，制动区对列车管进行连续的压力下降控制，列车管压力值随手柄在这个区域的位置改变而变化。

（4）全制动位 手柄置于该位置则产生列车管最大减压量（减压至 360 kPa 或 430 kPa）。

（5）抑制位

① 当手柄推至抑制位时产生列车管最大减压量（减压至 360 kPa 或 430 kPa）。

② 当安全设备清除惩罚制动之后，司机操作大闸执行缓解均衡风缸压力步骤如下：必须把大闸推至抑制位保持 1 s 以清除惩罚制动然后推至运转位，这样 BCU 才能接收缓解指令，从而缓解均衡风缸与列车管压力。

③ 当制动控制系统启动时，必须把大闸手柄推至抑制位以确认制动控制单元 BCU 启用。

（6）重联位

① 在激活端司机室，把大闸手柄推至抑制位和重联位之间的时候，列车管将在最大减压量时的压力和 0 kPa 之间比例减压。

② 当手柄推至抑制位的时候，列车管减压至 0 kPa。

（7）紧急位 产生紧急制动，列车管压力快速排至 0 kPa。

小闸手柄前推最前位为全制动位，往后依次为制动区、运转位，侧压缓解位（将小闸向右侧旁推，自动复位）。小闸手柄在各位置功能分别如下：

① 全制动位：机车最大单独制动，机车制动缸充风到（300 ± 15）kPa。

② 制动区：机车单独制动压力随着手柄在这个区域的位置而变。

③ 运转位：此位置为机车正常运行时所放位置，用来缓解小闸产生的机车制动缸压力。

④ 侧压缓解位：此位置用来单独缓解大闸产生的机车制动缸压力。

7.2.2.2 制动显示屏

制动显示屏的主要功能是：实时显示制动控制系统的状态信息；以压力表和数值的形式显示总风压力、列车管压力、均衡风缸压力和制动缸压力；以流量计的形式动态显示列车管的充风流量；显示制动控制系统操作的提示信息和故障信息；提供机车号、时间日期、软件版本号的显示及设置功能；提供单机自检、事件记录和传感器校准等诊断功能，如图 7-2-3 所示。

制动显示屏的屏幕亮度可手动或自动调节，通过显示屏面板左侧的三个按键“+”、“–”和“A”键实现。当手动调节时，触发“+”和“–”按键；当自动调节时，触发“A”按键。

制动显示屏界面主要由主界面、空气制动界面、维护界面和显示信息界面等组成，通过触发主界面和子界面按键可进入各级子界面，各级子界面均设有返回按键，通过触发返回按键可返回上一级界面。

制动显示屏正常启动时进入主界面，如图 7-2-4 所示。

图 7-2-3 制动显示屏

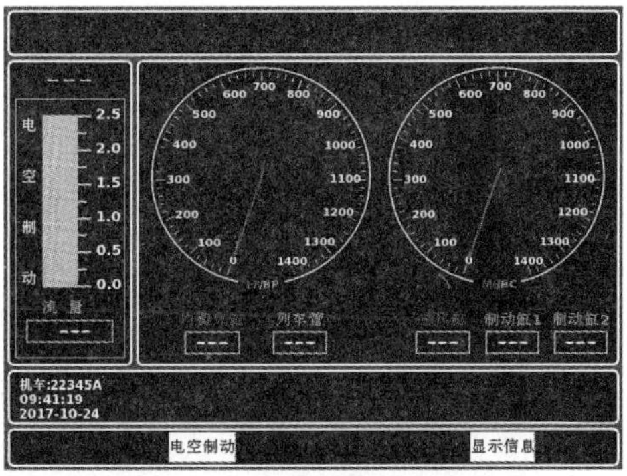

图 7-2-4 制动显示屏主界面

7.2.3 JZ-8 型机车制动系统制动柜

制动柜为机车制动控制系统的执行部件，能够实现列车管、制动缸、停放制动、平均管的压力控制，实现自动制动、单独制动控制以及常用制动、紧急制动、停放制动、无动力回送及制动重联等功能。JZ-8 型机车制动系统制动柜如图 7-2-5 所示。

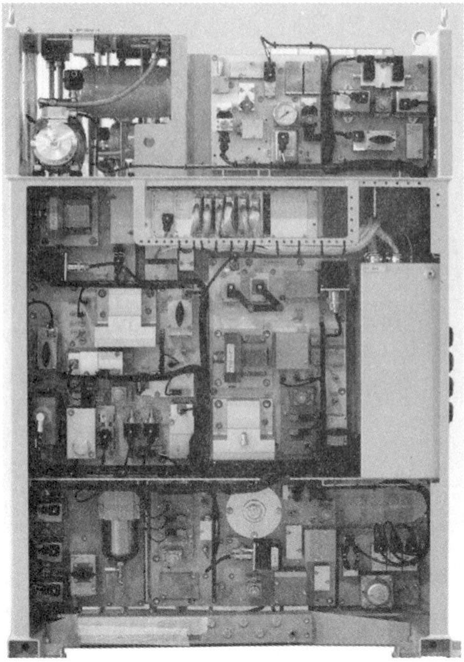

图 7-2-5　JZ-8 型机车制动系统制动柜

制动柜采用模块化设计，主要由 7 个固定模块（制动控制单元 BCU，列车管控制模块，分配阀模块，单独制动模块，转向架中继阀模块，气源处理模块，制动缸监控模块）和 3 个选配模块（停放模块、撒砂模块和升弓模块）组成，选配模块可根据不同车型灵活配置，其中，适用于 HXD_{3C} 机车的制动系统采用“7+3”的模块配置。

7.2.3.1　制动控制单元

制动控制单元（BCU）是制动控制系统的中央控制单元，位于制动柜上部，采用“3U19”标准机箱，如图 7-2-6 所示，通过通信总线和机车监控单元、司机制动阀、制动显示屏等连接。

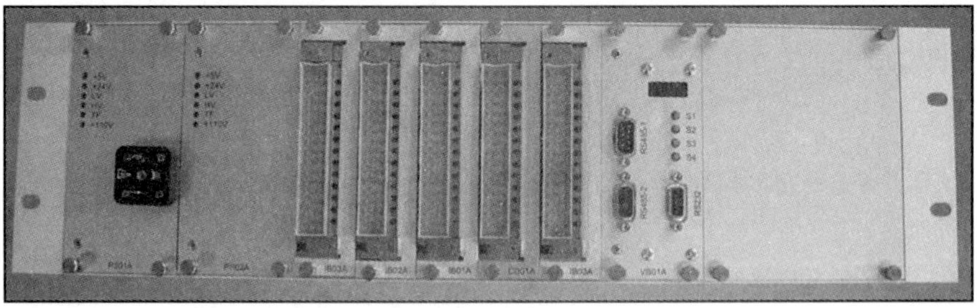

图 7-2-6　制动控制单元

制动控制单元（BCU）作为机车制动控制系统的核心控制装置，根据制动控制器的指令计算均衡风缸的压力目标值，采集来自制动柜上各压力传感器的压力信号，对均衡风缸压力进行闭环控制，通过控制均衡风缸的压力实现对列车管压力的控制，最终实现列车的制动和缓解。此外，BCU 还根据列车管的压力变化，通过电子分配阀来控制机车制动缸的制动和缓解。BCU 接收单独制动控制器的编码器指令信号，可根据单独制动控制器手柄位置变化调整单独制动中继阀的预控压力，进而控制制动缸压力。BCU 具有总线通信、故障诊断及记录、功能自检、数据转储等功能。

7.2.3.2 列车管控制模块

列车管控制模块如图 7-2-7 所示。

列车管控制模块主要实现列车管的压力控制、流量监测、紧急排风和遮断。它通过电空模块产生期望的均衡风缸压力，再通过中继阀放大流量，从而完成列车的制动、保压和缓解。

7.2.3.3 分配阀模块

分配阀模块如图 7-2-8 所示。

图 7-2-7 列车管控制模块

图 7-2-8 分配阀模块

分配阀模块主要用来响应列车管的压力，包含电子分配阀与机械分配阀。机械分配阀作为备用，与电子分配阀通过切换阀切换。

此外，分配阀模块集成无动力塞门，在无动力设置时将无动力塞门置于水平位。

7.2.3.4 单独制动模块

单独制动模块如图 7-2-9 所示。

当操纵小闸时，单独制动模块起作用，通过单独制动中继阀控制机车制动缸的压力。

其输出压力与分配阀模块输出的压力经过双向止回阀取最大值后，通过平均管中继阀控制平均管的压力。

7.2.3.5　转向架中继阀模块

转向架中继阀模块如图 7-2-10 所示。

图 7-2-9　单独制动模块

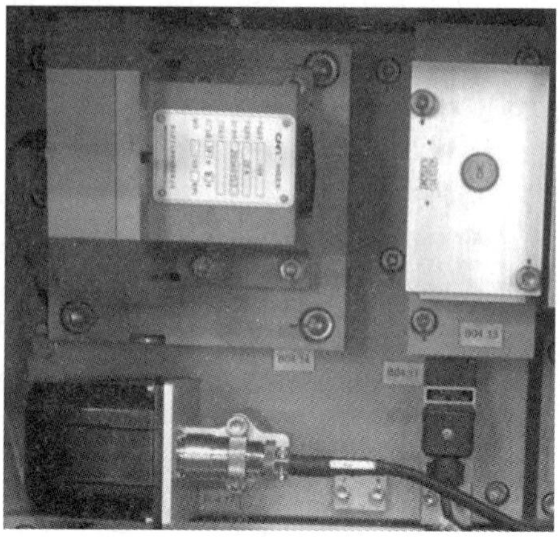

图 7-2-10　转向架中继阀模块

转向架中继阀模块主要用于输出操纵大闸产生的制动缸压力，并控制电制动与空气制动的互锁。

7.2.3.6　气源处理模块

气源处理模块如图 7-2-11 所示。

图 7-2-11　气源处理模块

气源处理与调压器模块具有过滤、隔离总风的作用，其中三个双压力开关主要控制压缩机的启停以及总风低压保护的作用。

7.2.3.7　制动缸监控、隔离模块

制动缸监控、隔离模块如图 7-2-12 所示。

图 7-2-12　制动缸监控、隔离模块

制动缸监控隔离模块通过隔离塞门能够分别隔离、排空两转向架制动缸的压力。

7.2.3.8 停放控制模块

停放控制模块如图 7-2-13 所示。

停放控制模块主要功能是接受停放制动施加与缓解指令，实现停放缸排气与充气。双向阀可以取制动缸与停放缸压力的较大值，防止二者制动力叠加。

7.2.3.9 升弓模块

升弓模块如图 7-2-14 所示。

图 7-2-13 停放控制模块

图 7-2-14 升弓模块

升弓模块主要功能是向升弓管路、主断路器管路、升弓储风缸提供压缩空气，同时通过塞门控制各管路的通断。

7.2.3.10 撒砂模块

撒砂模块如图 7-2-15 所示。

撒砂模块主要功能是接受撒砂指令，实现撒砂功能。

图 7-2-15 撒砂模块

7.2.4 JZ-8 型机车制动系统操作

7.2.4.1 JZ-8 型机车制动系统模式设置

JZ-8 型机车制动系统具有 4 种基本操作方式。

（1）本机模式

本机模式下，单独制动可通过制动控制器单独制动手柄实施，均衡风缸控制可通过制动控制器自动制动手柄实施，列车管压力被投入并跟随均衡风缸压力而变化。当自动制动手柄移动到运转位，均衡风缸和列车管将加压到空气制动设置中确定的均衡风缸缓解压力，同时可进行列车管补风/不补风功能选择。在补风状态下，如果列车管有泄漏，总风将会自动给列车管充风到均衡风缸的压力；在不补风状态下，自动制动手柄在制动区，如果列车管有泄漏，总风将不会自动给列车管补风。

本机模式设置：

① 自阀重联位，等待列车管压力降为 0 kPa。

② 将制动柜主控塞门扳到“主控位”。

③ 设置制动屏模式为“500 kPa（600 kPa）+操纵端+投入+货车+不补风”。

（2）单机模式

单机模式下，单独制动可通过制动控制器单独制动手柄实施，均衡风缸控制可通过制动控制器自动制动手柄实施，此时列车管压力被制动控制系统切除，不再跟随均衡风缸的压力变化。机车制动作用和缓解作用仍可根据列车管压力减少和增加而变化。紧急制动功能有效。

单机模式设置（不接重联线）：

① 自阀重联位，列车管压力降为 0 kPa。

② 将制动柜主控塞门扳到“主控位”。

③ 设置制动屏模式“500 kPa（600 kPa）+操纵端+切除+货车+不补风”。

④ 机车走行部平均管塞门置于“开通”。

（3）补机模式

补机模式下，均衡风缸压力排风至 0 kPa，并且列车管压力被切除，不再受均衡风缸压力控制。机车制动控制单元不再响应制动控制器指令，仅当自动制动手柄被移动“紧急位”产生紧急作用。补机通过平均管响应前端制动缸压力，机车的制动、缓解作用通过平均管来控制。

补机模式设置（接重联线）：

① 自阀重联位，列车管压力降为 0 kPa。

② 将制动柜主控塞门扳到“从控位”。

③ 设置制动屏为“500 kPa（600 kPa）+非操纵端+切除+货车+不补风”。

（4）无动力回送模式

无动力回送时，机车可作为车辆连挂，通过列车管压力变化可实现机车自动制动，通过限制机车总风缸的压力来确保制动缸压力最大值在 200～250 kPa。

7.2.4.2 备用模式的启动与解除

（1）备用模式的启动

① 保证机车处于停车状态，两端大闸位于重联位。

② 将机车制动柜的备用制动塞门 B02.29 切换至导通位。

③ 显示屏上出现“备用模式”字样后，将操纵端大闸手柄置“抑制位”停留 3 s，再将大闸手柄置“运转位”，此时备用模式启动。

（2）备用模式的解除

① 保证机车处于停车状态，两端大闸位于重联位。

② 将机车制动柜的备用制动塞门 B02.29 切换至关闭位。

③ 显示屏上“备用模式”字样消失，将操纵端大闸手柄置“抑制位”停留 3 s，再将大闸手柄置“运转位”，此时备用模式关闭，正常模式启动。

【任务评价】

序号	评价内容	评价标准	分值
1	能识别 JZ-8 型制动系统操纵台制动设备	能够正确识别	3
		部分设备识别错误	2
		识别错误或不能识别	0
2	能识别 JZ-8 型制动系统制动柜设备	能够正确识别	4
		部分设备识别错误	2
		识别错误或不能识别	0
3	能够正确进行 JZ-8 型制动系统模式设置	能够正确设置	3
		部分模式设置错误	2
		模式设置不正确或不会设置	0
得分			

任务 7.3　CAB 型机车制动系统认知

【任务目标】

1. 知识目标

（1）了解 CAB 型机车制动系统的特点。

（2）熟悉 CAB 型机车制动系统操纵台制动设备作用。

（3）熟悉 CAB 型机车制动系统制动柜各组成设备的作用。

2. 素质目标

（1）培养学生学习新知识、新技术，勇于创新、开拓进取的意识。

（2）具备自主学习能力，有责任心，具有一定的分析能力，善于总结经验和创新。

（3）通过 CAB 型机车制动系统学习，培养学生科学精神、工匠精神。

3. 能力目标

（1）能认知 CAB 型机车制动系统操纵台制动设备。

（2）能认知 CAB 型机车制动系统制动柜设备。

【相关知识】

7.3.1 CAB 型机车制动系统概述

CAB 型机车制动系统是由我国自主设计研发，具有完全自主知识产权的机车制动系统产品，采用基于网络通信技术的微机控制方式和模块化设计，并具有良好的人机交互功能，同时操作方式和安装接口满足简化要求。

CAB 型机车制动系统主要部件在 CR200J 动力集中型动车组动力车上的布置如图 7-3-1 所示。

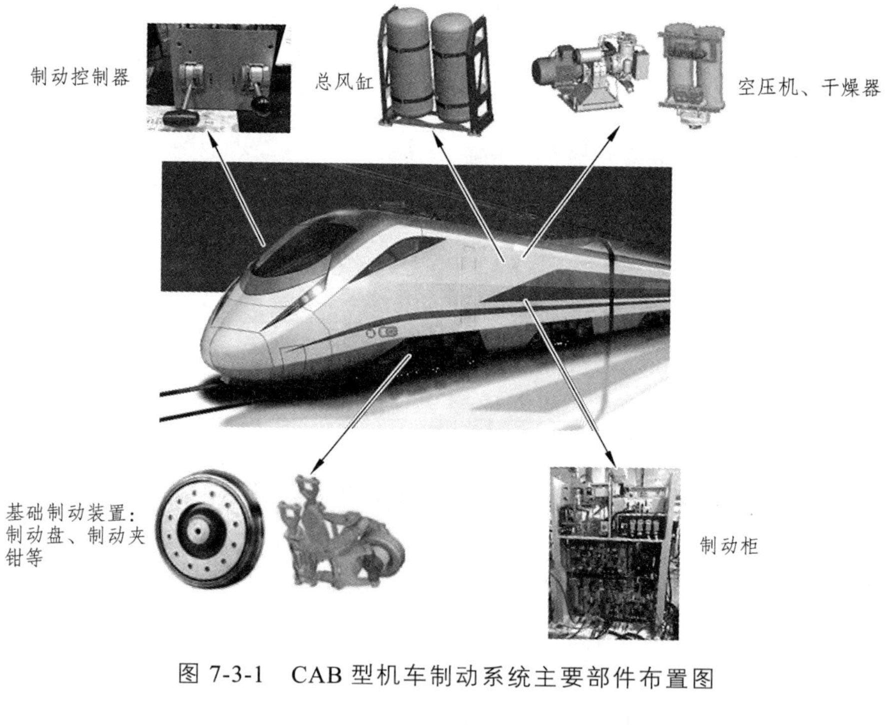

图 7-3-1 CAB 型机车制动系统主要部件布置图

7.3.1.1 CAB 型机车制动控制系统主要技术特点

（1）系统按照功能要求采用模块化结构设计、板式安装，便于维护和检修。

（2）系统基于计算机控制技术、网络通信传输制动指令，智能模块采用双 CAN 冗余网络。

（3）系统和主要模块均采用冗余设计。

（4）人机界面和制动操纵习惯与现有交流传动机车一致。

（5）气路接口和电气接口符合标准性技术规范要求，保证互换性。

（6）优化无动力回送设置，简化了操作步骤。

（7）集成了后备制动功能，使得系统可靠性进一步提升。

7.3.1.2 CAB 型机车制动系统组成

CAB 型机车制动控制系统主要由制动控制器、司机显示屏、电空控制单元、电气接口单元、接口箱模块、辅助控制单元、可根据车型选择的制动柜等部件组成。

其中，制动控制器、司机显示屏、电空控制单元和接口箱模块等部件为机车制动系统的基本配置。另根据需要，可配置辅助控制单元以及可根据车型选择的制动柜，满足不同车型的安装和使用需要。

电空控制单元（EPCU）、接口箱模块（IOB）、辅助控制单元 ACU（包括空压机、撒砂、停放制动、受电弓控制）、防滑控制和列车电空制动控制等集成安装于制动柜。

7.3.1.3 制动控制系统控制逻辑

动力车具有空电联合投入与切除功能，通过司机室显示单元进行模式选择。当空电联合投入时，动力车按下列方式进行制动控制。

（1）动力制动和空气制动不会同时作用于动力车上（单独制动产生的制动缸压力低于规定值时除外）。

（2）如果动力车首先使用了动力制动，当操纵使用自动制动时，动力车本身的自动空气制动作用被阻止。

（3）如果动力车首先使用了动力制动，当操纵使用单独制动时，在动力车制动缸压力达到规定值时，动力制动将被切除。

（4）如果动力车首先使用了自动制动，当动力车操纵使用动力制动时，动力车的空气制动缓解。

（5）如果动力车首先使用了单独制动，当动力车制动缸压力超过规定值后，操纵使用动力制动无效。

（6）空电联合投入时使用自动制动手柄可施加动力制动，且动力车施加动力制动力的大小应与自动制动对应的列车管减压量所产生的动力车空气制动力相匹配。空电联合切除时使用自动制动手柄不可施加动力制动。

7.3.2 CAB 型机车制动系统操纵台制动设备

CAB 型机车制动系统操纵台制动设备布置如图 7-3-2 所示。

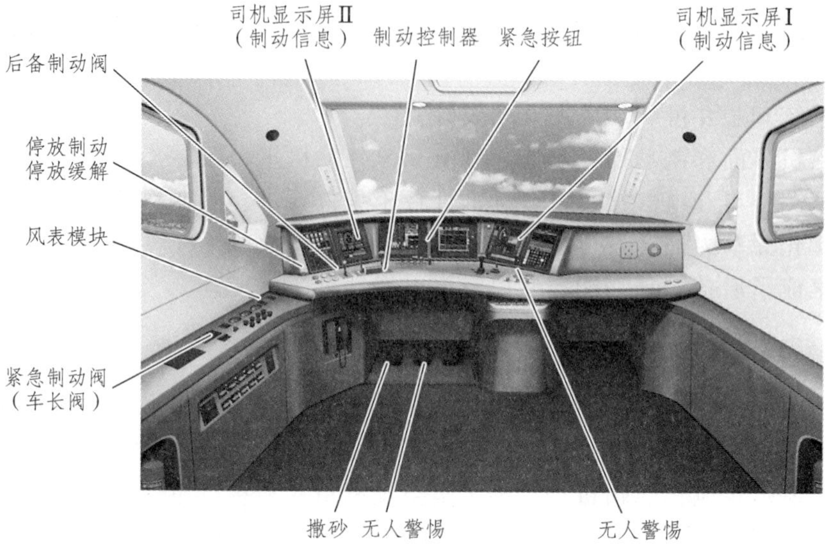

图 7-3-2　CAB 型机车制动系统操纵台制动设备布置

7.3.2.1　制动控制器

制动控制器为机车乘务员操作接口，主要用于进行制动、缓解的指令操作，以给出相应指令控制机车/列车的制动作用。制动控制器如图 7-3-3 所示。

制动控制器为组合式结构，集成了自动制动手柄和单独制动手柄，其中自动制动手柄在左侧，单独制动手柄在右侧。制动控制器采用平面化设计，安装后与司机台面平齐，便于安装及操作。

制动控制器具备紧急位直排列车管压力功能。

制动控制器具有后备冗余功能，采用双供电电路模式，供电电压 DC 24 V 或 DC 110 V，当主制动控制系统失效时，可转为后备（冗余）制动控制模式进行操纵。

图 7-3-3　制动控制器

1. 自动制动手柄

自动制动手柄通过对均衡风缸的充排风控制操作，进而控制列车管的增压和减压作用，实现对列车制动的操作控制。自动制动手柄在操作时有明显的位置感，设有运转位、初制动位、常用制动区、全制动位、抑制位、重联位、紧急制动位。

（1）运转位

自动制动手柄维持在运转位时，均衡风缸充风，最终实现列车管的定压充风及机车制动缸的完全缓解。

（2）初制动位

自动制动手柄置初制动位时，列车管能够实现最小减压量制动作用。

（3）常用制动区

自动制动手柄在常用制动区，能够实现列车管从初制动位至全制动位的减压，机车制动缸压力与列车管减压量成线性比例关系。

（4）常用全制动位

自动制动手柄在常用全制动位时，列车管实现最大常用减压量。

（5）抑制位

自动制动手柄置抑制位，列车管仍执行最大常用减压量。

当制动控制系统执行机车或监控装置请求的惩罚制动后，自动制动手柄失去常用制动控制功能，需要缓解惩罚制动时，应将自动制动手柄置抑制位至少 1 s，用于确认司机操作，然后允许机车乘务员将制动手柄置运转位以缓解惩罚制动作用。

（6）重联位

自动制动手柄置重联位，均衡风缸和列车管将按常用减压速率减压至 100 kPa 以下。当手柄从抑制位移至重联位，能够进行超出列车管常用全制动减压量的减压作用，均衡风缸执行连续减压，从全制动减压量到最终减压至 0 kPa。

当制动控制系统设为补机或处于断电状态时，手柄可以放此位置。

（7）紧急制动位

自动制动手柄在紧急位时，具有机械和电气联锁能够同时触发紧急制动的作用。制动控制器内设有机械排气阀，直接排出列车管压力空气以触发空气紧急制动作用。

2. 单独制动手柄

操作单独制动手柄能控制机车本身的制动和缓解作用，而不会影响列车管的压力变化。单独制动手柄在操作时有明显的位置感，设有运转位、制动区和全制动位。

（1）运转位

单独制动手柄在运转位时，能够缓解因操作单独制动手柄而施加的机车制动作用。

（2）制动区

单独制动手柄处于制动区时，机车施加空气制动，机车制动缸压力随制动手柄在制动区的移动线性增加。

（3）全制动位

单独制动手柄在全制动位时，施加机车全制动作用，制动缸压力为（300 ± 15）kPa。

（4）单独缓解

使用单独制动手柄能够进行单独缓解作用，缓解因操作自动制动而产生的机车制动作用，单独缓解作用通过向右侧压单独制动手柄实现。

常用制动产生的制动缸压力，单独缓解时能够实现阶段缓解作用，缓解的大小是根据侧压手柄时间的长短决定。常用制动后，机车制动缸压力在单缓后不能恢复；紧急制动后制动缸压力，在单缓后能够恢复。

松开侧压的单独制动手柄，单独制动手柄能自动复位。

3. 后备（冗余）制动控制

制动系统集成后备（冗余）制动操纵控制的功能。在计算机控制的制动系统故障时，通过开关能转换转为后备制动控制模式。此时操作制动手柄仍可实现均衡风缸的充排风作用，从而达到操纵列车的制动、缓解，满足机车继续牵引列车的要求。

自动制动手柄集成后备制动操作：手柄运转位——列车管充风缓解；手柄全制位——列车管减压制动；手柄制动区——列车管保压。

7.3.2.2 空气后备制动阀

空气后备制动设置有独立于系统的后备制动阀（手柄）、均衡风缸和空气后备模块，在动力车电控制动系统故障失效后可使用空气后备制动实现对列车的制动控制，保证列车能够继续运行。

空气后备制动系统作为制动控制系统电空位故障时的一种补救措施，具有制动、保压、缓解三个基本功能。当使用后备制动手柄处于缓解位（运转位）充风缓解时，可以实现列车管的定压充风及机车制动缸的完全缓解。当使用后备制动手柄处于制动位时，可以实现均衡风缸的减压作用。空气后备制动阀如图 7-3-4 所示。

图 7-3-4 空气后备制动阀

7.3.2.3 司机显示屏

动力车不设置单独制动显示屏与微机显示屏，在司机室设置两个屏。正常情况下一个屏显示制动系统信息，一个屏显示微机系统信息，当一个屏发生故障时则进行合屏显示。

司机显示屏（制动信息）如图 7-3-5 所示。司机显示屏右侧显示列车电空制动状态和尾车压力信息。司机显示屏为重要的人机接口，设有 8 个功能键用于菜单和功能选择。另设有 3 个扩展按键，用于终端显示屏背光调节等功能。电源采用 DC 110 V 单独供电，具备双 CAN 网络通信功能。

司机显示屏整体符合简化的技术要求，总风缸、均衡风缸、列车管、制动缸压力和列车管充风流量的信息在主显示页面上，紧急制动、惩罚制动发生后在显示界面上有操作提示信息。制动显示器上能查阅重要制动故障或事件信息。

司机显示屏能进行制动模式的相关操作设置，能进行机车车号等的设定，关键的设置或设定有密码保护。

在进行列车管定压设置时，可选择 500 kPa 或 600 kPa 的定压设置，并且可以 ± 10 kPa 的步长对定压进行调整。

图 7-3-5　司机显示屏

7.3.3　CAB 型机车制动系统制动柜

结合动力集中动车组动力车制动控制系统安装方式，CAB 型机车制动系统采用制动柜的组装方式。电空控制单元（EPCU）、接口箱模块（IOB）、辅助控制单元（ACU）、防滑控制和列车电空制动控制等集成安装于制动柜。其中辅助控制单元（ACU）包括升弓控制、停放制动控制、撒砂控制和压缩机启停控制等模块。CAB 型机车制动系统制动柜如图 7-3-6 所示。

制动柜顶部预留辅助压缩机安装接口。除制动机自带线外，制动机通过布置在制动柜右侧面的 4 个 48 芯哈丁连接器与动力车控制系统连接。

7.3.3.1　电空控制单元

电空控制单元（EPCU）是制动控制系统中的重要组件，电空控制单元上有数个部件作为网络的节点，根据指令要求实施对机车或列车的制动控制。电空控制单元根据制动系统功能采用模块化技术方案，其中 4 个模块具有网络节点，除电源模块（PSJB）外，其余 3 个为机电一体化的智能模块，如图 7-3-7 所示。

电空控制单元上 6 个模块分别为：制动缸控制模块（BCCM）、列车管控制模块（EBCM）、单独控制模块（ICCM）、空气制动阀模块（DBCM）、后备制动模块（RCCM）、电源模块（PSJB）。

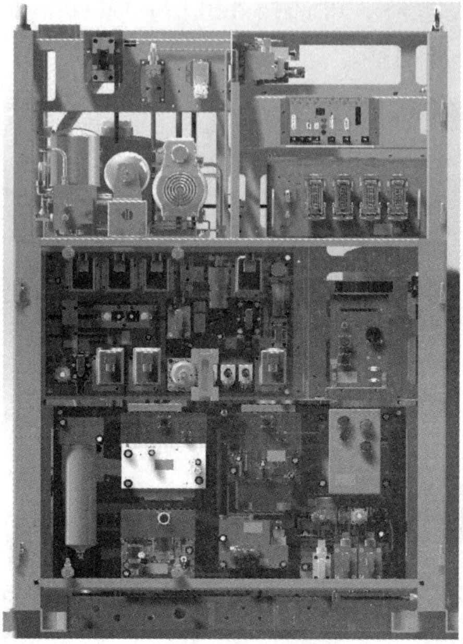

图 7-3-6　CAB 型机车制动系统制动柜

1—列车管控制模块（EBCM）；2—制动缸控制模块（BCCM）；3—电源模块（PSJB）；
4—后备制动模块（RCCM）；5—空气制动阀模块（DBCM）；
6—单独控制模块（ICCM）；7—空气滤清器。

图 7-3-7　电空控制单元

1. **列车管控制模块**

列车管控制模块（EBCM）主要作用是通过对均衡风缸的充排气控制，最终实现对列车管的充、排气控制，主要的功能如下：

（1）均衡风缸、列车管等压力采集与测试。

（2）列车管充风流量的监测。

（3）提供并控制均衡风缸压力。

（4）响应均衡风缸压力实现对列车管压力控制。

（5）执行紧急制动排风。

（6）控制列车管补风作用。

（7）系统失电时执行惩罚制动。

2. **制动缸控制模块**

制动缸控制模块（BCCM）主要作用是根据列车管压力变化实现对制动缸的压力控制，最终实现机车制动缸压力的输出，主要的功能如下：

（1）根据列车管压力输出制动缸压力。

（2）电空制动失效时，制动缸压力自动切换至机械分配阀控制。

（3）实现空电联锁功能。

（4）制动缸等压力测试功能。

制动控制系统具有制动力不衰减特性，当制动缸及其管路发生漏泄时，压力能够自动补偿。

单独控制模块故障时，系统将通过制动缸控制模块实现其功能，输出平均管压力，控制重联机车。同时，制动缸控制模块也可以响应单独制动手柄指令，实现机车单独制动控制。

3. **单独控制模块**

单独控制模块（ICCM）主要作用是实现单独制动时，提供制动缸和平均管的压力输出，主要的功能如下：

（1）响应单独制动，提供对制动缸和平均管的压力控制；

（2）制动缸控制模块故障时，提供对制动缸的压力控制。

4. **空气制动阀模块**

空气制动阀模块（DBCM）主要作用是响应列车管压力变化并实现制动缸的压力控制，其始终处于热备状态，在每次机车列车管减压时均同时产生作用，一旦制动缸控制模块（BCCM）或制动系统故障，立刻实现对制动缸的压力控制，主要的功能如下：

（1）提供制动缸的冗余压力控制；

（2）无动力回送压力控制，可根据需要增加转换塞门状态电触点。

5. **后备制动模块**

后备制动模块（RCCM）具有如下主要功能：

（1）系统后备（冗余）制动模式下，实现对均衡风缸的充、排风控制。

（2）无动力回送时，可以实现列车管向副风缸的充风，可根据需要增加无动力塞门状态电触点。

（3）能够按转向架切除制动缸压力。

（4）执行机车请求的紧急制动要求，迅速排出列车管压力空气，故障时可将其切除。

6. **电源模块**

电源模块（PSJB）用于给电空控制单元供电，同时作为网络节点实现电空控制单元与 CAN 网的通信。在制动系统出现故障时，可以实现系统后备（冗余）制动控制功能转换，将系统切换至后备（冗余）制动操作模式。

7. **空气气路板及其他部件**

电空控制单元还设有空气气路板、滤清器、容积风缸等。

空气气路板作为各个模块、气动附件、容积风缸等部件的安装载体；滤清器将进入电空控制单元（EPCU）的压力空气进行适度过滤；容积风缸用于相关压力的控制和输出。

7.3.3.2 电气接口单元

电气接口单元（EIU）主要用于对制动系统中的信息进行管理，包括对与动力车通信的 MVB 网络和开关量的输入输出管理控制，通过 MVB 网络接受动力车计算机或硬线的信息并下发至 CAN 网，同时也向动力车传输制动系统的相关信息。电气接口单元如图 7-3-8 所示。

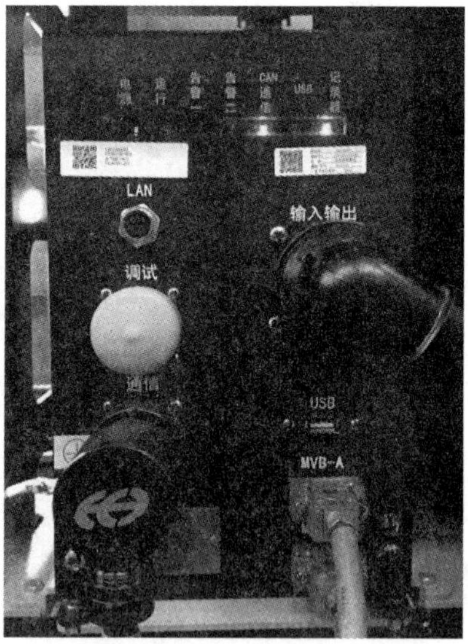

图 7-3-8 电气接口单元

电气接口单元是制动控制系统中的网络节点，内部设有事件及故障记录器，能够对动力车运行中发生的重要制动事件或故障进行记录并存储，存储的内容包括事件或记录发生时的各种制动参数、动力车速度、乘务员的操纵等。

电气接口单元上设有端口用于数据下载，数据下载方式可通过 USB 接口或以太网两种方式进行。

7.3.3.3 接口箱模块

接口箱模块（IOB）主要用于与动车组的连接，同时也负责制动系统内部各模块、设备之间的硬线或电源接口，主要包括如下接口：

（1）与系统控制模块接口。
（2）与电空控制单元接口。
（3）与动车组 LKJ 装置和动车组控制系统的硬线接口。
（4）空气防滑系统接口。

接口箱模块在右侧面布置 4 个 48 芯哈丁连接器与动力车控制系统连接。接口箱模块如图 7-3-9 所示。

图 7-3-9　接口箱模块

7.3.3.4　辅助控制单元

辅助控制单元（ACU）如图 7-3-10 所示。辅助控制单元集成撒砂、停放制动、升弓控制、空压机启停控制等功能，包括以下模块：
（1）压力开关模块（PSM）。
（2）停放制动模块（PBM）。
（3）辅助升弓模块（APM）。
（4）撒砂模块（SDM）。

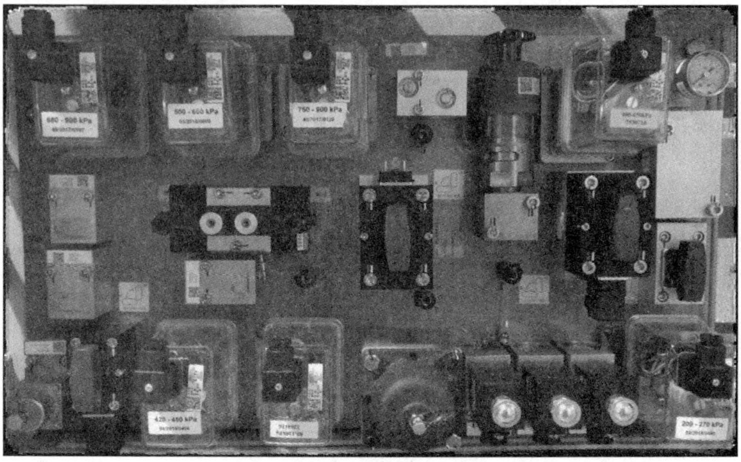

图 7-3-10　辅助控制单元

1. 压力开关模块

压力开关模块（PSM）由三个压力开关和一个压力测点组成。根据总风不同的压力，压力开关按不同的设定值输出给机车控制指令。压力开关模块组成及工作原理如图 7-3-11 所示。当总风压力小于 750 kPa 时压力开关（.01）动作，实现单泵打风；当总风压力小于 680 kPa 时，压力开关（.01）和压力开关（.03）动作，实现双泵打风；当总风压力小于 500 kPa 时，压力开关（.02）动作，禁止牵引列车。

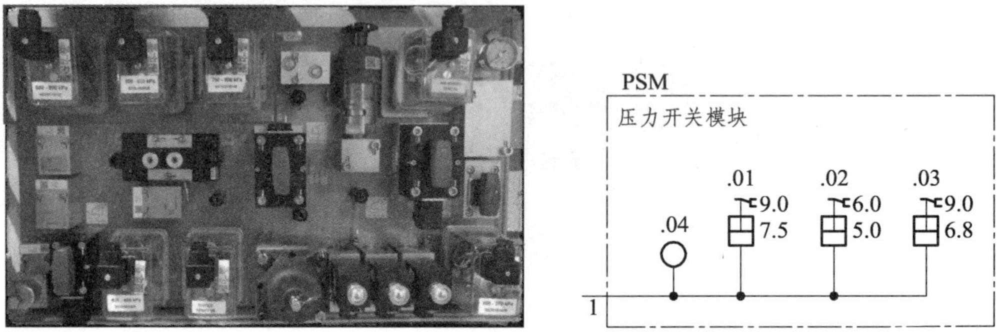

图 7-3-11　压力开关模块及工作原理

2. 停放制动模块

停放制动模块（PBM）由单向阀（.01）、停放缩堵（.02）、双脉冲电磁阀（.03）、双向阀（.04）、停放减压阀（.05）、停放切除塞门（.06）、停放缓解压力开关（.07）、停放制动压力开关（.08）、停放缸压力测点（.09）组成。停放制动模块组成及工作原理如图 7-3-12 所示。

停放制动模块接收司机控制指令，从而控制动车组走行部停放制动缸压力。当停放制动缸中的空气压力达到 480 kPa 以上时，停放制动装置缓解，允许动力车牵引；动车组停车后，将停放制动缸中的压力空气排空，停放装置动作，由停放弹簧产生停放制动力，避免机车因重力或风力的原因溜车。

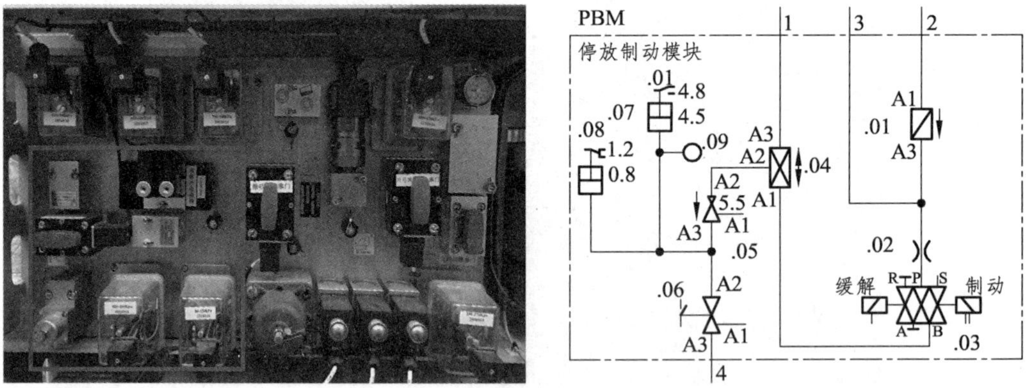

图 7-3-12　停放制动模块及工作原理

动车组停车后，按下操作台的停放施加开关，可使双脉冲电磁阀（.03）中的作用阀得电，双脉冲电磁阀（.03）处于作用位，停放制动缸中的压力空气通过双脉冲电磁阀（.03）排出，停放制动装置完全作用。若需要缓解停放，则按下停放缓解开关，可使双脉冲电磁阀（.03）中的缓解阀得电，双脉冲电磁阀（.03）处于缓解位，总风将通过上述通路进入停放制动缸，当停放制动缸中的压力高于 480 kPa 时停放制动完全缓解，允许动力车牵引。也可以使用双脉冲电磁阀的手动功能对停放制动装置进行手动控制。

3. 辅助升弓模块

辅助升弓模块（APM）由控制压力测点（.01）、辅助空压机控制压力开关（.02）、过滤器（.03）、双向止回阀（.04）、压力表（.05）、安全阀（.06）、压力表缩堵（.07）、升弓风缸塞门（.08）、主断供气塞门（.09）、主断压力测点（.10）、升弓缩堵（.11）组成。辅助升弓模块组成及工作原理如图 7-3-13 所示。

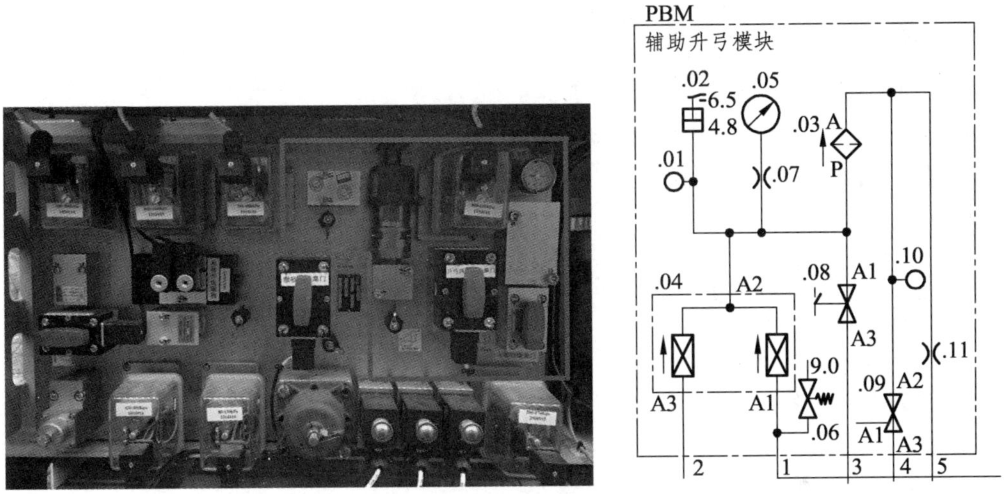

图 7-3-13　辅助升弓模块及工作原理

辅助升弓模块主要是为受电弓和主断路器提供干燥、稳定的压缩空气。

模块中（.02）压力开关控制辅助压缩机的启动。动车组升弓指令投入后，若升弓风缸压力低于 480 kPa 时，压力开关（.02）动作发出指令，辅助压缩机自动投入工作，当升弓风缸压力高于 735 kPa 时，辅助压缩机自动停止工作。如果通过按钮手动控制辅助压缩机启动，压力开关（.02）将不再对压缩机的启停进行控制。

辅助升弓模块中的压力空气来自动车组总风缸和辅助压缩机组。

4. 撒砂模块

撒砂模块（SDM）由撒砂切除塞门（.01）、撒砂减压阀（.02）、撒砂压力测点（.03）、撒砂干燥电磁阀（.04）、向后撒砂电磁阀（.05）、向前撒砂电磁阀（.06）组成。撒砂模块组成及工作原理如图 7-3-14 所示。

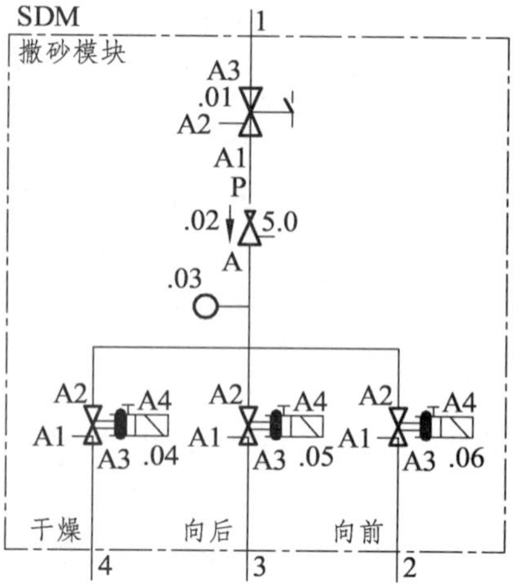

图 7-3-14　撒砂模块及工作原理

撒砂动作与司机脚踏开关、紧急制动、防空转、防滑行等功能配合使用，撒砂方向与动车组实际运行方向一致。

正常情况下，撒砂切除塞门（.01）处于竖直位置，即开通状态。当运行途中由于微机误动作，撒砂不止时，需要将此塞门打到水平位置，即切除总风缸到撒砂阀的空气通路。

7.3.4　CAB 型制动系统冗余设计

CAB 型机车制动系统是以网络为基础的微机控制系统，各显示的参数和控制指令主要以网络信号传递，电气、气动部件为最终的执行机构。

在设计该系统时，应充分考虑系统在网络、电子、电气、气动部件等故障失效时的应对措施，以保障系统的故障导向安全。

1. 正常情况下系统气路的控制关系

自动制动阀：

自动制动阀→列车管控制模块→列车管压力→车辆制动机
↓
制动缸控制模块→动力车制动缸

单独制动阀：

单独制动阀→单独控制模块→制动缸控制模块→动力车制动缸

2. 系统及主要部件的冗余

1）空气制动冗余

当制动缸控制模块（BCCM）故障时，系统自动转换为由空气制动阀 DBCM 和单独控制模块 ICCM 共同控制制动缸压力的空气制动冗余模式。

因此空气制动冗余就是系统采用纯机械后备三通阀来代替电子控制产生制动缸压力控制。

2）系统冗余

CAB 型机车制动系统将电子控制的主系统与后备（冗余）制动控制模式融合在一起，当电子控制系统出现严重故障时，制动系统将自动产生惩罚制动，然后可将制动系统转到后备模式，利用后备制动模式实现对列车的制动控制。

后备制动模式下，操纵自动制动手柄来实现对列车的制动、缓解控制作用。

3. 紧急制动的设计

系统中的紧急放风阀和紧急制动控制设计，是分别通过纯空气阀和电磁阀触发紧急制动。系统设有可以触发紧急制动的电磁阀，采取得电紧急控制措施，可接受以下方式触发紧急制动，保证系统可以可靠地实施紧急制动，触发方式如下。

（1）自动制动阀置紧急位。

（2）按下操纵台左侧柜紧急制动按钮（车长阀）。

（3）按下操纵台前方紧急按钮（断主断、降弓）。

（4）来自监控装置的紧急制动指令。

（5）列车断钩触发紧急制动。

4. 惩罚制动的设计

惩罚制动是非人为施加，由制动系统自行产生或由制动系统外部指令触发的常用制动或紧急制动。系统至少在如下情况下触发惩罚制动：上电惩罚、失电惩罚、系统故障惩罚、监控装置惩罚、无人警惕惩罚。

7.3.5 CAB 型制动系统操作

7.3.5.1 CAB 型制动系统模式设置

司机显示屏位于司机室操纵台，是人机接口，通过它可进行均衡风缸定压（微调）、列车管投入/切除（本务/单机）、小闸投入/切除、车列电空投入/切除、系统自检、风压值标定、故障查询等功能的选择和应用。司机显示屏设置界面如图 7-3-15 所示。

1. 本务模式的设置方法及注意事项

（1）设置本务模式的方法

① 确认动车组处于静止状态，且被设置动力车已插入电钥匙；

② 点击“电空制动”按钮；

图 7-3-15　司机显示屏设置界面

③ 点击“投入切除”按钮，使“新设置”中变为“操纵端、投入”；

④ 点击“执行”按钮；

⑤ 若原设置为补机模式，则需要将自动制动手柄置于抑制位。

⑥ 当系统状态内显示“本务”设置完成。

（2）注意事项

① 必须在零速条件下进行，在行进过程中改变此项设置可能会触发惩罚制动；

② 被设置端需插入电钥匙；

③ 由补机模式转换为本务模式时，需将制动控制器自动制动手柄置于抑制位。

2. 单机模式的设置方法及注意事项

（1）设置单机模式的方法

① 确认动车组处于静止状态，且被设置机车已插入电钥匙；

② 点击“电空制动”按钮；

③ 点击“投入切除”按钮，使“新设置”中变为“操纵端、切除”；

④ 点击“执行”按钮；

⑤ 若原设置为补机模式，则需要将自动制动手柄置于抑制位；

⑥ 当系统状态内显示“单机”设置完成。

（2）注意事项

① 必须在零速条件下进行，在行进过程中改变此项设置可能会触发惩罚制动；

② 被设置端需插入电钥匙；

③ 由补机模式转换为单机模式时，需将制动控制器自动制动手柄置于抑制位。

3. 补机模式的设置方法及注意事项

（1）设置补机模式的方法

① 确认动车组处于静止状态；

② 拔出动力车电钥匙，并在动车组另一端司机室插入钥匙；

③ 此时无电钥匙的一端自动转换为补机模式；

④ 当系统状态内显示“补机”设置完成。

（2）注意事项

① 必须在零速条件下进行，在行进过程中改变此项设置可能会触发惩罚制动；

② 无法通过显示屏完成，由动车组 CCU 根据电钥匙状态自行判断并下发设置。

4. 定压微调的方法及注意事项

（1）定压微调的方法

① 确认动车组处于静止状态，且被设置动力车已插入电钥匙；

② 点击“电空制动”按钮；

③ 点击“其他”按钮，进入定压微调界面；

④ 点击“增加 10 kPa”或“减少 10 kPa”按钮，调整定压大小；

⑤ 点击“执行”按钮；

⑥ 当前设置内显示的内容与想要设置的状态相同时，设置完成。

（2）注意事项

① 必须在零速条件下进行，在行进过程中改变此项设置可能会触发惩罚制动；

② 定压微调只能在插有电钥匙的一端司机室操作；

③ 微调范围为 – 20 kPa ~ +30 kPa，微调步长为 10 kPa。

5. 单独制动手柄投入/切除设置方法及注意事项

（1）单独制动手柄投入/切除设置方法

① 确认动车组处于静止状态，且被设置动力车已插入电钥匙；

② 点击“电空制动”按钮；

③ 点击“小闸投入/小闸切除”按钮，使“新设置”中变为“小闸投入”或“小闸切除”；

④ 按“执行”按钮；

⑤ 当前设置内显示的内容与想要设置的状态相同时，设置完成。

（2）注意事项

① 必须在零速条件下进行，在行进过程中改变此项设置可能会触发惩罚制动；

② 被设置端需插入电钥匙；

③ 此项功能仅在动力车有效。

6. 设置车列电空投入/切除的方法及注意事项

（1）设置车列电空投入/切除的方法

① 确认被设置动力车已插入电钥匙；

② 点击“车列电空”按钮；

③ 点击“电空投入/电空切除”按钮，使“新设置”中变为“电空投入”或“电空切除”；

④ 点击“执行”按钮；

⑤ 当前设置内显示的内容与想要设置的状态相同时，设置完成。

（2）注意事项

① 可在列车行进过程中进行操作，也可在零速条件下进行；

② 制动系统进入车列电空切除状态后，不允许对制动系统进行阶段缓解操作。

7.3.5.2 无动力回送操作方法

1. 车上操作

确认机车处于静止，并不会溜逸。

① 自动制动手柄置重联位，插好重联销，单独制动手柄置运转位；

② 断电钥匙，断开动车组中所有的动力车、控制车蓄电池电源；

③ 将空气制动阀上的转换塞门和辅助功能模块上的无动力塞门均置“无动力”位；

④ 将停放隔离塞门置于“隔离位”（手柄水平）。

2. 车下操作

① 通过手拉缓解停放制动；

② 与本务车连接车间列车管，并缓慢打开相应的折角塞门；

③ 本务车将列车管充风至定压，确认无动力车停放制动单元均已缓解；

④ 在本务车进行制动、缓解操作，确认无动力车的制动、缓解状态与本务车一致。

7.3.5.3 后备空气制动投入方法

当微机控制制动系统因自身或由其他设备干扰等产生不能消除的故障时，为维持动车组继续运行，允许将动力车的制动系统转换为备用空气制动状态以降速、降级运行。

① 自动制动手柄置重联位，插好重联销。单独制动手柄置运转位；

② 制动系统微机断电（制动柜上的电源开关置“OFF 位”）；

③ 将操纵台内备用制动总风转换塞门转到“投入”位；

④ 将操纵台内备用制动列车管转换塞门转到“投入”位；

⑤ 将备用制动手柄由“中立”位移至“运转”位，列车管充风缓解，待列车管充风至定压后，检查列车缓解是否正常；然后将手柄移至“中立”位，再向前轻推至“制动”位，列车管开始减压，当减压至目标值时松开手柄，手柄自动恢复至“中立”位保压，检查列车制动是否正常；连续试验制动、缓解两次，确保备用制动可以正常使用。

【任务评价】

序号	评价内容	评价标准	分值
1	能识别 CAB 型机车制动系统操纵台制动设备	能够正确识别	3
		部分部件识别错误	2
		识别错误或不能识别	0
2	能识别 CAB 型机车制动系统制动柜设备	能够正确识别	4
		部分部件识别错误	2
		识别错误或不能识别	0
3	能够正确进行 CAB 型制动系统模式设置	能够正确设置	3
		部分模式设置错误	2
		模式设置不正确	0
得分			

复习思考题

1. 简述 DK-2 型机车制动系统的功能及组成。
2. 试述 DK-2 型机车制动系统制动控制器各手柄的作用位置。
3. DK-2 型机车制动系统制动显示屏显示的信息有哪些？
4. 试述 DK-2 型机车制动系统制动柜的组成及制动柜内部各主要模块的作用。
5. DK-2 型机车制动系统如何进行备用制动模式设置？
6. 简述 JZ-8 型机车制动系统的功能及组成。
7. 试述 JZ-8 型机车制动系统制动控制器各手柄的作用位置。
8. JZ-8 型机车制动系统制动显示屏显示的信息有哪些？
9. 简述 JZ-8 型机车制动系统制动柜的组成及制动柜内部各主要模块的作用。
10. 简述 CAB 型机车制动系统的功能及组成。
11. 试述 CAB 型机车制动系统制动控制器各手柄的作用位置。
12. CAB 型机车制动系统制动显示屏显示的信息有哪些？
13. 简述 CAB 型机车制动系统制动柜的基本组成。
14. 简述 CAB 型机车制动系统电空控制单元各主要模块的作用。
15. 简述 CAB 型机车制动系统本务机设置方法。

SS_4改型电力机车 DK-1 型电空制动机气路原理图

HXD_{3C}型电力机车 CCB Ⅱ 型制动机气路原理图

HXD_{2C}型电力机车法维莱 Eurotrol 制动机综合作用原理图

参考文献

[1] 刘豫湘，陆缙华，潘传熙. DK-1 型电空制动机与电力机车空气管路系统[M]. 北京：中国铁道出版社，2000.

[2] 王爱民. DK-1 型电空制动机检修及故障处理[M]. 北京：中国铁道出版社，1996.

[3] 汪亚军，王大军，宋捷. HXD_3 型电力机车实用指导书[M]. 北京：中国铁道出版社，2010.

[4] 张友松，朱家驹. 韶山 4 型电力机车[M]. 北京：中国铁道出版社，1998.

[5] 那利和. 电力机车制动机[M]. 北京：中国铁道出版社，2002.

[6] 余卫斌. 韶山 9 型电力机车[M]. 北京：中国铁道出版社，2005.

[7] 李益民. 电力机车制动机[M]. 北京：中国铁道出版社，2012.

[8] 饶忠. 列车制动[M]. 北京：中国铁道出版社，2005.

[9] 李作奇. 电力机车制动机[M]. 北京：北京交通大学出版社，2021.

[10] 中国铁路总公司. 铁路技术管理规程（普速铁路部分）[M]. 北京：中国铁道出版社，2014.